André Flury

Erzählungen von Schöpfung, Erzeltern und Exodus

I0876644

T V Z

Studiengang Theologie
Herausgegeben von theologiekurse.ch

Redaktion:
Sabine Bieberstein, Dr. theol.,
Professorin für Exegese des Neuen Testaments und biblische Didaktik an der Fakultät für Religionspädagogik und Kirchliche Bildungsarbeit der Katholischen Universität Eichstätt-Ingolstadt
Stephan Leimgruber, Dr. theol.,
emeritierter Professor für Religionspädagogik und Didaktik des Religionsunterrichts an der Ludwig-Maximilians-Universität München
Felix Senn, Dr. theol.,
Bereichsleiter Theologische Grundbildung am Theologisch-pastoralen Bildungsinstitut TBI in Zürich

Band I,1
Altes Testament, Teil 1

theologiekurse.ch vermittelte als katholische Bildungsinstitution bis 2015 in ökumenischer Offenheit theologische Grundkenntnisse an interessierte Frauen und Männer in der deutschsprachigen Schweiz. Ihre Lehrgänge, die seit 2016 am Theologisch-pastoralen Bildungsinstitut weitergeführt werden, eröffnen den Zugang zu verschiedenen kirchlichen Funktionen und Berufen. Die kontinuierlich erneuerten Lehrunterlagen des vierjährigen berufsbegleitenden Studiengangs Theologie STh bilden die Grundlagen dieser Reihe.

André Flury

Erzählungen von Schöpfung, Erzeltern und Exodus

Altes Testament, Teil 1

EDITION NZN
BEI TVZ
Theologischer Verlag Zürich

Der Theologische Verlag Zürich wird vom Bundesamt für Kultur
mit einem Strukturbeitrag für die Jahre 2016–2018 unterstützt.

Bibliografische Information der Deutschen Nationalbibliothek
Die Deutsche Nationalbibliothek verzeichnet diese Publikation
in der Deutschen Nationalbibliografie; detaillierte bibliografische Daten
sind im Internet über http://dnb.d-nb.de abrufbar.

Umschlaggestaltung: Simone Ackermann, Zürich
Satz und Layout: Claudia Wild, Konstanz
Druck: ROSCH-BUCH GmbH, Scheßlitz

ISBN: 978-3-290-20083-1

www.edition-nzn.ch

Geleitwort zur Reihe

Sie halten den ersten Teilband der zweibändigen Einführung ins Alte Testament innerhalb der Reihe *Studiengang Theologie* in der Hand. Der andere Teilband (Band I,2 der Reihe) ist unter dem Titel «Überlieferungen aus Prophetie, Weisheit und Apokalyptik» bereits vor einigen Jahren erschienen. Herausgeber und Redaktionsteam der Reihe freuen sich, hiermit den zweiten alttestamentlichen und insgesamt vorletzten Band (Teilband I,1 der Reihe) der Öffentlichkeit übergeben zu können.

Wie der Titel dieses Buches lautet und wie sich aus der Inhaltsübersicht unschwer ersehen lässt, konzentriert sich die vorliegende Einführung in den ersten Teil des Alten Testaments hauptsächlich auf die Bücher Genesis und Exodus. Dies hat nicht nur formale Gründe – etwa dass der vorgegebene Buchumfang nicht überschritten werden sollte –, sondern ist wesentlich von rezeptionsgeschichtlichen Gründen geleitet: Diese Einführung ins Alte Testament ist nämlich Teil einer Buchreihe zur christlichen Theologie, und im christlichen Kontext sind die Theologie und die kirchliche Verkündigung, die Katechese und die sakrale Kunst stark geprägt von den grossen Erzählungen in Genesis und Exodus. Diese Erzählstränge, die inzwischen weithin Eingang gefunden haben in die Weltliteratur, haben eine identitätsstiftende Funktion auch für die christliche Tradition und Theologie. Deshalb ist es wichtig und notwendig, diese Erzählungen sorgfältig und in Respekt vor der jüdischen Tradition auszulegen. Darauf legt der Autor in diesem Band besonderes Gewicht. Zudem bietet der vorliegende Band einen recht ausführlichen Überblick über die Geschichte Israels und Judas, der hilft, auch die anderen Bücher des Pentateuchs und die geschichtlichen Schriften des Alten Testamentes mit ihrem Sitz im Leben historisch einzuordnen.

Die Buchreihe insgesamt ist hervorgegangen aus dem vierjährigen berufsbegleitenden Studiengang Theologie STh, den die katholische Bildungsinstitution *theologiekurse.ch* sechs Jahrzehnte lang für theologisch interessierte Frauen und Männer in der deutschsprachigen Schweiz angeboten hat. Seit

2016 wird dieser Studiengang neu vom Theologisch-pastoralen Bildungsinstitut der deutschschweizerischen Bistümer (TBI) getragen. Die kontinuierlich erneuerten Lehrunterlagen des Studiengangs Theologie bilden die Grundlage der gleichnamigen Buchreihe. Gründlich überarbeitet sollen sie allen theologisch Interessierten im deutschen Sprachraum zugänglich gemacht werden.

Obwohl in den letzten Jahren der Stellenwert der christlichen Kirchen im öffentlichen Bewusstsein abnimmt, ist dennoch das Interesse an elementarer Glaubensinformation und Theologie nach wie vor gross. Doch lassen sich heute manche interessierte Frauen und Männer besser über theologisch aktuelle und gehaltvolle Bücher erreichen als über zeitintensive Studienangebote. Voraussetzung ist freilich, dass der theologische Stoff interessant und gut lesbar vermittelt wird und in ökumenischer Offenheit einen verlässlichen Einblick in die Fragen, Problemstellungen und Antwortrichtungen heutiger Theologie gibt.

Diesem Ziel ist die Reihe *Studiengang Theologie* verpflichtet. Sie erleichtert das Selbststudium wie die Vorbereitung auf Prüfungen im theologischen Grundstudium; sie richtet sich darüber hinaus auch an Theologinnen und Theologen, Lehrerinnen und Lehrer, die sich nach Jahren in der Praxis ein fachliches Update wünschen.

Wir danken der Edition NZN beim Theologischen Verlag Zürich (TVZ) für die Realisierung dieses Projekts und für die angenehme Zusammenarbeit und der Römisch-Katholischen Zentralkonferenz der Schweiz (RKZ) sowie der Katholischen Kirche im Kanton Zürich für die Zuschüsse an die Publikationskosten dieser Buchreihe.

Wir hoffen, dass dieser Band und die Buchreihe insgesamt vielen theologisch Interessierten einen Dienst erweisen und zu einem tieferen Verständnis unseres christlichen Glaubens in der heutigen pluralen Gesellschaft beitragen.

Zürich, im September 2018
Vorstand und Geschäftsstelle *theologiekurse.ch*
Redaktionsteam der Reihe *Studiengang Theologie*

meinen Eltern
Margret & André Flury-Müller

«Der Satz: ‹du sollst deinen Nächsten lieben wie dich selbst› ist wahr und verbindlich, wer immer ihn zuerst verkündet habe. Er ist wahr, nicht weil er in der Thora steht, sondern sie ist wahr, weil er in ihr steht.»

Benno Jacob (1862–1945)

Inhaltsübersicht

Vorwort

Die vorliegende Einführung in die Erzählungen der Bücher Genesis und Exodus will heutigen Menschen – gerade auch kritisch denkenden Menschen – wieder ein Verständnis für die Bedeutung dieser grossartigen Schriften ermöglichen. Denn heute stellt sich zumindest in der sogenannt westlichen Welt die Frage: Warum haben die meisten Menschen keinen Zugang mehr zu den Aussagen der biblischen Texte? Warum wird die Bibel nicht mehr verstanden? Warum werden ihre Erzählungen als «unwahr» oder «irrelevant» abgelehnt? Und warum werden die tiefsinngen biblischen Erzählungen von anderen Leuten fundamentalistisch missverstanden?

Einer der wichtigsten Gründe dafür ist meines Erachtens, dass wir in der westlichen Welt keinen Zugang mehr haben zur narrativen Theologie und zur symbolhaften Sprache des Alten Orients und somit auch nicht mehr zur Bibel. Das liegt vor allem daran, dass wir heute – sei es bewusst oder unbewusst – zumeist einen ausschliesslich historischen und naturwissenschaftlichen Wahrheitsbegriff vertreten: «Wahr» ist für uns, was historisch tatsächlich so und so passiert ist; «wahr» ist, was sich naturwissenschaftlich beweisen lässt. Fast automatisch lesen wir auch biblische Texte durch diese «Brille», mit diesem Wahrheitsverständnis. Das heisst, wir lesen die Bibel so, als wäre sie ein historischer Bericht oder eine naturwissenschaftliche Abhandlung. Damit geraten wir aber in einen Konflikt zwischen unserem historischen und naturwissenschaftlichen Wissen und zahlreichen Aussagen der Bibel: etwa mit der Aussage, Gott habe die Welt in sieben Tagen erschaffen, es habe eine weltweite Sintflut gegeben, Mose habe das Meer geteilt oder Jesus sei auf dem Wasser gegangen. Die Bibel wird aus diesem Grund von vielen Menschen als «unwahr», als «frommes Märchen» abgetan.

In anderen Lebensbereichen ist uns jedoch klar, dass «Wahrheit» nicht nur historisch oder naturwissenschaftlich zu bestimmen ist. Wenn sich Verliebte etwa in einem Liebesbrief schreiben: «Du bist meine Sonne», dann verstehen wir intuitiv, was damit gemeint ist. Es kommt niemand auf die Idee, diese

Abb. 1: Pharao Echnaton mit Familie unter der Sonnenscheibe vermittelt den Menschen den Segen.

Aussage naturwissenschaftlich zu verstehen – ein solches Verständnis wäre ja auch wenig schmeichelhaft. «Du bist meine Sonne» würde unter anderem bedeuten: a) du bestehst zu 92.1 % aus Wasserstoff und zu 7.8 % aus Helium; b) du bist 149.6 Millionen Kilometer von mir entfernt c) dein Umfang beträgt 4.4 Millionen Kilometer usw. Bei einem Liebesbrief ist uns «sonnenklar», dass es nicht um eine naturwissenschaftliche Wirklichkeit, sondern um eine andere Dimension, um eine andere als die naturwissenschaftliche Wahrheit geht.

In Bezug auf die Bibel müssen wir uns jedoch erst einmal bewusst machen, dass die allermeisten Texte der Bibel keine historischen Berichte und schon gar keine naturwissenschaftlichen Abhandlungen darstellen. Es sind vielmehr theologische Texte: Texte, die unser menschliches Leben reflektieren, die nach Sinn fragen, die ethische Überzeugungen formulieren und die vom Glauben an Gott erzählen. Wir sollten dabei nicht vergessen, dass die Menschen zur Zeit der Bibel nicht dümmer waren als wir: Die in Äthiopien gefundenen Schädel des Homo sapiens (*homo sapiens idaltu*) sind etwa 160 000 Jahren alt, die Funde in der Misliya-Höhle am Karmel werden auf 177–194 000 Jahre geschätzt, und im Jahr 2017 wurden in Marokko (Djebel Irhoud) Funde gemacht, die gar auf 300 000 Jahre geschätzt werden.[1] Im Vergleich dazu ist seit der Entstehung der Bibel bis heute erst eine recht kurze Zeit von 2000–3000 Jahren vergangen, in der sich das menschliche Hirn nicht wesentlich veränderte. Anders gesagt: Unsere intellektuellen Fähigkeiten sind nicht grösser als jene der Menschen, welche die Bibel schrieben.

Gewiss gibt es seit der Aufklärung und der Industrialisierung einen enormen naturwissenschaftlichen und historischen Wissenszuwachs. Aber in anderen Bereichen ist der Mensch bestimmt nicht klüger geworden – zum Beispiel bei Fragen der friedlichen Konfliktlösung, der zwischenmenschlichen Beziehungen, der sozialen Gerechtigkeit, des Umgangs

1 Vgl. *Richter, Daniel/Grün, Rainer,* Age; *Hershkovitz, Israel,* The earliest modern Humans. Für einen Überblick zur Stammesentwicklung des Menschen vgl. *Henke, Winfried/Rothe, Hartmut,* Stammesgeschichte; *dies.,* Menschwerdung. Spannende philosophische Fragen in diesem Zusammenhang stellt auch *Precht, Richard D.,* Wer bin ich? 30–50.

mit Ressourcen, der Überwindung von existenziellen Krisen, der Suche nach Sinn, Liebe und Glück usw. Es sind dies soziale, ethische, philosophische und theologische Fragen, kurz Menschheitsfragen. Genau davon handelt die Bibel – in grossartiger Dichte, Vielfalt, Weisheit und Fülle.

Ich habe für diese Einführung grossen Wert auf Allgemeinverständlichkeit gelegt – was mir einiges an Arbeit abverlangte, denn es ist viel einfacher, in theologisch-exegetischer Fachsprache zu schreiben, als dieselben Inhalte allgemeinverständlich auszudrücken. «Einfach, aber nicht vereinfachend», so wollte ich schreiben. Mir scheint, die Bibel selbst ist so geschrieben. Heute verwechseln wir jedoch ihren «einfachen Stil» oft mit – negativ verstandener – «Naivität». Erst, wenn wir die biblischen Texte selbst und genau lesen, merken wir, wie tiefsinnig und weise sie sind. Dieses Hauptziel, heute wieder einen Zugang zu den alttestamentlichen Texten zu erlangen, soll mit folgenden untergeordneten Zielen erreicht werden:

- *Freude durch Lektüre:* Wer diese Einführung in die Bücher Genesis und Exodus liest, soll Freude an den biblischen Texten erlangen. Das ist aber nur möglich, wenn man die biblischen Texte selbst liest – sie sind weitaus wichtiger als diese Einführung. Daher wird die selbständige Lektüre der biblischen Texte vorausgesetzt. **Lektüre**
- *Kompetenz:* Wer die vorliegende Einführung studiert, soll befähigt werden, biblische Texte verstehen zu lernen. Dazu braucht es ein fundiertes Hintergrundwissen, unter anderem im Hinblick auf die Geschichte Israels/Judas, in der die biblischen Texte entstanden sind (siehe Kapitel 2). Andererseits braucht es grundlegende Kenntnisse in der Methode der Auslegung. Um das Verständnis für Auslegungsmethoden zu fördern, wird in einigen Kapiteln ein Abschnitt *Lektüre und Methoden* den Auslegungen von biblischen Texten vorangestellt.[2] **Kompetenz**

2 Weiterführende Erklärungen zu Methoden der Bibelauslegung finden sich unter URL: http://www.bibel-verstehen.ch; *Martini, Annett/Talabardon, Susanne:* Art. Bibelauslegung, jüdische/WiBiLex; *Vette, Joachim:* Art. Bibelauslegung, christliche/WiBiLex; *ders.:* Art. Bibelauslegung, historisch-kriti-

Relevanz

- *Lebensrelevanz:* Diese Einführung soll deutlich machen, dass sich die biblischen Texte mit existenziellen Menschheitsfragen befassen. Die Bibel ist mitten aus dem Leben heraus entstanden: Über Jahrhunderte haben unzählige Menschen nach Ethos, Sinn, Glück, Leben – nach Gott gesucht. Die Erfahrungen dieses Suchens haben sie immer wieder reflektiert, diskutiert, hinterfragt und erneut in Worte zu fassen versucht. Dass ein solches hie und da vielleicht einsames, meist aber gemeinschaftliches Suchen und Finden inspiriert ist, dass es von Gottes Geist durchwirkt ist und auf jene höhere Macht hinweist, die wir Gott nennen, gehört zum Grundvertrauen des Glaubens. Wer sich heute mit existenziellen Fragen auf die biblischen Texte einlässt, wird merken, dass wir für unsere eigenen lebensrelevanten Fragen mit der Bibel eine wunderbare Gesprächspartnerin haben.

Bei der Konzeption der Buchreihe stellte sich die Frage, ob der Band Altes Testament 1 alle Bücher des Pentateuchs behandeln oder sich auf die Bücher Genesis und Exodus beschränken soll. Die Entscheidung fiel zugunsten der zweiten Variante, einerseits weil dadurch die biblischen Texte der Bücher Genesis und Exodus weit umfangreicher und gründlicher zur Sprache kommen können, als wenn die drei weiteren Pentateuchbücher Levitikus, Numeri und Deuteronomium ebenfalls besprochen würden. Andererseits weil auch die Geschichte Israels/Judas dargestellt werden sollte, womit der Band Altes Testament 1 bereits einen beträchtlichen Umfang erreicht. Selbstverständlich sind es die Bücher Levitikus, Numeri und Deuteronomium ebenso wert, gelesen, untersucht und ausgelegt zu werden. Sie spielen im Judentum immer schon und heute noch eine tragende Rolle und wurden auch in der christlichen Theologie und Forschung der letzten Jahrzehnte zunehmend bedeutsam.

Die vorliegende Einführung beginnt in Kapitel 1 mit einem Überblick zur Bedeutung, zum Aufbau und zum Inhalt des Alten/Ersten Testaments. In Kapitel 2 erfolgt ein Durchgang durch die Geschichte Israels/Judas, von ihren Anfängen

---

sche (AT)/WiBiLex; *Bitter, Stephan:* Art. Bibelauslegung, Epochen der christlichen/WiBiLex.

bis in die römische Zeit. Die Kenntnis dieser Geschichte fördert das Verständnis, dass die biblischen Schriften nicht im luftleeren Raum, sondern in der konkreten Geschichte durch konkrete Menschen entstanden sind. Die Frage nach der Enstehung des Pentateuchs/der Tora (der sogenannten fünf Bücher Mose) wird in Kapitel 3 gestellt. Es ist dies die Frage, welche Menschen in welcher Zeit der Geschichte Israels/Judas die Tora schrieben. Auch wenn in der Forschung heute kein Konsens zur Entstehung der Tora besteht, ist die Rückfrage danach unverzichtbar, denn sie macht sensibel für die unterschiedlichen Gottesbilder, Menschenbilder und Glaubensverständnisse, die in der Tora sowie in der ganzen Bibel nebeneinander vertreten werden.

Kapitel 4 wendet sich ausführlich den Texten des Genesisbuches zu: in einem ersten Teil der Urgeschichte, in einem zweiten Teil den Erzelternerzählungen mit einem Schwerpunkt auf der Abraham-Sara-Hagar-Erzählung.

Nicht nur sind die biblischen Schriften in bestimmten geschichtlichen Kontexten entstanden, auch ihre Auslegung im Laufe der Jahrhunderte ist immer geprägt von den gesellschaftlichen und sozialgeschichtlichen Begebenheiten ihrer Zeit. In Bezug auf das Erste/Alte Testament und auf das Judentum war die christliche Auslegung der Bibel über Jahrhunderte von Vorurteilen und Antijudaismus geprägt. Diese antijüdischen Auslegungen trugen ihren Teil bei zu den zahlreichen schrecklichen Verfolgungen von Jüdinnen und Juden bis hin zur Schoah (Holocaust). Kapitel 5 benennt einige dieser Missbräuche der Bibel und der Menschen jüdischen Glaubens und plädiert – im Gefolge des Zweiten Vatikanischen Konzils und der seither geführten jüdisch-christlichen Gespräche – für eine neue, auf eine völlige theologische Gleichwertigkeit zielende Sicht vom Ersten/Alten Testament und vom Neuen Testament sowie von Judentum und Christentum.

Kapitel 6 erläutert die Erzählungen des Exodusbuches, wobei aufgrund des Umfangs der Schwerpunkt auf Ex 1–23 gelegt wird. Kapitel 7 blickt schliesslich zurück auf die in den behandelten Texten begegneten Menschen- und Gottesbilder.

Es wurde versucht, die Hinweise auf Sekundärliteratur relativ gering zu halten. Eine grosse Hilfe dabei ist das seit einigen

Jahren online entstehende «Wissenschaftliche Bibellexikon im Internet» (WiBiLex) der Deutschen Bibelgesellschaft.[3] Es enthält fundierte, ausführliche Artikel zu biblischen Themen. Wenn im WiBiLex ein Thema behandelt ist, verweise ich in der Regel lediglich auf diesen Artikel, da dort die grundlegende und weiterführende Literatur aufgeführt wird.

Die biblische Wissenschaft hat in den letzten Jahrzehnten viele neue Erkenntnisse deshalb erreicht, weil sich zunehmend Frauen an der Forschung beteiligen konnten und beteiligten. Um die wissenschaftliche Forschung von Frauen sichtbar zu machen, werden in den Fussnoten immer auch die Vornamen der entsprechenden Autor*innen genannt. Dies ist ein kleiner Beitrag zu mehr Geschlechtergerechtigkeit. Diese bleibt freilich nicht bei den beiden «Polen» Frau und Mann stehen, sondern ist besonders auch im Hinblick auf jene Minderheiten einzuholen, die eine andere Geschlechtsidentifikation haben. Dem dient die an ausgewählten Stellen benutzte Sternchen-Schreibweise:[4] Der Stern bei Autor*innen etc. weist darauf hin, dass es unterschiedliche Geschlechtsidentifikationen gibt, die es zu respektieren gilt.[5]

Theologie wird immer von konkreten Menschen betrieben. Ihre Resultate sind daher zu einem grossen Teil von diesen konkreten Menschen abhängig. Diese Erkenntnis gilt für jede Wissenschaft, wie es etwa für die Physik grundlegend Werner Heisenberg ins Bewusstsein brachte (Quantenmechanik / Heisenberg'sche Unschärferelation).[6] Auch für die Entstehung der vorliegenden Einführung waren viele konkrete Menschen massgebend: Mein Dank gilt den vielen Studierenden des Studiengangs Theologie, denen ich seit 2002 begegnen durfte – ihre Fragen und Impulse, ihr kritisches Mitdenken und ernsthaftes Theologie-Betreiben waren und sind mir eine Quelle

3 URL: http://www.bibelwissenschaft.de oder direkt http://www.wibilex.de.

4 Vgl. z. B. *Damm, Anna u. a.,* Was tun? 16–22; *Universität Bern,* Geschlechtergerechte Sprache 37–42; *Kusterle, Karin,* Macht 50–64.

5 Vgl. für einen Überblick zum heutigen Wissensstand *Schochow, Maximilian u. a.,* Inter* und Trans*identitäten.

6 Vgl. allgemeinverständlich in *Heisenberg, Werner,* Der Teil und das Ganze. Gespräche im Umkreis der Atomphysik, München 2016 ([1]1969), bes. 141–149.

wertvoller Inspiration. Ebenso danke ich den Studierenden der Universität Luzern, die ich in der Homiletikausbildung von Dr. Franziska Loretan Saladin seit vielen Jahren mitbegleiten darf: Sie lernen biblische Impulse, Einsichten und Fragen fürs Heute zu formulieren und dabei ständig nach der Lebensrelevanz biblischer Texte zu suchen. Wie existenziell biblische Texte verstanden werden können, lehrten mich die Menschen in verschiedenen Pfarreien und in der Spitalseelsorge. Ihnen bleibe ich dankbar verbunden.

Ein grosser Dank gebührt dem Redaktionsteam der Buchreihe Studiengang Theologie: Professorin Dr. Sabine Bieberstein für die präzisen exegetischen und bibeltheologischen Rückfragen und Hinweise, Professor em. Dr. Stephan Leimgruber für wertvolle Hinweise und die Ermutigung zum Theologiestudium noch in seiner Zeit als Kantonsschullehrer in Solothurn und Dr. Felix Senn, der als Bereichsleiter Theologische Grundbildung am Theologisch-pastoralen Bildungsinstitut der deutschweizerischen Bistümer verantwortlich ist für den Studiengang Theologie, für die äusserst kompetente und präzise Unterstützung bei der Entstehung des Buches. Dr. Veronika Bachmann danke ich für wichtige Hinweise zur Frage der Übersetzung von *jehudim/ioudaioi* und Dr. Franziska Loretan Saladin sowie Professor Dr. Adrian Loretan für ihr Interesse an der Entstehung dieser Arbeit. Mein Dank gilt auch meinem Kollegen Dieter Bauer, dessen Buch «Überlieferungen aus Prophetie, Weisheit und Apokalyptik. Altes Testament, Teil 2» die Teile «Propheten» und «Schriften» des Alten/Ersten Testaments überaus spannend erläutert.

Der Anglistin und Germanistin Jeannine Wanner, meinem Patenkind, danke ich für wichtige Einsichten in die gendergerechte/-neutrale Sprache sowie für zahlreiche Korrekturen und Ermutigungen. Dem Entlebucher Theologen und Philosophen Willy Duss verdanke ich neben vielen freundschaftlichen, philosophischen Gesprächen auch das Beispiel der «Sonne» in diesem Vorwort. Der Ärztin Dr. Serena Galli danke ich für den erhellenden Exkurs zu David und Goliat in einem neurologischen Lehrbuch[7] und für hilfreiche Korrektu-

---

7 Siehe den Exkurs «David und Goliat – oder: Vom Bibelverständnis» in Abschnitt 2.2.1.2.

ren. Mein grösster Dank gehört meiner Frau Alexandra und unseren Kindern Madeleine und Noah für ihre Liebe und tägliche Inspiration. Gewidmet ist dieses Buch meinen Eltern Margret und André Flury-Müller – sie ermöglichten mir das Leben und sind mir bleibende Vorbilder tätiger Nächstenliebe.

Solothurn, 20. Mai 2018, Pfingsten / Schawuot
André Flury

Einleitung 1

Zur Bedeutung des Alten/Ersten Testaments 1.1

Das Alte Testament ist die Heilige Schrift des Judentums. Demzufolge ist das Alte Testament auch die Heilige Schrift des Jesus von Nazaret – denn Jesus war Jude.[1] Man kann weder Jesus noch das Neue Testament verstehen, wenn man nicht das Alte Testament kennt und wertschätzt. Dies verdeutlicht eine Erzählung im Neuen Testament: Jesus wurde einmal die Frage gestellt, was das Wichtigste im Leben sei, worauf es im Glauben wirklich ankomme. Diese Begebenheit wird im Markusevangelium wie folgt beschrieben:[2]

> 28 «Ein Schriftgelehrter hatte ihrem Streit zugehört; und da er bemerkt hatte, wie treffend Jesus ihnen antwortete, ging er zu ihm hin und fragte ihn: Welches Gebot ist das erste von allen?
> 29 Jesus antwortete: Das erste ist: Höre, Israel, der Herr, unser Gott, ist der einzige Herr. 30 *Darum sollst du den Herrn, deinen Gott, lieben mit ganzem Herzen und ganzer Seele, mit deinem ganzen Denken und deiner ganzen Kraft.* 31 Als zweites kommt hinzu: *Du sollst deinen Nächsten lieben wie dich selbst.* Kein anderes Gebot ist größer als diese beiden.
> 32 Da sagte der Schriftgelehrte zu ihm: Sehr gut, Meister! Ganz richtig hast du gesagt: *Er allein ist der Herr, und es gibt keinen anderen außer ihm,* 33 und *ihn mit ganzem Herzen, ganzem Verstand und ganzer Kraft zu lieben und den Nächsten zu lieben wie sich selbst*, ist weit mehr als alle Brandopfer und anderen Opfer.
> 34 Jesus sah, dass er mit Verständnis geantwortet hatte, und sagte zu ihm: Du bist nicht fern vom Reich Gottes.
> Und keiner wagte mehr, Jesus eine Frage zu stellen.» (Mk 12,28–34, EÜ 16)

---

1 Vgl. grundlegend und nach wie vor inspirierend: *Ben-Chorin, Schalom,* Bruder Jesus; *Neusner, Jacob,* Rabbi.

2 Wenn nichts anderes angegeben ist, sind die Bibeltexte in meiner eigenen Übersetzung abgedruckt. Am zweithäufigsten werden sie nach der Einheitsübersetzung 2016 (Abk. EÜ 16) und nach der Zürcherbibel 2007 zitiert (Abk. Zü. 07), wobei ich den Gottesnamen mit JHWH oder Gott und nicht mit «HERR» wiedergebe; siehe zum Gottesnamen Abschnitt 4.1.1.9.

Wie kam Jesus auf diese Antworten? Ist das sogenannte Doppelgebot der Liebe – die Liebe zu Gott und die Liebe zum Mitmenschen – etwas Neues? Gar etwas, das Jesus als erster verlangt hatte? Und warum sind die Antworten Jesu in den meisten Bibelausgaben kursiv (schräg) gedruckt? Die Verweise auf andere Bibelstellen, die am Ende (oder am Rand) des Abschnittes in den meisten Bibeln abgedruckt sind, geben uns Antwort auf diese Fragen. In der Einheitsübersetzung, der deutschen Bibelausgabe, die in den römisch-katholischen Gottesdiensten gebraucht wird, sehen wir folgende Querverweise:

Abb. 2: Querverweise zu Mk 12,28–34, in: Einheitsübersetzung, KBW Stuttgart 1980.

28–34 || Mt 22,34–40; Lk 10,25–28 • 29f: Dtn 6,4f • 31: Lev 19,18 • 32: Lk 20,39; Dtn 4,35; 6,4f • 33: 1 Sam 15,22 • 34: Mt 22,46; Lk 20,40.

Diese Querverweise bedeuten Folgendes:

«28–34 ||» bzw. «28–34:» bedeutet: Die Verse 28–34 aus dem 12. Kapitel des Markusevangeliums haben eine sogenannte Parallele/Parallelüberlieferung, das heisst ein beinahe gleicher Text an einer anderen Stelle der Bibel, hier im Matthäusevangelium Kapitel 22, Verse 34–40 und im Lukasevangelium Kapitel 10, Verse 25–28.[3]

«29f: Dtn 6,4f» bedeutet: Die Verse 29 und 30 des 12. Kapitels des Markusevangeliums finden sich ähnlich oder gleich auch an einem anderen Ort der Bibel, hier im alttestamentlichen Buch Deuteronomium (5. Buch Mose), Kapitel 6, Verse 4–5.

«31: Lev 19,18» bedeutet demzufolge, dass sich Mk 12,31 ähnlich oder gleich auch im alttestamentlichen Buch Levitikus (3. Buch Mose), Kapitel 19, Vers 18 findet.

Die Querverweise zum Doppelgebot der Liebe zeigen in aller Deutlichkeit: Nach dem Wichtigsten im Leben und Glauben gefragt, lehrte Jesus nicht etwas Neues, sondern zitierte im genauen Wortlaut zwei Stellen aus dem Alten Testament, genauer aus der Tora / dem Pentateuch! Für die Gottesliebe

3 Die Abkürzungen der biblischen Bücher finden sich in jeder Bibelausgabe. Eine Bibelstelle wird angegeben, indem zuerst das biblische Buch abgekürzt genannt wird, dann das Kapitel, sodann – mit Komma abgetrennt – der Vers oder die Verse.

zitierte Jesus Dtn 6,4 f., den Beginn des zentralen jüdischen Gebetes: «Höre Israel», hebräisch «Schᵉma Israel». Für die Nächstenliebe zitierte er Lev 19,18, wo die Forderung, den Nächsten zu lieben, formuliert ist und in Lev 19,33 f. auf den Fremden ausgeweitet wird (vgl. Dtn 10,19).[4] Dies zeigt, wie sehr das Alte Testament und im Besonderen die Tora für Jesus das Wort Gottes waren, ja, wie sehr er daraus lebte. Im Neuen Testament können wir dies immer wieder deutlich sehen. So antwortete Jesus beispielsweise nach Darstellung der Evangelien bei der Versuchung in der Wüste unter anderem mit einem Zitat aus Dtn 8,3:

> «Er [Jesus] aber antwortete: In der Schrift heisst es: *Der Mensch lebt nicht von Brot allein, sondern von jedem Wort, das aus Gottes Mund kommt.*» (Mt 4,4; vgl. Lk 4,4)

Und die letzten Worte Jesu am Kreuz waren gemäss dem Markusevangelium – dem ältesten Evangelium – ein Zitat aus Psalm 22,2: «*Mein Gott, mein Gott, warum hast du mich verlassen?*» (Mk 15,34). Das Lukasevangelium führt als letzte Worte Jesu ein Zitat aus Psalm 31,6 an: «*in deine Hände lege ich meinen Geist*» (Lk 23,46). Gemäss einer Stelle im Matthäusevangelium betonte Jesus explizit die unbedingte und unauflösliche Bedeutsamkeit der Tora (gr. *nomos* für Gesetz) als Gottes Wort:

> «[17] Meint nicht, ich sei gekommen, das Gesetz [= Tora] oder die Propheten aufzulösen. Nicht um aufzulösen, bin ich gekommen, sondern um zu erfüllen. [18] Denn, Amen, ich sage euch: Bis Himmel und Erde vergehen, soll vom Gesetz [= Tora] nicht ein einziges Jota [= kleinster hebräischer Buchstabe] oder ein einziges Häkchen vergehen, bis alles geschieht. [19] Wer also auch nur eines dieser Gebote auflöst, und sei es das kleinste, und die Menschen so lehrt, der wird der Geringste sein im Himmelreich. Wer aber tut, was das Gebot verlangt, und so lehrt, der wird gross sein im Himmelreich.» (Mt 5,17–19, Zü. 07)

Jesus von Nazaret und seine Jünger*innen waren zutiefst verbunden mit dem Alten Testament. Sie schöpften ihren Gottesglauben ganz und gar aus dem Alten Testament, dieses war für

---

4 Vgl. *Moenikes, Ansgar:* Art. Liebe/Liebesgebot (AT)/WiBiLex; *Köckert, Matthias,* Nächstenliebe.

sie das Wort Gottes. Auch für die mehr und mehr entstehenden christusgläubigen Gemeinschaften war das Alte Testament die Heilige Schrift. Erst im Laufe des 2. Jahrhunderts n. Chr. ist zu sehen, dass auch die Evangelien zitiert wurden wie die alttestamentlichen Schriften, d. h. einen dem Alten Testament entsprechenden Status bekamen.

Dies zu betonen, ist auch heute nach wie vor wichtig, denn christlicherseits wurden diese Zusammenhänge viele Jahrhunderte vergessen und missachtet.[5] Richtig verstanden kennt das Christentum *eine* einzige Bibel, die aus dem Alten und dem Neuen Testament besteht und als Ganzes das Wort Gottes darstellt.[6] Das Alte Testament wird vom Neuen Testament nicht abgelöst, es ist nicht «alt» im Sinne von veraltet, sondern vielmehr weil es zuerst geschrieben wurde. Um dies deutlich zu machen, wird das Alte Testament heute christlicherseits zunehmend auch als Erstes Testament bezeichnet.[7]

1.2 Aufbau und Inhalt des Alten/Ersten Testaments

Die Bildung eines sogenannten Kanons – das ist die Sammlung jener Schriften, die einer Religionsgemeinschaft als verbindlich, inspiriert, heilig gelten – dauerte in den grossen Religionen zumeist Jahrhunderte. So wird etwa bei der hinduistischen Sammlung der Veda dieser lange Entstehungsprozess (ca. 1200–500 v. Chr.)[8] gewöhnlich bewundert und als Qualitätszeichen angesehen. Im Judentum und im Christentum trat der lange Entstehungsprozess der Bibel in den letzten rund 200–400 Jahren wissenschaftlicher Forschung wieder vermehrt ins Bewusstsein, wenngleich vor allem bei Bibelforschenden.[9] Im Islam ist – soweit ich sehe – die Forschung in Bezug auf die Entstehungsgeschichte des Korans noch auf

5 Siehe Abschnitt 5.2.

6 Vgl. u. a. *Dohmen, Christoph,* Einheit; *ders.,* Gottes Volk; *ders.,* Umgang; *Crüsemann, Frank,* Das Alte Testament.

7 Siehe Abschnitt 5.1.2.

8 Vgl. z. B. *Malinar, Angelika,* Hinduismus 26–43.

9 Vgl. *Bitter, Stephan:* Art. Bibelauslegung, Epochen der christlichen/WiBiLex, Kap. 7–12.

einen relativ kleinen Kreis von Forschenden beschränkt,[10] obwohl es bereits im 9. Jahrhundert n. Chr. (= 3. Jahrhundert Hidschra nach islamischer Zeitrechnung) eine rege Diskussion darüber gab.

Dabei spricht eine lange Entstehungsgeschichte nicht gegen die Bedeutsamkeit der heiligen Texte, ganz im Gegenteil: Je mehr Menschen mit den Aussagen der religiösen Texte gerungen und nach ihrer Bedeutung für das Leben und nach der Inspiration dieser Texte gesucht haben, desto tiefer können diese Menschenworte im Glauben als Gottesworte verstanden werden. Die Sammlung solcher heiligen Schriften ist daher in gewisser Hinsicht auch ein demokratischer Vorgang, da schliesslich vor allem jene Schriften in den Kanon aufgenommen werden, die sich in der Liturgie, den Gottesdiensten und Ritualen der Religionsgemeinschaften sowie im Leben und Denken der ihr zugehörigen Menschen bewährt haben. Die Sammlung von heiligen Schriften, die im Judentum zur hebräischen Bibel (AT) zusammengestellt wurden, dauerte circa vom 8. Jahrhundert v. Chr. bis ins 2. Jahrhundert n. Chr.[11] Schliesslich wurden 39 Schriften in die hebräische Bibel aufgenommen und in drei Teile gegliedert: Tora–Propheten–Schriften (vgl. den Überblick unten). Aufgrund dieser Dreiteilung wird im Judentum die hebräische Bibel auch «Tenach» (oder «Tanach») genannt. Diese Abkürzung ist gebildet aus den hebräischen Anfangslauten der drei Teile: Te (Tora) – Na (Nebiim = Propheten) – Ch (Ketubim = Schriften).

Die Tora (= Pentateuch) wurde im jüdischen Glauben als erste Sammlung allgemein anerkannt als göttlich inspirierte «Weisung» zum Leben. Die Tora ist denn auch zur Zeit Jesu und bis heute die verbindliche Grundlage des jüdischen Glaubens. Die Sammlung der «Propheten» wurde etwa im 2. Jahrhundert v. Chr. allgemein anerkannt. Die «Schriften» wurden

---

10 Vgl. z. B. *Abu-Zaid, Nasr Hamid,* Gottes Menschenwort; *Meissner, Stefan/Wenz, Georg,* Umgang; zudem die Beiträge bei *McAuliffe, Jane D.,* Cambridge 23–78; *Neuwirth, Angelika,* Koranforschung; *dies.,* Koran, sowie ihr grosses Forschungsprojekt, URL: https://www.corpuscoranicum.de.

11 Vgl. *Dohmen, Christoph/Oeming, Manfred,* Kanon; *Schreiner, Josef,* Testament 24–43; *Scaiola, Donatella* Tora 133–148. Die einzelnen Schriften/Bücher haben wiederum jeweils einen häufig langen Entstehungsprozess: siehe Kap. 3.

als Sammlung noch später allgemein anerkannt, wenngleich einige ihrer Schriften schon in früher Zeit entstanden sind. Insgesamt entstanden der schliessliche Kanon des AT sowie des NT etwa zeitgleich im 2. Jahrhundert n. Chr.

Damit diese biblischen Schriften verstanden und in der Liturgie und der Lehre gebraucht werden können, wurden sie vom Hebräischen von Zeit zu Zeit in die vorherrschenden Sprachen der damaligen Weltmächte übersetzt: So entstanden Übersetzungen ins Aramäische in persischer Zeit (ab 539 v. Chr.). In der hellenistisch-griechischen Zeit erfolgte ab dem 3. Jahrhundert v. Chr. in der ägyptischen Grossstadt Alexandria eine bedeutsame Übersetzung ins Griechische: Sie wird Septuaginta genannt («Siebzig», abgekürzt: LXX), weil gemäss dem Philosophen Philo von Alexandria (ca. 15 v.–40 n. Chr.) 70 Übersetzer daran arbeiteten.[12] Auch die Septuaginta zeigt, dass das Sammeln von heiligen Schriften ein dynamischer Prozess ist: Zuerst und am genauesten wurde die Tora übersetzt. Dies, weil die Tora offensichtlich allgemein als heilige Schrift anerkannt und in der Liturgie bedeutend war. Erst danach folgten die Übersetzungen der «Propheten» (*Nebiim*) und «Schriften» (*Ketubim*). Zudem nahm die Septuaginta sieben zusätzliche Texte in griechischer Sprache in ihren Kanon auf: Tobit (wahrscheinlich zuerst auf Aramäisch verfasst), Judit (vielleicht zuerst auf Aramäisch verfasst), Weisheit Salomos, Jesus Sirach (ursprünglich auf Hebräisch verfasst), Baruch (wahrscheinlich zuerst auf Hebräisch verfasst), 1 Makkabäer (ursprünglich auf Hebräisch verfasst) und 2 Makkabäer. Die Bücher Ester und Daniel wurden in dieser Zeit ergänzt. Daneben gab es noch zahlreiche andere Texte, die den Anspruch erhoben, inspiriertes Wort Gottes zu sein, doch diese fanden keine Aufnahme in die Septuaginta.

---

12 Vgl. *Philo von Alexandria:* De vita Mosis II, 5–7, in: *Philo,* Werke I. Im nach 150 v. Chr. entstandenen Aristeasbrief sind es noch 72 Gelehrte, die übersetzen; vgl. zur LXX *Ziegert, Carsten/Kreuzer, Siegfried:* Art. Septuaginta (AT)/WiBiLex.

Die frühe Kirche übernahm den Kanon der hebräischen Bibel mit ihren 39 Büchern zunächst unverändert, wenngleich sie hauptsächlich die Septuaginta-Texte las bzw. zitierte.[13] Was für Jesus heilige Schrift war, war auch der frühen Kirche heilige Schrift. Die jüdische Glaubensgemeinschaft entschied sich nach der Zerstörung des Tempels 70 n.Chr., die Bibel in hebräischer Sprache (Tenach) als verbindlich zu erklären. Die westliche Kirche tradierte den umfangreicheren Kanon der Septuaginta, entschied sich aber erst um 400 n.Chr. für diesen Kanon. Die östlichen Kirchen schlossen sich dem im 7. Jahrhundert n.Chr. an. So kommt es, dass die christlichen Bibelausgaben für das Alte Testament in der katholischen und orthodoxen Kirche sieben Schriften mehr umfassen, als im Tenach. Diese Schriften werden «deuterokanonisch» genannt. Die Kirchen der Reformation kehrten wieder zum hebräischen Kanon zurück. In jüngerer Zeit werden jedoch auch in Bibelausgaben der evangelischen Kirchen manche deuterokanonischen Schriften als Anhang abgedruckt. Sie werden evangelischerseits meist als «apokryph» (gr. für verborgen) bezeichnet.

Ein weiterer Unterschied zwischen dem jüdischen Tenach und dem Alten Testament besteht darin, dass die christlichen Kirchen die biblischen Schriften anders unterteilen als das Judentum. Die Einteilung der christlichen Bibelausgaben hat vier Teile. (1) Die Tora, die entsprechend der jüdischen Bibel an erster Stelle steht, (2) Bücher der Geschichte, (3) Bücher der Weisheit und (4) Bücher der Prophetie.

Der Überblick auf der folgenden Seite zeigt den jüdischen und christlichen Kanon nebeneinander:

13 Vgl. *Schoepflin, Karin*, Art. Kanon (AT)/WiBiLex; *Zenger, Erich/Frevel, Christian*, Einleitung 28f.

Der Tenach (Abk. für Tora – Nebiim – Ketubim)
jüdische Einteilung

Tora (hebr. = Weisung, Gesetz)

1 Bereschit (hebr. = am Anfang)
2 Schemot (hebr. = Namen)
3 Wajiqra (hebr. = er rief)
4 Bemidbar (hebr. = in der Wüste)
5 Debarim (hebr. = Worte)

Nebiim (hebr. = Propheten)

6 Josua (vordere Propheten: Jos–2 Kön)
7 Richter
8 1 Samuel
9 2 Samuel
10 1 Könige
11 2 Könige
12 Jesaja (hintere Propheten: Jes–Mal)
13 Jeremia
14 Ezechiel
15 Hosea (Hos–Mal: Zwölfprophetenbuch)
16 Joël
17 Amos
18 Obadja
19 Jona
20 Micha
21 Nahum
22 Habakuk
23 Zefanja
24 Haggai
25 Sacharja
26 Maleachi

Ketubim (hebr. = Schriften)

27 Psalmen
28 Ijob
29 Sprichwörter
30 Rut
31 Hohelied
32 Kohelet (Rut, Koh, Hld, Est = sog. Festrollen, hebr. Megillot)
33 Klagelieder
34 Ester
35 Daniel
36 Esra
37 Nehemia
38 1 Chronik
39 2 Chronik

Anmerkung zur christlichen Einteilung:
Kursivdruck bedeutet: Die Schriften sind im AT an einem anderen Ort als im Tenach.
In Klammern bedeutet: Die Schriften sind nicht im Tenach enthalten, sondern entsprechend der Septuaginta übernommen. Sie werden evangelischerseits «apokryph» (gr. für verborgen) oder katholischerseits «deuterokanonisch» (im Sinne von: kanonisch zweiten Grades) genannt. Die evangelischen Bibelausgaben haben sie nicht übernommen, fügen sie aber z.T. als Anhang bei.

Das Alte/Erste Testament
christliche Einteilung (kath.)

Pentateuch (gr. = Fünf-Bücher-Rolle)

1 Genesis (gr. = Entstehung)
2 Exodus (gr. = Auszug)
3 Levitikus (vom Namen Levi)
4 Numeri (gr. = Zahlen)
5 Deuteronomium (gr. = zweites Gesetz)

Bücher der Geschichte

6 Josua
7 Richter
8 *Rut*
9 1 Samuel
10 2 Samuel
11 1 Könige
12 2 Könige
13 *1 Chronik*
14 *2 Chronik*
15 *Esra*
16 *Nehemia*
17 *(Tobit – gr., urspr. aram.)*
18 *(Judit – gr., urspr. evtl. aram.)*
19 *Ester (und Zusätze griechisch)*
20 *(1 Makkabäer – gr., urspr. hebr.)*
21 *(2 Makkabäer – gr.)*

Bücher der Weisheit

22 Ijob
23 Psalmen
24 Sprichwörter
25 Kohelet (= Prediger, Ecclesiastes)
26 Hohelied
27 *(Weisheit Salomos – gr.)*
28 *(Jesus Sirach – gr., urspr. hebr.)*

Bücher der Prophetie

29 Jesaja
30 Jeremia
31 *Klagelieder*
32 *(Baruch – gr., urspr. hebr)*
33 Ezechiel
34 *Daniel (aram./hebr.; gr.: Dan 13–14)*
35 Hosea
36 Joël
37 Amos
38 Obadja
39 Jona
40 Micha
41 Nahum
42 Habakuk
43 Zefanja
44 Haggai
45 Sacharja
46 Maleachi

Zum Weiterlesen

Carr, David M.: Einführung in das Alte Testament. Biblische Texte – imperiale Kontexte, Stuttgart 2013.

Crüsemann, Frank: Das Alte Testament als Wahrheitsraum des Neuen. Die neue Sicht der christlichen Bibel, Gütersloh 2011.

Köhlmoos, Melanie: Altes Testament (UTB basics), Tübingen 2011.

Römer, Thomas/Macchi, Jean-Daniel/Nihan, Christophe L. (Hg.): Einleitung in das Alte Testament. Die Bücher der Hebräischen Bibel und die alttestamentlichen Schriften der katholischen, protestantischen und orthodoxen Kirchen, Zürich 2013.

Schoepflin, Karin: Art. Kanon (AT), auf http://www.bibelwissenschaft.de/stichwort/11768 (24.8.2018).

Zenger, Erich: Das erste Testament. Die jüdische Bibel und die Christen, Düsseldorf [4]2004.

Zenger, Erich/Frevel, Christian (Hg.): Einleitung in das Alte Testament, Stuttgart [9]2016.

2 Kleiner Überblick zur Geschichte Israels/Judas

Die biblischen Schriften sind in der konkreten Geschichte von konkreten Menschen geschrieben worden. Diese Menschen bezeugen in den biblischen Schriften ihren Glauben und ihre Hoffnung, sie reflektieren das Leben und deuten es, sie erinnern sich an politische, gesellschaftliche und religiöse Ereignisse und Erfahrungen und geben diese Erinnerungen in einer deutenden Rückschau wieder. Um die biblischen Schriften zu verstehen, ist es darum notwendig, die historischen Ereignisse sowie die sozialgeschichtlichen, politischen, wirtschaftlichen und religiösen Zusammenhänge zu kennen, vor deren Hintergrund sie geschrieben wurden. In dieser Einführung zum Genesis- und Exodusbuch kann nur ein knapper Überblick zur Geschichte Israels/Judas gegeben werden.[1] Verschiedene Vorüberlegungen sind für diesen Geschichtsüberblick wichtig:

Es gab im Lauf der Geschichte verschiedene Bezeichnungen für das Gebiet zwischen dem Hermon-Gebirge im Norden, der Negevwüste im Süden, der Mittelmeerküste im Westen und dem Ostjordanland:[2] In den ägyptischen Amarna-Briefen (14. Jahrhundert v. Chr.) wird das Land *Kanaan* genannt, eine Bezeichnung, die auch im 1. Jahrtausend v. Chr. für die südliche Levante verbreitet war und sich in der Bibel vielfach findet. In der Königszeit (ab dem 10. Jahrhundert v. Chr.) wird der Name *Israel* für das Nordreich etwa zwischen Bet-El im Süden und dem See Gennesaret im Norden verwendet, der Name *Juda* für das Südreich, geografisch etwa von Rama im Norden bis Beerscheba im Süden. Da das Nordreich Israel etwa zehnmal grösser und bevölkerungsreicher war als das Südreich, wurde der Name Israel besonders nach dem Untergang des Nordreichs 722 v. Chr. auch für das Südreich im Verbund mit dem Nordreich benutzt. Ab dieser Zeit kann

1 Vgl. weiterführende Literatur unter «Zum Weiterlesen».

2 Vgl. *de Vos, J. Cornelis:* Art. Land/WiBiLex; *Wagner, Thomas:* Art. Israel (AT)/WiBiLex.

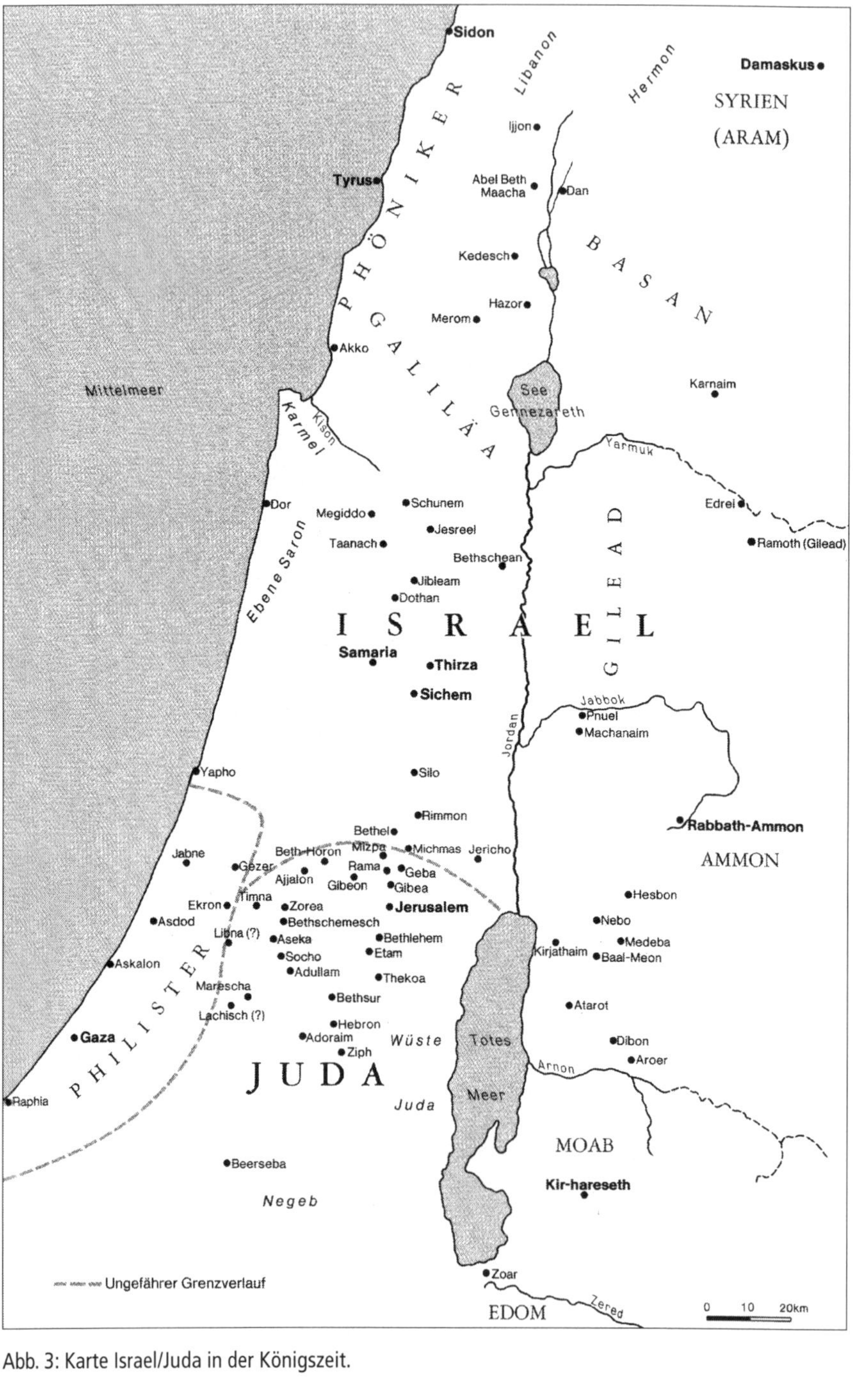

Abb. 3: Karte Israel/Juda in der Königszeit.

das Gebiet Efraim, das die Zerstörung des Nordreichs durch die Assyrer wohl am besten überstanden hatte, als Bezeichnung für das nicht mehr existierende Nordreich Israel stehen (vgl. u. a. Hos 4,17; 5,9–14 u. ö.; Jes 7,2–9; Jer 31,18.20). In persischer Zeit wurde das Südreich als Provinz *Yehûd* bezeichnet, woraus sich im Griechischen «Judäa» ergab. Von den Römern wurde die Provinz Judäa in *Provincia Syria Palaestina* umbenannt und ab dem 4. Jahrhundert n. Chr. schliesslich nur noch als *Palaestina* bezeichnet. Natürlich waren solche Namensgebungen immer politisch motiviert, damals nicht weniger als im heutigen Nahostkonflikt.

Ich spreche im Folgenden, wenn es um die Menschen der Geschichte Israels/Judas geht, der Einfachheit halber jeweils von Menschen jüdischen Glaubens bzw. von Jüdinnen und Juden. Damit meine ich die Menschen in Juda/Israel und in der Diaspora, die JHWH als Gott verehren bzw. die sich zum judäischen/israelitischen Volk zählen. Heute wird stark diskutiert, ob es adäquat wäre, das hebräische *jehudim* und das griechische *ioudaioi* in biblischen Texten bis in die hasmonäische oder gar römische Zeit mit Judäern/judäisch statt mit Juden/jüdisch wiederzugeben.[3]

Wer die Bibel von vorne nach hinten liest, erhält in etwa folgenden Eindruck zur Entstehung des Volkes Israel: Die Erzeltern Abraham und Sara werden von Gott berufen und gelangen von Ur oder Haran (jedenfalls von Mesopotamien) in das Land Kanaan (Gen 11 ff.). Dort entwickelt sich ihre Nachkommenschaft über die Söhne Isaak und Ismael und dann vor allem über Jakob zu den zwölf Stämmen Israels. Diese müssen aufgrund einer Hungersnot nach Ägypten ziehen, wo sie zuerst gute Aufnahme finden, dann aber durch einen neuen Pharao unterdrückt und versklavt werden (Ex 1 ff.). Das Volk Israel wird jedoch unter Führung des Mose von Gott aus Ägypten befreit und hält sich 40 Jahre in der Wüste (Sinai) auf, wo es die Gebote Gottes erhält. Nach dem Tod des Mose führt Josua die Israelit*innen in das Land Kanaan, er erobert dieses Land und vertreibt oder vernichtet die dortige Bevöl-

3 Vgl. z. B. die kontroverse Diskussion in *Law, Timothy M./Halton, Charles*, Jew.

kerung (Jos). Es folgt eine Zeit der sogenannten Richter und Richterinnen, charismatische Führungspersönlichkeiten, die den Stämmeverbund Israel gegen Feinde verteidigen (Ri). Hierauf beginnt mit Saul ein Königtum Israels, das David mit der Eroberung Jerusalems ausbaut (2 Sam 2–20). Ihm folgt Salomo auf den Thron (1 Kön 1–11). Unter Salomos Nachfolger, König Rehabeam, kommt es zur Teilung des Reichs in das Südreich Juda mit Jerusalem als Hauptstadt und in das Nordreich Israel mit der Hauptstadt Sichem (heute Nablus), später folgen Pnuel, Tirza und Samaria als Hauptstädte des Nordreichs (1 Kön 12 ff.).

Doch gut 200 Jahre bibelwissenschaftliche Forschung und Archäologie haben gezeigt, dass die biblischen Erzählungen keine historischen Berichte darstellen, sondern vielmehr die geschichtliche Identität reflektieren und konstruieren.[4] Dies gilt auch für ausserbiblische altorientalische Werke. Insgesamt ist davon auszugehen, dass die Volkswerdung Israels sehr viel komplexer, heterogener und über mehrere Jahrhunderte vor sich ging. Die biblischen Schriften betreffend geht man heute davon aus, dass es unterschiedliche Volks-Entstehungs-Erzählungen gab, die zuerst unabhängig voneinander bestanden und je eigene Sichtweisen und Interessen vertraten und die erst im Zuge der Zusammenstellung des Pentateuchs, aber auch der weiteren Bücher Josua, Richter, 1/2 Samuel und 1/2 Könige zum Ersten Testament in eine gewisse geschichtliche Reihenfolge der Volkswerdung gebracht wurden, nicht ohne verschiedene Überarbeitungen und Aktualisierungen. So haben z. B. die Erzelternerzählungen in Gen 12–36[5] eine ganz andere Sicht der Anfänge Israels als das Exodusbuch.[6] Gleiches gilt für das Josuabuch und das Richterbuch.[7] Ebenso finden sich in den prophetischen Überlieferungen unter-

---

4 Vgl. *Witte, Markus:* Art. Geschichte/Geschichtsschreibung (AT)/WiBiLex; *Vette, Joachim:* Art. Bibelauslegung, historisch-kritische (AT)/WiBiLex; *Vieweger, Dieter,* Archäologie; *ders.:* Art. Archäologie Palästinas/WiBiLex, jeweils mit weiterführender Lit.; grundlegend u. a. *Köckert, Matthias,* Vätergott; *Schmid, Konrad,* Erzväter; nun *Oswald, Wolfgang,* Staatstheorie.

5 Siehe Abschnitt 4.2.

6 Siehe Kap. 6.

7 Zum deuteronomistischen Geschichtswerk (Jos–2 Kön) vgl. Abschnitt 2.2.

schiedliche Blickwinkel auf die jeweiligen geschichtlichen Ereignisse und auch die Psalmen erinnern Geschichte auf je eigene Weise (z. B. Ps 78; 105; 106). Die Bücher der Chronik wiederum versuchen eine eigene Gesamtschau der Geschichte Israels, von den Anfängen der Menschheit bis zum Ende des babylonischen Exils 539 v. Chr. Doch die Chronikbücher sind frühestens ab 515 v. Chr., vielleicht auch erst um ca. 300 v. Chr. geschrieben worden.[8] Sie erzählen von Zeiten und Ereignissen, die teilweise rund 500 Jahre früher waren (z. B. die Zeit von König David um 1000 v. Chr.). Deshalb können die Chronikbücher kaum als zuverlässige geschichtliche Quelle für die erzählten Ereignisse angesehen werden können.

Diesen grossen zeitlichen Abstand zwischen den erzählten Ereignissen (Textwelt, Zeit der Handlung/Ereignisse) und der Entstehungszeit der biblischen Texte (Entstehungszeit, Zeit der Verfasser*innen), welche die Ereignisse erzählen und deuten, gilt es insgesamt zu beachten: Häufig ist es so, dass biblische Texte in historischer Hinsicht mehr über die Zeit verraten, in der sie geschrieben wurden, als über die Zeit, von der sie erzählen. So sind beispielsweise viele Texte, die vom grossen König David erzählen, wahrscheinlich erst ab dem 7. Jahrhundert v. Chr. entstanden und verraten mehr über die Situation unter den Königen Hiskija (ca. 725–697 v. Chr.) oder Joschija (639–609 v. Chr.) als über jene unter König David. Viele Texte der Abraham-Sara-Erzählung (Gen 12–25) sind in der Zeit des babylonischen Exils (6. Jahrhundert v. Chr.) entstanden und lassen die Fragen und die Überzeugungen dieser Zeit erkennen.

Auch wenn – und vielleicht gerade weil – die biblischen Texte keine historischen Berichte in unserem heutigen Verständnis sind, enthalten sie so viel Wahres und Sinnstiftendes, dass sie immer wieder neu, auch in ganz anderen Situationen und Zeiten, als wahr und sinnstiftend erfahren werden können. So ist beispielsweise auch noch zur Zeit Jesu die Frage relevant, wer sich als «Kind Abrahams» bezeichnen kann, das heisst als eine Person, die am Segen Gottes teilhat und diesen Segen weitergibt. Und wiederum 600 Jahre später,

8 Vgl. *Labahn, Antje:* Art. Chronik/Chronikbücher/WiBiLex.

während der Entstehung des Islams, ist eine Hinwendung bzw. Rückkehr zur Religion Abrahams eine starke Motivation für Mohammed und jene, die ihm nachfolgen. Infolgedessen ist Abraham (arab. *Ibrahim*) der meistgenannte Eigenname im Koran, Ibrahim gilt als Begründer des Heiligtums der Kaaba (Sure 14) und wird ebenso wie in der Bibel als «Freund Gottes» bezeichnet (Sure 4:125; vgl. Jes 41,9; Jak 2,23).[9]

Biblische Texte sind eine Sinndeutung der erfahrenen Geschichte, eine Sinndeutung auf der Grundlage des Glaubens an den einen Gott. Eine Besonderheit der biblischen Literatur und Geschichtsdeutung ist es, dass sie in weiten Teilen keine Geschichtsschreibung der Mächtigen, sondern der Opposition und Aussenseiter ist. Dies ist der grosse Unterschied zu den anderen altorientalischen Quellen (schriftliche und andere Zeugnisse) aus den Königtümern und Grossmächten ausserhalb Judas und Israels. Die biblischen Zeugnisse und geschichtlichen Erinnerungen sind geprägt von Prophetinnen und Propheten, die nicht an einem Königshof angestellt waren, sondern in Opposition zum König und den damit verbundenen Tempelhierarchien, Militärs, Grossgrundbesitzern und Händlern standen.[10] Während politische Machthaber das Unrecht innerhalb der eigenen Machtausübung verschweigen und vertuschen, so decken biblische Überlieferungen dieses Unrecht auf und nennen es beim Namen. Deshalb sind Gräuelerzählungen über eigene Könige sowie über das unrechte Tun des eigenen Volkes in der Bibel so häufig und auch selbstkritisch überliefert. Daher hat die Exoduserzählung als Befreiungserzählung aus der Sklaverei einen solch überragenden Stellenwert im AT.

Die Erzählung von der Befreiung aus der Unterdrückung und die Kritik an Herrschaftsstrukturen haben auch deswegen eine so breite Wirkung in der Bibel entfaltet, weil Juda/Israel fast immer von Grossmächten beherrscht war, von Ägypten, Mesopotamien (Assyrer, Babylonier), dann von den Persern,

---

9 Vgl. *Kuschel, Karl-Josef,* Streit; *Leimgruber, Stephan,* Gott 145–204, hier 168.

10 Vgl. *Schart, Aaron:* Art. Prophetie (AT)/WiBiLex; *Gerstenberger, Erhard:* Art. Königskritik/WiBiLex; *Kessler, Rainer:* Art. Sozialkritik (AT)/WiBiLex; *Bauer, Dieter,* Überlieferungen, u.a. 39f.53–55.65–70.

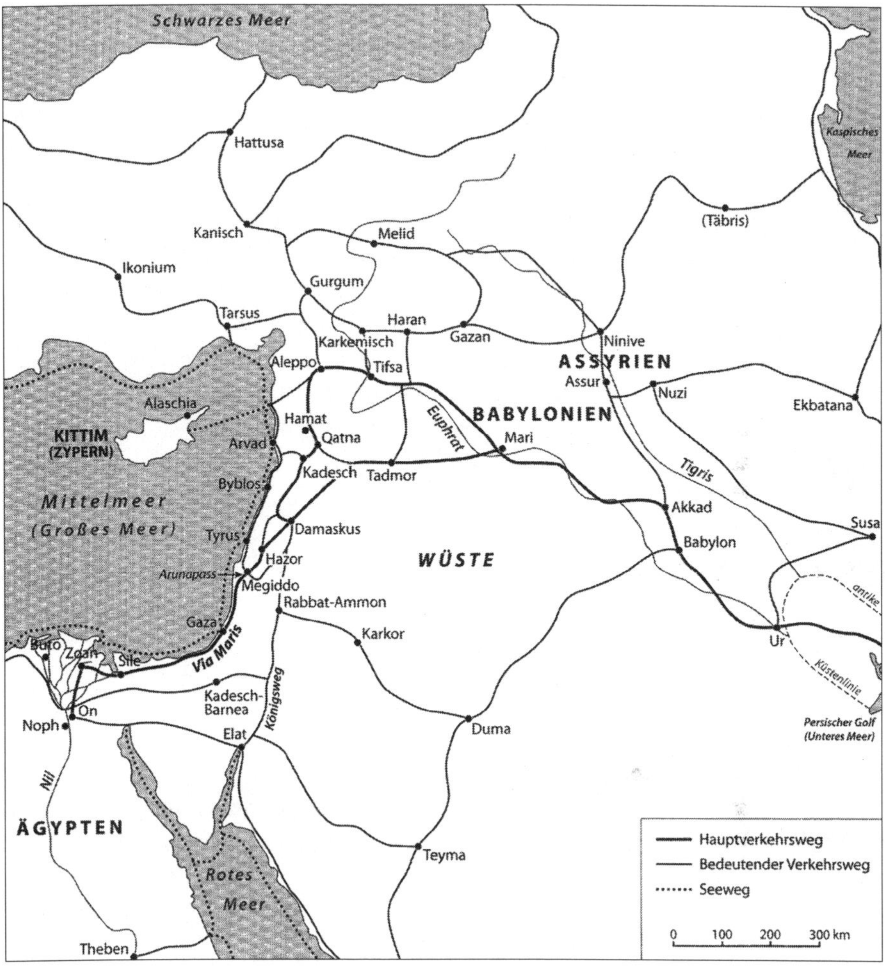

Abb. 4: Karte Handelsrouten im Alten Orient/Fruchtbarer Halbmond.

den Griechen und den Römern.[11] Diese Grossmächte kämpften um die Vorherrschaft in Kanaan (Israel/Juda), weil die massgeblichen Handelsrouten sowie die Durchzugswege für ihre Armeen am Mittelmeer, im nördlichen Jordangraben und im Ostjordanland mit dem sogenannten Königsweg – einer Verlängerung der Weihrauchstrasse von Arabien über Bozra, Rabba(t-Bene-Ammon) bis Damaskus – verliefen.

11 Vgl. *Liwak, Rüdiger:* Art. Weltreiche/WiBiLex.

Nur schon ein kleiner Überblick zur wechselnden Herrschaft von Grossmächten gibt einen Eindruck über die dramatische Geschichte dieses kleinen Landstückes Kanaan:

- **Ägypten** übte von ca. 1550 bis 1100 v. Chr. eine massgebliche Kontrolle über das Land Kanaan aus.
  - 1274 v. Chr.: Schlacht bei Kadesch (beim heutigen Homs, Syrien) zwischen Ägyptern und Hethitern
- 1000–750 v. Chr. war eine Zeit mit einer relativen, mehr oder weniger grossen Autonomie für die Berggebiete von Juda, von Efraim/Israel und von Galiläa:
  - Um 1000 v. Chr. errichtete David gemäss der biblischen Erzählung sein Königtum in Jerusalem, gefolgt von Salomo und Rehabeam.
  - Um 927 v. Chr. errichtete Jerobeam I. gemäss der biblischen Erzählung das Königtum im Nordreich Israel, gefolgt von den Omriden, von Jehu und Jerobeam II.
  - verschiedene Kämpfe mit den Nachbarvölkern (Philister, Aramäer, Moabiter, Edomiter)
- Die **Assyrer** beherrschten Israel/Juda ca. 745–650 v. Chr.
  - 722/720 v. Chr.: Die Assyrer zerstörten und eroberten das Nordreich Israel; Efraim blieb als «Rumpfstaat» übrig und konnte nun als Bezeichnung für das Nordreich stehen.
  - 701 v. Chr.: Die Assyrer griffen Jerusalem an und zogen sich dann überraschend zurück; Jerusalem blieb aber unter assyrischer Kontrolle.
  - 612 v. Chr.: Untergang der assyrischen Hauptstadt Ninive
  - 639–609 v. Chr.: Erstarkung des davidischen Königtums in Jerusalem unter König Joschija
- **Ägypten** hatte zwischen ca. 620–600 v. Chr. nochmals die Vorherrschaft über Kanaan.
  - 609 v. Chr. kam Joschija, König von Jerusalem, bei Megiddo ums Leben, evtl. in einer Schlacht gegen Pharao Necho II.
- Die **Babylonier** (neubabylonisches Reich), mit Zentrum im Süden des heutigen Iraks, beherrschten Mesopotamien sowie Israel/Juda zwischen 605–539 v. Chr.:
  - 597 v. Chr. eroberten die Babylonier Jerusalem und deportierten die Oberschicht ins Exil nach Babylon.

  - 587 v. Chr. zerstörten die Babylonier Jerusalem und dessen Tempel und deportierten viele ins babylonische Exil; andere flüchteten nach Ägypten; seither lebte ein beträchtlicher Teil der Menschen jüdischen Glaubens nicht mehr im Land Israel.
- Die **Perser**, aus dem heutigen Iran kommend, beherrschten von 539–333 v. Chr. ein Weltreich von Indien über Mesopotamien und Ägypten bis nach Libyen und Mazedonien.
  - 515 v. Chr. Wiederaufbau des Tempels in Jerusalem
- Die **Griechen** beherrschten von 333–63 v. Chr. den Orient, zunächst unter Alexander d. Gr., nach seinem Tod 323 durch verschiedene regionale Herrscher (den sogenannten Diadochen).
  - Hellenisierung des Judentums
  - 167 v. Chr. löste die Entweihung des Tempels in Jerusalem den Aufstand der Makkabäer aus.
- Die **Römer** besiegten 64 v. Chr. die griechischen Diadochen und beherrschten Israel/Kanaan bis ins 5. Jh. n. Chr.
  - 63 v. Chr.: Jerusalem/Juda unter römischer Herrschaft
  - ca. 30 n. Chr.: Kreuzigung des Jesus von Nazaret
  - 70 n. Chr.: Zerstörung des Tempels von Jerusalem
  - 135 n. Chr.: Zerstörung ganz Jerusalems
- In späterer Zeit waren es Byzantiner, Kreuzfahrer, verschiedene arabische Herrscherhäuser, Osmanen, Engländer und Franzosen, die um die Herrschaft über diese Landbrücke zwischen Ägypten, Arabien, Kleinasien und Mesopotamien kämpften.

Viele biblische Texte setzen sich mit dieser dramatischen und mitunter traumatischen Geschichte auseinander, sie sind Krisenliteratur, mitunter Kriegstrauma-Literatur. Daher sind manche biblischen Texte geprägt von solcher Gewalterfahrung, auch von eigener Gewaltausübung. Umso bemerkenswerter ist der grosse Strom, die meines Erachtens entscheidende Bewegung in den biblischen Schriften, die sich für die Überwindung von Gewalttätigkeiten einsetzt und die Hoffnung auf Frieden (Schalom) in Gerechtigkeit aufrechterhält.[12]

---

12 Siehe den Exkurs «Kriegerische Gottesbilder – und deren Überwindung» in Abschnitt 2.2.2.3.

2.1 Die Ursprünge: ein Konglomerat (13.–11. Jahrhundert v. Chr.)

2.1.1 Kanaan und Blütezeit der Hyksos

Die ältesten Siedlungsspuren in Kanaan sind ab etwa 16 500 v. Chr. (Kebarium) nachweisbar, also bereits recht kurz nach der letzten Eiszeit (Höhepunkt 20 000 v. Chr.).[13] Eine erste städtische Kultur ist in der frühen Bronzezeit (3700–2500 v. Chr.) nachweisbar, wobei diese Städte wieder verlassen bzw. zerstört wurden und verfielen. Eine zweite urbane Kultur in Kanaan entstand in der mittleren Bronzezeit II (1930–1530 v. Chr.): Vor allem an der Küstenebene, aber auch im Bergland wurden Städte meist auf Ruinen der früheren Städte wiederaufgebaut, und es entstand eine eigentliche Blütezeit für die Kanaanäer: In Ägypten war die politische Einheit durch rivalisierende Dynastien zerbrochen (Zweite Zwischenzeit, 1793–1539 v. Chr.), so dass für einmal nicht Ägypten Kanaan beherrschte, sondern umgekehrt von Kanaan aus die Herrschaft über das östliche Nildelta ausgeübt wurde (ca. 1630–1539 v. Chr.). In ägyptischen Quellen wird dies als Herrschaft der Hyksos («Herrscher der Fremdländer») bezeichnet. An der Mittelmeerküste reihte sich eine kanaanäische Stadt an die andere, angefangen im Süden mit Gaza, über Aschkelon, Aschdod, Geser, Dor und Akko, nördlich folgten die phönizischen Städte Tyros, Sidon und Byblos. Da das Karmelgebirge den Landweg am Meer entlang einschränkte, gab es stärker im Landesinneren ebenfalls Handelsrouten mit bedeutenden kanaanäischen Städten wie Megiddo, Bet-Schean und Hazor. Jerusalem und Sichem wurden ebenfalls in dieser Zeit als Städte ausgebaut, wenngleich sie aufgrund ihrer Lage in den Bergen deutlich kleiner waren als die Städte an der Mittelmeerküste oder im Norden.

Die kanaanäischen Städte waren politisch eigenständige Einheiten, sie hatten zumeist je einen eigenen König mit Königshof und Palast, eigene Tempel mit einem Pantheon (Heiligtum für alle verehrten Göttinnen und Götter), manchmal hatte eine Stadt auch einen eigenen Hauptgott. Die Städte

---

13 Vgl. hierzu und zum Folgenden *Fritz, Volkmar,* Entstehung; *Gerhards, Meik:* Art. Kulturkontakte, Israel – Nordsyrien/WiBiLex.

waren mit Stadtmauern befestigt, hatten eigene Armeen, ausdifferenzierte Berufe und bei alledem grössere soziale Unterschiede zwischen arm und reich. Diese Stadtstaaten waren für die Grossmächte überaus wichtig für deren Handel sowie die Verschiebung von Armeen auf dem See- sowie dem Landweg.

Ägypten: Neues Reich 2.1.2

Mit dem Sieg des Pharaos Ahmoses über die Hyksos begann in Ägypten das Neue Reich (1539–1070 v. Chr.),[14] und die Situation für Kanaan änderte sich drastisch: Ägypten beherrschte und kontrollierte nun wiederum Kanaan während fast der ganzen Spätbronzezeit (ca. 1530–1150 v. Chr.), während im Norden Kleinasien bis und mit Byblos unter der Grossmacht der Hethiter stand (von ca. 1350–1200 v. Chr.).[15] Manche kanaanäischen Städte wurden in der Zeit zerstört und nur mehr kleiner aufgebaut, andere gerieten in die Vasallenschaft: Es wurden ihnen Verträge aufgezwungen, die sie zur Kooperation mit den Ägyptern und zu Steuerabgaben verpflichteten. Zur Kontrolle stationierte Ägypten Truppen an verschiedenen Orten (Gaza, Jafo, Bet-Schean), und ägyptische Beamte kontrollierten die Handelswege. Damit die kanaanäischen Stadtstaaten abhängig blieben von Ägypten, wurde ihnen verboten, Stadtmauern zu errichten. Diese politische Situation ist für das 14. Jahrhundert v. Chr. durch den Fund des Amarna-Archives mit rund 400 Tontafeln historisch sehr gut belegt: Auf der Mehrheit der Tontafeln geben die lokalen Herrscher/Vasallen der von Ägypten beherrschten Gebiete, darunter auch vielen kanaanäischen Stadtstaaten, dem ägyptischen Pharao Bericht über die politische Lage.[16] Ägypten sicherte sich die Herrschaft über Kanaan durch teils zahlreiche, teils gelegentliche Feldzüge.

Im Zusammenhang mit einem solchen Feldzug ist der Name «Israel» ausserhalb der Bibel zum ersten Mal sicher belegt: Der Pharao Merenptah (1213–1204 v. Chr.) hatte in

14 Vgl. *Jansen-Winkeln, Karl:* Art. Neues Reich/WiBiLex; *Schneider, Thomas/ Schipper, Bernd:* Art. Kulturkontakte, Israel – Ägypten/WiBiLex.

15 Vgl. *Gerhards, Meik:* Art. Hethiter im AT/WiBiLex.

16 Vgl. *Müller, Matthias:* Art. Amarnabriefe/WiBiLex.

Abb. 5: Die Stele des Merenptah. Die Abbildung zeigt das Giebelfeld mit der ersten Zeile (oben), die Zeilen, in denen «Israel» erwähnt wird (unten) und das Wort «Israel» (Mitte, vergrössert)..

seinem fünften Regierungsjahr einen Libyenfeldzug unternommen und liess auf einer Stele von 1208 v. Chr. über seine Erfolge berichten.[17] Gegen Ende des Textes wird seine Herrschaft auch über folgende Völker, Stadtstaaten und Menschengruppen betont:

> «Die Fürsten sind niedergeworfen und sagen: Schalom! Keiner erhebt mehr seinen Kopf unter den Neun Bogen. Tḥnw [Libyen] ist zugrunde gegangen, Chatti [Hethiter] ist friedlich, Kanaan [Gaza] ist mit (?) allem Schlechten erobert, Askalon ist fort geführt, und Geser gepackt; Jenoam ist zunichte gemacht, Israel liegt brach und hat kein Saatkorn. Chr [Syrien-Palästina] ist zur Witwe geworden für Ägypten. Alle Länder insgesamt sind in Frieden; jeder, der umherschweifte, ist gefesselt durch den König von Ober- und Unterägypten, ‹B'-n-r', geliebt von Amon›, den Sohn des Re, Merenptah, der mit Leben beschenkt ist wie Re, alltäglich.»[18]

17 Vgl. *Wagner, Thomas:* Art. Israel (AT)/WiBiLex, Kap. 3.2.

18 Zit. in Anlehnung an *Galling, Kurt,* Textbuch, 39 f.; vgl. TUAT 1, 546–552.

«Israel» ist hier in der ägyptischen Sprache als Menschengruppe und noch nicht als Land oder Staat gekennzeichnet. Die Formulierung «hat kein Saatkorn» kann entweder heissen, dass hier Hunger herrscht oder dass keine Nachkommen, die Widerstand gegen Ägypten leisten könnten, vorhanden sind. Nebenbei erfährt man auf der Stele auch, was altorientalische Herrscher üblicherweise unter Frieden/Schalom verstehen: Die anderen Völker sind von ihnen unterworfen, halten sich still und bezahlen Tribute. Betreffend den historischen Aussagegehalt ist zu beachten: Auch ägyptische – oder andere ausserbiblische – Texte dürfen nicht einfach als historische Berichte gelten. Sie können ebenso gut Propaganda oder Wunschdenken darstellen und die eigene Sicht der Geschichte konstruieren.

Umbrüche im 12. Jahrhundert v. Chr. 2.1.3

Ab ca. 1200 v. Chr. kam es im gesamten Orient zu grossen Umbrüchen, die auch Kanaan massgeblich veränderten.[19] Es brachen erstens Grossreiche zusammen: Im Norden Kanaans fand das Grossreich der Hethiter sein Ende. In Ägypten löste sich das Neue Reich auf, und die ägyptische Besatzungs-Armee wurde aus Kanaan zurückgezogen (ca. ab 1100 v. Chr.). Damit verbunden war ein Zusammenbrechen des internationalen Handels. Zweitens wurden die meisten grossen kanaanäischen Stadtstaaten innerhalb von etwa 200 Jahren zerstört. Sie wurden nur nach und nach wiederaufgebaut, meist als kleinere, weniger mächtige Städte. Drittens erfolgte gleichzeitig zum Niedergang der Städte eine starke Besiedlung des galiläischen und des zentralen Berglandes (Efraim/Manasse). Und viertens siedelten sich an der Mittelmeerküste die sogenannten Seevölker an: Die Philister[20] übernahmen vor allem im südlichen Teil (Gaza, Aschkelon, Aschdod, Ekron) die Herrschaft und führten die kanaanäische Stadtstaatenkultur fort.

19 Vgl. den Überblick bei *Zwingenberger, Uta:* Art. Eisenzeit I/WiBiLex.
20 Vgl. *Ehrlich, Carl:* Art. Philister/WiBiLex.

2.1.3.1 Thesen/Modelle zur «Landnahme»

In der Archäologie zu Beginn des 20. Jahrhunderts n. Chr. sah man in der Zerstörung der kanaanäischen Stadtstaaten die Darstellung des Josuabuches bestätigt und ging davon aus, dass die Israeliten nach einem 430-jährigen Aufenthalt in Ägypten von aussen in das Land Kanaan eingewandert waren und dieses im Sturm erobert, deren Städte zerstört und die kanaanäischen Einwohner vertrieben hatten. Diese Vorstellung der sogenannten Landnahme wird Eroberungs- oder Invasionsmodell genannt.

Exkurs

Jericho

Die bekannteste Eroberungserzählung dürfte jene über Jericho sein:[21] Jos 6 beschreibt, dass Jericho beim Einzug ins Land als erste Stadt erobert wurde, indem Josua und seine Krieger die Stadt sieben Tage lang umkreisten und am siebten Tag sieben Priester in sieben Widderhörner («Posaunen») bliesen, so dass die Mauer der Stadt eingestürzt sei und Jericho eingenommen werden konnte. Doch die Archäologie bestätigt ein solches Ereignis nicht: Zwar war Jericho ab dem 10.–8. Jahrtausend v. Chr. besiedelt und ist eine der ältesten bislang bekannten Städte der Welt, aber Jericho wurde 1550 v. Chr. durch eine verheerende Feuersbrunst, vielleicht verbunden mit einem Erdbeben, zerstört – also vor der Zeit einer israelitischen Landnahme. Vom 15.–14. Jahrhundert v. Chr. hatte Jericho infolge der ägyptischen Vorherrschaft in seinem Gebiet aller Wahrscheinlichkeit nach keine Stadtmauer und war vom 13.–12. Jahrhundert v. Chr. nicht besiedelt. Erst vom 11.–6. Jahrhundert v. Chr. hat die Archäologie wieder Siedlungsnachweise erbracht. Der Text Jos 6 ist sehr wahrscheinlich erst im 7. Jahrhundert v. Chr. entstanden und im 5. Jahrhundert v. Chr. überarbeitet worden und gebraucht die uralte Stadt Jericho als Beispielerzählung, wie Gott den Israeliten «das Land gegeben» habe: idealisierterweise nahezu kampflos, lediglich mit «Hörnerschall» und «Kriegsgeschrei».[22]

Das *Eroberungsmodell* konnte weder bei Jericho noch insgesamt mit den weiteren Ergebnissen der Archäologie und der Literargeschichte der Bibel in tatsächliche Übereinstimmung gebracht werden. Daher wurden weitere Modelle der Land-

21 Vgl. *van der Veen, Peter:* Art. Jericho (AT)/WiBiLex.
22 Vgl. grundlegend *Bieberstein, Klaus,* Josua.

Abb. 6: Steinzeitlicher Turm von Jericho

nahme vorgeschlagen:[23] Ein *Infiltrationsmodell* geht davon aus, dass Nomaden sesshaft wurden und dadurch mehrheitlich friedlich das Land übernahmen. Ein *Revolutionsmodell* rechnet damit, dass ländliche Bewohner (*Hapiru*-Nomaden; Unterprivilegierte; geflohene Schuldsklaven; «Outlaws») gegen die Städte revoltierten und diese zu Fall brachten. Ein *Evolutionsmodell* betont den Untergang der kanaanäischen Stadtstaaten aus einer Vielzahl von Gründen und geht davon aus, dass Israel aus dem Übriggebliebenen dieser zerstörten Kultur nach und nach wieder entstanden war.

Heute nimmt man mehrheitlich an, dass sich ab 1200 v. Chr. ein über mehrere Jahrhunderte andauernder, sehr komplexer Veränderungsprozess in Kanaan vollzog. Dabei könnten es auch Kombinationen der verschiedenen Modelle gewesen sein, die schliesslich in die sogenannte Königszeit mündeten. Als sicher gilt, dass es im Land auch fortbestehende kanaanäische Städte mit deren Bevölkerung und Kultur bis weit in die Königszeit hinein gab und dass das schliesslich entstandene Volk Israel auch aus dieser kanaanäischen Bevölkerung und Kultur erwachsen ist. Insgesamt geht das spätere

23 Vgl. den Überblick bei *Frevel, Christian,* Geschichte 72–76; weiter *Finkelstein, Israel/Silberman, Neil A.,* Posaunen 86–139.

Israel auf ein Konglomerat verschiedener Gruppen, lokaler Verbände und Stämme zurück, die sich über lange Zeiträume situativ verbündet, aber auch bekämpft und sich erst nach und nach zusammengeschlossen haben. Drei Gruppen sind hier zu erwähnen, die wahrscheinlich eine wichtige Rolle im Kanaan des 14.–10. Jahrhunderts v. Chr. spielten.

2.1.3.2 Hapiru, Schasu-Nomaden und Exodus-Gruppe

Die erwähnten *Hapiru* werden in den Amarna-Briefen (14. Jahrhundert v. Chr.) häufig als Bedrohung für die kanaanäischen Städte beschrieben. Was oder wer genau die Hapiru waren, ist nach wie vor Gegenstand der Forschung.[24] Manche vermuten, dass es sich bei den Hapiru um Leute unterschiedlicher Herkunft handelte, die aus Schuldsklaverei flüchteten und sich in Kanaan zu verschiedenen neuen Verbänden zusammenschlossen. Andere nehmen an, dass die Hapiru ehemalige Bewohner zerstörter kanaanäischer Städte oder aus diesen Städten verdrängte Menschengruppen waren, die sich nun als «Outlaws» mittels Raubzügen, Plünderungen und Erpressungen ihren Unterhalt sichern mussten. Auch wenn im Namen *Hapiru* die biblische Bezeichnung «Hebräer» (Gen 39,13; Ex 1,15; 1 Sam 4,6 u. ö.) wohl anklingt und eventuell eine sprachgeschichtliche Verbindung der Namen besteht, so sind die Hapiru doch nicht einfach die ersten Hebräer oder gar Israeliten. Die geschichtlichen und sozialen Entwicklungen ab dem 12. Jahrhundert v. Chr. waren viel zu komplex, als dass sie sich die Hebräer/Israeliten auf nur eine dominante Gruppe zurückführen liessen.

Eine zweite soziologisch wichtige Gruppe sind die ebenfalls in vielen ägyptischen Texten genannten *Schasu*-Nomaden bzw. -Bauern. Diese waren wohl als Kleinvieh züchtende Bauern halbnomadisch unterwegs und lebten wahrscheinlich im überwiegend friedlichen wirtschaftlichen Austausch mit den Städten. Gleichwohl werden sie in ägyptischen Texten wie die Hapiru als «Unruheherde» gewertet. Die beiden Sozialformen, Hapiru und Schasu, lassen sich vielleicht auch mit man-

24 Vgl. *Jericke, Detlef:* Art. Hebräer/Hapiru/WiBiLex, mit weiterführender Lit.

chen der biblisch für die Frühzeit beschriebenen Stämme bzw. Stammesverbände in Verbindung bringen.[25]

Drittens ist nach jener Gruppe zu fragen, von der das Exodusbuch eine Befreiung aus der Sklaverei in Ägypten erzählt: Die Frage, ob Ex 1–14 von einem frühen historischen Ereignis berichtet, ob es also einen Auszug von versklavten Hebräern/«Israeliten» aus Ägypten irgendwann vor 1000 v. Chr. gegeben hatte, ist heute sehr umstritten.[26] Meines Erachtens – und dies nimmt nach wie vor eine Mehrheit der Forschenden an – ist es wahrscheinlicher, dass der im Exodusbuch erzählte Auszug aus Ägypten einen historischen Kern hat: eine Flucht oder auch Vertreibung einer Gruppe aus Ägypten, die diesen Auszug als Befreiung durch Gott (JHWH)[27] erlebte und deutete. Zwar besteht Konsens, dass es keine 600 000 Leute (Ex 12,37; Num 11,21; vgl. Num 1,46; 2,32) gewesen sein konnten, die aus Ägypten auszogen: Zum einen, weil ägyptische Quellen nirgends ein solches Ereignis kennen, und zum anderen, weil eine derart riesige Menschenmenge niemals in der Wüste Sinai hätte überleben können, schon gar nicht 40 Jahre lang. Mit der Zahlenangabe wollen die viel später geschriebenen biblischen Texte betonen, dass «ganz Israel» von Gott aus der Sklaverei befreit wurde. So schafft die Exoduserzählung eine gemeinsame Identität für das viel später entstandene Israel (Israel als Nordreich im weiten Sinn inklusive Juda verstanden). Dennoch lassen es verschiedene Überlegungen als wahrscheinlich erscheinen, dass es einen Exodus gab, wenn auch von einer viel kleineren Gruppe: Das Exodus-Ereignis spielt im AT eine überaus wichtige Rolle, die es ohne historischen Kern kaum gewonnen hätte. Historisch gut belegt ist, dass Asiaten bzw. Semiten aus Syrien und Kanaan im 2. Jahrtausend v. Chr. in Ägypten lebten. Zum Teil sind sie als Fremdarbeiter, zum Teil als Kriegsgefangene, zum Teil aufgrund der Kupferminen-Arbeit in Timna (Negev), zum Teil als Halbnomaden – etwa wegen einer Hungersnot – ins Nildelta gekommen. Letzteres belegt z. B. ein Bericht von Grenzbeamten aus dem 12. Jahrhundert v. Chr.:

25 Siehe unten und Abschnitt 4.2.1.

26 Siehe hierzu und zum Folgenden ausführlich Abschnitt 6.3.

27 Zum Gottesnamen JHWH siehe Abschnitt 4.1.1.9.

> «Eine andere Mitteilung für meinen Herrn: Wir sind damit fertig geworden, die Schasu-Stämme von Edom durch die Festung des Merenptah in Tkw passieren zu lassen bis zu den Teichen von Pitom des Merenptah in Tkw, um sie und ihr Vieh durch den guten Willen des Pharao, der guten Sonne eines jeden Landes, am Leben zu erhalten.»[28]

Eine ägyptische Inschrift aus dem 14. und eine aus dem 13. Jahrhundert v. Chr. sprechen von *Schasu* aus *Jhw*, worin vielleicht eine Verbindung zum Gottesnamen JHWH gesehen werden kann. Hinzu kommen manche biblischen Aussagen (Ri 5,4 f.; Ps 68,8; Hab 3,3; Dtn 33,2), die nahelegen, dass der Glaube an den Gott JHWH ursprünglich im südlichen Transjordanien (Edom/Seïr) beheimatet war und von dort – vielleicht mit einer Schasu-Gruppe, die einen Exodus erlebt hatte – ins zentrale Bergland Kanaans gelangte (sogenannte *Midianiter*- oder *Keniterhypothese*).[29]

2.1.3.3 Komplexe, heterogene Entstehung

Eine einfache oder umfassende Erklärung der geschichtlichen Ereignisse und sozialen Umwälzungsprozesse ab 1200 v. Chr. gibt es bislang nicht. Insgesamt ist davon auszugehen, dass sich unterschiedliche Gruppen von Kanaanäern, Schasu, Hapiru und andere Gruppen im zentralen Bergland ansiedelten, dass die Anfänge also sehr heterogen waren und es auch bis weit in die Königszeit hinein blieben. Dabei spielt auch der grosse Unterschied zwischen dem nördlichen und dem südlichen Zentralgebirge eine grosse Rolle: Die Archäologie hat ab den 1980er Jahren zutage gefördert, dass die Gebirge von Efraim/Manasse und Juda immer schon und auch im 12.–8. Jahrhundert v. Chr. sehr unterschiedlich stark besiedelt waren:[30] Der Norden war schon im 3. Jahrtausend v. Chr. aber auch in biblischer Zeit immer sehr viel stärker besiedelt und hatte die grösseren Städte und die höher entwickelten Kulturen. Juda war demgegenüber lange Zeit recht unbedeutend und spärlich besiedelt – es hatte auch im 10.–9. Jahrhundert v. Chr. wohl kaum mehr als 20 Dörfer. Die Ursachen für die-

---

28 Papyrus Anastasi VI, 51–54, zit. in Anlehnung an *Galling, Kurt,* Textbuch 40.

29 Zu Edom/Esau siehe Abschnitt 4.2.3.2.

30 Vgl. *Zwingenberger, Uta,* Dorfkultur; *dies.:* Art. Eisenzeit I/WiBiLex.

sen grossen Unterschied sind u. a., dass das nördliche Zentralgebirge regenreicher und landwirtschaftlich fruchtbarer war, dass die Zugänglichkeit zu den grossen Handelsrouten an der Mittelmeerküste und im Jordangraben viel besser waren und dass im Norden die fruchtbare und ebenfalls als Handelsroute dienende Jesreel-Ebene unmittelbar angrenzte.

Entstehungserzählung mit zwölf Stämmen 2.1.3.4

Den heterogenen Anfängen entspricht in gewisser Hinsicht die biblische Erzählung von verschiedenen Stämmen in der Frühzeit:[31] Heute geht man mehrheitlich davon aus, dass es historisch keinen Zwölfstämmebund in der Frühzeit gab, sondern dass die entsprechenden Genealogien und Erzählungen – ähnlich wie die Erzählung eines Exodus von «ganz Israel» – ein Versuch in späterer Zeit sind, eine gemeinsame Herkunft und damit eine gemeinsame Identität zu schaffen mit dem Ziel, in Frieden zusammen zu leben.[32] Dennoch werden die dörflichen Strukturen ab dem 12. Jahrhundert v.Chr. eine Organisation nach Sippen begünstigt bzw. zur Stärkung bereits bestehender Sippenorganisationen beigetragen haben. Dabei können verschiedene Regionen mehr und mehr zusammengewachsen sein, sich gegenseitig bei Kriegsgefahr und Hunger unterstützt und einen gewissen Handel betrieben haben. Verschiedene biblische Texte legen nahe, dass sich in vorstaatlicher Zeit Stämme jeweils situativ zusammenschlossen, um sich gemeinsam gegen Angriffe von aussen zu wehren (Ri 5). Die Sippen/Stämme werden zu unterschiedlichen Zeiten in unterschiedlichen Regionen entstanden sein (so sind z. B. Efraim, Benjamin, Juda und Naftali wahrscheinlich ursprünglich Landschaftsnamen). Im Genesisbuch wird jedoch eine gemeinsame Ursprungsgeschichte für zwölf Stämme erzählt:[33] Jakob erhält von Gott den Namen Israel (Gen 32,28 f.; 35,9 f.) und zwölf bzw. dreizehn (Josef steht für Manasse und Efraim) Stämme

31 Vgl. *Biberberg, Bernd:* Art. Verwandtschaft (AT)/WiBiLex; *Schäfer-Lichtenberger, Christa:* Art. Stamm/Stammesgesellschaft/WiBiLex; *Wolfgang Oswald*, Staatstheorie 145–184; *ders.:* Art. Staat (AT)/WiBiLex.

32 Vgl. *Hieke, Thomas:* Art. Geneaologie (AT)/WiBiLex; *Usener, Knut/Kreuzer, Siegfried:* Art. Amphiktyonie/WiBiLex.

33 Siehe Abschnitt 4.2.3.

werden auf Jakob zurückgeführt, indem erzählt wird, Jakob habe mit seinen beiden Frauen Lea und Rahel sowie mit deren Sklavinnen Bilha und Silpa zwölf Söhne erhalten (Gen 29,31–30,24; 35,23–26; 49,3–27). Mittels dieser Erzählung wird das ganze Gebiet des späteren Israels auf einen Stammvater und vier Erzmütter zurückgeführt:[34]

Lea-Stämme		**Rahel-Stämme**	
Lea	Silpa	Rahel	Bilha
1. Ruben	7. Gad	11. Josef	5. Dan
2. Simeon	8. Ascher	(zus. mit Asenat:	6. Naftali
3. Levi		– Manasse	
4. Juda		– Efraim)	
9. Issachar			
10. Sebulon		12. Benjamin	
Tochter Dina			

Wie gesagt wird heute mehrheitlich davon ausgegangen, dass eine solche Herleitung und ein Stämmebund überhaupt in den biblischen Texten Rückprojektionen sind, um eine gemeinsame Vergangenheit zu konstruieren. Manche nehmen an, dass diese Identitätsbildung nach dem Zusammenbruch des Nordreichs 722 v. Chr. vorgenommen wurde, andere rechnen erst in der Perserzeit damit.[35] Doch selbst wenn dies für die biblischen Texte so oder ähnlich zutrifft, können Stämme schon viel früher ihre je eigene Geschichte und Bedeutung gehabt haben.

34 Vgl. zu den «Erzmüttern» der zwölf Stämme Israels *Klein, Renate A.:* Art. Rahel/WiBiLex; *dies.:* Art. Bilha/WiBiLex; *dies.:* Art. Lea/WiBiLex; *dies.:* Art. Silpa/WiBiLex, jeweils mit weiterer Lit.

35 So jüngst *Tobolowsky, Andrew,* Sons.

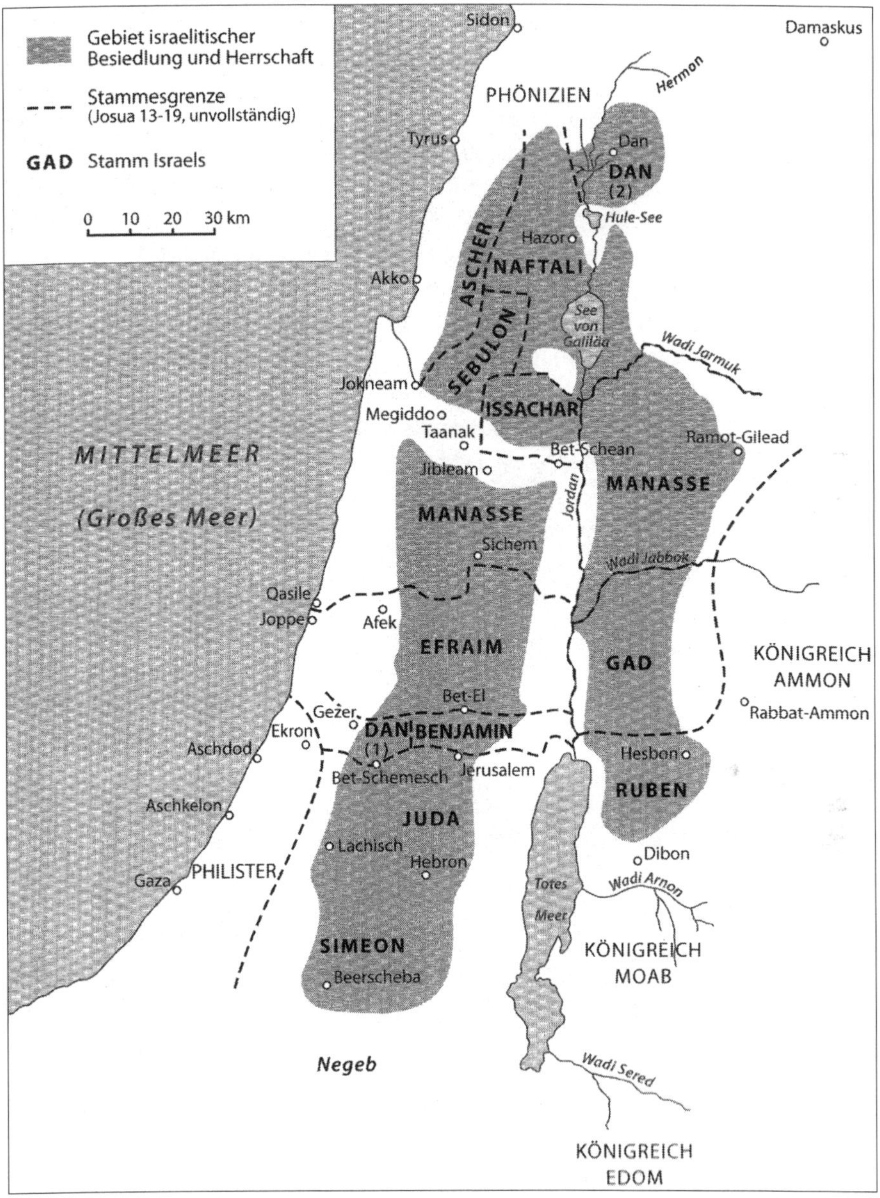

Abb. 7: Karte zu den Stämmen Israels.

2.2 Königszeit

Wie schon bei den Stämmen oder bei der Exoduserzählung ist auch beim entstehenden Königtum[36] in der Forschung sehr umstritten, was als historisch oder wenigstens im Kern als historisch anzusehen ist und was eine Rückprojektion aus späterer Zeit darstellt – sei es, um die Vergangenheit zu verklären und eigene königliche Machtansprüche daraus abzuleiten, sei es, um das Königtum insgesamt als Fehlentwicklung darzustellen und, vielleicht in einer bereits nachmonarchischen Zeit, damit für Staatsformen ohne Königtum zu plädieren. Die kontroverse Diskussion ergibt sich zum einen in der unterschiedlichen Datierung biblischer Texte: So finden sich z. B. für das Debora-Lied in Ri 5, das lange als einer der ältesten Texte des AT aus dem 12. Jahrhundert v. Chr. galt, heute Datierungsvorschläge für alle Epochen der Geschichte bis ins 1. Jahrhundert v. Chr.[37]

Zum anderen werden auch die Ergebnisse der Archäologie unterschiedlich zugeordnet, wie sich etwa an der Ansetzung des Beginns der Eisenzeit II zeigt:[38] Die Eisenzeit II beginnt mit dem Übergang von der Dorfkultur in Kanaan (Eisenzeit I) zu einer wieder entstehenden Stadtkultur. Ab den späten 1950er Jahren datierte der israelische Archäologe Yigael Yadin und in dessen Gefolge Ruth Amiran und Yohanan Aharoni den Beginn der Eisenzeit II bereits um das Jahr 1000 v. Chr., also auf die Zeit, in der David Jerusalem eroberte. Konkret argumentierte Yadin besonders mit einem monumentalen 6-Kammer-Stadttor in Hazor sowie ebensolchen Toren in Megiddo und Geser, die er in das 10. Jahrhundert v. Chr. datierte und mit den in 1 Kön 9,15 erwähnten Bautätigkeiten des Königs Salomo verband. Da die Eisenzeit II hier früh beginnt, nennt man Yadins Chronologie «längere Chronologie» («high chronology»). – Die Position Yadins wurde vor

---

36 Vgl. *Pietsch, Michael:* Art. König/Königtum (AT)/WiBiLex; *Dietrich, Walter,* Königszeit.

37 Vgl. *Eder, Sigrid:* Art. Debora/Deboralied/WIBILex.

38 Vgl. *Jericke, Detlef:* Art. Eisenzeit II/WiBiLex; zudem auch *Zwingenberger, Uta:* Art. Eisenzeit I/WiBiLex; zur Schwierigkeit der archäologischen Chronologie im Alten Orient insgesamt vgl. *Jericke, Detlef:* Art. Chronologie, archäologische/WiBiLex.

dem Hintergrund des Nahostkonflikts zwischen Israelis und Palästinensern oftmals mit nationalistischen Absichten missbraucht, um anhand eines postulierten Grossreichs Israel unter David und Salomo entsprechende Ansprüche für das 20. Jahrhundert n. Chr. abzuleiten.

Umso bemerkenswerter ist, dass gegen Ende des 20. Jahrhunderts Israel Finkelstein, Direktor des Archäologischen Instituts Tel Aviv, aufgrund seiner Ausgrabungen in Jesreel und im zentralen Gebirge zum Schluss kam, dass die Eisenzeit II erst gegen Ende des 10. Jahrhunderts oder sogar erst im 9. Jahrhundert v. Chr. beginnt und damit eine «kürzere Chronologie» («low chronology») vorschlug.[39] Die Position Finkelsteins mit der *low chronology* ist meines Erachtens überzeugender, da sie auf besseren archäologischen Daten und Auswertungen basiert.

Für das Verständnis der Königszeit bedeutet die Position der *low chronology*, dass ein eigentliches Königtum im Sinne einer voll entwickelten Staatlichkeit zum ersten Mal im Nordreich unter den Omriden (ab 882 v. Chr.) nachweisbar und anzunehmen ist: Erst ab dieser Zeit gibt es eine zentral organisierte institutionelle Herrschaft mit Beamtenapparat, Justiz- und Militärwesen, Sanktionsgewalt, Steuer- und Abgabewesen, zunehmend zentralisierter Staatsreligion mit der entsprechenden Priesterhierarchie, mit öffentlichen Gebäuden und zudem öffentlich finanzierten Bauten, staatlich organisierter Ökonomie und einer stark gegliederten (stratifizierten) Gesellschaft.[40] Für Juda wird gar erst in der zweiten Hälfte des 8. Jahrhunderts v. Chr. mit einem solchen voll ausgebildeten Staat gerechnet. Diese Sichtweise widerspricht natürlich jenen biblischen Erzählungen, die bereits Saul und besonders David und Salomo als grosse Könige über ein Gesamtreich Israel, also vom hohen Norden bis weit in den Süden darstellen: «von Dan bis Beerscheba» (2 Sam 3,10; 17,11 u. ö.) bzw.

39 Allgemeinverständlich dargestellt in *Finkelstein, Israel/Silberman, Neil A.*, Posaunen; *dies.*, David.

40 Vgl. *Oswald, Wolfgang:* Art. Staat (AT)/WiBiLex; *Pietsch, Michael:* Art. König/Königtum (AT)/WiBiLex; *Jost, Renate:* Art. Königin (AT)/WiBiLex; *Rüterswörden, Udo:* Art. Verwaltung/WiBiLex; *Staszak, Martin:* Art. Gericht/Gerichtswesen (AT)/WiBiLex; *Kunz-Lübcke, Andreas:* Art. Heer/WiBiLex; siehe zudem die Abschnitte 2.2.2.2. und 2.3.1.

sogar vom «vom Strom Ägyptens bis zum grossen Strom, dem Eufrat» (Gen 15,18; vgl. Dtn 1,7; Jos 1,4; 1 Kön 5,1).

Als biblische Quelle für die Zeit der Könige spielen die Bücher 1/2 Sam und 1/2 Kön eine herausragende Rolle.[41] Sie wurden zusammen mit den Büchern Dtn, Ri und Jos in der Forschung als deuteronomistisches Geschichtswerk (DtrG) bezeichnet, da viele Textpassagen dieser Schriften in ihren theologischen Sichtweisen und Formulierungen eine enge Verbindung zum Dtn aufweisen. Heute ist höchst umstritten, ob die Bücher Dtn–Kön je ein solch zusammenhängendes Werk bildeten, und falls ja, wie es entstanden sein könnte und ob es ein mehr oder weniger einheitliches Werk darstellte. Dies insbesondere, weil auch in anderen Schriften des Pentateuchs oder der Propheten deuteronomistische Überarbeitungen ausgemacht werden können.[42] Diese Überarbeitungen werden gewöhnlich auf eine «Gruppe» (Schreiberschule, Schriftgelehrte, Intellektuelle?) zurückgeführt, die man Deuteronomisten nennt. Häufig wird angenommen, diese Deuteronomisten hätten im Umkreis des jungen Königs Joschija am Palast und Tempel in Jerusalem gewirkt,[43] seien dann – wenigstens ein Teil von ihnen – 587 v. Chr. mit der Oberschicht nach Babylon verschleppt worden, wo sie jedoch weiter tätig blieben. Die einflussreiche Schreiberfamilie der Schafaniden wird häufig zu den Deuteronomisten gerechnet, zudem wird der Prophet Jeremia mit ihnen in Verbindung gebracht.[44]

Für die Geschichtsdarstellung Israels/Judas ist wichtig zu sehen, dass das DtrG vor allem die Könige, aber auch andere Führungsleute und schliesslich das Volk selbst für die Zerstörung des Nordreichs 722 v. Chr. und die Zerstörung Jerusalems 587 v. Chr. verantwortlich macht, indem es ihnen vorwirft, sie hätten «das Gesetz missachtet» und seien «von JHWH abgefallen», um «anderen Göttern zu dienen» (vgl. 2 Kön 22,17; 28,25 u. ö.; vgl. Dtn 6,14; 7,4; Ri 2,19). Diese

41 Vgl. hierzu und zum Folgenden *Paganini, Simone:* Art. Deuternonimistisches Geschichtswerk (DtrG)/WiBiLex; *Adam, Klaus-Peter:* Art. Samuelbücher/WiBiLex; *Werlitz, Jürgen:* Art. Königsbücher/WiBiLex.

42 Vgl. *Römer, Thomas:* Art. Deuteronomismus/WiBiLex.

43 Siehe Abschnitt 2.4.

44 Vgl. *Stipp, Hermann-Josef:* Art. Schafan/WiBiLex; *ders.*, Reform.

theologische Position bzw. tendenziöse Sicht beeinflusst die Wahrnehmung und Wertung der verschiedenen Könige usw. natürlich überaus stark: So unterziehen die Königsbücher alle Könige des Nordreichs bis zu dessen Untergang und auch einige Könige des Südreichs bis zu dessen letztem König Zidkija einer harschen Kritik. Die meisten Könige werden bewertet mit: «Er tat, was GOTT missfiel». Damit meinen die Deuteronomisten vor allem, dass der Forderung, den JHWH-Kult als Staatskults im Tempel von Jerusalem zu zentralisieren (Dtn 12), nicht nachgekommen wurde. Nur König Joschija hat ihrer Auffassung nach diese Forderung verwirklicht.[45]

Kleine Anfänge: Saul, David, Salomo 2.2.1

Saul 2.2.1.1

Die biblische Erzählung beginnt seine Darstellung des Königtums mit Saul (1 Sam 9–15; 28–31):[46] Saul war aus dem Stamm Benjamin und wurde von diesem sowie anderen Stämmen zum militärischen Anführer («König») gewählt (1 Sam 11), primär gegen die Bedrohung durch die Philister und vielleicht auch gegen die Ammoniter. Wir würden dies heute vielleicht als Guerillakrieg bezeichnen: Das im Vergleich zu den kanaanäischen Stadtstaaten der Philister kleine zentrale Bergland wehrt sich für seine Eigenständigkeit. Auch wenn die biblische Darstellung Saul gegen alle Nachbarn «Israels» kämpfen lässt, ist aufgrund der Ortsangaben in der Saul-Erzählung anzunehmen, dass Saul v.a. im und für das Gebiet Benjamin kämpfte, das im 10. Jahrhundert v.Chr. eine gut entwickelte Dorfkultur hatte. In religiöser Hinsicht wird in der biblischen Erzählung dem Propheten und «kleinen Richter» Samuel eine entscheidende Rolle zugemessen: Er soll sowohl Saul als auch später David jeweils heimlich gesalbt haben. Wenn Samuel jedoch historisch ein sogenannter kleiner Richter war, so müsste er wohl eher gegen eine stärker zentralisierte Führungsgestalt gewesen sein, da «kleine Richter» wahrscheinlich

45 Vgl. *Pietsch, Michael:* Art. Josia/WiBiLex; *Gerstenberger, Erhard:* Art. Königskritik/WiBiLex.

46 Vgl. *Pietsch, Michael:* Art. König/Königtum (AT)/WiBiLex; *Kreuzer, Siegfried:* Art. Saul/WiBiLex; *Adam, Klaus-Peter:* Art. Samuelbücher/WiBiLex.

im vorstaatlichen Israel/Juda diesen Führungsanspruch für sich selbst geltend machten.[47] Von daher wird es sich bei diesen Erzählungen wohl um eine spätere religiöse Legitimierung von Saul und David handeln.

Saul hatte mit seinem Wohnort Gibea wohl keine Stadt mit Palast, Verwaltung, Tempel und Armee als Machtbasis. Seine Anführerschaft scheint daher immer von der Zustimmung seines Stammes und von der aktuellen militärischen Bedrohung abhängig gewesen zu sein. Entsprechend kurz war Saul an der Macht: Nach den Berichten über seine kriegerischen Siege erfolgt ab 1 Sam 16 bereits die Aufstiegserzählung Davids, die stark vom Schema «guter König» (David) – «schlechter König» (nun Saul) geprägt ist. In 1 Sam 31 wird abschliessend erzählt (anders jedoch 2 Sam 1), dass die Israeliten mit Saul vor den Philistern flohen, seine Söhne erschlagen wurden, Saul Suizid beging, die Philister seinen Leichnam schändeten und die Einwohner von Jabesch-Gilead – Saul hatte gem. 1 Sam 11 Jabesch von den Ammonitern befreit – schliesslich für seine Bestattung durch Verbrennung sorgten. – Die Einschätzung, inwieweit die Saul-Erzählungen historische Begebenheiten wiedergeben und inwieweit sie Rückprojektionen späterer Zeiten sind, ist wie gesagt in der aktuellen Forschung sehr umstritten. Insgesamt ist eher davon auszugehen, dass das Wirkungsfeld Sauls relativ klein und seine Macht begrenzt waren.

2.2.1.2 David

Die biblische Erzählung über David nimmt breiten Raum ein:[48] Sie lässt sich gliedern in eine Aufstiegserzählung, von David als Musiker an Sauls Hof (1 Sam 16) bis zur Einnahme Jerusalems (2 Sam 5), und eine Thronfolge-/Hofgeschichte (2 Sam 6–1 Kön 2). Die Erzählungen lassen David teils sehr positiv, teils sehr negativ erscheinen. Wahrscheinlich ist dies aufgrund der unterschiedlichen Zeiten, in denen die Davidererzählungen aufgeschrieben und redigiert wurden, zu erklären:

---

47 Vgl. *Mommer, Peter:* Art. Samuel/WiBiLex; *Scherer, Andreas:* Art. Richter, kleine/WiBiLex.

48 Vgl. *Fischer, Alexander:* Art. David/WiBiLex; *Seiler, Stefan:* Art. Aufstiegserzählung/WiBiLex; *ders.:* Art. Thronfolgegeschichte/WiBiLex.

Möglicherweise gab es nach dem Untergang des Nordreichs eine sehr positive David-Erzählung, die Jerusalem stärken und David mit Saul (d. h. mit dem Nordreich) versöhnen wollte, Letzteres, damit auch die aus dem Nordreich Geflüchteten sich der davidischen Dynastie anschliessen konnten. In exilisch-nachexilischer Zeit dürften dann durch deuteronomistische Überarbeitungen kritischere Sichtweisen hinzugekommen sein. Ausserbiblisch wird in einer Inschrift von Tel Dan (ca. 825 v. Chr.) ein «Haus David» genannt, das, was auch immer dieses genau bezeichnen mag (eine Dynastie oder nur eine politische oder geografische Bezeichnung für Juda?), zumindest die Historizität Davids belegt.[49]

Historisch stellt man sich die Herrschaft Davids nach heutigem Forschungsstand meist etwa so vor: David stammte als Sohn des Isai aus dem Bergland Judas zwischen Hebron und Betlehem, wobei Betlehem als Heimatort seiner Sippe gilt. Dieses Gebiet war viel weniger besiedelt als die nördlicheren Gebiete (Benjamin; Efraim usw.). David wird in seiner frühen Zeit als eine Art Hapiru-Anführer beschrieben:[50] Entsprechend der biblischen Überlieferungen hatte er eine Privatarmee von etwa 400–600 Mann, überfiel Nomaden und raubte deren Besitz (1 Sam 30), erpresste Schutzgelder (1 Sam 25) und war als Söldnerführer tätig. Als solcher verteidigte er verschiedene judäische Dörfer gegen die Philister (1 Sam 23,1–14), konnte umgekehrt aber auch im Dienste der Philister stehen (1 Sam 27–29). Möglicherweise hatten die Philister David unterstützt oder liessen ihn zumindest gewähren, damit er im Bergland Widerstand leistete gegen die Benjaminiter, die ihrerseits unter Saul gegen die Philister kämpften.

David scheint sich mit der Zeit zu einem Stammführer Judas entwickelt zu haben, der die im judäischen Bergland liegenden Dörfer gegen Feinde schützte und sich zunächst in Hebron eine städtische Machtbasis sicherte (2 Sam 2,4). Von dort erweiterte er seine Herrschaft Richtung Norden, indem er seinen Sitz nach Jerusalem verlegte. Inwieweit es sich dabei

49 Vgl. *Robker, Jonathan:* Art. Inschrift von Tel Dan/WiBiLex.

50 Siehe Abschnitt 2.1.3.2.

um eine Eroberung handelte (2 Sam 5,6–12), ist umstritten. Manche nehmen an, dass Jerusalem um 1000 v. Chr. eher ein Dorf oder eine blosse Festung als eine Stadt war:[51] Bereits in seiner Blüte während der Mittleren Bronzezeit (1930–1530 v. Chr.) hatte Jerusalem nur eine Fläche von etwa 4–5ha, was 800–2000 Einwohnerinnen und Einwohnern entspricht (zum Vergleich: Hazor 63ha, Aschkelon 60ha). Im 14. Jahrhundert v. Chr. belegen Briefe aus dem Amarna-Archiv, dass der Jerusalemer Stadtkönig Abdi-Chepa, ein Vasall Ägyptens, sich in harter Bedrängnis von Sichem und Hebron sah. Wenn er um 50 ägyptische Soldaten bittet, um der Sache Herr zu werden, so zeigt das in etwa die bescheidenen Grössenverhältnisse des Konflikts. Für die Zeit um 1000 v. Chr. gehen heutige archäologische Forschungen für Jerusalem von 1ha Besiedlungsgebiet und kaum mehr als 200–500 Einwohnerinnen und Einwohnern aus.

Dennoch geriet David mit der Inbesitznahme Jerusalems als «seine Stadt» (2 Sam 5,7.9) mit grosser Wahrscheinlichkeit in Konflikt mit den nördlich angrenzenden Benjaminitern, die Jerusalem möglicherweise schon vor David für sich beansprucht hatten (Jos 15,5–11; 18,28; Ri 1,21). Dieser Konflikt könnte der Hintergrund sein für die Erzählungen, in denen Saul David verfolgt. Zudem kann David an der frühen kanaanäischen Tradition von Jerusalem als Stadtstaat anknüpfen, vielleicht auch indem er mit den alteingesessenen jebusitischen Einwohnern kooperierte (dafür könnten der in den biblischen Texten genannte Priester Zadok und die Palastwache namens Benaja sprechen). Von dem um 1000 v. Chr. kleinen Jerusalem aus wird David bei alledem nie ein Grossreich, wie es in 2 Sam 8,1–10 (vgl. 1 Kön 5,1) beschrieben wird, regiert haben können. Dies wird vielmehr eine Rückprojektion aus späterer Zeit sein. Aber vielleicht gerade weil Jerusalem viel unbedeutender als die Nordreichstädte war, konnte es eine grosse politische Stabilität erreichen: David folgten für gut 400 Jahre Nachfolgekönige aus seinem Geschlecht. Und natürlich hat das Kleine, das sich gegenüber den Grossen

51 Vgl. *Bieberstein, Klaus:* Art. Jerusalem/WiBiLex; *Keel, Othmar,* Geschichte Jerusalems I, 147–233.

(Ägypter, Assyrer, Philister) behaupten kann, eine anhaltende Faszination. Diese Faszination hat einen dichterischen Ausdruck gefunden in der Erzählung des Kampfs von «David gegen Goliat».

Exkurs

David und Goliat – oder: Vom Bibelverständnis

In der Einleitung merkte ich an, heutzutage würde die Bibel meist mit einer naturwissenschaftlichen bzw. historischen Brille gelesen ohne Verständnis für die antiken Bilder und Erzählungen, die häufig Fiktion und erzählerische Reflexion darstellen und keine historischen Berichte sein wollen. Ein Paradebeispiel dafür liefert ein kleiner Exkurs in einem medizinischen Lehrbuch zum Kampf von David gegen Goliat in 1 Sam 17,1–58: Gemäss der biblischen Erzählung hatten sich die Israeliten unter Führung Sauls zum Kampf gegen die Philister aufgestellt, als ein riesengrosser Philister namens Goliat vortrat und anstelle einer Schlacht einen Zweikampf forderte, nicht ohne Israel gebührlich zu verhöhnen. «Saul und ganz Israel erschraken und hatten grosse Angst» (V. 10), doch ein am Kampf eigentlich völlig unbeteiligter kleiner Hirtenjunge namens David kommt den Israeliten schliesslich zu Hilfe und stellt sich Goliat zum Kampf:

«48 Und als der Philister sich aufmachte, losging und David näher kam, lief David eilends aus der Schlachtreihe heraus, dem Philister entgegen. 49 Und David griff mit der Hand in die Tasche, nahm einen Stein heraus, schleuderte ihn und traf den Philister an der Stirn, und der Stein drang in seine Stirn, und er fiel zur Erde, auf sein Gesicht. 50 So war David mit Schleuder und Stein stärker als der Philister, und er erschlug den Philister und tötete ihn. David aber hatte kein Schwert in der Hand gehabt. 51 Da lief David hin, trat zu dem Philister, nahm dessen Schwert, zog es aus der Scheide und gab ihm den Todesstoss und schlug ihm damit den Kopf ab. Und die Philister sahen, dass ihr Held tot war, und sie flohen. [...] 54 Und David nahm den Kopf des Philisters und brachte ihn nach Jerusalem, seine Waffen aber legte er in sein Zelt.» (1 Sam 17,48–54)

Ein heutiges Standardwerk für das Medizinstudium geht auf die Erzählung David und Goliat ein, wobei zunächst die erstaunliche Grösse von Goliat mit über 3 Metern (6 Ellen und eine Handspanne) erklärt und dann die Frage gestellt wird: «Wozu diese Bibelstunde in einem neurowissenschaftlichen Lehrbuch? Die Antwort ist, dass das Verständnis der visuellen Bahn eine Erklärung dafür liefert, warum Goliath in diesem Kampf im Nachteil war. Die Körpergröße wird über die Sekretion von Wachstumshormonen aus dem Hypophysenvorderlappen gesteuert. In manchen Fällen wird er hypertroph (vergrößert) und produziert überhöhte Mengen des Hormons, was zu einem Köperwachstum ungewöhnlichen Ausmaßes führt. Solche Individuen leiden unter sogenanntem hypophysärem Gigantismus und können gut über 2,40 m groß werden. Die Hypertrophie der Hypophyse stört auch das normale Sehvermögen [...], woraus ein Verlust der peripheren Sicht resultiert, der als *bitemporale Hemianopsie* bezeichnet wird und zu einer Art *Tunnelblick* führt [...] Man kann spekulieren, dass David in der Lage war, sich Goliat zu nähern und ihn zu schlagen, weil dieser ihn zu dem Zeitpunkt komplett aus dem Blickfeld verloren hatte.»[52]

Ist das nicht ein schönes Beispiel dafür, wie sehr wir heute biblische Texte mit naturwissenschaftlichen Interessen, Fragestellungen und Vorurteilen lesen? Bestimmt sind die neurologischen Zusammenhänge hier richtig beschrieben – und immerhin wird der Exkurs zum «ferndiagnostizierten» Tunnelblick Goliats als «Spekulieren» bezeichnet –, aber mit der Erzählung in 1 Sam 17 hat das Ganze nichts zu tun:[53] Zum einen, weil der biblische Text explizit sagt, dass Goliat beim Näherkommen «aufblickte» und David «sah» und ihn aufgrund dessen verhöhnte (V. 41 f.). Zum andern und noch gewichtiger, weil die Erzählung in 1 Sam 17 gar keine historische Begebenheit schildern will. Sie will vielmehr den jahrzehntelangen Kampf des kleinen, gebirgigen Judas gegen das mächtige kanaanäische Stadtkönigtum der Philister versinnbildlichen: Ein unbekannter «Hirtenjunge» – passend zu den Lebensverhältnissen Judas – besiegt ohne eigentliche Waffen (eine Steinschleuder) – den Goliat, der – passend zu der militärischen und wirtschaftlichen Macht der Philister – schwer bewaffnet (Bronze, Eisen), riesig und überaus prahlerisch auftritt. Gestützt wird diese Auslegung von 1 Sam 17 noch durch Folgendes: Auch in 2 Sam 21,19 wird ein Philister namens Goliat erschlagen. Dort heisst der Held aus Betlehem allerdings Elhanan. Vermutlich wurde diese Heldenerzählung später mit 1 Sam 17 auf David übertragen und ausgeschmückt (vgl. auch 2 Sam 21,15–22).

Eine naturwissenschaftliche Sicht auf 1 Sam 17 verkennt die Intention des biblischen Textes. Sehr viel klarer sieht es da die Dichtung, in diesem Fall jene von Friedrich Hebbel (1813–1863), die auch das Ambivalente der kriegerischen Siege wahrnimmt – eine Ambivalenz, mit der schon Aussagen in einzelnen Verse von 1 Sam 17 ringen (vgl. V. 45 mit V. 47):[54]

> David und Goliath
> Diesen Riesen zu töten, war leicht für den mutigen Hirten,
> Welcher, im Schleudern geschickt, sicher versandte den Stein.
> Schwerer fand er es schon, den Toten des Haupts zu berauben,
> Doch es gelang ihm zuletzt durch den verdoppelten Streich.

52 *Bear, Mark F. u. a.,* Neurowissenschaften 345.

53 Vgl. *Ehrlich, Carl:* Art. Philister/WiBiLex; *Seiler, Stefan:* Art. Goliat/WiBiLex; *Muellner, Ilse:* Art. Fiktion/WiBiLex.

54 *Hebbel, Friedrich,* Werke 6, 451.

Aber dem Letzten erliegt er, er soll es dem König ja bringen,
Und nun schleppt er sich tot an der gewaltigen Last.
Friedrich Hebbel (1813–1863)

Salomo 2.2.1.3

Wie in allen Königshäusern zu allen Zeiten geht auch die «Thronfolge» Davids nicht ohne Intrigen, Verrat, Mord und Totschlag vor sich. Gemäss 1 Kön 1–2 entbrannte der Kampf um die Nachfolge Davids noch zu dessen Lebzeiten:[55] Adonija, ein Sohn Davids aus dessen Zeit in Hebron, wollte mit Hilfe des Heerführers Joab und des Priesters Abjatar an die Macht kommen. Doch Salomo setzte sich mit Hilfe seiner Mutter Batseba, des Propheten Natan und des Priesters Zadok – vielleicht eine Art «Jerusalemer Fraktion» – durch: Er wurde, scheinbar auf Geheiss von David, durch Zadok zum König gesalbt. Hierauf liess Salomo seinen Bruder Adonija und andere Gegner umbringen.

In 1 Kön 3–10 wird für Salomo das Idealbild eines altorientalischen Herrschers gezeichnet: unvergleichliche Weisheit (1 Kön 3), ein Heer von Beamten sowie zwölf Statthalter (1 Kön 4), er ist Herrscher über ein Grossreich vom Eufrat bis nach Ägypten (1 Kön 5), Erbauer des Tempels und Palastes in Jerusalem (1 Kön 6–8) sowie vieler Bauten in ganz Kanaan, und zu guter Letzt war er auch noch mit einer Pharaonentochter verheiratet (1 Kön 9). «So übertraf König Salomo alle Könige der Erde an Reichtum und Weisheit» (1 Kön 10,23). Salomo wird hier als märchenhafter Pharao beschrieben – wenn denn der Text keine bittersüsse Ironie darstellt, was ihm durchaus auch zuzutrauen ist. Denn so sehr Salomo in 1 Kön 3–10 «vergoldet» wird, so kurz und knapp wird er in 1 Kön 11 demontiert: Seine «siebenhundert fürstlichen Frauen und dreihundert Nebenfrauen» hätten ihn zu allen möglichen anderen Kulten mit den Göttern der Nachbarvölker verführt. Und so wird Salomo zunächst in einer ersten Gottesrede (1 Kön 11,9–13) die Schuld zugeschoben, dass Jerusalems Herrschaft mit Juda nur auf einen Stamm beschränkt bleibt und sich die anderen Stämme in einem Nordreich zusammenschliessen. In einer

55 *Dietrich, Walter,* Königszeit 85–87.253–257; *Muellner, Ilse:* Art. Batseba/WiBiLex; *Pietsch, Michael:* Art. Nathan/Nathanweissagung/WiBiLex.

zweiten Gottesrede (1 Kön 11,31–39) wird dann gleich auch Jerobeam als König des Nordreichs Israel bestimmt, bevor Salomos Tod und sein Sohn Rehabeam als Nachfolger in Jerusalem nur kurz notiert werden (1 Kön 11,40–43).

Auch im Vergleich zu den vielfältigen und widersprüchlichen Davidüberlieferungen wird klar, dass der stilisierten Erzählung in 1 Kön 1–11 wahrscheinlich sehr wenig historisch Relevantes für die Zeit nach David abzugewinnen ist. Viele halten die Erzählung für reine Fiktion. Andere halten daran fest, dass unter Salomo der Beginn einer Festigung der Herrschaft in Jerusalem mit einem gewissen Ausbau des Königshofs inklusive Tempel als historisch anzunehmen sei.[56] Besonders umstritten sind die Angaben der Bautätigkeit in anderen Städten (1 Kön 9,17–19) sowie die Errichtung eines Palastes (1 Kön 7,1–12) und eines Tempels (1 Kön 6,1–38; 7,13–51) in Jerusalem. Insgesamt ist es m. E. wahrscheinlicher anzunehmen, dass die Bautätigkeiten im Land in späterer Zeit stattfanden. Es kann als gesichert angenommen werden, dass bereits David in Jerusalem mindestens einen älteren Tempel angetroffen hatte (2 Sam 12,30; 22,7).[57] Der Tempel in Jerusalem wurde daher unter Salomo nicht erbaut, sondern lediglich erweitert und ausgebaut –, vielleicht geschah dies sogar erst später unter Ahas (741–725 v. Chr.) und Zidkija (725–697 v. Chr.).[58]

2.2.2 Beachtliches Nordreich Israel – bescheidenes Südreich Juda

2.2.2.1 Beginnende Königszeit im 10. Jahrhundert v. Chr.

Im vorhergehenden Kapitel wurde dargestellt, dass heute viele Wissenschaftler*innen davon ausgehen, dass es historisch unter David und Salomo noch kein geeintes Reich Israel (Juda und die Nordstädte/-stämme zusammen) gegeben hatte. Die biblische Darstellung möchte wohl nach der Zerstörung des Nordreichs Israel 722 v. Chr. einen gemeinsamen Ursprung zeichnen, ein unter David und Salomo geeintes Reich, damit

56 Vgl. *Keel, Othmar,* Geschichte Jerusalems I, 234–337.
57 Vgl. *Keel, Othmar,* Geschichte Jerusalems I, 111–146.
58 Vgl. *Bieberstein, Klaus:* Art. Jerusalem/WiBiLex.

die aus dem Nordreich nach Juda Geflüchteten zusammen mit dem Jerusalemer Königtum die weitere Geschichte gestalten können. Historisch war wahrscheinlich im 10.–8. Jahrhundert die Geschichte von Juda/Jerusalem und den Nordreich-Städten einigermassen getrennt, d. h. ohne gemeinsame politische Führung verlaufen. In diesen Jahrhunderten waren die Nordreich-Städte sehr viel grösser und bedeutender als Jerusalem. Dies kommt in den biblischen Königsbüchern nur bedingt zum Ausdruck, denn diese wurden aus der Perspektive Judas/Jerusalems geschrieben –, und aus dessen Perspektive waren die Könige des Nordens allesamt anderen Göttern als dem Gott JHWH nachgefolgt, so dass sie in den Königsbüchern sehr schlecht bewertet werden.[59] Im Folgenden werden einige herausragende Figuren kurz besprochen.

Nach biblischer Darstellung war Jerobeam I. (927–907 v. Chr.) der erste König des Nordreichs Israel. Er hatte unter Salomo eine hohe Position inne, als ihm der Prophet Ahija von Schilo erklärte, mit Salomos Reich gehe es zu Ende und er, Jerobeam, solle gemäss Gottes Willen König im Nordreich Israel werden (1 Kön 11,28–39). Salomo wollte Jerobeam daraufhin umbringen, doch dieser floh nach Ägypten zum Pharao Schischak (in ägyptischen Quellen Scheschonq genannt). Nach Salomos Tod wollte dessen Sohn Rehabeam die Herrschaft an sich reissen, doch seine Arroganz führte dazu, dass die zehn Nordstädte/-stämme Jerobeam in Sichem (heute Nablus) zum König wählten. Für Rehabeam (926–910 v. Chr.) blieb nur Juda übrig (1 Kön 12,1–24). Welche Rolle der ausserbiblisch im oberägyptischen Karnak bezeugte Feldzug des Pharaos Scheschonq (ca. 926 v. Chr.) gegen Städte an der Mittelmeerküste, bis hin nach Megiddo, Jesreel und in das Ostjordanland für die Geschichte Israels/Judas spielte, ist historisch noch nicht geklärt. Gemäss 1 Kön 14,25 f. zog Scheschonq auch gegen Jerusalem (was in Karnak jedoch nicht belegt ist). Möglicherweise erhielt Scheschonq von Rehabeam den Tempelschatz, weshalb Jerusalem verschont und Rehabeam als ägyptischer Vasallenkönig im Amt belassen wurde.

Vom ersten Nordreichkönig Jerobeam I. wird in 1 Kön 12,26–33 erzählt, er hätte zwei «goldene Kälber» herstellen

59 Siehe Abschnitt 2.2.

lassen und diese in Bet-El und Dan aufgestellt, damit das Volk nicht mehr zum Tempel in Jerusalem gehe. Zusätzlich hätte er zahlreiche Höhenheiligtümer errichten und mit Priestern versehen lassen. Beides wird Jerobeam «zur Sünde» gerechnet (1 Kön 13,34). Die Königsbücher werden im Folgenden allen Königen des Nordreichs vorwerfen, sie hätten an der «Sünde Jerobeams» festgehalten, und dies hätte zur Zerstörung des Nordreichs Israel durch die Assyrer geführt (2 Kön 17,21 f.). In dieser Bewertung spiegelt sich, wie gesagt, die spätere Sicht der Deuteronomisten ab dem 7. Jahrhundert v. Chr., die den unterschiedlichen Tempeln und Kulten des Nordreichs die Schuld für dessen Untergang zuschieben. Ein deutliches Indiz für diese späte Entstehung und Perspektive der Königsbücher ist auch, dass bereits in der Erzählung über Jerobeam der 300 Jahre später lebende judäische König Joschija namentlich angekündigt wird als derjenige, welcher den Kulthöhen ein Ende bereiten werde (1 Kön 13; vgl. 2 Kön 23).

Exkurs

Stiere als Götterbilder («Goldenes Kalb»)

Stiere als Gottesdarstellungen oder -symbole waren im Alten Orient weit verbreitet.[60] Das hebräische Wort *egäl*, das in den Bibelübersetzungen meistens mit «Kalb» wiedergegeben wird, steht eigentlich für einen kämpferischen Jungstier. Zumindest wird in dem verbreiteten Stierkult die Kraft und Vitalität der Gottheit verehrt.

Abb. 8: Bronzefigurine eines Stiers (17.2 x 4.4 x 12.4 cm); *Ḏahret eṭ-Ṭawīle* bei Samaria; 1400–1150 v. Chr.

Wahrscheinlich waren solche Stier-Götterbilder schon lange vor Jerobeam verbreitet. So wird das grösste der bisher in Israel gefundenen Stierbilder zwischen 1400–1150 v. Chr. datiert (siehe Abb. 8). Indem die Königsbücher Jerobeam als ersten König des Nordreichs Israel darstellen und ihn die Stierbilder aufstellen lassen (1 Kön 12,26–33), wollen sie betonen, dass die Religionsausübung im ganzen Nordreich, vom Norden (Dan) bis in den Süden (Bet-El),[61] von Anfang an falsch war. Ex 32 greift diese Einschätzung auf und verlegt die Kritik an Stier-Götterbildern mit der Erzählung vom «Goldenen Kalb» zeitlich zurück in die Wüstenzeit nach dem Auszug aus Ägypten.[62]

60 Vgl. *Koenen, Klaus:* Art. Stierbilder/WiBiLex; *ders.:* Art. Goldenes Kalb/WiBiLex; *Nunn, Astrid:* Art. Götterbild/WiBiLex.

61 Vgl. *Zwickel, Wolfgang:* Art. Dan/WiBiLex; *Koenen, Klaus:* Art. Bethel (Ort)/WiBiLex.

62 Siehe Abschnitt 6.9.

Abb. 9: Der hethitische Wettergott Taru-Tarchun(t) in Stiergestalt (Orthostatenrelief aus Alaca Höyük; 15. Jahrhundert v. Chr.).

2.2.2.2 Blütezeit der Omriden im 9. Jahrhundert v. Chr.

Die Nachfolge von Jerobeam I. im Norden wird als konfliktreich geschildert (1 Kön 15–16). Während etwa 50 Jahren wird die Herrschaft von vier verschiedenen Familiendynastien erkämpft: Jerobeams Sohn Nadab wurde von Besa umgebracht, dessen Sohn Ela von Simri, dieser wiederum von Omri. Diese Herrscher waren – ähnlich wie schon Saul – militärische Anführer im Kampf gegen die Philister und Aramäer. Erst mit der Machtübernahme durch Omri (882 v. Chr.) entstand eine Königsdynastie im Nordreich Israel, die rund 40 Jahre Bestand hatte und ihren Machtbereich ausweiten konnte.[63]

In bzw. ab der Zeit der Omriden (882 bis ca. 845 v. Chr.) wurden umfangreiche Bautätigkeiten in Megiddo, Hazor, Jesreel und Samaria vorgenommen: diese Städte erhielten Palastanlagen, Stadtmauern, Tore und Stallanlagen etc. Damit übertrafen sie die Bedeutung Jerusalems zu der Zeit bei Weitem. Von den Omriden sind auch intensive Handelsbeziehungen mit den grossen phönizischen Mittelmeerstädten überliefert. Omri festigte diese Wirtschaftsbeziehungen, in dem er seinen Sohn Ahab mit der phönizischen Königstochter Isebel verheiratete (1 Kön 16,31).[64] Wie schon bei Salomo (1 Kön 11,1–8) wird – aus späterer deuteronomistischer Sicht – dieser «aus-

63 Vgl. *Jericke, Detlef:* Art. Omri/WiBiLex.

64 Vgl. *Jost, Renate:* Art. Isebel/WiBiLex; *Wagner, Thomas:* Art. Ahab/WiBiLex; *Otto, Susanne:* Art. Elia (AT)/WiBiLex.

ländischen» Königin die Schuld für alles Übel zugeschoben, und wie Jerobeam den Stiergötter-Kult eingeführt haben soll, so soll Ahab den Baalskult in Samaria eingeführt haben. Historisch dürfte dies kaum zutreffen: Zum einen wird die in Ugarit sehr gut belegte Verehrung Baals auch schon vor Ahab und Isebel sowie lange nach ihnen in Israel sehr verbreitet gewesen sein.[65] Zum anderen haben Ahabs Söhne Ahasja (852–851 v.Chr.) und Joram (851–845 v.Chr.) beide Namen, die den Gottesnamen JHWH enthalten,[66] was nicht der Fall wäre, wenn Ahab in besonders starker Weise dem Baal angehangen hätte. Gleichwohl lassen die Königsbücher Elijas Kampf gegen Baal breiten Raum einnehmen (1 Kön 16,29–21; 2 Kön 1 f.). Historisch gesichert ist demgegenüber, dass die Omridenzeit eine Blütezeit des Nordreichs darstellte. Deshalb setzt die heutige Forschung meist mit den Omriden die eigentliche Staatswerdung des Nordreichs Israel an. Die Bedeutsamkeit der Omriden wird an verschiedenen Orten deutlich: So gibt es vom assyrischen König Salmanasser einen Bericht, gemäss dem Ahab von Israel in einer Koalition mit anderen Königen gegen ihn zur Schlacht von Qarqar antrat (853 v.Chr.). Und auch Juda scheint unter den Einfluss der Omriden gekommen zu sein: Ahab verheiratete seine Schwester oder Tochter Atalja mit dem König von Juda (2 Kön 8,18.26), und in Gezer sind omridische Baustrukturen gefunden worden. Das Südreich Juda geriet unter den Einfluss des mächtigeren Nordreichs. Erst als das Nordreich ab 845 v. Chr. zunehmend unter aramäischen Druck geriet, konnte sich Juda aus der Umklammerung lösen. Es konnte Richtung Beerscheba expandieren und blühte langsam auf, was mit zunehmenden Bautätigkeiten in Jerusalem einherging.

2.2.2.3 Königreiche der Nachbarvölker

Parallel zur Staatswerdung Israels im 9. Jahrhundert v.Chr. erstarkte das alte Königshaus der Aramäer (Hauptstadt: Damaskus), und es entstanden neue Königshäuser: Ammon (Hauptstadt: Rabbat-Ammon), Moab (Hauptstadt: Kir-Moab/

65 Vgl. *Grätz, Sebastian:* Art. Baal/WiBiLex.

66 Siehe Abschnitt 4.1.1.9.

-Heres) sowie etwas später Edom (Hauptstadt: Bosra).[67] Ab 840 v. Chr. wandten sich die Kräfteverhältnisse gegen die Omriden/Israel: In Damaskus, der Hauptstadt der Aramäer, riss Hasaël die Macht an sich und gründete eine militärisch starke Dynastie. Er dürfte die Omriden besiegt und Israel bis ca. 818 v. Chr. besetzt haben. Auch die Moabiter scheinen von dieser Schwäche Israels profitiert zu haben: Auf einer Stele aus dem 9. Jahrhundert v. Chr. beschreibt Mescha, der König Moabs, zunächst Israels 40-jährige Stärke mit der Omridynastie und rühmt danach seinen Sieg über Israel (vgl. 2 Kön 1,1; 3,5).[68] Die Mescha-Stele ist auch religionsgeschichtlich bedeutsam: Sie ist einer der ersten ausserbiblischen Belege des Gottesnamens JHWH und zeigt zudem, mit welchem Verständnis im Alten Orient üblicherweise Krieg geführt wurde (*Kemosch* ist der Gott der Moabiter). Dies kann ein Ausschnitt des Textes verdeutlichen:

> «[1] Ich (bin) Mescha, Sohn des kmš[jt], König von Moab, der [2] Dibonite. Mein Vater war König über Moab dreißig Jahre, und ich wurde König [3] nach meinem Vater. Und ich machte dieses Höhen(heiligtum) für Kemosch in Qericho als Zeichen [4] der Rettung, denn er errettete mich vor allen Angreifern (?) und ließ mich triumphieren über alle meine Gegner.
>
> Omri [5] war König von Israel, und er bedrängte Moab lange Zeit, denn Kemosch zürnte seinem Lande. [6] Und es folgte ihm sein Sohn. Und er sprach: Ich will Moab bedrängen. In meinen Tagen sprach er [so], [7] aber ich triumphierte über ihn und sein Haus. Und Israel ist für immer zu Grunde gegangen. Und es hatte sich Omri des ganzen [8] Gebietes von Mahdeba bemächtigt und er wohnte darin während seiner Tage und der Hälfte der Tage seiner Söhne, vierzig Jahre. Aber es [9] wohnte Kemosch darin während meiner Tage. Und ich baute Baal-Meon (wieder auf) und errichtete eine Zisterne darin. Und ich baute Kirjathon (wieder auf).
>
> Und die Leute von Gad wohnten seit jeher im Lande von Aṭaroth und der König von Israel hatte Aṭaroth [10] für sich gebaut. [11] Ich griff die Stadt an und nahm sie ein. Und ich tötete alles Volk [12] der Stadt als Darbrin-

67 Vgl. *Niehr, Herbert:* Art. Aram/Aramäer/WiBiLex; *Hübner, Ulrich/Koenen, Klaus:* Art. Moab/Moabiter/WiBiLex; zu Edom/Esau siehe Abschnitt 4.2.3.2.

68 Vgl. *Wagner, Thomas:* Art. Mescha/Mescha-Stele/WiBiLex; *Hübner, Ulrich/Koenen, Klaus:* Art. Moab/Moabiter/WiBiLex.

gung für Kemosch und für Moab. Und ich brachte von dort den Altar ihres dwd und ich [13] schleppte ihn vor Kemosch in Qerejoth. Und ich ließ dort wohnen die Leute von Saron und die Leute [14] von mkrt.
Und Kemosch sprach zu mir: Geh, nimm Nebo (im Kampf) gegen Israel. Da [15] zog ich bei Nacht los und kämpfte gegen es von Tagesanbruch bis Mittag. Und ich [16] nahm es ein und tötete alles: 7000 Männer, Klienten, Frauen, [Klien]tinnen [17] und Sklavinnen, denn ich hatte es dem Aschtar-Kemosch (durch Bann) geweiht. Und ich nahm von dort die [Gerät]e (?) [18] Jahwes und schleppte sie vor Kemosch.
Und der König von Israel hatte Jachas gebaut [19] und lagerte darin während seines Feldzuges gegen mich. Da vertrieb ihn Kemosch vor mir und [20] ich holte aus Moab 200 Mann, alle seine Anführer. Und ich brachte sie nach Jachas und nahm es ein, [21] um es Dibon anzugliedern.
Ich habe Qericho gebaut, die Mauer der Parks und die Mauer [22] der Akropolis. Und ich habe seine Tore gebaut [...] ich sprach zu allem Volk: Macht [25] euch jeder eine Zisterne in seinem Hause! Und ich habe die Gruben hauen lassen für Qericho durch Gefangene [26] Israels. Ich habe Aroer gebaut und machte die Straße am Arnon [...]»[69]

Exkurs

Kriegerische Gottesbilder – und deren Überwindung

Die moabitische Mescha-Stele zeigt exemplarisch, wie im Alten Orient Krieg und Kriegsführung verstanden wurde. Ein Volk bzw. Königtum zog mit seinem Hauptgott oder Kriegsgott in den Krieg gegen ein anderes Volk mit dessen Haupt-/Kriegsgott. Der Mescha-Stele sind unter anderem folgende allgemein verbreiteten Vorstellungen zu entnehmen:

- Wenn eine Gottheit seinem König/Volk zürnt, so wird dieses Volk von anderen Völkern beherrscht (Z. 5).
- Die Gottheit fordert zum Krieg auf (Z. 14) und kann den Feind vertreiben (Z. 19).
- An den besiegten Feinden kann der Bann vollzogen werden: Sie werden allesamt umgebracht, d.h. der eigenen Gottheit «geweiht» (Z. 16).
- Der Tempelschatz der fremden Gottheit wird geraubt und der eigenen Gottheit gebracht (Z. 17 f.).
- Kriegsgefangene werden als Zwangsarbeiter/Sklav*innen gebraucht (Z. 26).

Diese Vorstellung von Kriegsführung bzw. Gotteskriegen ist von Ägypten bis Mesopotamien – ebenso in griechischer, römischer und späterer Zeit – weit ver-

69 Mescha-Stele, ca. 850 v. Chr.; Übersetzung aus KAI 2, 168 f.

Abb. 10: Mescha-Stele, ca. 850 v. Chr.

breitet und wird häufig auch in den biblischen Büchern vertreten:[70] Gemäss Num 21,14 gab es einmal ein «Buch der Kriege JHWHs». Von David heisst es mehrfach, er führe JHWHs Kriege (1 Sam 18,17; 25,28). Solche Kriege werden im AT zwar nie als «heilige Kriege» bezeichnet. Dennoch enthalten verschiedene biblische Schriften die im Alten Orient verbreitete Kriegsgott-Vorstellung, worauf möglicherweise auch der Gottesname «JHWH Zebaoth» (wörtlich JHWH der Heere/Heerscharen) hinweist:[71] Wie die Göttin Ischtar oder der Gott Assur für ihre Königreiche kämpfen, so kämpft JHWH in vielen Texten für Israel/Juda (z. B. Ex 15,3; Ri 11,4; Ps 24,8.10; Jes 13,4; 32,13). Wenn umgekehrt ein Volk ohne seinen Gott kämpft, ist die Niederlage gewiss (z. B. Num 14,40–45; Jos 7,1–7). Gegen falsche Selbstsicherheiten Israels wenden sich wohl jene Texte, in denen JHWH gegen sein eigenes Volk kämpft bzw. fremde Herrscher dazu herbeiruft (z. B. 2 Kön 17,18; 24,20; Jes 7,18 f.).

---

70 *Otto, Eckart,* Krieg; *Obermayer, Bernd:* Art. Krieg (AT)/WiBiLex; *Dietrich, Walter:* Art. Bann/Banngut/WiBiLex.

71 Vgl. *Kreuzer, Siegfried:* Art. Zebaoth/WiBiLex.

Überall da, wo sich die biblischen Schriften gegen dieses Kriegs- und Gottesbild wenden, bedeuten sie einen deutlichen Fortschritt und eine Besonderheit für die altorientalische Zeit. So konnte die in den biblischen Texten ablesbare Entwicklung zum monotheistischen Glauben vor dem altorientalischen Hintergrund eine friedensfördernde Wirkung haben:[72] Wenn es nur einen Gott für alle Menschen gibt, kann nicht mehr ein Volk mit seinem Haupt-/Kriegsgott gegen ein anderes Volk mit dessen Haupt-/Kriegsgott in den Krieg ziehen – denn das wäre komplett widersinnig, wenn es nur einen Gott für alle Völker gibt.

Es gibt im Alten Testament zudem auch eigentliche Anti-Kriegs-Texte, in denen Gott gegen den Krieg kämpft:[73] Wenn JHWH Kriegen ein Ende setzt, indem er Kriegsbogen zerbricht, Lanzen zerschlägt und Schilde im Feuer verbrennt (vgl. Ps 46,10; 76,4–10; Hos 2,20; Sach 9,10; Hag 2,22). In der Sintfluterzählung (Gen 6–9) entwickelt sich das Gottesbild noch einen entscheidenden Schritt weiter, indem Gott nun auf Gewalttätigkeit ganz verzichtet, weil sie nicht zum Besseren des Menschen führt.[74] In manchen Texten wird auch verlangt, dass Menschen ihre Waffen vernichten (Ez 39,9 f.) oder dass sie die Waffen umschmieden zu Werkzeugen für den Ackerbau und keinen Krieg mehr lernen (Jes 2,2–5 par. Mi 4,1–5). Dieses Abrüsten verbindet sich mit der Hoffnung auf einen universalen, messianischen Frieden (Jes 11,6–9) und mit der Vision von einem neuen Himmel und einer neuen Erde (Jes 65,17–25). Solche Anti-Kriegs-Texte sind eine Besonderheit der Bibel im Alten Orient. Denn in der Regel sahen altorientalische Staaten in militärischen Aktionen ein legitimes Mittel, um machtpolitische Interessen durchzusetzen – eine Haltung, die in der Menschheitsgeschichte bis heutzutage immer wieder dominiert. Doch damals wie heute muss jede ernsthafte Religion dazu beitragen, die Gewalttätigkeit des Menschen und mancher politischer und wirtschaftlicher Systeme zu überwinden und den Frieden fördern.[75]

2.2.2.4 Erneute Machtentfaltung unter den Nimsiden (8. Jahrhundert v. Chr.)

Nach 2 Kön 9 f. setzte der israelitische Militärführer Jehu der Omridendynastie ein Ende: Er tötete Joram von Israel und dessen Schwager Ahasja von Juda und wurde selbst König in Israel. Auf einem schwarzen Obelisk des assyrischen Königs

72 Siehe dazu und zu Jan Assmanns These eines intoleranten Monotheismus den Exkurs «Monolatrie – Monotheismus» in Abschnitt 6.10.6.1.

73 Vgl. *Liwak, Rüdiger:* Art. Friede/Schalom/WiBiLex.

74 Siehe Abschnitt 4.1.5.

75 Vgl. *Baudler, Georg,* Befreiung; *ders.,* Gewalt.

Salmanassar III. wird Jehu als Vasall von Salmanassar dargestellt. Das Königshaus des Jehu wird nach dessen Vater Nimsi als Dynastie der Nimsiden benannt. Diese hielt sich über fünf Generationen an der Macht (2 Kön 9,1–15,11) und erlebte unter Jerobeam II. (787–747 v. Chr.) einen neuen Aufschwung: Verlorene Gebiete wurden zurückerobert, zerstörte Städte grösser als zuvor wieder aufgebaut usw. Samaria wurde in dieser Zeit eine Hauptstadt mit erheblichem Wohlstand und Luxus. Der letzte Nimsiden-König wurde 747 v. Chr. ermordet, und es folgten innerhalb von 25 Jahren weitere vier Machtwechsel, wovon drei ebenfalls mit Morden einhergingen (2 Kön 15,10–17,6).

Der Aufschwung unter der Nimsi-Dynastie im Nordreich Israel führte dazu, dass eine kleine städtische Oberschicht mit Königshof, Beamtentum, Militärs und Priesterhierarchie zu grossem Reichtum kam, allerdings auf Kosten der ärmeren Bevölkerung auf dem Land: Die Schere zwischen den Reichen der Stadt und der ärmeren Landbevölkerung ging immer weiter auf. In diese Zeit des 8. Jahrhunderts v. Chr. fällt das Wirken des frühesten Schriftpropheten Amos: Er übt in aller Schärfe Kritik an den politisch und wirtschaftlich Mächtigen, weil sie die «Armen und Elenden» (Am 2,6 f.; 4,1 u. ö.) ihres Landes enteignen, in die Überschuldung und mittels falscher Gesetze in neue Sklaverei treiben. Hosea erhebt vergleichbare Kritik (Hos 7–8) und verurteilt dieses System unter religiösem Aspekt als Baalskult (Hos 2,4–15), wahrscheinlich weil die Verheerung Baals in den phönizischen Handelsstädten sehr verbreitet war und diese Städte massgeblich für das kritisierte Wirtschaftssystem standen.[76]

Assyrische Zeit: Zerstörung und «kleine Rettung» (8.–7. Jahrhundert v. Chr.) 2.3

Trotz oder wegen des wirtschaftlichen Aufschwungs kam es also im Nordreich Israel zu einer enormen Kluft zwischen einer kleinen Oberschicht und der grossen Mehrheit der Bevölke-

76 Vgl. *Schart, Aaron:* Art. Prophetie (AT)/WiBiLex; *Gerstenberger, Erhard:* Art. Königskritik/WiBiLex; *Bauer, Dieter,* Überlieferungen, u. a. 39 f.53–55.65–70.

rung.[77] Die Könige betrieben Koalitions- und Kriegspolitik zur eigenen Machtsteigerung. Bezahlt wurde die Kriegstreiberei durch hohe Abgaben an den König – 1 Sam 8,15.17 spricht vom zehnten Teil aller Einkünfte – und durch den wirtschaftlichen Abstieg unzähliger Kleinbauern: Mütter und Väter mussten ihre Söhne statt zur Ernte in den Krieg schicken, Ehefrauen wurden zu Witwen, ihre Kinder zu Waisen. Profiteure der Königsideologie waren Militärs und Beamte, Hofpropheten und -priester sowie Kaufleute und Grossgrundbesitzer. Sie entwickelten und stützten beispielsweise ein Kreditsystem, das die kleinen Leute in Armut und Abhängigkeit trieb: Unzähligen wurde ihr Acker, ihr Vieh, ihr Haus zuerst gepfändet, dann enteignet, sie selbst wurden schliesslich versklavt.

Der prophetischen Kritik an diesen Missständen – im Nordreich durch Amos und Hosea, im Südreich durch Micha und Jes 1–39* – wurde kein Gehör geschenkt.[78] Doch das 8. Jahrhundert v. Chr. endete mit zwei Katastrophen, welche der Kritik Recht zu geben schienen: Um 722 v. Chr. verwüsteten die Assyrer das Nordreich, deportierten zahlreiche Einwohnerinnen und Einwohner und siedelten fremde Menschengruppen an (vgl. 2 Kön 17); um 701 v. Chr. verwüsteten sie ganz Juda. Jerusalem wurde belagert und geriet in die Vasallenschaft (2 Kön 18 f.).

2.3.1 Aufstieg der Assyrer

Die politischen Hintergründe und Geschehnisse sehen kurz zusammengefasst so aus: Die Assyrer, ein Volk Mesopotamiens mit Kerngebiet am mittleren Tigris (Norden des heutigen Iraks), erkämpften sich ab dem 10. Jahrhundert v. Chr. zum dritten Mal ein Grossreich, das im 7. Jahrhundert ganz Mesopotamien, Kanaan und Ägypten sowie Teile Kleinasiens um-

77 Vgl. *Albertz, Rainer,* Religionsgeschichte 2, 245–290; *Zwickel, Wolfgang,* Wirtschaftsrefom; *Kessler, Rainer:* Art. Sozialkritik (AT)/WiBiLex; *ders.:* Art. Armut/Arme (AT)/WiBiLex; *ders.:* Art. Besitz (AT)/WiBiLex; *ders.:* Art. Zins/Zinsverbot/WiBiLex.

78 Die Bezeichnung mit einem Sternchen bei Bibelstellen meint, dass nicht alle Texte/Verse gemeint sind; konkret: dass nicht alle Aussagen in Jes 1–39 auf den Propheten Jesaja im 8. Jahrhundert v. Chr. zurückgehen, sondern nur einige.

Abb. 11: Assyrische Belagerung einer Stadt, mit Gepfählten (zur Zeit Tiglat-Pilesers III.).

fasste.[79] Während das Nordreich Israel unter Jehu und Jerobeam II. und eventuell auch das Südreich Juda zu Beginn des 8. Jahrhunderts v. Chr. noch als Vasallen von Assyrien profitiert hatten, begannen die Assyrer unter Tiglat-Pileser III. (745–727 v. Chr.) eine aggressive Expansionspolitik. Diese erfolgte im Namen des Stadtgottes Assur, von dem es in Siegesinschriften stereotyp heisst, der «Glanz Assurs» hätte die Feinde niedergeschlagen. Assur wurde schliesslich zum Reichsgott. Assyrische Texte berichten von systematisch angewandter, extremer Gewalttätigkeit gegen Feinde (Häuten, Pfählen usw., siehe Abb. 11), so dass sich viele Städte ohne Gegenwehr ergaben. Eroberte Gebiete wurden in drei Stufen beherrscht: Zunächst wurden sie mittels Verträgen als Vasallen zur Treue gegenüber Assur und zu hohen Abgaben verpflichtet. Bei Aufständen oder beim blossen Verdacht diesbezüglich wurden die Vasallenkönige abgesetzt und durch assurtreue Herrscher ersetzt. Wenn das nicht zur von Assur gewünschten Unterordnung führte, verloren die beherrschten Gebiete jede Eigenständigkeit und wurden in

79 Vgl. *Renz, Johannes:* Art. Assyrien/Assyrer/WiBiLex.

das assyrische Provinzialsystem überführt. Dazu konnte auch die Deportation der Bevölkerung, vor allem der Oberschicht, und die Neuansiedlung von Menschen aus anderen Gegenden gehören. Damit wurde die Identität eines Gebietes/Volkes nachhaltig zerstört.

2.3.2 Syro-efraimitischer Krieg und Ende des Nordreichs Israel

Pekach, der König des Nordreichs Israels, schloss mit dem Aramäerkönig Rezin von Damaskus eine Koalition, die sich gegen die Assyrer auflehnen wollte. Mit einer Belagerung Jerusalems im Jahre 734 v. Chr. wollten Pekach und Rezin den Jerusalemer König Ahas zu dieser Koalition gegen die Assyrer zwingen (syro-efraimitischer Krieg).[80] Der Südreich-Prophet Jesaja empfahl jedoch Ahas, sich still zu verhalten und keine Koalition gegen die Assyrer einzugehen (Jes 7,1–9). In einem weiteren Gotteswort wurde dem offenbar unverständigen Ahas von der «jungen Frau» ein Sohn namens Immanuel verheissen, womit der Nachfolgekönig Hiskija gemeint sein dürfte (Jes 7,14).[81] Der judäische König Ahas bot sich aufgrund der Bedrohung durch Pekach und Rezin als Vasall Assyriens an, damit ihm die Assyrer gegen das Nordreich Israel beistanden (2 Kön 16,7–9). Tiglat-Pileser III. hörte auf ihn und nahm in einem Straffeldzug die aramäische Hauptstadt Damaskus ein und liess Rezin hinrichten. Auch Israel wurde bis auf Samaria eingenommen. Pekach wurde abgesetzt und durch König Hoschea ersetzt, der zunächst dem assyrischen König ergeben war, dann jedoch wohl die Ägypter um Hilfe gegen die Assyrer bat. Das hatte zur Folge, dass ein erneuter Feldzug, diesmal von Salmanassar V., um 722 v. Chr. zur Eroberung Samarias und zur Deportation der Bevölkerung nach Assyrien führte (2 Kön 18,9–12, belegt in assyrischen Quellen). Auch Salmanassers Nachfolger Sargon II. (722–705 v. Chr.) beanspruchte für sich, Israel besiegt zu haben. Daher wird das Ende des Nordreichs Israel von manchen auch auf das Jahr 720 v. Chr. datiert.

80 Vgl. *Wagner, Thomas:* Art. Syrisch-ephraimitischer Krieg/WiBiLex.

81 Vgl. *Görg, Manfred,* Hiskija; zu den chronologischen Fragen *Heckl, Raik:* Art. Hiskia/WiBiLex, Kap. 2.1 und 2.2.

Juda unter Hiskija 2.3.3

Durch den Untergang des Nordreichs Israel kamen viele israelitische Flüchtlinge nach Juda, besonders nach Jerusalem. Es wird angenommen, dass sich die Bevölkerungszahl Judas verdoppelte und jene von Jerusalem sogar von ca. 1000 auf ca. 15 000 anstieg. Mit den Geflüchteten kamen auch die religiösen, kulturellen Traditionen von Israel nach Juda. Nach 720 v. Chr. ist historisch wahrscheinlich der Beginn jener Zeit zu sehen, ab der die Selbstbezeichnung Israel neben dem Nordreich nun auch Juda umfasste und Jerusalem allgemein als Hauptstadt von Israel angesehen wurde.

In Juda folgte auf Ahas dessen Sohn Hiskija (725–697 v. Chr.) als König in Jerusalem.[82] Er war Vasall unter den assyrischen Herrschern Salmanassar V. (727–722 v. Chr.), Sargon II. (722–705 v. Chr.) und Sanherib (705–681 v. Chr.). Eine solche Vasallenschaft erforderte zum einen Tributzahlungen, für die ein entsprechendes Steuer- und Verwaltungssystem aufgebaut werden musste. Zum anderen ging die Vasallenschaft auch mit einem gewissen Import von religiösen und kulturellen Vorstellungen der beherrschenden Grossmacht, in diesem Falle der Assyrer, einher (vgl. 2 Kön 16,10–18 und die Kritik daran bei Jes 7,1–9). Die Kontrolle über Jerusalem übten die Assyrer wahrscheinlich von einer 4.5 km südlich von Jerusalem erbauten grossen Palastanlage (Ramat Rahel) aus.[83]

Hiskija war zunächst dem Anschein nach Assur treu, hatte aber wahrscheinlich verschiedene Städte mit Mauern befestigen lassen, insbesondere Jerusalem. Vielleicht geht auch der 553 Meter lange unterirdische Wasserkanal (Siloah-Tunnel), der Jerusalem bei Belagerungen weiterhin mit Wasser versorgte, auf ihn zurück. Vor dem Hintergrund solcher Bautätigkeiten und den damit verbundenen Steuererhebungen und Zwangsarbeitern ist die Kritik des Propheten Micha aus Moreschet, einem kleinen Ort 35 km südwestlich von Jerusalem, zu verstehen:[84] Micha kritisiert, die Jerusalemer

---

82 Vgl. *Heckl, Raik:* Art. Hiskia/WiBiLex.

83 Vgl. *Oeming, Manfred:* Art. Ramat Rahel/WiBiLex.

84 Vgl. *Metzner, Gabriele:* Micha/Michabuch/WiBiLex; *Zwickel, Wolfgang,* Wirtschaftsreform; *Bauer, Dieter,* Überlieferungen 83–93.

Elite missbrauche «Michas Volk» aus der Schefela grausam als Zwangsarbeiter, wodurch ehemals freie Bauern versklavt würden: «Ihr erbaut Zion mit Blut / und Jerusalem mit Unrecht» (Mi 3,10). Micha verkündet dem entgegen das Recht (Mi 3,8), das die Mächtigen jedoch nicht verstehen (Mi 3,1), sondern verdrehen (Mi 3,9). Mit dem wirtschaftlichen Aufstieg Jerusalems war es offenbar zu den gleichen Unrechtsverhältnissen gekommen wie zuvor in den Städten des Nordreichs zu deren Blütezeit.

Beim Übergang der assyrischen Herrschaft von Sargon II. auf Sanherib verbündeten sich die meisten Vasallenstädte der Phönizier, Philister und auch Jerusalem gegen die Assyrer. Hiskija scheint dabei eine bedeutende Rolle gespielt zu haben. Unterstützung im Aufstand gegen die Assyrer wurde von den Ägyptern (2 Kön 18,20f.) und vielleicht bereits auch von den Babyloniern (2 Kön 20,12–19) erhofft. In Jerusalem war die Rebellion aber sehr umstritten (Jes 28–31). Sanheribs Armee bestrafte in einem Feldzug zuerst die phönizischen, dann die philistäischen Städte und zog von dort gegen das judäische Bergland. Zuerst wurde Lachisch, die zweitwichtigste judäische Stadt, erobert und dann Jerusalem 701 v.Chr. belagert. Entgegen den anderen, meist grösseren Städten wurde Jerusalem jedoch nicht erobert. Es kam zu einem überraschenden Abzug der assyrischen Truppen. Die historischen Gründe dafür sind nach wie vor nicht geklärt: Sanheribs Berichte lassen die Gründe offen.[85] Es kann spekuliert werden, dass die Armee andernorts dringender gebraucht wurde, dass der Aufwand für eine Eroberung als zu gross angesehen wurde oder dass im Heer eine tödliche Krankheit ausbrach. Letzteres könnten die Königsbücher nahelegen, in denen die Rettung Jerusalems wie folgt beschrieben ist:

> «[35] Und in jener Nacht ging der Bote GOTTES hinaus und erschlug hundertfünfundachtzigtausend Mann im Lager Assurs. Und als man sich früh am Morgen aufmachte, siehe, da lag alles voll mit Leichen, Toten. [36] Da brach Sanherib, der König von Assur, auf und ging und kehrte zurück und blieb in Ninive.» (2 Kön 19,35f., Zü. 07)

85 Vgl. den Text des sogenannten Taylor-Prismas Sanheribs in: TUAT 1, 384–385.

Abb. 12: Sanheribs Belagerung der judäischen Stadt Lachisch 701 v. Chr.; der König thront und nimmt den Bericht seines Offiziers entgegen; links werden gefangene Judäer herangeführt, deren Vordere sich niederwerfen (Wandrelief im Südwestpalast Sanheribs; Kujundschik/Ninive; heute: London)

Möglicherweise hatten aber vor allem Hiskijas hohe Tributzahlungen die Zerstörung Jerusalems letztlich abgewendet (2 Kön 18,14–16). Auch Sanheribs Bericht nennt enorme Tributzahlungen und die Zerstörung des umliegenden Judas: 46 befestigte Städte will Sanherib eingenommen und 200 150 Menschen deportiert haben. Auch wenn diese Zahlen – ebenso wie viele biblischen Zahlenangaben – übertrieben sein dürften, wurde Juda nachhaltig zerstört (Jes 1,7–9), von Jerusalem abgetrennt und unter die Vasallenherrschaft von Aschdod, Ekron und Gaza gestellt.

Dass Jerusalem von den übermächtigen Assyrern 701 v. Chr. dennoch nicht zerstört wurde, förderte eine Zionstheologie: die Überzeugung, dass JHWH ewig in Jerusalem (auf dem Zion/Zionsberg) wohne, Jerusalem dadurch auf ewig schütze und die davidische Königsdynastie für immer Bestand habe (2 Kön 19,34; Jes 36–39 u. a.).[86]

2.3.4 Grösste Expansion der Assyrer und ihr schneller Niedergang

Hiskijas Nachfolger, sein Sohn Manasse (696–642 v. Chr.) und dessen Sohn Amon (641–640 v. Chr.), hielten sich als treue Vasallen der Assyrer, womit sie wohl weitere Zerstörungen

86 Vgl. *Paganini, Simone/Giercke-Ungermann, Annett:* Art. Zion/Zionstheologie/WiBiLex.

verhindern konnten und es in Jerusalem wieder zu einem massiven wirtschaftlichen Aufschwung kam. Die Königsbücher werfen ihnen, ganz besonders Manasse, jedoch vor, die Kulte des Nordreichs Israel und weiterer Völker wiedereingeführt zu haben (2 Kön 21 f.; 24,3 f.). Insgesamt lässt sich in assyrischer Zeit eine Astralisierung der Gottesvorstellungen und Kulte in Israel/Juda feststellen: Sternenhimmel, Mond, Himmelskönigin (Wiedererstarken der Aschera in Anlehnung an Ischtar) und Himmelsheer sind im Kult und der persönlichen Frömmigkeit verbreitet.[87]

Die Assyrer expandierten unter Asarhaddon (681–669 v. Chr.) und Assurbanipal (669–630 v. Chr.) in mehreren Feldzügen, bei denen auch Manasse als Vasall beteiligt gewesen sein soll, bis nach Ägypten. Dort konnten sie sich bis 655 v. Chr. halten, doch dann erwuchs ihnen an allen Fronten Widerstand: Unter Psammetich I. und Necho II. drängten die Ägypter die Assyrer zurück. Im äussersten Osten begannen die Meder und Perser eigene Grossreiche zu errichten. Die grösste Gefahr erwuchs den Assyrern jedoch durch die südlich von ihnen beheimateten Babylonier. Nach Assurbanipals Tod (630 v. Chr.) eroberten die Babylonier das assyrische Reich innert kürzester Zeit: 614 v. Chr. eroberten sie Assur, 612 v. Chr. fiel Ninive. Die Assyrer zogen sich hinter den Euphrat nach Haran zurück, wurden aber auch dort von den Babyloniern geschlagen (609 v. Chr.).

2.4 Reformen in Juda (7. Jahrhundert v. Chr.)

2.4.1 Lob für König Joschija in 2 Kön 22 f.

Jerusalem erlangte im Windschatten der Grossmachtskämpfe zwischen Assyrern, Babyloniern und Ägyptern neue Stärke. Zwar werden die Ägypter unter Psammetich I. und verstärkt unter Necho II. die Macht über Kanaan praktisch nahtlos von den Assyrern übernommen haben, aber ihr Interesse galt wohl in erster Linie den Städten an der Mittelmeerküste und weniger Jerusalem und dem judäischen Bergland. Auch

87 Vgl. *Keel, Othmar/Uehlinger, Christoph,* Göttinnen 322–429.

wenn Joschija, wie seine Vorgänger Manasse und Amon, den Assyrern und nachher den Ägyptern als Vasall tributpflichtig blieb, dürften sich im Schatten des Grossmachtswechsels doch gewisse politische Spielräume für Joschijas Zeit ergeben haben.[88]

2 Kön 22 f. stellt das Königtum Joschijas (639–609 v. Chr.) in positivster Weise dar: Sein Vater Amon war von seinen «Dienern» umgebracht worden. Doch «das Volk des Landes» (hebr. *am ha-aretz*) erschlug die Gegner Amons und machte seinen erst 8-jährigen Sohn Joschija zum König (2 Kön 21,23 f.). Vielleicht wollte sich das «Volk des Landes» dadurch möglichst viel eigene Macht verschaffen. Nach Darstellung der Königsbücher gebot Joschija in seinem 18. Königsjahr, also 26-jährig, seinem Staatsschreiber Schafan, die Schäden am Tempel beheben zu lassen (2 Kön 22,3–7). Bei dieser Tätigkeit teilte der Hohepriester Hilkija dem Schafan mit, er habe im Tempel «das Buch der Weisung» gefunden (2 Kön 22,8). Schafan brachte dieses Buch Joschija und las es ihm vor. Joschija erschrak über den Inhalt und befahl fünf Leuten: «Geht und befragt GOTT für mich, für das Volk und für ganz Juda wegen dieses Buches das aufgefunden wurde! Der Zorn JHWHs muss heftig gegen uns entbrannt sein, weil unsere Väter auf die Worte dieses Buches nicht gehört und weil sie nicht getan haben, was in ihm niedergeschrieben ist» (2 Kön 22,13). Die fünf gehen zur Prophetin Hulda – eine offenbar herausragende Prophetin – die das Wort GOTTES an Joschija verkündet (2 Kön 22,14–20).[89] Darauf liess Joschija alle Ältesten Judas und Jerusalems zusammenkommen, ging zum Tempel, liess dort das Buch – das in 2 Kön 23,2 «Bundesbuch» (hebr. *sefer ha-berit*) genannt wird – vorlesen und schloss einen Bund mit GOTT: «Er wolle GOTT folgen, seine Gebote, Bundeszeugnisse und Satzungen von ganzem Herzen und ganzer Seele bewahren und die Worte des Bundes einhalten, die in diesem Buch niedergeschrieben sind», worauf es im selben Vers heisst: «Das ganze Volk trat dem Bund bei» (2 Kön 22,3).

---

88 Vgl. eher skeptisch dazu *Pietsch, Michael:* Art. Josia/WiBiLex; *ders.*, Kultreform; siehe weiter Abschnitt 2.4.2.

89 Vgl. *Müller, Monika:* Art. Hulda/WiBiLex.

Hierauf wird in 2 Kön 23 erzählt, dass Joschija den Tempel Jerusalems von allem «reinigen» liess, was «für den Baal, die Aschera und das ganze Heer des Himmels angefertigt worden war» (2 Kön 23,4). Auch die anderen Kultstätten/-höhen um Jerusalem herum und in Juda liess Joschija unbrauchbar machen bzw. zerstören und setzte deren Priester ab (2 Kön 23,5–14). Weiter heisst es, Joschija habe auch Bet-El, das zentrale Heiligtum des ehemaligen Nordreichs, zerstört (2 Kön 23,15–20) und schliesslich in Jerusalem mit «dem ganzen Volk» ein «Pessachfest zur Ehre GOTTES» gefeiert (2 Kön 23,21–23). Nochmals wird Joschija in höchsten Tönen gelobt:

> «Es gab vor ihm keinen König, der so mit ganzem Herzen, mit ganzer Seele und mit all seinen Kräften zu JHWH umkehrte und so getreu die Weisung des Mose befolgte, und auch nach ihm war keiner wie er.» (2 Kön 23,25)

Anschliessend wird sein Tod notiert (2 Kön 23,28–30): König Joschija sei dem ägyptischen Pharao Necho II. bei Megiddo entgegengezogen und von Necho getötet worden. Gründe dafür oder nähere Umstände werden seltsamerweise nicht genannt. So bleibt auch offen, ob es eine Schlacht gab oder ob es irgendeine Art Bestrafung oder machtpolitische Massnahme durch Necho war.

Nach dem Tod Joschijas griff erneut «das Volk des Landes» ein und machten Joschijas jüngeren Sohn Joahas zum König. Doch Necho machte seinen Machtanspruch auf Jerusalem deutlich, indem er Joahas absetzte und dessen älteren Bruder Eljakim zum König machte, nicht ohne ihm einen neuen Namen zu geben: Jojakim. Dieser trieb beim «Volk des Landes» hohe Steuern ein, um dem Pharao genügend Gold und Silber abliefern zu können (2 Kön 23,30–37). Auch im Jeremiabuch wird Jojakim wegen seines durch Fron-/Sklavenarbeit errichteten luxuriösen Palastes scharf kritisiert (Jer 22,13–30). In Jojakims Zeit beginnt dann auch schon der Triumphzug der Babylonier.[90]

90 Siehe Abschnitt 2.5.

Historische Einschätzungen für die Zeit Joschijas 2.4.2

Die historischen Einschätzungen in Bezug auf Joschija und seine Zeit sind heute sehr kontrovers. Sie hängen u. a. mit folgenden ungelösten Fragen zusammen:[91] Wie entstand das Deuteronomium bzw. Teile des sogenannten deuteronomistischen Geschichtswerks (Dtn–2 Kön)?[92] Wer waren die Deuteronomisten und Schafaniden, wer das «Volk des Landes» (2 Kön 21,24)? Welche Rolle spielte Jeremia? Wie soll die Kultzentralisation konkret ausgesehen haben? Ab wann gab es in Juda/Israel die Vorstellung des Bundes mit Gott, und welche Rolle spielten die assyrischen Vasallenverträge dabei? Was hat es mit dem im Tempel aufgefundenen «Buch» auf sich (2 Kön 22,8)? Alle diese Fragen sind zurzeit umstritten.

Von mir wird insgesamt angenommen, dass verschiedene Texte («Fragmente») der späteren Bücher Jos–2 Kön sowie des Pentateuchs schon im Nordreich Israel (9.–8. Jahrhundert v. Chr.) und dann nach dessen Untergang in Jerusalem ab dem späteren 8. Jahrhundert v. Chr. entstanden sind (eine Art «Jerusalemer Geschichtswerk» o. ä.).[93] Zwar werden viele Überarbeitungen, Ergänzungen und die entscheidende Zusammenstellung des Pentateuchs sowie der Bücher Jos–2 Kön erst ab persischer Zeit erfolgt sein, aber diese redaktionellen und schriftstellerischen Tätigkeiten hatten m. E. nicht bei null angefangen, sondern ältere Schriften verwendet. Wenn sogar Propheten des 8. Jahrhundert v. Chr. Schriften initiieren konnten, so ist z. B. einem Jerobeam II. oder einem Hiskija durchaus zuzutrauen – und vielleicht wurde es ihnen auch abverlangt –, dass sie ihre Königsherrschaft mittels schriftlicher Annalen legitimierten sowie mit Rechtstexten durchsetzten.

---

91 Vgl. die Überblicke mit weiterführenden Links und Lit. bei *Pietsch, Michael:* Art. Josia/WiBiLex; *Römer, Thomas:* Art. Deuteronomismus/WiBiLex; *Paganini, Simone:* Art. Deuteronomistisches Geschichtswerk (DtrG)/WiBiLex; *Rüterswörden, Udo:* Art. Deuteronomium/WiBiLex; *Stipp, Hermann-Josef:* Art. Schafan/WiBiLex; zudem *Keel, Othmar,* Geschichte Jerusalems I, 511–601; *Pietsch, Michael,* Kultreform.

92 Siehe Abschnitt 2.2.

93 Zur Frage der Pentateuchentstehung siehe Kap. 3; zu einem Jerusalemer Geschichtswerk siehe Abschnitt 3.2.2.2.

Vielleicht wird in 2 Kön 22 f. mit dem im Tempel aufgefundenen «Buch» bzw. «Buch der Weisung» (2 Kön 22,8.11; vgl. Dtn 28,61) bzw. «Bundesbuch» (2 Kön 23,2; vgl. Ex 24,7; 34,27 f.; Dtn 28,69; 29,8) auf Rechtstexte angespielt, die eine Vorform des Dtn gewesen sein könnten. Zwar ist umstritten, ob es ein solches «Urdeuteronomium» je gab und welchen Umfang es gehabt haben könnte: Manche gehen davon aus, dass bereits unter Hiskija, dem Vorgänger von Joschija, ein Kultgesetz mit Teilen von Dtn 12–26* entstanden sein könnte. Für den Umfang eines «Urdeuteronomiums» ziehen einige nur Dtn 12*; 13* und 28* in Betracht, andere Dtn 12–16* oder Dtn 12–26* oder auch weitere Teile. Ebenso wie ein Kultgesetz könnte eine Erzählung über die Abfolge der Könige Israels im 9.–8. Jahrhundert v. Chr. und Judas im 8.–7. Jahrhundert v. Chr. Sinn gemacht haben, eine gewisse Vorform der späteren Bücher Samuel–Könige.[94] Die Königsbücher selbst weisen mehrfach auf schriftliche Quellen hin, die den Verfasser*innen der Königsbücher vorgelegen hatten: auf ein «Buch der Geschichte Salomos» (1 Kön 11,41); «eine Chronik der Könige Israels» (1 Kön 14,19); eine «Chronik der Könige Judas» (1 Kön 15,7).

Wer das «Volk des Landes» (*am ha-aretz*) bzw. «die Bürger des Landes» (EÜ 16) waren, ist historische nach wie vor nicht geklärt. Manche Forschenden haben in ihnen den Beginn der sogenannten deuteronomistischen Bewegung gesehen. Beachtenswert ist auch, dass die Königinnenmutter Jedida aus dem Schefeladorf Bozkat stammte (2 Kön 22,1) und daher die Situation der Bevölkerung Judas ausserhalb Jerusalems wohl bestens kannte. Da Joschija als erst 8-Jähriger zum König gemacht wurde, dürfte seine Mutter Jedida verschiedene königliche Geschäfte übernommen haben. Dafür spricht auch, dass die Königinnen Jerusalems – im Unterschied zum Nordreich Israel – in 1/2 Kön immer namentlich genannt werden und dass mit Atalja bereits einmal eine Königinnenmutter für sechs Jahre die Alleinherrschaft übernommen

94 Vgl. *Adam, Klaus-Peter:* Art. Samuelbücher/WiBiLex; *Werlitz, Jürgen:* Art. Königsbücher/WiBiLex.

hatte (ca. 851–845 v. Chr.; vgl. 2 Kön 11,1–3).[95] Das «Volk des Landes» regelte gemäss 2 Kön 23,30 die Nachfolge Joschijas selbständig, indem es nicht den älteren Sohn Jojakim, sondern den jüngeren Joahas zum König machte. Es kann vermutet werden, dass es zur Zeit Joschijas eine gewisse Volkssouveränität gab, an der in exilischer Zeit angeknüpft werden konnte. Neben dem «Volk des Landes» dürften weitere einflussreiche Kreise Verantwortung übernommen haben, so besonders der in 1 Kön 22,8 genannte «Staatsschreiber Schafan» und seine Söhne/Sippe: Königliche Schreiber gehörten zu den einflussreichsten Beamten (2 Sam 8,16–18; 20,23–26; 1 Kön 4,1–6), und das Jeremiabuch nennt mehrere Söhne Schafans als überaus einflussreiche Leute. Gemäss 2 Kön 25,22 wurde später mit Gedalja ein Enkel Schafans von den Babyloniern sogar als Statthalter eingesetzt (Jer 40,5 f.).[96]

Kultzentralisation – und auch Sozialreformen? 2.4.3

Aufgrund archäologischer Befunde wird heute von manchen angenommen, dass bereits ab ca. 700 v. Chr. der Staatskult in Juda de facto auf Jerusalem beschränkt war.[97] Jerusalem dürfte demnach bereits unter dem aussenpolitisch und wirtschaftlich erfolgreichen Manasse (696–642 v. Chr.), der sich immerhin gut 50 Jahre an der Macht halten konnte, eine zentrale Bedeutung zugekommen sein. Da 2 Kön 21 dem Manasse allerhand Götzendienst vorwirft und 2 Kön 22 f. Joschija die grundlegende Abkehr von der Religionspolitik Manasses zuschreibt, dürfte es dann unter Joschija zu einer Neuausrichtung und verstärkten Zentralisierung der JHWH-Religion gekommen sein: Der Tempel von Jerusalem wurde nun möglicherweise explizit als einzig legitimes Heiligtum ausgerufen, und es wurde mit Vehemenz gefordert, dass allein JHWH verehrt werde. Im Deuteronomiumbuch finden sich in den Kapiteln 12, 13 und 28 entsprechende Forderungen. Dtn 13 und 28 sind dabei wahrscheinlich sehr stark an assyrischen Vasallen-

95 Vgl. *Jost, Renate:* Art. Königinmutter/WiBiLex; *dies.:* Art. Königin (AT)/WiBiLex.
96 Vgl. *Stipp, Hermann-Josef:* Art. Schafan/WiBiLex.
97 Vgl. *Pietsch, Michael:* Art. Josia/WiBiLex, Kap. 4.1.

verträgen orientiert: Die assyrischen Grosskönige hatten von den unterworfenen Königen (Vasallen) in Verträgen absolute Loyalität verlangt und für den Fall von Vertragsbrüchen mit drastischen Flüchen/Strafen gedroht. Mit der Absicht, sich gegen die assyrische Unterdrückung und die assyrische Königs-/Staatsideologie zu wehren, wurden in Dtn 13 und 28 assyrische Loyalitätsvorstellung auf das Verhältnis Israels zu Gott übertragen:[98] Dtn 13 fordert ebenso absolute Ergebenheit gegenüber JHWH, wie die assyrischen Verträge es gegenüber dem assyrischen König verlangen. Und Dtn 28 droht analog zu assyrischen Verträgen mit Flüchen im Falle von Vertragsbrüchen gegenüber JHWH. Auch wenn diese theologische Gegenstrategie aus der historischen Situation heraus verständlich sein mag, so ist die Übertragung assyrischer Loyalitätsvorstellungen auf das Verhältnis der Israeliten zu Gott doch höchst problematisch und m. E. abzulehnen, denn die Durchsetzung der Loyalität wird mittels Gewaltandrohungen und gewalttätiger Strafen erzwungen. Zudem wird der Bundesschluss (Vertragsschluss) zwischen GOTT und dem Volk Israel noch nicht (oder nicht mehr) als gegenseitige Verpflichtung formuliert, sondern als einseitige Verpflichtung der Menschen (vgl. 2 Kön 23,1–3),[99] was ebenfalls den assyrischen Vasallenverträgen entspricht.

Ob es nebst der Kultzentralisation auch zu Sozialreformen gekommen war, ist heute besonders umstritten. Häufig werden die entsprechenden Passagen des deuteronomischen Gesetzes (Dtn 14–26*) in die exilische und nachexilische Zeit datiert. Falls aber im 7. Jahrhundert v. Chr. bereits auf eine ältere Gesetzessammlung in Ex 21,1–23,33* (sogenanntes Bundesbuch)[100] zurückgegriffen werden konnte und wenn etwas aus der prophetischen Sozialkritik des 8. Jahrhunderts gelernt worden war, so könnten auch schon zu Joschijas Zeit Gesetze erlassen worden sein, mit denen versucht wurde, das Gefälle von Stadt und Land, von Königshof und Bauern etc. auszugleichen. Das gemäss 2 Kön 22,8 im Tempel aufgefun-

98 Vgl. *Steymans, Hans U.*, Deuteronomium 28; *Otto, Eckart*, Das Deuteronomium 32–90; siehe auch die Abschnitte 3.2.2.3 und 4.2.2.8.5 Absatz e).

99 Vgl. *Rüterswörden, Udo:* Art. Bund (AT)/WiBiLex.

100 Siehe Abschnitt 6.11.

dene «Buch» wäre in diesem Fall eine Vorform des Deuteronomiums und eine Art Grundgesetz/Verfassung.[101] Auch die massive Kritik in Jer 22 am asozialen, ungerechten Verhalten der Nachfolger Joschijas könnte darauf hinweisen, dass die sozialen Verhältnisse unter Joschija historisch tatsächlich besser waren.[102]

Selbst wenn die Gesetze in Dtn 14–26* erst ab der Exilszeit und damit nach der Königszeit verfasst worden wären, so hätten sie doch auch in Joschijas Zeit Sinn gemacht und wären von einem «Volk des Landes» mitgetragen, wenn nicht sogar mitentworfen worden: So etwa die Gesetze zur Beschränkung der Macht des Königs durch eine gewisse Gewaltenteilung mit verschiedenen Ämtern und einem einigermassen unabhängigen Obergericht (Dtn 16,18–18,22). Auch verschiedene im Dtn formulierten Sozialmassnahmen/-reformen könnten von einem «Volk des Landes» mitgetragen worden sein: a) der Königszehnt soll den Leviten, Fremden, Waisen und Witwen gegeben (Dtn 26,12 f.) bzw. es soll damit ein gemeinsames Fest in Jerusalem gefeiert werden (Dtn 14,22–26); b) der Kriegsdienst soll eingeschränkt werden: Wer sich eine neue Existenz aufbaut, frisch verlobt oder verheiratet ist und wer sich vor dem Krieg fürchtet, soll vom Kriegsdienst befreit werden (Dtn 20,5–8; 24,5); c) Das Schuld- und Kreditwesen soll zugunsten der Ärmeren verbessert werden: Das Pfänden wird eingeschränkt (Dtn 24,6.12 f.17), das Zinsnehmen verboten (Dtn 23,20) und in jedem siebten Jahr sollen alle Schulden gestrichen werden (Dtn 15,1–11); d) es soll die Nahrung für die Ärmsten sichergestellt werden: Zum einen soll bei der Ernte immer etwas für die Ärmsten übrig gelassen werden, indem die Nachlese verboten wird (Dtn 24,20–22), zum andern wird der «Mundraub» legitimiert (Dtn 23,25 f.).[103]

Wie gesagt, wird heute von einigen angenommen, dass diese Gesetze erst nach dem Ende der Königszeit, exilisch oder nachexilisch, entstanden sind. Meines Erachtens wird, auch wenn dies zutreffen sollte, zumindest auf vorexilische Traditionen zurückgegriffen. Der Glaube an Gott, an die

101 Vgl. *Crüsemann, Frank,* Tora 235–322.

102 Vgl. *Stipp, Hermann-Josef,* Reform.

103 Siehe Abschnitt 6.10.6.8.

Befreiung aus der Sklaverei in Ägypten und an Gottes Weisung (Tora) sowie das Festhalten an Jerusalem und seinem Tempel wären im Exil verloren gegangen, und die Menschen hätten sich anderen und damals grösseren Religionen zugewandt, wenn dieser Glaube nicht schon im 8./7. Jahrhundert v. Chr. sehr stark in der breiten Bevölkerung Judas/Israels verankert gewesen wäre.

2.5 Babylonisches Exil: Katastrophe, Selbstanklage und Selbstbesinnung (6. Jahrhundert v. Chr.)

Nach Blütezeiten des Babylonischen Reichs im 3. Jahrtausend v. Chr. (u. a. mit König Hammurapi[104]) erkämpfte sich das am unteren Tigris und Euphrat gelegene Babylonien (Süden des heutigen Iraks) im 7. Jahrhundert v. Chr. ein neues Weltreich (Neubabylonische Zeit / chaldäisches Reich).[105] Unter Nebukadnezzar II. besiegten die Babylonier 605. v. Chr. die Ägypter vernichtend, übernahmen die Macht in Mesopotamien und bis nach Ägypten. Der Stadtgott Marduk von Babylon wurde somit Reichsgott. Juda geriet unter babylonische Vasallenschaft (vgl. Jer 46,2; 2 Kön 24,7). Doch die Könige Judas erkannten die veränderten Machtverhältnisse – trotz den Ermahnungen Jeremias (Jer 37,9 f.; 38,2.17 f.) – nicht. Sie erhofften sich wohl durch Bündnisse mit den Ägyptern bessere Vasallenbedingungen und führten durch ihre wankelmütige, unehrliche Politik Jerusalem in den Abgrund:[106] Die Babylonier hatten 605 v. Chr. bei der Schlacht von Karkemisch die Ägypter besiegt und Juda unter die Vasallenschaft gezwungen (vgl. Jer 46,2; 2 Kön 24,7). Der vom Pharao Necho eingesetzte Jojakim wandte sich um 601 v. Chr. von den Babyloniern ab und den Ägyptern zu, nachdem diese die Babylonier in einer Schlacht zwischenzeitlich besiegt hatten. Doch der babylonische König Nebukadnez-

---

104 Siehe Abschnitt 6.10.1.

105 Vgl. *Renz, Johannes:* Art. Babylonien/Babylonier/WiBiLex; vgl. zum Folgenden *Albertz, Rainer*, Exilszeit; *Wagner, Thomas:* Art. Exil/Exilszeit/WiBiLex; *Koenen, Klaus:* Art. Zerstörung Jerusalems (587 v. Chr.)/WiBiLex; *Kiefer, Jörn:* Art. Diaspora (AT)/WiBiLex.

106 Vgl. die prophetische Kritik bei Jer 26–28; Ez 12,12–16; 17,1–21; 19,1–14 u. a.

zar II. (605–562 v. Chr.) organisierte sein Heer neu und begann die Gegenoffensive. 597 v. Chr. wurde Juda erobert und Jerusalem belagert. Jojakim starb während der Belagerung. Sein Sohn Jojachin kapitulierte vor Nebukadnezzar, womit er die Zerstörung Jerusalems verhindern konnte. Nebukadnezzar erbeutete die Schätze des Tempels und des Palastes. Er setzte Joschijas dritten Sohn Mattanja als neuen König ein, wobei er dessen Vasallenstatus demonstrierte, indem er ihm einen neuen Namen gab: Zidkija. Der abgesetzte Jojachin sowie «alle Vornehmen und alle wehrhaften Männer» Jerusalems wurden ins Exil nach Babylon verschleppt (2 Kön 24,1–17; Jer 22,24–30; 37,1; 52,28). Auch der Prophet Ezechiel war gemäss Ez 1 unter diesen ersten Exilierten.

Zidkija (Geburtsname: Mattanja) war zunächst den Babyloniern gegenüber loyal, lief dann aber wie sein Vorgänger Jojakim zu den Ägyptern über.[107] Die Strafaktion der Babylonier war verheerend: 587 v. Chr. wurde Jerusalem mitsamt dem Tempel und dem Palast zerstört (2 Kön 25,1–21; Jer 39; Ez 33,21 f.). Die Königsbücher geben diese Katastrophe wie folgt wieder:

> «[8] Und im fünften Monat, am Siebten des Monats – das war das neunzehnte Jahr von König Nebukadnezzar, dem König von Babel – kam Nebusaradan, der Befehlshaber der Leibgarde, der Diener des Königs von Babel, nach Jerusalem. [9] Und er verbrannte das Haus GOTTES und das Haus des Königs; alle Häuser Jerusalems, jedes grosse Haus, verbrannte er im Feuer. [10] Und das ganze Heer der Kasdäer, das beim Befehlshaber der Leibgarde war, riss die Mauern rings um Jerusalem nieder. [11] Und den Rest des Volks, jene, die übrig geblieben waren in der Stadt, und die Überläufer, die übergelaufen waren zum König von Babel, und den Rest der Menge führte Nebusaradan, der Befehlshaber der Leibgarde, in die Verbannung.» (2 Kön 25,8–11)

Warum entgegen der sonstigen babylonischen Praxis der Tempel zerstört wurde, ist nicht klar. Ez 17,12–21 sieht es darin begründet, dass der Vasallenvertrag nicht nur auf politischer Ebene zwischen Nebukadnezzar und Zidkija, sondern auch auf sakraler Ebene zwischen dem babylonischen Reichsgott Marduk und JHWH geschlossen und gebrochen worden

107 Vgl. *Koenen, Klaus:* Art. Zedekia/WiBiLex.

war:[108] Indem Zidkija den Bund mit Nebukadnezzar brach, hatte er letzten Endes JHWHs Eid und Bund gebrochen (Ez 17,19). Die Tempelzerstörung war gemäss Ezechiel die Bestrafung dafür.

Anstelle des Zidkija, der zusammen mit den Militärs noch während der Belagerung geflüchtet war, aber von den babylonischen Truppen gefangen wurde, setzte Nebukadnezzar den Gedalja, einen Nachkommen Schafans, als Statthalter im benjaminitischen Ort Mizpa ein. Doch Gedalja wurde von einigen im Land verbliebenen Truppenführern unter Führung des Jischmael, einem «Mann aus königlichem Geschlecht», umgebracht (2 Kön 25,24 f.; Jer 40,1–41,10). Dies hatte im Jahr 582 v. Chr. wahrscheinlich als Strafaktion eine dritte Deportation zur Folge (Jer 52,30). In diesem Zusammenhang ist es wohl zum in 2 Kön 25,26 und Jer 43 beschriebenen Wegzug von Jerusalemern nach Ägypten gekommen.

Die Bedeutung des babylonischen Exils (597–539 v. Chr.) kann kaum überschätzt werden – selbst das NT teilt den Stammbaum Jesu noch in die Zeit vor und nach der Babylonischen Gefangenschaft ein (vgl. Mt 1,12.17): Die Tötung, Verschleppung und Flucht unzähliger Menschen, der Verlust des Tempels, des Wohnsitzes Gottes, mitsamt der Priesterschaft war eine tiefe religiöse Erschütterung, der Verlust der Eigenstaatlichkeit und des Königtums eine politische Katastrophe. Die Zionstheologie, nach der Gott auf ewig im Jerusalemer Tempel wohnt und die davidische Königsdynastie Bestand haben lässt, war auf einen Schlag widerlegt. Nach rund 400 Jahren Daviddynastie stand Jerusalem ab 587 v. Chr. für mehrere Jahrhunderte bis ins 2. Jahrhundert v. Chr. unter Fremdherrschaft und war ohne Königtum. Texte wie Ps 137, Ez 18, Jes 40 oder die Klagelieder geben Einblick in die Verzweiflung der Menschen im babylonischen Exil (das «Exil» wird heute zunehmend auch als *Galut/Gola*, hebr. für Verbannung, Auswanderung, bezeichnet; das gr. *Diaspora* wird meist für die «Zerstreuung» von Jüd*innen in späterer Zeit gebraucht).[109]

108 Vgl. *Flury, André:* Art. Eid/Schwur (AT)/WiBiLex, Kap. 2.2.1.1; *ders.*, Ezechiel, 1666–1667 zu Ez 17 und 1672–1673 zu Ez 19,1–19.

109 Vgl. *Kiefer, Jörn:* Art. Diaspora (AT)/WiBiLex.

Ab dem babylonischen Exil lebten Menschen jüdischen Glaubens hauptsächlich in drei Regionen: a) Entgegen der interessengeleiteten Darstellungen der Königsbücher, war das Land Juda/Israel nicht «leer». Aufgrund der verschiedenen Zahlenangaben für die Exilierten und archäologischer Schätzungen kann man vermuten, dass Juda zwischen 600–580 v. Chr. etwa die Hälfte der Bevölkerung – schätzungsweise ca. 40 000 Menschen – durch Tötung im Krieg, durch Deportation nach Babylon und durch Flucht nach Ägypten verlor. Das heisst aber auch, dass ungefähr 40 000 Menschen im Land bleiben konnten.[110] Juda wurde wahrschlich der babylonisch verwalteten Provinz Samaria unterstellt. b) Der grosse Teil der Deportierten, darunter auch die ehemaligen Führungspersonen Jerusalems, befand sich in Babylonien, wahrscheinlich südöstlich von Babylon. Auch Jojachin, der ehemalige König Jerusalems, lebte gemäss 2 Kön 25,27–30 (par. Jer 52,31–34) hier, teils im Gefängnis, teils am königlichen Hof Babylons, und starb wohl erst ca. 560 v. Chr. Im babylonischen Exil mag die – falsche – Hoffnung bestanden haben, das Exil sei nur kurz, und das davidische Königtum kehre bald einmal wieder zurück (dagegen wenden sich Ez 13,10.16; Jer 27,16; 28,3-4.11; 29,24–32). c) Ein Teil der Bevölkerung dürfte nach Ägypten geflohen sein.

Im Nachhinein und aufs Ganze gesehen sollte sich diese Krisenzeit als Zeit enormer Entwicklungen zu einer erneuerten und gestärkten religiösen Identität erweisen: Da die Königs- und Tempeltheologie nicht mehr tragfähig war, mussten andere, tragfähigere Gottesbilder gesucht werden. So wurde – für die damalige Zeit revolutionär – die Überzeugung gefunden, dass GOTT nicht an einen Tempel mit seinem Kult und Personal und seinen Götterbildern gebunden ist, sondern sich überallhin «bewegen» kann (Ez 1,4–28). Zudem gelangten die Jüdinnen und Juden zur Überzeugung, dass es nicht eine Vielzahl von Göttern gibt – die mit je ihren Völkern gegen andere Götter mit deren Völkern kämpfen –, sondern nur einen einzigen Gott aller Menschen (Deuterojesaja: Jes 40–55; Deuteronomisten; Ez).[111]

110 Vgl. *Albertz, Rainer,* Exilszeit 73–80.

111 Siehe den Exkurs «Monolatrie – Monotheismus» in Abschnitt 6.10.6.1.

Die vorexilischen Prophetenworte erhielten, da die Geschichte ihnen Recht gab, neues Gewicht und wurden mit ihrer teils starken Königs- und Sozialkritik aufgenommen und weitergeführt (vgl. Mi; Am; Hos; Jes; Jer; weitergeführt in Sach; Hag). So entwickelten sich auch unterschiedliche und teils utopische Entwürfe für ein neues religiöses und gesellschaftliches Leben: Es wurde z. B. eine Revision der Königstheologie formuliert, in der es kein davidisches Königtum mehr braucht, weil GOTT selbst König über Israel ist (u. a. Jes 40,9–11; 52,7–10; Ez 33,11–16), oder es wurde durch priesterliche Kreise im Gefolge Ezechiels der Entwurf eines neuen Tempels mit einer grundlegenden Landverteilungs-Reform und Gewaltenteilung gezeichnet (Ez 40–48). Infolge der fehlenden Staatsreligion dürfte die Bedeutung der Familie als wichtiger Ort für das Leben und die Weitergabe der religiösen Identität zugenommen haben: Schabbat, Beschneidung, Gebet (Ps), aber auch Speisegebote wurden zu zentralen Zeichen der jüdischen Identität.[112] Hinzu kamen intensivierte Begegnungen mit den grossen religiösen Traditionen Ägyptens und Mesopotamiens, die die eigene religiöse Identität herausforderten, aber auch befruchteten. Manche werden sich diesen Traditionen zugewandt haben, aber andere hielten gerade im Exil / der Gola umso stärker an ihrem althergebrachten JHWH-Glauben fest. Ohne Territorium für die jüdische Religion wurde die Entscheidung des Einzelnen bzw. der Familie für diesen Glauben zentral. Gegenüber den anderen Völkern gab es unterschiedliche Haltungen: Einerseits gab es schroffe Abgrenzung (prophetische Sprüche gegen Fremdvölker; Heiratsverbote etc.), andererseits auch Tendenzen der Öffnung, wie etwa die Einladung an Nichtisraeliten, am JHWH-Glauben teilzuhaben (Jes 44,5; 45,20–25; 55,5).

112 Vgl. *Cörting, Corinna:* Art. Sabbat (AT)/WiBiLex; *Zimmermann, Ulrich:* Art. Beschneidung (AT)/WiBiLex; *Leuenberger, Martin:* Art. Gebet/Beten (AT)/ WiBiLex; *Gies, Kathrin:* Art. Speisegebote (AT)/WiBiLex.

Persische Zeit: Neubeginn und Identitätssuche (6.–4. Jahrhundert v. Chr.) 2.6

Die Perser, ihrem wahrscheinlichen Ursprung nach ein indoeuropäisches Volk, kamen wohl um 700 v. Chr. in das Gebiet des alten Reichs Elam (südöstlich von Babylon am persischen Golf gelegen, heutiges Gebiet Fars im Iran), wo sie die Elamiter (und Meder) im Kampf gegen die Assyrer unterstützten und ansässig wurden.[113] Im Laufe der Geschichte setzte sich für dieses Gebiet der Name Eran-schahr (= Land der Arier/Iranier) durch, woraus sich der heutige Name Iran ableitet. Gesicherte Geschichtsquellen für die Perser liegen erst ab der Dynastie der Achämeniden vor, die auch für die biblische Geschichte massgeblich sind: Die Achämeniden herrschten von Kyros II. (559–530 v. Chr.) bis Darius III. (336–333 v. Chr.). Danach folgten die Dynastien der Arkasiden und Sassaniden (250 v. Chr. bis 651 n. Chr.).

Kyros II. unterwarf in einem enormen Siegeszug ganz Mesopotamien und Kleinasien, sein Sohn Kambyses II. (530–522 v. Chr.) zusätzlich Ägypten, das die Perser – im Unterschied zu den Assyrern und Babyloniern – als ganzes Gebiet beherrschten. So entstand das bislang grösste Reich der Antike – von Pakistan bis nach Äthiopien, von Zentralasien bis ans Mittelmeer –, zudem das erste Grossreich im Orient, das nicht von semitisch-hamitischen Völkern beherrscht war.

Die Forschung hatte den Erfolg von Kyros II. lange Zeit auf seine religiöse Toleranz zurückgeführt. Die neuere Forschung ist da kritischer und hält vieles für Propaganda.[114] Der Erfolg des persischen Grossreichs verdankt sich wohl vor allem der militärischen Macht, der durchdachten Organisation und Einteilung der unterworfenen Gebiete (ca. 23 Satrapien, jeweils unterteilt in Provinzen), dem Ausbau des Strassennetzes, der Einführung einer Währung (der Dareikos-Münze von 8.42 Gramm Gold) und einem unter Darius I. (522–486 v. Chr.) eingeführten neuen Steuersystem. Gleichwohl dürfte eine religionspolitische Strategie, die lokale Gottheiten nicht verdrängte, sondern in den Dienst des persischen Herrschers

113 Vgl. hierzu und zum Folgenden *Gerstenberger, Erhard,* Israel.

114 Vgl. *Becking, Bob:* Art. Kyrosedikt/WiBiLex.

stellte, zum Erfolg beigetragen haben, zumindest hat sie vielfältige Spuren hinterlassen. In dem um 1879 in Babylon gefundenen Kyros-Zylinder loben babylonische Marduk-Priester den Kyros als vom Gott Marduk gesandt:

> «Marduk, der große Herr, der sich um seine Leute sorgt, blickte freudig auf seine [Kyros] guten Taten und sein gerechtes Herz. Er [Marduk] befahl ihm, zu seiner Stadt Babel zu gehen. Er begleitete ihn wie einen Freund und Genossen. Seine umfangreichen Truppen, deren Zahl so unermesslich wie das Wasser eines Flusses war, marschierten mit ihren Waffen an seiner Seite. Ohne Kampf und Schlacht ließ er [Marduk] ihn [Kyros] in die Stadt Babel einziehen. Alle Einwohner von Babel, das ganze Land Sumer und Akkad, Fürsten und Statthalter knieten vor ihm [Kyros] nieder, küßten seine Füße. Sie freuten sich über seine Königsherrschaft, es leuchtete ihr Angesicht. ‹Herr, der durch seine Hilfe die Toten lebendig gemacht hat, der in Not und Unheil allen wohlgetan hat!› – so huldigten sie ihm freudig. Sie verehrten seinen Namen.»[115]

Das Kyros-Edikt stellte wahrscheinlich eine Propaganda der Marduk-Priester des Esagila-Tempels in Babylon dar. Sie lehnten sich damit gegen den letzten babylonischen König Nabonid (556–539 v. Chr.) auf, da er sie offenbar vernachlässigt hatte. Dennoch sagt der Text des Kyros-Zylinders etwas aus über die mit Kyros verbundene Hoffnungen.

Ganz ähnlich wird denn Kyros auch im Deuterojesajabuch gelobt, das im babylonischen Exil entstanden ist. Nur wird hier Kyros nicht vom babylonischen Gott Marduk, sondern von JHWH erwählt:[116]

> «1 So spricht GOTT zu seinem Gesalbten [Messias], zu Kyros: / Ich habe ihn an seiner rechten Hand gefasst,
> um ihm Nationen zu unterwerfen; Könige entwaffne ich, / um ihm Türen zu öffnen und kein Tor verschlossen zu halten:
> 2 Ich selbst gehe vor dir her / und ebne Ringmauern ein.
> Ich zertrümmere bronzene Tore / und zerschlage eiserne Riegel.
> 3 Ich gebe dir verborgene Schätze / und Reichtümer, die im Dunkel versteckt sind.

---

115 Zit. nach *Zwickel, Wolfgang u.a.,* Bibelatlas 195; vgl. den ganzen Text in TUAT 1, 407–410.

116 Vgl. *Hermisson, Hans-Jürgen:* Art. Deuterojesaja/WiBiLex.

Abb. 13: Kyros-Zylinder. Der in akkadischer Keilschrift geschriebene Kyros-Zylinder wurde 1879 in Babylon gefunden und befindet sich heute im Britischen Museum, London.

So sollst du erkennen, dass ich GOTT bin, der dich bei deinem Namen ruft, ich, Israels Gott.
4 Um meines Knechtes Jakob willen, / um Israels, meines Erwählten, willen / habe ich dich bei deinem Namen gerufen;
Ich habe dir einen Ehrennamen gegeben, / ohne dass du mich kanntest.» (Jes 45,1–4, EÜ 16)

Diese Stimmung nehmen Esra 1,1–4 // 2 Chr 36,22 f. auf, um selbstbewusst zu formulieren, GOTT habe den «Geist des Kyros erweckt», und dieser habe ihm aufgetragen, in Jerusalem ein Haus / einen Tempel für GOTT zu bauen (vgl. Esra 6,1–5). Historisch gesehen hatte Kyros wahrscheinlich Städte, die für sein Reich von strategischer Bedeutung waren, wiederbesiedelt mit Bevölkerungsgruppen, die sich noch mit ihrer alten Heimat identifizierten. Dazu gehörte wohl auch der gelegentliche Wiederaufbau von Tempeln. Indem Kyros keinen neuen Reichskult – etwa mit dem iranischen Gott Ahuramazda – einführte, sondern die lokalen religiösen Traditionen beliess, konnte er sich die Loyalität der verschiedenen Völker sichern.

Historisch kam es zu Rückwanderungen von Jüdinnen und Juden aus dem babylonischen Exil unter dem Serubbabel (Esra 2,2; Neh 7,7), dem letzten im AT genannten Nachkommen der davidischen Dynastie, und dem «Hohepriester» Josua/Jeschua (Sach 3,1; Hag 1,1). Unter ihnen wurde der Wiederaufbau des Tempels 520 v. Chr. in Angriff genommen – auch gegen Widerstand im Land (es sei zu teuer usw.; zudem hatte sich in Bet-El und Sichem der Kult wieder etabliert) – und es kam 515 v. Chr. zur Wiedereinweihung des Tempels (Esra 6,13–22).

Juda – nun Yehûd genannt – war politisch spätestens ab Darius II. (423–405/4 v. Chr.) eine eigenständige Teilprovinz der Satrapie Abar-Nahara (Transeuphrat), womit keine Verwaltungseinheit mehr mit Samaria bestand. Es entwickelte sich eine komplexe Verwaltung für Yehûd, die in etwa so ausgesehen haben dürfte:[117] Der Satrap in Damaskus repräsentierte den persischen Grosskönig und gab dessen Anweisungen an einen Statthalter mit einer persischen Provinzverwaltung in Jerusalem weiter. Der Statthalter leitete sie wiederum an die «Ältesten Judas» weiter. Für gewisse Befragungen tagte eine «Volksversammlung» (hebr. *qahal*). Parallel dazu gab es einen Hohepriester, der die Priesterverbände leitete, und eine judäische Selbstverwaltung mit gewissen Kompetenzen, die verantwortlich war für die Berichterstattung und die Steuerleistung an den Satrapen.

Diese Entwicklung ist in der Bibel anhand des Statthalters Nehemia im gleichnamigen Buch in idealisierter Weise formuliert: Die nach den Personen Esra und Nehemia genannten biblischen Bücher bildeten ursprünglich ein zusammenhängendes Buch.[118] Nehemia steht paradigmatisch für den Wiederaufbau eines funktionierenden Gemeinwesens nach persischer Art: Nach Darstellung der biblischen Erzählung hatte es Nehemia am persischen Hof in ein hohes Amt gebracht und wurde sodann vom Perserkönig Artaxerxes I. (465 424/23 v. Chr.) als Statthalter zum Wiederaufbau nach Jerusalem geschickt. Diesen Wiederaufbau (ab 445 v. Chr.) schildert Neh 1–7 vor allem als Wiederaufbau der Stadtmauer. Ihre Fertigstellung symbolisiert Sicherheit und Identität für die jüdische Gemeinde des zweiten Tempels in Jerusalem.

Der Tempel Jerusalems stand im 5./4. Jahrhundert in Konkurrenz zum JHWH-Tempel in Sichem in Samaria:[119] Nach 720 v. Chr. war Samaria, die Hauptstadt des alten Nordreichs Israel, von der jeweiligen Fremdmacht besetzt gewesen. In persischer Zeit wurde Samaria jedoch recht eigenständig

117 Vgl. *Wiesehöfer, Josef:* Art. Provinz (persisch)/WiBiLex.

118 Vgl. *Hieke, Thomas:* Art. Esra-Nehemia-Buch/WiBiLex; *ders.:* Art. Esra/WiBiLex; *ders.:* Art. Nehemia/WiBiLex.

119 Vgl. *Böhm, Martina:* Art. Samaritaner/WiBiLex; *Wimmer, Stefan:* Art. Sichem/WiBiLex; *Kieweler, Hans:* Art. Garizim/WiBiLex.

und hatte einheimische Statthalter. Es gab, wie schon in der früheren Königszeit, eine mehr oder weniger starke Konkurrenz zwischen dem wirtschaftlich und politisch wiederum stärkeren Samaria und dem kleineren Juda. Gleichwohl konnten die beiden Provinzen – aufgrund des gemeinsamen Glaubens an GOTT sowie gemeinsamer Kultur und Sprache – auch gut zusammenarbeiten. So unterstützten beispielsweise beide im 4. Jahrhundert v.Chr. den Wiederaufbau eines JHWH-Tempels in Elephantine, einer jüdischen Kolonie im südlichen Ägypten.[120] Oder es wurden die Familien des samaritanischen Statthalters mit jener des Jerusalemer Hohepriesters durch Heirat verbunden (Neh 13,54). Doch Jerusalemer Hardliner, deren Positionen sich im Esrabuch finden, fürchteten, dadurch die hart errungene Eigenständigkeit Jerusalems zu verlieren und werteten diese und andere Heiraten als illegitime «Mischehen» ab und forderten streng endogame, das heisst innerhalb der Grosssippe geschlossene Ehen (Esra 9–10; die gegenteilige Position findet sich im Buch Rut).[121] Es wird heute angenommen, dass jene Leute aus Jerusalem, die nicht mit den Hardlinern einverstanden waren, nach dem nur 40 km nördlich von Jerusalem liegenden Samaria zogen und sich dem dortigen JHWH-Tempel auf dem Garizim bei Sichem anschlossen. Möglicherweise gab es auch zadokidische Priester, die an diesen Tempel zogen.

Esra, dessen Historizität als Person umstritten ist, wird seiner Abstammung nach auf Aaron, den Bruder des Mose, zurückgeführt, um seine Bedeutung und seinen Anspruch zu verdeutlichen (Esra 7–10):[122] Esra soll dem «Gesetz des Himmelsgottes» zur Durchsetzung verhelfen. In Esra 7,11–26 wird dies sogar als Auftrag des persischen Königs Artaxerxes II. (405–359 v.Chr.) ausgegeben. Es besteht ein breiter Konsens, dass mit dem erwähnten «Gesetz» auf die Tora angespielt ist, dass aber die Tora (der Pentateuch, Gen–Dtn) in ihrer abschliessenden Form noch nicht vorgelegen hatte. Häufig wurde angenommen, dass es eine persische «Reichs-

120 Vgl. *Rohrmoser, Angela:* Art. Elephantine/WiBiLex.

121 Vgl. *Dyma, Oliver:* Art. Ehe (AT)/WiBiLex; *Fischer, Irmtraud:* Art. Rut/Rutbuch/WiBiLex; *Bieberstein, Klaus,* Geschichten.

122 Vgl. *Hieke, Thomas:* Art. Esra/WiBiLex.

autorisation» des jüdischen Gesetzes (Tora) gegeben habe, was heute jedoch eher für nicht historisch gehalten wird. Dennoch dürfte die Tora in einem intensiven Ringen im 5. Jahrhundert v. Chr. ihre einigermassen endgültige Form bekommen haben, wobei verschiedene Gruppierungen, Interessen und theologischen Überzeugungen zusammenkommen sind – was auch in der letztendlich vorliegenden Tora zu sehen ist.

2.7 Griechisch-hellenistische Zeit: Faszination und Widerstand (4.–1. Jahrhundert v. Chr.)

2.7.1 Alexander

Schon im 6. Jahrhundert v. Chr. blühte der Handel zwischen dem Orient und den um 1000 v. Chr. entstandenen griechischen Stadtstaaten, und es gab einen Kulturaustausch in beide Richtungen. Dies wurde im Grossreich der Perser fortgesetzt. Als der Makedonier Alexander d. Gr., dessen Vater die griechischen Städte verbündet hatte, 333 v. Chr. den persischen König Darius III. besiegte, trat er das Erbe des persischen Grossreichs an, und es kam verstärkt zur Durchmischung von griechischer und orientalischer Kultur, was man als Hellenismus bezeichnet:[123] Griechische Kultur, Sprache, Lebensart, Religion und Philosophie breiteten sich über den gesamten östlichen Mittelmeerraum bis ins heutige Afghanistan aus und durchmischten sich mit den dort vorhandenen Kulturen.

Für die (jüdische) Geschichte dieser Zeit sind schriftliche Quellen spärlich: Eine biblische Geschichtsschreibung/-deutung, wie wir sie für die Königszeit, das babylonische Exil und für die Zeit der Perser haben, gibt es für die griechisch-hellenistisches Zeit – mit Ausnahme der Makkabäerbücher, die das 2. Jahrhundert v. Chr. behandeln – nicht. So dienen als Haupt-

123 Vgl. *Sigismund, Marcus:* Art. Hellenismus/WiBiLex; *vom Brocke, Christoph:* Art. Griechenland/WiBiLex.

quelle für die Geschichte des Judentums in dieser Zeit die Schriften Antiquitates Judaicae und De bello Judaico von Flavius Josephus (37–115 n. Chr.), die allerdings Jahrhunderte nach den beschriebenen Ereignissen entstanden (Gleiches gilt für die nichtjüdischen Quellen für diese Zeit: Auch dafür stehen mit den römischen Geschichtsschreiber Diodor, Justin, Appian u. a. nur sehr viel spätere Quellen zur Verfügung. Griechische Geschichtsdarstellungen gibt es für diese Zeit nur noch in Fragmenten).

Diadochen 2.7.2

323 v. Chr. starb Alexander erst 33-jährig in Babylon bei Vorbereitungen für weitere Feldzügen. Da das erste Kind Alexanders noch nicht geboren und sein Bruder wahrscheinlich psychisch krank war, mangelte es an einem Nachfolger. Alexanders Feldherren und deren Söhne kämpften um die Macht, so dass es zur Aufteilung des Reichs unter diesen «Nachfolgern» (gr. *Diadochen*) kam. Die Landbrücke zwischen Ägypten und Mesopotamien, Palästina/Israel war, wie schon so oft, wiederum heftig umkämpft. Schliesslich setzte sich Ptolemaios I. Soter (306–283 v. Chr.) in Ägypten sowie in Syrien und Palästina/Israel/Juda durch, sein Rivale Seleukos I. Nikator in Mesopotamien und Kleinasien. Doch auch deren Nachfolger – Ptolemäer und Seleukiden genannt – und andere Diadochen kämpften mehrfach um die Vorherrschaft in Palästina/Israel. Im 3. Jahrhundert v. Chr. konnten die Ptolemäer ihre Vorherrschaft über Palästina/Israel insgesamt verteidigen. In dieser Zeit wuchs, vielleicht durch die diversen Kriege, vielleicht aufgrund der Ptolemäer, die von Ägypten aus herrschten, die jüdische Diasporagemeinde in Alexandria (Ägypten) sehr stark. Hier wurde die hebräische Bibel ab 250 v. Chr. denn auch ins Griechische übersetzt.[124] So blühte hier neben Babylonien eine zweite jüdische Diasporagemeinde.

Ptolemäer 2.7.2.1

Die ehemalige persische Provinz *Yehûda* wurde von den Ptolemäern aufgeteilt: Das ländliche Juda (gr. *Joudaia*) wurde zu

124 Siehe Abschnitt 1.2.

einer griechischen Teilprovinz (Hyparchie) mit je einem griechischen Militär- und Verwaltungschef. Eine entsprechende Teilprovinz wurde Samaria. Jerusalem (gr. *Hierosolyma*) hingegen wurde nach ägyptischem und kleinasiatischem Vorbild zu einem «Tempelstaat» mit eigenen Rechten und Pflichten. Der Hohepriester hatte der Tradition nach von Zadok abzustammen, dem ersten Jerusalemer Priester unter David. Faktisch nahm der Hohepriester mehr oder weniger die Rolle des Staatsoberhauptes wahr. Nur der griechische Finanzverwalter stand noch über ihm. So kam es wie schon in der Königszeit zu einer Machtkonzentration: Priesterliche und politische Macht waren nun stark beim Hohepriester vereint, entsprechend stark wurde um die Besetzung dieses Amtes gekämpft. Allerdings wurde in ptolemäischer Zeit auch ein «Ältestenrat» (gr. *Gerousia*) mit Vertretern der zadokidischen Priesterschaft (später Sadduzäer genannt) sowie mit Vertretern des nichtpriesterlichen Adels, der Grossgrundbesitzer und der Sippenältesten eingeführt.

2.7.2.2 Seleukiden

Die Hohepriester und die einflussreiche Familie der Tobiaden wandten sich ab ca. 220 v. Chr. zunehmend von den Ptolemäern ab und den Seleukiden zu. Diese übernahmen im 5. Syrischen Krieg (202–198 v. Chr.) schliesslich die Herrschaft über Syrien, Phönizien und Palästina/Israel mitsamt Jerusalem.[125] Der Seleukide Antiochos III. bedankte sich bei Jerusalem bzw. bei dessen Hohepriester und Oberschicht für deren Unterstützung u. a. mit einer dreijährigen Steuerbefreiung. Doch Antiochus III. nahm dieses Privileg nach militärischen Niederlagen gegen die Römer schnell zurück und kompensierte es mit umso grösseren Steuerforderungen und möglicherweise auch unter Konfiszierung des Tempelschatzes.

In dieser Zeit gab es in Jerusalem offenbar Bestrebungen, eine griechische Polis (= Stadt) zu werden. Griechische Bildungseinrichtungen, Sportstätten und Theater wurden eingeführt. Traditionen wie die Beschneidung sowie Speise- und Reinheitsvorschriften wurden infrage gestellt. Die Bevölke-

125 Vgl. *Ueberschaer, Frank:* Art. Seleukos/Seleukiden/WiBiLex; *ders.:* Art. Antiochos IV. Epiphanes/WiBiLex.

rung Jerusalems und Judas war wohl überaus gespalten in diesen Fragen. Die Sicht der Gegner der Hellenisierung ist im 1. und 2. Makkabäerbuch sowie im Danielbuch dargelegt:[126] Gemäss deren Darstellung trieben der Hohepriester Jason und die einflussreichen Tobiaden die Hellenisierung Jerusalems voran (2 Makk 4). Der seleukidische Herrscher Antiochus IV. Epiphanes (175–164 v.Chr.) unterstützte diese Entwicklung, da ihm Jerusalem als griechische Polis mehr Steuereinnahmen und politische Macht versprach als eine Tempelstadt. Um 172 v.Chr. griff Antiochus IV. direkt in die Besetzung des Hohepriesteramtes ein: Er setzte als Hohepriester Menelaos ein, der seinerseits dem Antiochus eine beachtliche Summe dafür bezahlte. Menelaos Gegner warfen ihm vor, dafür den Tempelschatz geplündert zu haben und ermordeten seinen Bruder (2 Makk 4,40).

In der Folge eskalierten die Konflikte zwischen pro- und antihellenistischen, aber auch proseleukidischen und proptolemäischen Gruppierungen und es kam zu bürgerkriegsähnlichen Zuständen in Jerusalem. Antiochius IV. schickte den Heerführer Apollonius nach Jerusalem und liess nichtjüdische Truppen in der Jerusalemer Festung stationieren. Nach Darstellung der Makkabäerbücher versuchte Antiochus IV. unter Mithilfe des Hohepriesters Menelaos eine Zwangshellenisierung: Die Beschneidung sei verboten, der Schabbat und andere Festzeiten unterdrückt, der Verzehr von Schweinefleisch durchgesetzt, Buchrollen des Gesetzes verbrannt, und wer sich nicht an diese Anordnungen hielt, hingerichtet worden (1 Makk 1,41–64; 2 Makk 6,1–11; Dan 7,25). Zudem sei der JHWH-Tempel in Jerusalem dem Zeus Olympios gewidmet worden, der JHWH-Tempel auf dem Garizim dem Zeus Xenios (2 Makk 6,2). Was der mehrfach genannte «Gräuel der Verwüstung» (1 Makk 1,54; Dan 8,13 u.ö.), der im Jerusalemer Tempel auf dem Brandopferaltar errichtet wurde, genauerhin darstellte, ist nicht klar. Manche nehmen verschiedene Götterbilder bzw. Mazzeben (Steinmale) für griechische Gottheiten an, andere eher einen Altar-Aufbau für Schweineopfer.

---

126 Vgl. *von Dobbeler, Stephanie:* Art. Makkabäerbücher 1–4/WiBiLex; *Bauer, Dieter,* Überlieferungen 311–333.

2.7.3 Makkabäer/Hasmonäer

Der «Gräuel der Verwüstung» löste jedenfalls den Aufstand der Makkabäer aus:[127] Der Priester Mattatias aus dem nordwestlich von Jerusalem gelegenen Modeïn mobilisierte zusammen mit seinen fünf Söhnen die traditionalistischere Landbevölkerung zum Widerstand, da diese wohl am meisten unter den horrenden Steuerabgaben an die Seleukiden litt. Die Kämpfe dauerten in unterschiedlichen Phasen von 167–143 v. Chr. Die Makkabäer verzeichneten zu Beginn Erfolge, wahrscheinlich auch weil die Seleukiden von mehreren neuen Grossmächten unter Druck waren: Die Römer hatten bereits 168 v. Chr. die Herrschaft über Griechenland übernommen, und im Osten des Reichs erhoben sich die Parther. So konnte 164 v. Chr. Mattatias' dritter Sohn Judas, dessen Beiname Makkabäus (hebr. für Hammer) der Bewegung den Namen gab, Jerusalem erobern. Gemäss 2 Makk 11,13–38 führten seine Verhandlungen zu einem friedlichen Kompromiss, so dass die Tora und die jüdischen Bräuche wieder erlaubt wurden und der Hohepriester eine Wiedereinweihung des Tempels am 25. Kislew 164 v. Chr. vornahm (woran das jüdische Chanukka-Fest bis heute erinnert; vgl. 1 Makk 4,52–59; 2 Makk 10,1–8).

Es folgte jedoch ein langer Guerillakrieg, der auch durch die seleukidischen Thronfolgekämpfe geprägt war und in dem die Makkabäer ihre Macht ausbauen konnten. Schliesslich wurde zuerst Jonatan Makkabäus (153–142 v. Chr.) und dann sein Bruder Simeon (142–134 v. Chr.) zu Hohepriestern gemacht. Dies führte zur Teilung der Makkabäischen Aufstandsbewegung: Da Jonatan und Simon keine Nachkommen von Zadok waren, zogen wohl ein Teil der zadokidischen Priester und ihnen zugewandte Leute nach Qumran und gründete dort eine eigene Gemeinschaft.[128] Auch die Chasidim (von hebr. *chasid* für fromm) wandten sich ab, ihre Anliegen wurden schliesslich von den Essenern und den Pharisäern übernommen. Gleichwohl behaupteten die Makkabäer ihre

---

127 Vgl. *Lambers-Petry, Doris:* Art. Makkabäer/WiBiLex; *dies.:* Art. Hasmonäer/WiBiLex.

128 Vgl. *Steudel, Annette:* Art. Qumran-Handschriften/WiBiLex.

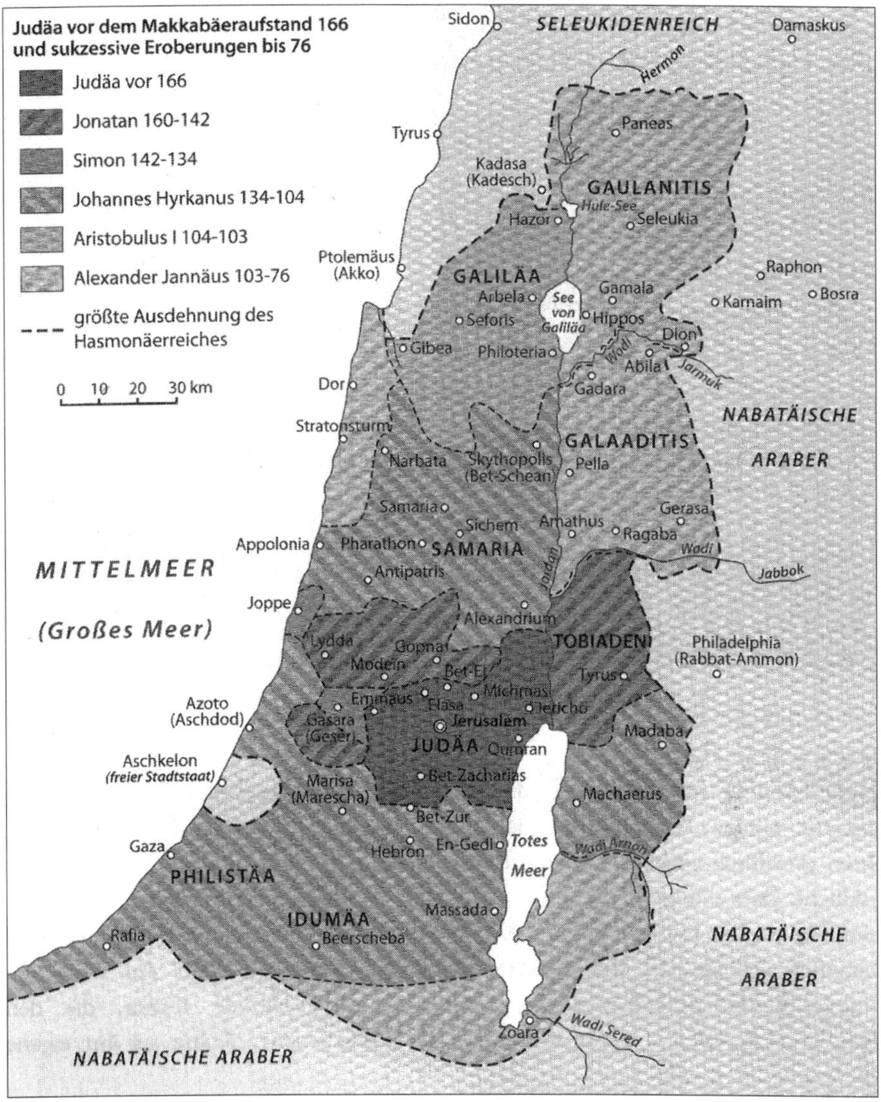

Abb. 14: Karte Juda/Samaria (Israel) in der Makkabäerzeit

Macht: Ein Enkel von Mattatias, Johannes Hyrkan I., wurde Hohepriester (134–104 v. Chr.). Mit ihm beginnt man die Herrschaft der Makkabäer nach einem Vorfahren namens Hasmon als Dynastie der Hasmonäer zu bezeichnen. Die Hasmonäer verbanden das Hohepriestertum mit dem Königtum und stellten von 134–63 v. Chr. die letzte Königsherrschaft Jerusalems/Israels dar, letztlich sogar die letzte Phase der Eigenstaatlichkeit bis zur Gründung des modernen Staates Israel 1948.

Aufgrund der Thronfolgekriege der Seleukiden konnte Johannes Hyrkan I. sein Herrschaftsgebiet bis weit nach Galiläa und an die Küste ausbauen. Im Jahr 128 v. Chr. nahm er Samaria ein, besetzte Sichem und zerstörte den JHWH-Tempel auf dem Garizim.[129] Spätestens ab diesem Zeitpunkt gingen die Jüdinnen und Juden Samarias einen eigenen Weg:[130] Die Samaritaner*innen anerkannten wohl schon länger nur die Tora als Heilige Schrift (nicht auch die Propheten und die weiteren Schriften) und schätzten Mose als einzigen Propheten. Nun grenzten sie sich wohl verstärkt vom Tempel Jerusalems ab. Ihre Tora-Ausgabe (Samaritanus) wird aufgrund des Konflikts nun in etwa 20 Versen erneut bearbeitet worden sein, z. B. mit der Einfügung eines Gebots nach Ex 20,27/Dtn 5,22, auf dem Garizim einen Altar zu bauen. Ebenso bearbeiteten die Jerusalemer die Tora, indem sie das in Dtn 27,4 stehende Gebot, auf dem Garizim einen Altar zu errichten, nun für den gegenüberliegenden Berg Ebal verlegten, der als «Berg des Fluches» galt (Dtn 11,29). Die Kluft zwischen Juden aus Samaria und aus Jerusalem ist auch noch im NT ersichtlich (Joh 4; Lk 9,51–56; 10,25–37).

Unter Alexander Jannai (103–76 v. Chr.), der sich ausser Hohepriester nun auch offiziell König nannte, erreichte das Hasmonäerreich seine grösste Ausdehnung, allerdings ging dessen Macht gemäss Flavius Josephus mit brutalen Eroberungskriegen durch Söldnerheere, Zwangsjudaisierungen und Vertreibung von Nichtjuden, die sich der Beschneidung

129 Vgl. *Josephus, Flavius,* Antiquitates Judaicae 13,254–257; *ders.,* De bello Judaico 1,62 f.

130 Vgl. *Böhm, Martina:* Art. Samaritaner/WiBiLex; *Wimmer, Stefan:* Art. Sichem/WiBiLex; *Kieweler, Hans:* Art. Garizim/WiBiLex.

widersetzten, einher. Innenpolitisch liess sich Alexander Jannai von den Sadduzäern unterstützen, denen es als Angehörige der zadokidischen Priesterdynastie um eigene Privilegien ging. Die Pharisäer lehnten es jedoch ab, dass die Hasmonäer sowohl die hohepriesterliche als auch die königliche Macht in ein und derselben Person wahrnahmen (Personalunion). Alexander Jannai liess daher die Pharisäer auf brutalste Weise verfolgen: Gemäss Flavius Josephus liess er 800 von ihnen öffentlich hinrichten, wahrscheinlich sogar kreuzigen, nachdem ihre Frauen und Kinder vor ihren Augen abgeschlachtet worden waren.[131] Im weiteren Verlauf der Auseinandersetzung verloren gemäss Josephus 50 000 Menschen ihr Leben, weitere 8000 flüchteten ins Exil.[132] Nach dem Tod von Alexander Jannai übernahm dessen Frau Salome Alexandra die Königsmacht (76–67 v. Chr.) und hatte sich gemäss Josephus und rabbinischen Quellen erfolgreich für den Frieden im Land eingesetzt. Gefangene Pharisäer wurden freigelassen, und Mitglieder der Pharisäer erhielten nun Sitz und Stimmrecht im Ältestenrat (Sanhedrin), der bislang von den Sadduzäern dominiert worden war. Doch nach Salome Alexandras Tod flammte der Konflikt der Parteien wieder auf, und zwischen ihren beiden Söhnen Johannes Hyrkan II. und Aristobul II. kam es zum blutigen Bruderkrieg. Zunächst obsiegte Aristobul, doch dann erhielt Johannes Hyrkan Unterstützung durch den Nabatäerkönig Aretas III. und den Idumäer Antipater, so dass sich Johannes Hyrkan II. durchsetzen konnte.

2.8 Römische Zeit: Unterdrückung und Zerstörung (1. Jahrhundert v. – 5. Jahrhundert n. Chr.)

2.8.1 Aufstieg der Römer

Schon 168 v. Chr. war Griechenland unter römische Herrschaft gelangt. Israel/Palästina stand ab 63 v. Chr. unter römischer Herrschaft und wurde der römischen Provinz Syria zugeordnet. Ab dieser Zeit entstanden – mit Ausnahme der

131 Vgl. *Josephus, Flavius,* Antiquitates Judaicae 13,380.

132 Vgl. *Josephus, Flavius,* Antiquitates Judaicae 13,376–383.

Weisheit Salomos – keine alttestamentlichen Schriften mehr, weshalb die Geschichtsdarstellung ab hier in den Bereich der neutestamentlichen Einleitungen gehört.[133] Es seien hier lediglich folgende Eckpunkte erwähnt:

Nach dem Sieg des römischen Feldherrn Pompejus 64 v. Chr. über die Seleukiden schickten sowohl Johannes Hyrkan II. als auch Aristobul Delegationen zum römischen Legaten in Damaskus. Dieser setzte wieder Johannes Hyrkan II. als Hohepriester ein, aber seine Rechte und das Herrschaftsgebiet wurden stark beschränkt: Die Städte der Mittelmeerküste und die ostjordanischen Dekapolisstädte wurden von Juda abgetrennt und einem römischen Provinzstatthalter unterstellt.

Währenddessen war der Machtkampf und Bürgerkrieg zwischen Pompejus und dem aufstrebenden Julius Cäsar in vollem Gange. Cäsar hatte 49 v. Chr. Rom und Italien eingenommen, Pompejus seine Truppen in Griechenland gesammelt. In Ägypten unterstützte Cäsar die junge Königin Kleopatra. Als Cäsars Truppen hier einer Niederlage entgegen gingen, bekamen sie Unterstützung von einem Heer verbündeter Truppen – darunter auch jüdische Soldaten von Johannes Hyrkan II. und seinem Berater Antipater –, was zum Sieg für Kleopatra und Cäsar führte. Aufgrund ihrer Unterstützung wurden den Jüdinnen und Juden von Cäsar (später weitergeführt von Augustus) besondere Rechte zuerkannt:[134] Sie wurden vom Wehrdienst befreit, sie erhielten in den Diasporagemeinden das Recht auf Versammlungsfreiheit in Synagogen sowie freie Religionsausübung, das Amt des Hohepriesters wurde wieder gestärkt, und sie durften die von Pompejus zerstörten Mauern Jerusalems wiederaufbauen.

133 Vgl. *Theißen, Gerd/Merz, Annette,* Jesus 125–174; *Conzelmann, Hans,* Arbeitsbuch 149–222; *Huttner, Ulrich:* Art. Rom/WiBiLex; *Bieberstein, Sabine,* Jesus 334–337.

134 Vgl. *Rydryck, Michael:* Art. Caesar, Iulius/WiBiLex; *Alkier, Stefan/Rydryck, Michael:* Art. Augustus/WiBiLex.

Herodes 2.8.2

Gleichwohl ging in Juda/Jerusalem der Kampf um die Macht weiter, insbesondere nachdem Cäsar 44 v. Chr. im Senat umgebracht worden war. Schliesslich setzte sich in Jerusalem mit Herodes ein Sohn von Antipater, dem Berater Johannes Hyrkans II., durch: Mit Unterstützung des römischen Senats wurde Herodes König von Juda (40–4 v. Chr.). In einem blutigen Krieg eroberte er Jerusalem, was seiner Beliebtheit im Volk wenig zuträglich war. Auch seine Herkunft – sein Vater Antipater war Idumäer (= gr. Name für Edom, vgl. Esau),[135] seine Mutter Nabatäerin – war ein ständiger Konfliktpunkt. Herodes liess in seiner Regierungszeit zahlreiche Festungen und Städte in Israel ausbauen. In Jerusalem liess er die Burg Antonia erweitern und sich einen neuen Palast errichten. Das grösste Bauprojekt war aber wohl die Erweiterung des Tempels in Jerusalem: Es liess ihn prächtig ausbauen, so dass der Tempelbezirk etwa das Doppelte seiner vorherigen Grösse umfasste (die heutige Westmauer in Jerusalem ist noch ein Teil der Umfassungsmauer aus Herodes' Zeit). Die Bauwerke des Herodes fanden weite Beachtung im Römischen Reich – und sein Leben stand weiterhin im Zeichen von Gewalt: So liess er etwa seine zweite Frau Mariamne wegen angeblicher Untreue hinrichten – selber hatte er jedoch insgesamt zehn Frauen. Seine Nachfolge versuchte er in seinem Sinne zu regeln und liess kurz vor seinem Tod drei seiner Söhne wegen Hochverrats hinrichten. – Es verwundert vor diesem Hintergrund nicht, dass das Matthäusevangelium von diesem König Herodes d. Gr. die Erzählung vom Kindermord zu Betlehem entwarf, der gegen den neu geborenen Jesus von Nazaret gerichtet ist (Mt 2).

Nachfolgekämpfe 2.8.3

Nach Herodes Tod 4 v. Chr. kam es wiederum zu heftigen Nachfolgekämpfen. Zunächst traten die Herodes-Söhne Archelaus in Jerusalem und Herodes Antipas in Galiläa die Nachfolge an. Doch Archelaus trieb es mit seiner Willkürherrschaft

135 Siehe die Abschnitte 2.2.2.3 und 4.2.3.2.

zu weit und wurde auf jüdischen Antrag beim Kaiser nach Gallien verbannt. Kaiser Augustus stellte Jerusalem/Juda, das nördlich gelegene Samaria und das südliche Idumäa ab 6 n. Chr. unter die Herrschaft eines römischen Statthalters (Präfekt). Dieser residierte in Cäsarea Maritima am Mittelmeer, und die Kapitalgerichtsbarkeit (Todesstrafe) und Steuerhoheit unterstanden nun ihm allein. – Auch die Verurteilung Jesu zur römischen Todesstrafe der Kreuzigung wurde vom römischen Statthalter Pontius Pilatus verhängt (Joh 18,31).[136]

Neben dem römischen Statthalter regierte Herodes Antipas als Tetrarch in Galiläa (ausser in Mt 2 ist im NT dieser Herodes der Gegner Jesu; vgl. Mk 3,6 u. ö.). Nordöstlich von Galiläa wurde mit Philippus ein anderer Herodes-Sohn Tetrarch. Die Situation unter römischer Herrschaft blieb äusserst angespannt und fragil. So liess Pontius Pilatus beispielsweise 35/36 n. Chr. am Garizim viele Samaritanerinnen und Samaritaner durch seine Armee niedermetzeln. Eine Klage der Samaritaner beim römischen Legat in Syrien führte daraufhin zur Absetzung des Pilatus. Unter Kaiser Caligula (37–41 n. Chr.) erhöhten sich die Spannungen, da er den Kaiserkult weiter vorantrieb und im Jerusalemer Tempel eine Herrscherstatue aufstellen liess.

2.8.4 Zerstörung des Tempels und der Stadt Jerusalem

Als sich der römische Statthalter Gessius Florus am Tempelschatz vergriff, eskalierte die Situation und führte zum sogenannten ersten jüdischen Krieg (66–74 n. Chr.) gegen die römische Besatzungsmacht. Dieser Krieg war für die jüdische Seite fatal: Er hatte 70 n. Chr. die komplette Plünderung und Zerstörung des Tempels von Jerusalem durch Titus sowie weiterer Teile Jerusalems zur Folge (siehe Abb. 14). Die Kämpfe endeten um 74 n. Chr. mit der Eroberung der letzten Widerstands-Festung Massada am Toten Meer. Auch für die jüdischen Diasporagemeinden hatte dieser Krieg negative Folgen. Sie wurden für den Krieg gegen Rom als mitverantwortlich angesehen und hatten besonders in Alexandria und Zyrene unter Feindseligkeiten und Verfolgungen zu leiden.

136 Vgl. *Theißen, Gerd/Merz, Annette,* Jesus 399–410.

Abb. 15: Titusbogen in Rom

In Israel übernahm die pharisäische Bewegung eine Führungsrolle, und es kam bis zur Mitte des 2. Jahrhunderts n. Chr. zur Bildung des alttestamentlichen Kanons (die Zusammenstellung der Schriften des AT; etwa zeitgleich wurde auch der neutestamentliche Kanon gebildet). Waren die biblischen Schriften schon zur Zeit der ersten Tempelzerstörung durch die Babylonier massgeblich für das Weiterbestehen des jüdischen Glaubens gewesen, so wurden sie nun noch zentraler – insbesondere weil auch ein erneuter jüdischer Aufstand zwischen 132–135 n. Chr. unter Simon Bar Kosiba (später nach Num 24,17 Bar Kochba genannt) zur Zeit Kaiser Hadrians vernichtend geschlagen wurde. Jerusalem wurde in eine nicht-jüdische Stadt und römische Kolonie umgewandelt: Es wurde ein Jupitertempel gebaut; Menschen jüdischen Glaubens wurde der Zutritt zur Stadt verweigert; Menschen mit nicht-jüdischer Kultur wurden angesiedelt; Jerusalem wurde in Aelia Capitolina und die Provinz Judäa in *Syria palaestina* umbenannt. Somit hatten die Jüdinnen und Juden, die als Sklav*innen verschleppt wurden oder die geflüchtet waren, keinen eigenen Staat, keine Stadt Jerusalem und keinen Tempel als religiöses Zentrum mehr. Umso wichtiger wurden die heiligen Schriften und deren Auslegung. Schriftstudium, Auslegung, Diskussion, auch familiäre religiöse Feiern sowie Synagogengottesdienste mit Gebet und

Gesang wurden zentral für die Weitergabe des Glaubens bis in unsere heutige Zeit. Vor diesem Hintergrund ist auch zu verstehen, dass die Einleitung ins Psalmenbuch das Tora-Studium so sehr betont:

> «[1] Selig der Menschen, der nicht dem Rat der Frevler folgt / und nicht auf den Weg der Sünder tritt, / noch sitzt im Kreis der Spötter,
> [2] sondern seine Lust hat an der Weisung JHWHs [*torat jhwh*] / und bei Tag und bei Nacht über seine Weisung nachsinnt.
> [3] Der ist wie ein Baum, / gepflanzt an Bächen voller Wasser.
> Er bringt seine Frucht zu seiner Zeit, / und seine Blätter welken nicht.
> Alles, was er tut, / gerät ihm wohl.» (Ps 1,1–3)

Zum Weiterlesen

Albertz, Rainer: Religionsgeschichte Israels in alttestamentlicher Zeit. Teil 1: Von den Anfängen bis zum Ende der Königszeit (ATD Erg. 8.1), Göttingen ²1996; Teil 2: Vom Exil bis zu den Makkabäern (ATD Erg. 8.2), Göttingen 1992.

Bieberstein, Klaus: Art. Jerusalem, auf: http://www.bibelwissenschaft.de/stichwort/22380/ (28.4.2018).

Dietrich, Walter/Stegemann, Wolfgang (Hg.): Biblische Enzyklopädie, 11 Bde., Stuttgart 1996–2011.

Frevel, Christian: Geschichte Israels (Kohlhammer Studienbücher Theologie 2), Stuttgart 2016.

Kessler, Rainer: Sozialgeschichte des Alten Israel. Eine Einführung, Darmstadt 2006.

Niehr, Herbert: Religionen in Israels Umwelt. Einführung in die nordwestsemitischen Religionen Syrien-Palästinas (NEB Erg. AT 5), Würzburg 1998.

Oswald, Wolfgang/Tilly, Michael: Geschichte Israels. Von den Anfängen bis zum 3. Jahrhundert nach Christus (Geschichte kompakt), Darmstadt 2016.

Witte, Markus: Art. Geschichte/Geschichtsschreibung (AT), auf: https://www.bibelwissenschaft.de/stichwort/19400/ (28.4.2018).

Zwickel, Wolfgang/Egger-Wenzel, Renate/Ernst, Michael: Herders Neuer Bibelatlas, Freiburg i. Br. 2013.

Zur Entstehung des Pentateuchs 3

Die Frage: «Wie ist die Bibel entstanden?», wird seit Jahrhunderten diskutiert und seit rund 200 Jahren intensiv erforscht.[1] Am Anfang dieser Forschung stand nicht eine Theorie oder ein Entstehungsmodell, am Anfang standen Beobachtungen am biblischen Text. Bevor einige dieser Beobachtungen dargestellt werden, sind für die Tora / den Pentateuch folgende Feststellungen wichtig:

Im Pentateuch wird nirgends gesagt, wer sein Verfasser ist. Auch die übrige Literatur vor dem babylonischen Exil (Propheten, Psalmen) erwähnt nirgends einen oder mehrere Verfasser der Tora. Erst nach dem Exil – also rund 750 Jahre nach den erzählten Exodus-Ereignissen – wird die Tora zunehmend mit Mose in Verbindung gebracht und ihm schliesslich die Verfasserschaft zugeschrieben: So findet sich z. B. im Esrabuch, das ab ca. 350 v. Chr. entstanden ist, die Wendung «Tora des Mose» (Esra 7,6). In den Qumranschriften des 2. Jahrhunderts v. Chr. wird der Pentateuch als «Buch des Mose» oder «Tora des Mose» bezeichnet.[2] Im NT heisst es unter anderem: «was im Gesetz des Mose und bei den Propheten und in den Psalmen [...] geschrieben steht» (Lk 24,44; vgl. 16,29; Joh 1,45; Hebr 9,19).

Alles in allem lässt sich erst für das 1. Jahrhundert n. Chr. nachweisen, dass Mose als Verfasser des *ganzen* Pentateuchs angesehen wird: So redet der jüdische Historiker Flavius Josephus gegen Ende des 1. Jahrhunderts n. Chr. von den *fünf* Büchern Moses und sieht Mose wahrscheinlich als deren Verfasser an,[3] was bei den Rabbinen dann die übliche Sichtweise wurde.[4] Indem man Mose nach der Zerstörung des Tempels

1 Vgl. hierzu und zum Folgenden *Römer, Thomas:* Art. Pentateuchforschung/WiBiLex; *Oswald, Wolfgang:* Art. Pentateuch/WiBiLex; *Zenger, Erich/Frevel, Christian,* Theorien 87–135.

2 Vgl. 4QMMT: 4Q397, Frag. 14–21,10 und CE 16,2; zu den Qumranschriften vgl. *Steudel, Annette:* Art. Qumran-Handschriften/WiBiLex.

3 Vgl. *Josephus, Flavius,* Contra apionem I, 38–40.

4 Vgl. bBabaBathra 14b.15a; jSota 20d; vgl. *Otto, Eckart,* Wie «synchron» wurde in der Antike der Pentateuch gelesen? 473 f.

und Jerusalems als Verfasser der Tora betonte, wollte man die besonders alte und göttliche Legitimität und Verbindlichkeit der Tora sowie des jüdischen Glaubens und Volkes betonen.

Doch es gibt viele Anzeichen im biblischen Text selbst, die klar belegen, dass der Pentateuch weder von Mose geschrieben noch in seiner Zeit verfasst worden sein kann. Ein berühmtes Beispiel für einen solchen Beleg ist die Bemerkung zu den Kanaanitern, den ursprünglichen Bewohner*innen des Landes Kanaan/Israel, in Gen 12,6:

> «Abram zog durch das Land bis zur Stätte von Sichem, bis zur Orakeleiche. Die Kanaaniter waren *damals* im Land.»

Das Wort «damals» weist darauf hin, dass zu der Zeit, als dieser Vers geschrieben wurde, die Kanaaniter nicht mehr im Land waren – sonst bräuchte es kein «damals». Die Kanaaniter waren aber noch lange nach der Zeit des Mose und auch des Josua (Jos 3,10; Ri 1,1 u. ö.) bis weit in die Königszeit (1 Kön 9,16) im Land.[5] Somit kann dieser Vers – und höchstwahrscheinlich die damit zusammenhängende Erzählung – nicht von Mose stammen. Der grosse jüdische Gelehrte Abraham ben Meir ibn Esra bemerkte diese Tatsache bereits im 12. Jahrhundert n. Chr., deutete sie aber an dieser Stelle nur an und schrieb diplomatisch: «Wer die tiefere Bedeutung dieses Verses versteht, der schweige»[6].

Mit fortschreitender Zeit der Aufklärung wurde jedoch nicht mehr geschwiegen. Immer mehr Gelehrte und Forschende bemerkten, dass der Pentateuch einen langen, ja jahrhundertelangen Entstehungsprozess hatte. Die Bibel ist dadurch nicht weniger wert, nicht weniger Wort Gottes, und die Forschenden sind nicht weniger gläubig als solche, die – entgegen den deutlichen Hinweisen – behaupten, Mose habe den Pentateuch geschrieben. Im Gegenteil: Ernsthafter, tragfähiger Glaube entsteht durch ernsthaftes, ehrliches Suchen.

---

5 Vgl. *Niehr, Herbert,* Gott; siehe auch Abschnitte 2.1.1 und 2.1.3.

6 *Ibn Ezra, Abraham ben Meier*, Commentary 1, 151.

Indizien für die Entstehungsgeschichte der Tora 3.1

Von den zahlreichen Indizien, die darauf hinweisen, dass die Tora in einem jahrhundertelangen Prozess entstanden ist, seien hier zuerst einige allgemeine Indizien und danach solche in Bezug auf konkrete Textstellen genannt. Allgemeine Indizien sind vor allem:

- Doppel- oder Mehrfachüberlieferungen: Bestimmte Texte kommen in zwei oder mehr Varianten vor, die deutlich voneinander abhängig sind.
- Sekundäre Verklammerung von Textüberlieferungen: Texte, die früher entstanden sind, werden später miteinander verbunden. Diese «Verbindungsstücke» lassen sich erkennen.
- Spannungen im Wortlaut (lexikalische, grammatikalische Unterschiede), zudem Widersprüche und Brüche im Textablauf.
- Unterschiedliche historische Hintergründe, die in den Texten ersichtlich werden.
- Inhaltliche Unterschiede und Widersprüche (z. B. hinsichtlich Theologie, Menschenbild, Königsbild etc.).

Konkreten Indizien seien an vier biblischen Texten/Themen genannt:

a) Unterschiedliche Schöpfungsvorstellungen bzw. Widersprüche zwischen Gen 1,1–2,4a und Gen 2,4b–24:[7]

- In Gen 1,1–2,4a hat es zunächst zu viel Wasser («Urflut»), und Gott muss das Wasser auf der Erdoberfläche und im Himmel sammeln. In Gen 2,4b–24 hat es jedoch zunächst zu wenig Wasser – es hat noch nicht geregnet –, so dass noch keine Pflanzen wachsen konnten.
- Gemäss Gen 1,20–25 erschafft Gott (Elohim) *zuerst die Pflanzen und die Tiere* und erst danach den Menschen (Gen 1,26 f.). Gemäss Gen 2,5–7 erschafft Gott (Elohim JHWH) jedoch *zuerst den Menschen*, danach die Pflanzen (Gen 2,8 f.) und erst am Schluss die Tiere (Gen 2,19 f.).
- Nach Gen 1,26–28 erschafft Gott den Menschen als Mann und Frau gleichzeitig; nach Gen 2,7–25 jedoch

7 Siehe die Abschnitte 4.1.1 und 4.1.2.

zuerst den Adam (Grundbedeutung «Mensch», selten Eigenname für den Mann), danach – aus «seiner Seite (Rippe)» – die Frau.[8]

Aus diesen und anderen Beobachtungen zu unterschiedlichen Vorstellungen, zu Unterschieden in Sprache und Stil folgt, dass in Gen 1,1–2,4a und 2,4b–2,24 zwei verschiedene Schöpfungserzählungen vorliegen, die zu verschiedenen Zeiten entstanden sowie von verschiedenen Menschen aufgeschrieben und erst viel später miteinander verbunden wurden.

b) Unterschiedliche Gottesnamen:[9] Für Gott werden in der hebräischen Bibel verschiedene Bezeichnungen bzw. Namen gebraucht. Am häufigsten wird der Name JHWH gebraucht, gefolgt von der Bezeichnung Elohim. Die unterschiedlichen Bezeichnungen zeugen von unterschiedlichen Traditionen. Ein deutlicher Widerspruch besteht in der Aussage von Ex 6,3, Gott sei den Erzeltern (lediglich) als *El-Schaddai* erschienen, aber noch nicht mit dem Namen JHWH, und der Aussage Gen 4,26, man habe den Gottesnamen JHWH ab Set/Enosch angerufen. Gegen die Aussage von Ex 6,3 spricht auch, dass JHWH in den Erzelternerzählungen häufig erscheint (Gen 17,1; 18,1; 26,2 u.ö.) und dass sowohl Noah (Gen 8,4) als auch Abraham JHWH Altäre (Gen 12,7 f.) bauen. Von Abraham heisst es zudem explizit, «er rief den Namen JHWH an» (Gen 12,8). In Gen 22,1 ist es wiederum *Elohim*, der Abraham versucht und dann in Gen 22,11.15 der «Engel JHWHs», der Abraham anspricht.[10] Zwar können die unterschiedlichen Bezeichnungen auch in derselben Zeit verwendet werden, und es werden heute in der Bibelforschung Texte mit einer anderen Gottesbezeichnung nicht mehr schematisch je einer anderen Zeit zugeordnet. Gleichwohl zeugen die unterschiedlichen Gottesbezeichnungen von Menschen mit unterschiedlichen Traditionen in unterschiedlichen Zeiten und lassen mancherorts auf die Textentstehung schliessen.

8 Siehe die Abschnitte 4.1.1.6 und 4.1.2.2.
9 Siehe zu den Gottesnamen ausführlich Abschnitt 4.1.1.9.
10 Siehe Abschnitt 4.2.2.8.

c) In der Sintfluterzählung in Gen 6–9 sind mehrere Widersprüche auszumachen:[11]

- Gemäss Gen 6,18–22 (und 7,8 f.) nimmt Noah *je zwei* Tiere aller Tierarten in die Arche. Gemäss Gen 7,2 f.5 nimmt Noah jedoch von den *reinen* Tieren *je sieben* Tiere in die Arche und lediglich von den *unreinen* je zwei.
- Die Dauer der Flut wird unterschiedlich beschrieben: vierzig Tage und vierzig Nächte (Gen 7,4.12); ein ganzes Jahr (Gen 7,6; 8,13 [=7,11]; 8,14).
- Zur Art der Flut gibt es ebenfalls unterschiedliche Vorstellungen: Einmal ist es ein Sturzregen, nach dessen Aufhören sich das Wasser wieder verläuft (7,6; 8,2 f.); ein andermal das Hervorbrechen der Flut von unten und von oben (Gen 7,11; 8,1 f.).
- Die Motivation für das Herausgehen aus der Arche wird unterschiedlich beschrieben: Einmal motiviert der erfolgreiche «Test» mit den Vögeln dazu (Gen 8,6–12); das andere Mal erfolgt das Herausgehen aufgrund einer Anweisung Gottes (Gen 8,15–17).

Diese Widersprüche und Unterschiede weisen darauf hin, dass die Sintfluterzählung entweder stark redigiert wurde oder dass es ursprünglich vielleicht einmal zwei Sintfluterzählungen gab (nicht-priesterschriftliche und priesterschriftliche), die später zu einer Erzählung zusammengefügt wurden.[12]

d) Unterschiede bei den «Zehn Worten» (Zehn Geboten):[13]
Die «Zehn Worte» (Gebote) sind in zwei unterschiedlichen Büchern des Pentateuchs überliefert, in Ex 20,1–17 und in Dtn 5,6–21. Die beiden Fassungen stimmen mehrheitlich überein, weisen aber auch zahlreiche Unterschiede auf (vgl. z. B. die Begründung des Schabbatgebots: Ex 20,8–11 und Dtn 5,12–15). Die Unterschiede lassen klar auf unterschiedliche Zeiten der Entstehung und auf unterschiedliche Intentionen schliessen.

11 Siehe Abschnitt 4.1.5.
12 Vgl. *Baumgart, Norbert C.:* Art. Sintflut/Sintfluterzählung/WiBiLex, Kap. 4.
13 Siehe Abschnitt 6.10.

Aufgrund solcher Beobachtungen am biblischen Text – zudem dank archäologischer Forschungen[14] sowie anhand von Vergleichen mit zahlreichen Texten aus der Umwelt Israels (Ägypten, Mesopotamien u. a.)[15] – besteht heute in der biblischen Forschung ein weitestgehender Konsens darüber, dass die Tora / der Pentateuch über mehrere Jahrhunderte hinweg entstanden ist.

3.2 Entstehungsmodelle

Seit Mitte des 18. Jahrhunderts hat die biblische Forschung verschiedene Modelle entworfen, wie und zu welchen Zeiten die Texte der Tora entstanden und zusammengestellt worden sein könnten.[16] Da die Entstehung des Pentateuchs – wie auch vieler anderer Schriften des AT – ein sehr komplexer Prozess über mehrere Jahrhunderte gewesen war, ist es nicht verwunderlich, dass in der Forschung schon viele unterschiedliche Modelle (Thesen bzw. Hypothesen) entwickelt wurden. Wie in anderen Wissenschaftsbereichen konkurrieren diese Modelle miteinander, und es besteht zur Zeit wenig Konsens.[17]

3.2.1 Grundsätzliche «Basismodelle»

Noch bevor man ein bestimmtes Modell für die Entstehung der Toratexte entwerfen kann, stellen sich grundsätzliche Fragen, unter anderem: Wie ist es überhaupt zu den Texten der Tora – angefangen bei der Schöpfung in Gen 1 bis zum Tod des Mose in Dtn 34 – gekommen? Wurden die «Begebenheiten», Erzählungen und Gesetzestexte, die sich in der jetzigen Tora befinden, anfangs mündlich erzählt und weitergegeben

14 Vgl. u. a. *Finkelstein, Israel/Silberman, Neil,* Posaunen; *Vieweger, Dieter,* Archäologie; *ders.:* Art. Archäologie Palästinas/WiBiLex.

15 Vgl. die Textsammlungen TUAT sowie TUAT.NF; *Schneider, Thomas/Schipper, Bernd:* Art. Kulturkontakte, Israel – Ägypten/WiBiLex; *Gerhards, Meik:* Art. Kulturkontakte, Israel – Nordsyrien/WiBiLex, mit weiterführender Lit.

16 Vgl. *Römer, Thomas:* Art. Pentateuchforschung/WiBiLex; *Oswald, Wolfgang:* Art. Pentateuch/WiBiLex.

17 Vgl. für einige grundsätzliche Probleme *Flury, André,* Abrahams Segen 235–239.

und erst nach und nach aufgeschrieben? Oder gab es schon früh schriftliche Texte, die weitererzählt und weitergeschrieben wurden? Zudem: Gab es schon früh eine zusammenhängende Erzählung, beginnend mit der Schöpfung, über die Erzeltern, den Auszug aus Ägypten, die Sinaiereignisse, die Wüstenwanderung bis hin zum Tod des Mose oder sogar zur Landnahme? Oder wurden ursprünglich verschiedene Erzähltraditionen in verschiedenen Stämmen/Volksgruppen überliefert (z. B. bei einem bestimmten Stamm die Jakobstradition, bei einem anderen die Abrahamstradition, wieder bei einer anderen Volksgruppe die Exodustradition)? Und ganz grundsätzlich: Ab wann hatte man im Bereich des entstehenden Volkes Israel überhaupt die Möglichkeit, Texte zu schreiben, abzuschreiben und weiterzugeben? Solche Fragen sind eng verbunden mit den Fragen zur Geschichte und Entstehung Israels als Volk und Religionsgemeinschaft.[18]

In Bezug auf die Entstehung der Tora werden in der biblischen Forschung vor allem drei unterschiedliche Basismodelle/Basishypothesen diskutiert.

Grundschrifthypothese 3.2.1.1

Die Grundschrifthypothese (auch Ergänzungshypothese oder Fortschreibungsmodell genannt) geht davon aus, dass es zuerst eine Grundschrift gab, das heisst einen Text, welcher die «Geschichte» von der Schöpfung bis zum Tod Moses erzählt. Diese Grundschrift wurde dann im Laufe der Jahrhunderte immer weiter ergänzt und überarbeitet. Schematisch kann dieses Modell so dargestellt werden:

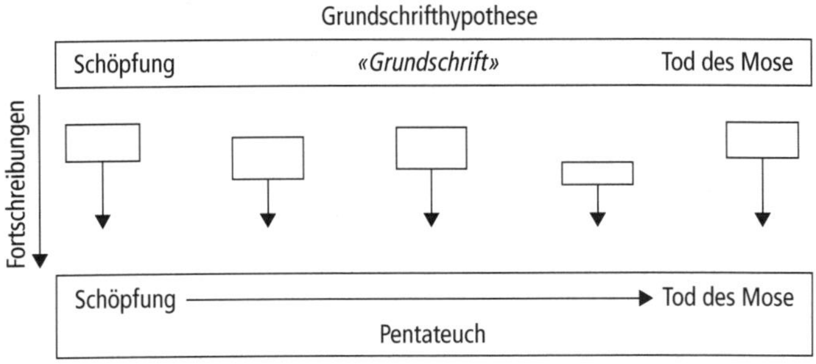

Abb. 16: Grundschrifthypothese

18 Siehe Kap. 2.

3.2.1.2 Quellenhypothese

Die Quellenhypothese (auch Urkundenhypothese genannt) geht davon aus, dass es zunächst verschiedene Schriften (Quellen/Urkunden) gab, die an unterschiedlichen Orten zu unterschiedlichen Zeiten entstanden und die auf ihre je eigene Art schriftlich von der Schöpfung (oder erst von Abraham an) bis zum Tod des Mose berichten. Erst nach und nach wurden diese Quellen zu einer einzigen Schrift zusammengestellt. Schematisch dargestellt sieht diese Hypothese wie folgt aus:

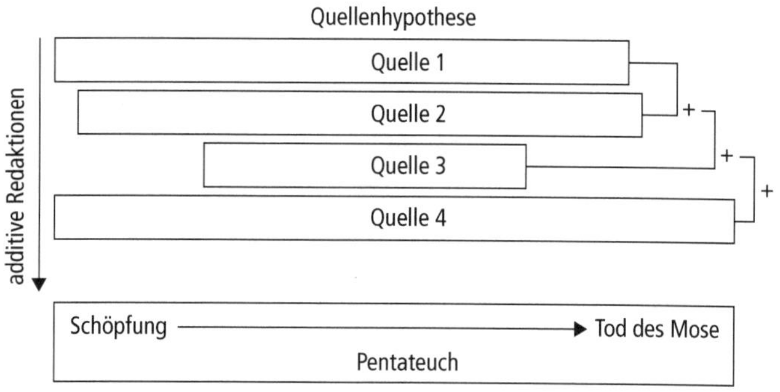

Abb. 17: Quellenhypothese

3.2.1.3 Erzählkranzhypothese/Fragmentenhypothese

Die Erzählkranzhypothese (auch Fragmentenhypothese oder Blockmodell genannt) geht anders als die beiden bisherigen Hypothesen davon aus, dass es ursprünglich noch keine zusammenhängende Erzählung von der Schöpfung bis zum Tod des Mose gab. Vielmehr wird angenommen, dass die verschiedenen Erzähltraditionen – z. B. Schöpfung, Erzeltern, Auszug aus Ägypten usw. – zuerst unabhängig voneinander erzählt bzw. aufgeschrieben wurden. Jede dieser Traditionen wurde ergänzt, je für sich aufgeschrieben und erst in späterer Zeit – mit dem Zusammenwachsen der verschiedenen Stämme/Volksgruppen zu Israel – zur Tora zusammengestellt:

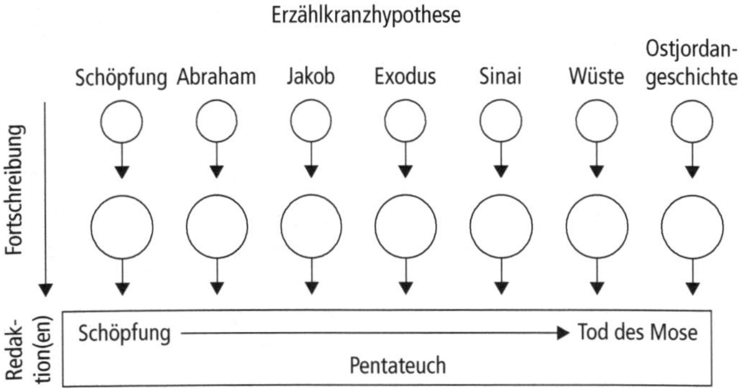

Abb. 18: Erzählkranzhypothese

Konkrete Pentateuchmodelle 3.2.2

Schon diese verschiedenen grundsätzlichen Basismodelle lassen erkennen, wie komplex die Frage nach der Entstehung der Tora ist. So liegt es in der Sache selbst, dass in der Bibelforschung verschiedene konkrete Modelle für die Pentateuchentstehung vertreten wurden und es weiterhin eine Vielzahl von Modellen gibt.

Vier-Quellen-Modell (neuere Urkundenhypothese) 3.2.2.1

Im 20. Jahrhundert hatte das sogenannte Vier-Quellen-Modell sehr lange als plausibelste These gegolten.[19] Dieses Modell wurde ab den 1970er Jahren jedoch zunehmend hinterfragt und wird in der heutigen Forschung kaum mehr vertreten. Es soll hier dennoch als Beispiel vorgestellt werden, weil sich das Modell auch heute noch in vielen theologischen Lehrbüchern findet. Das Vier-Quellen-Modell ging von der oben genannten Quellenhypothese aus. Es wurde also angenommen, dass es ursprünglich vier unterschiedliche Textkomplexe (Quellen/Urkunden) gab. Diese Textkomplexe seien zu unterschiedli-

19 Aufbauend auf früheren Forschungen hat Julius Wellhausen dieses Modell 1866 grundgelegt mit seiner Composition des Hexateuchs: vgl. *Wellhausen, Julius*, Composition; vgl. weiter *ders.*, Prolegomena. Das Modell wurde von zahlreichen Forschenden weiterentwickelt und in jüngerer Zeit z. B. noch 1995 vertreten von *Schmidt, Werner H.*, Einführung.

chen Zeiten an unterschiedlichen Orten entstanden. Erst später wurden sie zur Tora zusammengefügt. Die neuere Urkundenhypothese ging von folgenden Quellen aus:

J	Jahwist
	• So genannt, weil der Gottesname JHWH (das Tetragramm) verwendet wird. • Entstehungszeit: J galt als älteste Quelle, zur Zeit Salomos (um 950 v. Chr.) im Südreich im bäuerlichen Milieu entstanden (auch weil ein spezifisches Interesse an Jerusalem fehlt). • Textumfang: J beginne mit Gen 2,4, führe über die Erzelternerzählungen, die Exodus-, Sinai- und Wüstenerzählungen bis hin zur Landnahme – wobei ab Ex 34 die Zuordnung zu J zunehmend unklar wurde. • Gottesbild: Ein ganz menschlich beschriebener, mitziehender Gott der Nomaden (Erzeltern), noch ohne Tempel und Staatskult.
E	Elohist
	• So genannt, weil «Elohim» als Bezeichnung für Gott verwendet wird. • Entstehungszeit: E sei um 800 v. Chr. im Nordreich (Interesse an den Heiligtümern Bet-El und Sichem) entstanden. • Textumfang: E beginne irgendwo bei den Abrahamserzählungen (evtl. Gen 15; dann Gen 20–22; 28), enthalte einige Exodustexte und dann wieder Num 22–23; es handle sich also insgesamt um Fragmente. • Gottesbild: Gott tritt nicht wie bei J als «sichtbarer Akteur» auf, sondern ist entfernter gedacht bzw. beschrieben.
D	(Ur-)Deuteronomium
	• So genannt, weil sein Text einem ursprünglichen Teil des Dtn entspreche und zum schliesslich vorliegenden Dtn erweitert worden sei. • Entstehungszeit: König Joschija habe 622 v. Chr. das Verhältnis Israels zu Gott als Bund/Vertrag gedeutet und dazu ein im Tempel wiedergefundenes Dokument als «Bundesurkunde» genommen. • Textumfang: Allmählich zum Dtn wachsender Text. • Gottesbild: JHWH als der Eine; vom Menschen geforderte Liebe zu Gott.
P	Priesterschrift
	• So genannt, weil die Texte von priesterlichen Kreisen im babylonischen Exil verfasst worden seien. • Entstehungszeit: um 550 v. Chr. • Textumfang: Als Anfang gilt Gen 1,1–2,4a; wo das Ende der weiteren im Pentateuch anzutreffenden P-Texte zu sehen ist, ist schon lange umstritten (bereits Ex 29 oder Dtn 34 oder erst Jos 18 usw.). • Gottesbild: Gott ist trotz des Exils treu und nahe («Bund»), der Mensch ist Gottes Ebenbild.

J und E seien nach der Zerstörung des Nordreichs Israel 722 v. Chr. zusammengearbeitet worden, woraus das sogenannte Jehowistische Geschichtswerk entstanden sei. In exilischer Zeit sei dann entweder zuerst das Dtn oder zuerst die Priesterschrift in die JE-Texte hineinverwoben worden.

Heute wird dieses Modell einer Urkundenhypothese, wie gesagt, in der Forschung kaum mehr vertreten. Schon lange wurde mehrheitlich Abschied genommen von einer Quelle E, spätestens seit den 1990er Jahren auch zunehmend von einer Quelle J.[20] Die Zuteilung von priesterlichen Texten (P) wurde damals zwar noch für ziemlich sicher gehalten, allerdings gab es im Detail bereits grosse Unterschiede in der Einschätzung von P. Heute ist die Frage nach einer «Priesterlichen Grundschrift» (P^G) oder nach «priesterlichen Zusätzen» (P^S; s für supplementum/sekundär) zu P^G meines Erachtens völlig offen: Es ist nicht klar, ob es einmal eine zusammenhängende priesterschriftliche Erzählung (Quelle) gab oder ob die entsprechenden Texte vielmehr eine Redaktion oder mehrere Redaktionen eines vorliegenden nichtpriesterlichen Textes waren. Es ist nicht klar, ob die priesterlichen Texte vorexilisch, exilisch oder nachexilisch entstanden sind. Und schliesslich gibt es keine allzu grosse Sicherheit mehr in der Zuordnung der priesterlichen Texte.[21]

Aufgrund dieses Forschungsstandes gibt es heute zahlreiche neue Entstehungsmodelle für den Pentateuch, wobei sich bislang keines durchsetzen konnte. Konsens besteht vor allem darin, dass die Entstehungsgeschichte des Pentateuchs sehr viel komplexer gewesen sein muss, als mit dem Vier-Quellen-Modell angenommen wurde. In der europäischen Forschung gehen heute viele in Richtung einer Erzählkranz-/Fragmentenhypothese.[22] Als Beispiele seien zwei aktuell diskutierte Modelle kurz skizziert.

Münsteraner Pentateuchmodell 3.2.2.2

Das sogenannte Münsteraner Pentateuchmodell, vertreten und vielfach erweitert in der zuerst von Erich Zenger und nun von Christian Frevel herausgegebenen «Einleitung in das Alte Testament»,[23] versucht einen Mittelweg zwischen dem traditionellen Vier-Quellen-Modell und neueren Thesen zu gehen

20 Vgl. *Gertz, Jan C. u. a.,* Abschied vom Jahwisten.

21 Vgl. für eine traditionelle Sicht *Weimar, Peter:* Art. Priesterschrift/WiBiLex; für Infragestellungen *Ziemer, Benjamin,* Abram; *Gertz, Jan C.,* Genesis 5.

22 Siehe Abschnitt 3.2.1.3.

23 Vgl. ausführlich *Zenger, Erich/Frevel, Christian,* Einleitung 123–135.

(siehe das Schema unten): Es rechnet nicht mehr mit J und E als Quellen. Bis 700 v. Chr. rechnet es vielmehr mit einer Vielzahl verschiedener Traditionen (mündliche und/oder schriftliche), die an unterschiedlichen Orten und von unterschiedlichen Gruppen (Sippen, Stämmen usw.) weitergegeben wurden. Nach der Zerstörung des Nordreichs sei dann ein Jerusalemer Geschichtswerk (oder Jehowistisches Geschichtsbuch) mit Texten zwischen Gen 2,4b–Jos 24* entstanden. Damit sei eine gemeinsame Identität für das Südreich Juda und das Nordreich Israel bezweckt worden. Dazu habe man südliche Abrahamstraditionen, nördliche Jakobstraditionen sowie die ebenfalls im Norden beheimatete Exoduserzählung aufgenommen und zudem eine gemeinsame Landnahme unter Josua entworfen.

Unter König Hiskija sei möglicherweise ein Kultgesetz (Dtn 12–26*) entstanden, das unter Joschija weitergeführt und als eine Art Vertragsurkunde in der Form eines JHWH-Gesetzes für das Volk konzipiert worden sei (Dtn 5–28*). Nach und nach seien das Dtn sowie die Samuel- und Königsbücher entstanden. Diese Texte sowie das Bundesbuch (Ex 20,22–23,33)[24] seien in exilischer Zeit zu einer grossen Darstellung von Gen 2,4b–Jos* zusammengestellt worden (Hexateuch, gr. für Sechs-Buch).

Nach der Zerstörung Jerusalems seien ältere Erzählungen über die Anfänge des Königtums (Dtr Sam/Kön) und nochmals später das Richterbuch deuteronomistisch überarbeitet worden (Dtr Ri).

Kurz nach dem Exil sei dann die priesterliche Grundschrift (P^G) entstanden (von Gen 1,1 bis Lev 9,24* oder bis Dtn 34,8*). Auch in P^G sei mit sekundären Zusätzen (P^S) zu rechnen (so schon Wellhausen). P sei nach 450 n. Chr. eingearbeitet worden in ein grosses nachexilisches Geschichtswerk von Gen 1,1–2 Kön 25* (Enneateuch, gr. für Neun-Buch).

Um 400 v. Chr. sei dann der Pentateuch / die Tora als eigene Einheit vom Enneateuch wieder abgetrennt worden. Jos–2 Kön bildeten seither als «vordere Propheten» eine gewisse Einheit.

---

24 Siehe Abschnitt 6.11.

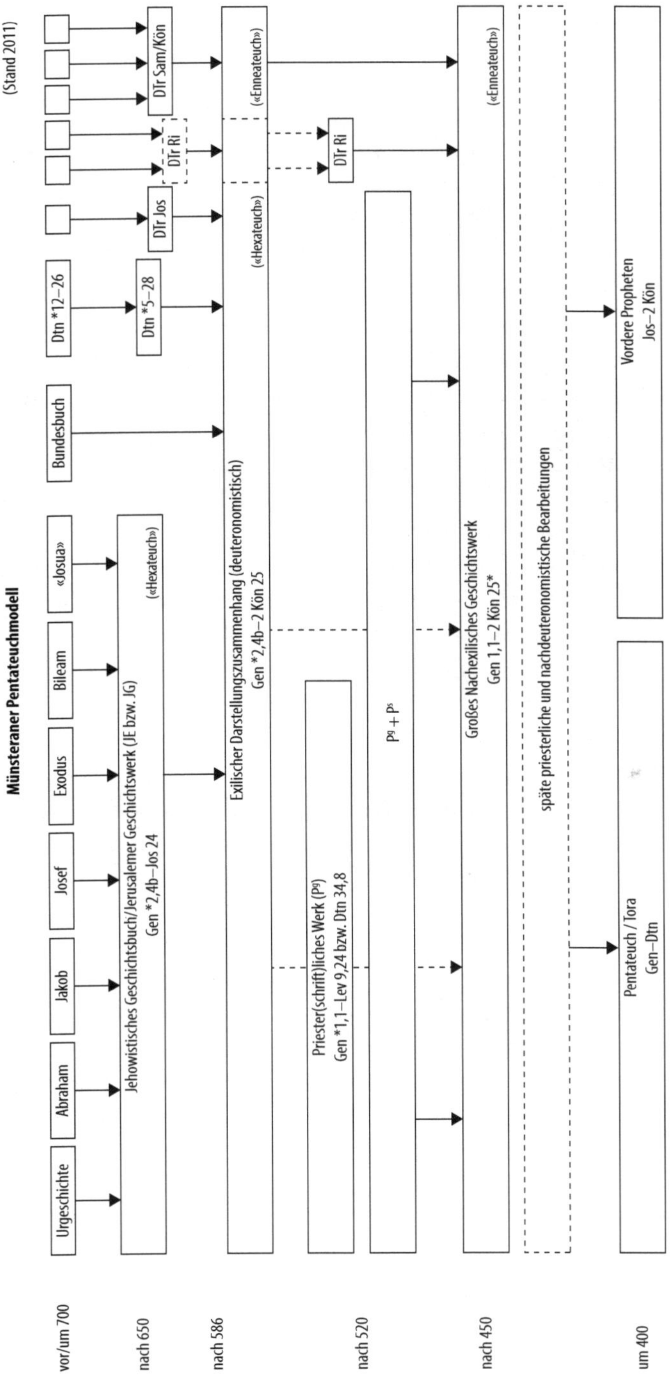

Abb. 19: Münsteraner Pentateuchmodell

3.2.2.3 Pentateuchmodell von Eckart Otto

Als ein zweites aktuell diskutiertes Entstehungsmodell sei jenes von Eckart Otto genannt (siehe das Schema unten).[25] Anders als das Münsteraner Modell und die meisten anderen Modelle setzt Eckart Otto nicht mit Beobachtungen bei den Texten in Gen–Num an, sondern beim Deuteronomium. Otto rekonstruiert aus Dtn 13 und Dtn 28 ein «Urdeuteronomium». Historischer Hintergrund für dieses «Urdeuteronomium» sei das neuassyrische Grossreich unter König Asarhaddon (681–669 v. Chr.), das den unterworfenen Völkern – darunter auch Juda – einen Loyalitätseid aufgezwungen hatte.[26] Solche Loyalitätseide sind historisch erwiesen, ebenso dass es mehrtägige Zeremonien gab, bei denen die unterworfenen Völker dem König Asarhaddon sowie dem assyrischen Hauptgott Assur absolute Treue schwören mussten. Dagegen hätten sich gemäss Otto die (priesterlichen) Verfasser des «Urdeuteronomiums» gewandt und in Dtn 13; 28* einen ebenso absoluten Treueeid für JHWH formuliert. Dieses Urdeuteronomium sei subversiv anti-assyrisch gewesen.

In einem grossen Reformprogramm zwischen 622–587 v. Chr. sei das Ur-Dtn erweitert worden, um das jüdische Rechts- und Staatswesen zu modernisieren (Dtn 6,4 f.; 12,13–28,44*). Dabei seien Texte aus dem älteren Bundesbuch (Ex 20,22–23,33) ins Dtn aufgenommen und aktualisiert worden.

Für die Texte im Bereich Gen–Num rechnet Otto mit zwei ursprünglich selbständigen «Entstehungsgeschichten» Israels: einerseits mit einer Jakobstradition am Heiligtum Bet-El (Gen 25–35* bzw. 25–50*), andererseits mit einer Mose-Exoduserzählung in Ex 2–34*. Beide Entstehungserzählungen hätten eine lange mündliche Überlieferungsgeschichte gehabt, die vielleicht in die vorstaatliche Zeit zurückreichte. Die Verschriftlichung der Jakobserzählung habe im 9./8. Jahrhundert v. Chr. in Bet-El begonnen. Die Verschriftlichung der Mose-Exoduserzählung sei erst im 7. Jahrhun-

25 Vgl. u. a. *Otto, Eckart,* Das Deuteronomium im Pentateuch; *ders.,* Deuteronomium und Pentateuch; zusammengefasst bei *Zenger, Erich/Frevel, Christian,* Einleitung (⁸2012) 136–141.

26 Siehe die Abschnitte 2.3 und 2.4.3.

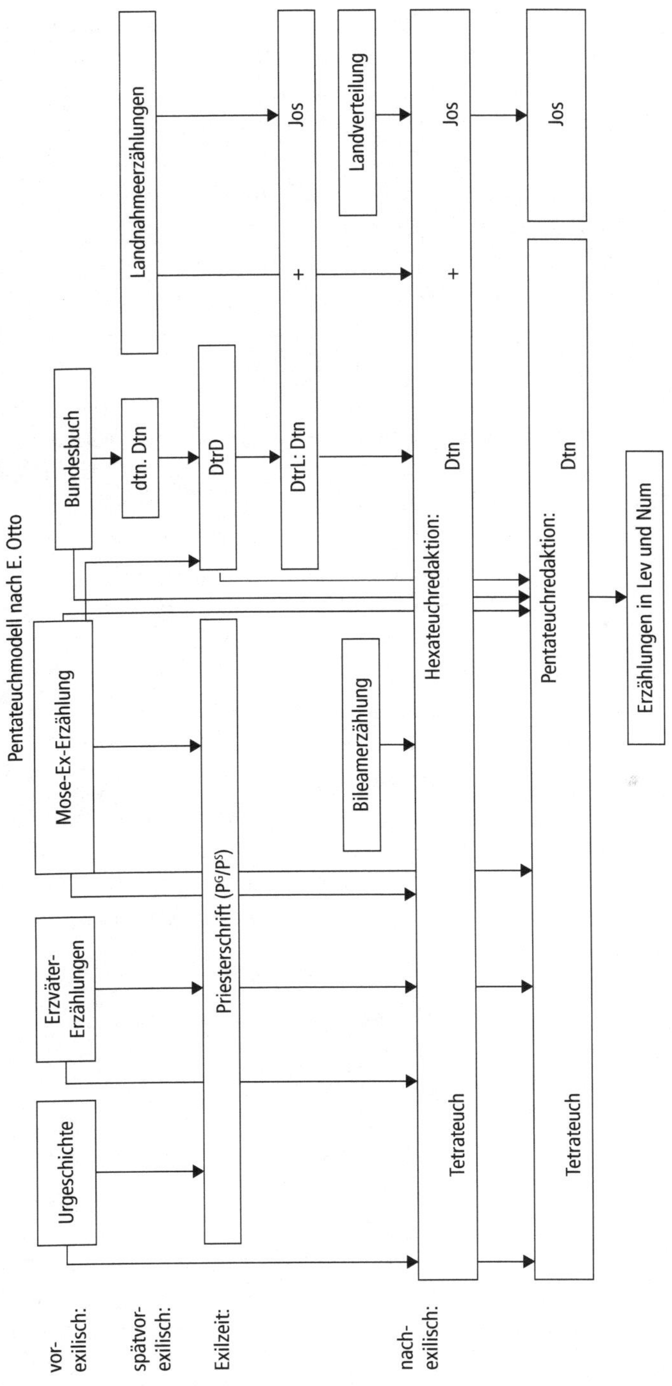

Abb. 20: Pentateuchmodell nach Eckart Otto

dert v. Chr. und zwar in Jerusalem zur Zeit Joschijas erfolgt. Auch diese Mose-Erzählung (Ex 2–34*) habe sich gegen das neuassyrische Grossreich gewandt, indem der Pharao von Ägypten eine Chiffre für den assyrischen Grosskönig sei und die Fronarbeit eine Chiffre für die erzwungenen Steuerabgaben als Vasallenstaat. Erst in der Exilszeit seien diese beiden Traditionen durch die Priesterschrift verbunden worden.

Ebenfalls in der Exilszeit sei das «deuteronomische Deuteronomium» (dtn. Dtn: Dtn 5; 9–10*) durch die Deuteronomisten erweitert (deuteronomistisches Deuteronomium, DtrD: Dtn 4,45–28,68*), und die Exilssituation darin verarbeitet worden: Der Bruch des Bundes mit JHWH durch Israel habe zwar zum Exil geführt, aber nicht zu einem Abbruch des Bundes mit JHWH. Israels Identität sei massgeblich als in der Offenbarung des Dekalogs (Dtn 5) und der Einhaltung der deuteronomistischen Gesetze (Dtn 12–26*) gegründet angesehen worden. Schliesslich sei eine überarbeitete Neuausgabe des Dtn (Dtn 1–3*; 29 f.*) erfolgt, welche das Dtn mit der Landnahme (Jos) verbunden habe (DtrL = deuteronomistische Landnahmeerzählung).

Nachexilisch seien Gen–Num mit Dtn und Jos verbunden worden, wovon Jos – entsprechend dem «Münsteraner Modell» – wieder abgetrennt worden sei.

3.2.2.4 Zum Sinn der Modelle

Zugegeben: Solche Modelle sind äusserst komplex und bleiben hypothetisch. Aber so ergeht es der heutigen Wissenschaft in praktisch allen Bereichen. Auch die Frage nach der Funktion des menschlichen Gehirns, der Entstehung des Universums, des kleinsten Teilchens usw. sind heute allesamt umstritten und werden mit verschiedensten Modellen zu erklären versucht. Solches Fragen und Forschen hat auch in Bezug auf die Tora einen grossen Wert und darf – selbst wenn nie ein allgemein anerkanntes Entstehungsmodell gefunden werden sollte – nicht aufgegeben werden. Denn das Fragen nach der Entstehung der biblischen Texte

- nimmt ernst, dass diese Texte in einem bestimmten Kontext, in einer bestimmten historischen Situation, unlösbar mit der Geschichte der judäischen/israelitischen Menschen verbunden entstanden sind;

- nimmt wahr, dass die Bibel als Gottes Wort nicht aus heiterem Himmel auf die Erde gefallen ist, sondern dass sich Gottes Wort immer in und durch Menschenwort ereignet, dass alle heiligen Texte also Texte sind, die Menschen geschrieben haben;
- geht davon aus, dass durch das möglichst gute Kennenlernen der ursprünglichen Bedeutung der biblischen Texte in ihrer Entstehungszeit (damaliger «Sitz im Leben») auch der Sinn dieser Worte für heute erschlossen werden kann – besser jedenfalls, als wenn man nicht nach dem historischen Ort fragen würde.

So gilt es denn, wenn man biblische Texte liest, immer zunächst zu fragen: Was hat dieser Text wohl in der damaligen Zeit und Situation für die Menschen bedeutet? Und erst in einem zweiten Schritt: Was kann dieser Text heute, auch für mich persönlich, bedeuten? Dieser zweifache methodische Schritt bewahrt vor mancher fundamentalistischen Bibelauslegung.

Zum Weiterlesen

Dietrich, Walter/Mathys, Hans-Peter/Römer, Thomas/Smend, Rudolf: Die Entstehung des Alten Testaments (Theologische Wissenschaft 1), Neuausgabe, Stuttgart 2014.

Oswald, Wolfgang: Art. Pentateuch, auf: http://www.bibelwissenschaft.de/stichwort/30699/ (28.4.2018).

Römer, Thomas: Art. Pentateuchforschung, auf: http://www.bibelwissenschaft.de/stichwort/30711/ (28.4.2018).

Zenger, Erich/Frevel, Christian: Theorien über die Entstehung des Pentateuch im Wandel der Forschung, in: *dies. (Hg.):* Einleitung in das Alte Testament, Stuttgart u. a. [9]2016, 87–151 (ausführlicher: [8]2012, 85–162).

Genesis 4

Das Buch Genesis gehört zu den wertvollsten Glaubensüberlieferungen der Menschheit überhaupt: Über Hunderte von Jahren fragten Menschen jüdischen Glaubens in ihrem Leben und ihrer Geschichte nach Gott. Ihre tiefsten Überzeugungen finden im Genesisbuch in vielfältigen Bildern und Erzählungen einen Ausdruck. Es werden Überzeugungen formuliert für die ganz grossen Fragen nach dem Sinn der Welt, nach dem Wesen des Menschen und nach dem Gottesbild. Zudem begleitet die Texte immer auch die Frage nach der eigenen religiösen Identität des jüdischen Volkes und nach der Beziehung zu anderen Völkern und Religionen.

Der Name Genesis wurde vom Griechischen ins Lateinische übernommen und bedeutet «Entstehung». Die jüdische Tradition nennt das erste Buch der Bibel nach ihrem ersten Wort: hebr. *bereschit,* was «am/im/als Anfang» bedeutet. Der Inhalt des Buches Genesis kann wie folgt gegliedert werden:

Gen 1–9	Urgeschichte(n)
Gen 10–11	Verbindung von Urgeschichte mit Erzeltern-Erzählungen
Gen 11–36	Erzeltern-Erzählungen:
Gen 11,27–25,18	Abraham-Sara-Hagar-Erzählung
Gen 25,19–26,35	Isaak-Rebekka-Erzählung und Ismael-Erzählung
Gen 27,1–36,43	Jakob-Lea-Rahel-Erzählung mit Dina-Erzählung sowie Esau-Erzählung
Gen 37–50	Josefserzählung

Während in der Urgeschichte reflektiert wird, wie das Universum mitsamt der Erde, den Menschen und allen Lebewesen an sich ist bzw. sein könnte, wird in den Erzeltern-Erzählungen anhand von Identitätsfiguren (sogenannte Erzväter und Erzmütter) die Geschichte der verschiedenen Volksgruppen oder Stämme Israels und deren gemeinsame Aufgabe beschrieben. Es geht bei den Erzählungen von Abraham, Sara und Hagar, von Isaak und Rebekka, von Jakob, Lea und Rahel *nicht* um historische Begebenheiten von nomadischen Urahnen in grauer Vorzeit, sondern vielmehr um eine Geschichtsdeutung mittels dieser biblischen Identitätsfiguren.[1] Es ist eine überaus tiefsinnige und selbstkritische Geschichtsdeutung, die zugleich immer im Dialog mit dem Gottesglauben steht.

4.1 Urgeschichte(n)

Die Urgeschichte in Genesis 1–9 will nicht erzählen, was und wie es «damals» geschah, sie will nicht erklären, wie die Welt und die Menschen entstanden sind. Die Urgeschichte beschreibt und fragt vielmehr, was den Menschen und die Welt immer schon ausmacht.[2] Mit Erzählungen, die vom «Anfang» handeln, wird in der Urgeschichte philosophisch-theologisch beschrieben, wie der Mensch an sich ist und wie er sich in der Welt verhält. Dabei setzt die Urgeschichte bei den grundlegenden Lebenserfahrungen an: der Erfahrung von Geburt und Geburtsschmerzen; der Beziehung zwischen Frau und Mann und ihren Konflikten; der Erfahrung, ethisch entscheiden zu wollen; der Erfahrung von Neid und Missgunst; der Erfahrung von Glück und Frieden, aber auch von Gewalt und Tod. Aufgrund solcher Menschheitserfahrungen wird gefragt: Was ist die Bedeutung, was ist der Sinn des Lebens und des Universums? Worin besteht die Würde der Menschen und der Tiere, und woher haben sie diese Würde? Wie sollen die Menschen zusammenleben? Was darf der Mensch hoffen, worauf kann er vertrauen?

Mit solchen Sinnfragen wird der Horizont auf die Frage nach Gott hin geöffnet: Die Menschen zur Zeit der Bibel setzen ihre menschlichen Urerfahrungen und Urfragen in einen Bezug zum Ursprung des Lebens, den sie Gott, Elohim beziehungsweise JHWH nennen.[3] Dabei kennen sie durchaus auch Zweifel, und angesichts von Leid und Krieg stellt sich ihnen die Frage: «Wo ist denn Gott überhaupt?» (Ps 42,4). Modern gesprochen würden wir fragen: Gibt es überhaupt einen Gott

---

1 Siehe Abschnitt 4.2.1.

2 Vgl. *Schüle, Andreas,* Urgeschichte; *ders.:* Art. Urgeschichte/WiBiLex, mit weiterer Lit.

3 Zu den Gottesnamen siehe Abschnitt 4.1.1.9.

bei all dem Leid, den Umweltkatastrophen, dem Chaos in unserer Welt?

Die Menschen, welche die Bibel überlieferten, entschieden sich dafür, an einen Gott zu glauben. Wie sie das tun, ist vielfältig, manchmal widersprüchlich - aber sie tun es. Die Texte des Pentateuchs geben uns einen Einblick in dieses Abenteuer des Glaubens. Im Folgenden werden die beiden Schöpfungserzählungen in Gen 1,1–2,4a und 2,4b-24, die Erzählung von Adam und Eva und der Schlange in Gen 2,25–3,24, die Erzählung von Kain und Abel in Gen 4 und die Sintfluterzählung in Gen 6,5–9,17 näher betrachtet.[4]

4.1.1 Der Mensch in der Schöpfung: Grundlegend gut und gesegnet (Gen 1,1–2,4a)

4.1.1.1 Bibelverständnis: Altorientalische Schöpfungserzählungen

Immer schon fragen sich Menschen, woher eigentlich all das kommt, was ist: Warum gibt es etwas und nicht vielmehr nichts? Und: Hat all das, was ist, eine Bedeutung? Gibt es einen Sinn? Zudem kann man sich fragen: Warum stellt sich der Mensch überhaupt solche Fragen? Solche Fragen werden nicht erst heute gestellt und diskutiert, sondern seit Menschengedenken. Daher gibt es im gesamten Alten Orient und in der Antike zahlreiche Erzählungen mit vielfältigen Vorstellungen und Bildern, wie die Welt entstanden ist bzw. was das Wesen der Welt und was ihre Bedeutung ist.[5]

Diese ausserbiblischen Schöpfungserzählungen sind teilweise viel älter als die Schöpfungserzählungen der Bibel, und es ist davon auszugehen, dass die Menschen, welche die Bibel schrieben, diese Vorstellungen der Nachbarkulturen und -religionen kannten. Die altorientalischen Schöpfungserzählungen sind eine Art Gleichnisse, die man so einleiten müsste: «Mit der Welt ist es wie mit ...». Sie werden daher auch Mythen (Singular: Mythos) genannt, die – richtig verstan-

---

4 Für weitere Texte vgl. zu Gen 6,1–4 *Oberhänsli-Widmer, Gabrielle,* Göttersöhne; zu Gen 10 *Hieke, Thomas:* Art. Genealogie (AT)/WiBiLex; zu Gen 11,1–9 *Baumgart, Norbert C.:* Art. Turmbauerzählung/WiBiLex.

5 Vgl. z. B. *Keel, Othmar/Schroer, Silvia,* Schöpfung; für einen Überblick *Schellenberg, Annette:* Art. Schöpfung (AT)/WiBiLex.

den – die erfahrbare Wirklichkeit durch Erzählungen vom Anfang, von der Urzeit deuten wollen.

Exkurs

Mythos

Heute wird der Begriff Mythos meist negativ gebraucht. Zum einen wird Mythos mit einem Lügengebilde gleichgesetzt, im Sinne von: Das hätte jemand wohl gerne, dass es historisch so oder so gewesen wäre, aber die historische Wirklichkeit war eine ganz andere. Zum anderen wird Mythos in Bezug auf den Alten Orient oder die Antike abwertend verstanden im Sinne von: Die Menschen wussten es damals nicht besser. Beide Abwertungen verkennen die Bedeutung und den Sinn altorientalischer und biblischer Mythen: Mythologische Erzählungen beschreiben die wahrgenommene aktuelle Wirklichkeit mit Bildern und Erzählungen «vom Anfang».[6] Mythen sind keine naturwissenschaftlichen Erklärungen, wie die Welt / der Mensch etc. entstanden ist, sie stellen vielmehr eine literarische Gattung dar: Mythen befragen, reflektieren und deuten das Leben und die erfahrbare Wirklichkeit auf eine bestimmte Art und Weise, nämlich mittels «Urgeschichten».

Menschliche Erfahrungen werden in den Mythen nicht nur reflektiert, sie werden auch zu Hilfe genommen, um Unbekanntes zu deuten: So gab es im Alten Orient und in Griechenland die Vorstellung, dass die Welt vergleichbar zu den Menschen und Tieren durch Zeugung und Geburt entstanden war oder dass die Welt – vergleichbar mit menschlichem Handwerk – von Göttern getöpfert und geformt wurde. Aber auch die Vorstellung, dass die Welt aus einem Kampf gegen das Urchaos heraus entstand, war verbreitet. Deutlich weniger anthropomorph[7] ist die in Gen 1, aber auch in Ägypten und Mesopotamien belegte Vorstellung, dass Gott durch sein Sprechen erschafft. Gott spricht: «Es werde …», und es wird. Solches Sprechen wird performative Rede (Gestalt gebende, Veränderung bewirkende Rede) genannt.

Solche bildhaften Erzählungen sind, wie gesagt, nicht dümmlich oder naiv, sie sind vielmehr philosophisch-theologisch durchdachte antike Gleichnisse. Sie wollen formulieren, wie die Welt «im Prinzip» (lat. *principium*) ist, oder auch for-

6 Vgl. *Irsigler, Hubert:* Art. Mythos (AT)/WiBiLex; zur philosophiegeschichtlichen Auseinandersetzung hinsichtlich der Mythen *Brasser, Martin,* Gott 23–43.

7 Von Gott wird in Analogie zu Menschen geredet; siehe Abschnitt 4.1.2.1.

mulieren, wie wir uns die Welt «im Prinzip» wünschen und erhoffen. Der Vergleich der Welt mit Zeugung und Geburt kann etwa bedeuten: Mit der Welt ist es *wie* mit einer Geburt, mit all ihrem Schmerz und ihrer Freude; das Leben ist ein Werden (Geborenwerden) und Vergehen. Der Vergleich mit dem Töpfern bringt die Überzeugung zum Ausdruck: Die Welt ist nicht aus Nichts entstanden, es gibt eine höhere Macht, die alle Lebewesen – Pflanzen, Tiere, Menschen – wunderbar kunstvoll gestaltet hat. Der Vergleich mit dem Kampf besagt: Die Welt und das Leben sind ein ständiger Kampf zwischen Lebenszerstörendem und Lebensförderndem, zwischen Chaos und guter Ordnung, zwischen Finsternis und Licht usw.

Schöpfungserzählungen wollen also etwas ganz anderes als die naturwissenschaftliche Fragestellung: Wenn wir heute naturwissenschaftlich davon ausgehen, dass es vor ca. 13 Milliarden Jahren einen «Big Bang», einen Urknall, gegeben hat, aus dem heraus unser Sonnensystem entstanden ist, dann fragt die Naturwissenschaft, *wie* die Welt am zeitlichen Anfang (lat. *initium*) entstanden ist. Die Bibel und die altorientalischen Schöpfungserzählungen konzentrieren sich jedoch auf die Frage: Was hat es zu bedeuten, *dass* es eine Welt mit Leben, mit Menschen und Tieren gibt? Was ist der Sinn? Wie ist diese Welt heute, wie ist der Mensch?

4.1.1.2 Lektüre und Methode: Gleiche Wörter/Sätze

Die Bibel beginnt mit einer ersten Schöpfungserzählung in Gen 1,1–2,4a. Es gibt verschiedene Methoden, die uns helfen, einen Bibeltext besser zu verstehen und zu interpretieren.[8] Die grundlegendste Methode besteht darin, ganz genau zu schauen, was im Bibeltext steht und wie es genau formuliert ist – und dadurch auch zu erkennen, was nicht da steht. Dies macht man mit verschiedenen literarwissenschaftlichen Methoden (Syntax, Semantik usw.). Ein einfacher Methodenschritt, der in diesen Bereich gehört, besteht darin, dass man Wörter oder Sätze, die in einem Text mehr als einmal vorkommen, mit einer bestimmten Farbe unterstreicht.

8 Weiterführende Erklärungen zu diesen Methodenschritten finden sich unter URL: http://www.bibel-verstehen.ch

Lektüre und Methode: Lesen Sie Gen 1,1–2,4a genau durch und unterstreichen Sie Sätze oder Formulierungen (z. B. «Gott sprach»), die mehrfach gleich vorkommen, mit je einer Farbe.

4.1.1.3 Strukturen

Das Analysieren mehrfach vorkommender Sätze in Gen 1,1–2,4a zeigt, dass es in dieser Schöpfungserzählung eine Vielzahl Formulierungen gibt, die mehrfach vorkommen. Gewisse wiederkehrende Sätze sind teilweise genau gleich, teilweise auch leicht verschieden formuliert. Jede unterschiedliche Formulierung ist bedeutsam und führt zur Frage: Warum wird so und nicht anders formuliert? Aufgrund solcher sprachlicher Analysen kann die Struktur des Textes besser erkannt werden, wobei man sich hier wie bei jedem Text entscheiden muss, welche Sätze oder Wörter für die Struktur des Textes besonders wichtig sind. Gewöhnlich wird in Gen 1,1–2,4a die sogenannte Tagesformel («Und es wurde Abend, und es wurde Morgen: x-ter Tag») zur Strukturierung genommen: Sie eröffnet ein Zeitkonzept und macht klar, dass an sechs Tagen etwas erschaffen wird. Was jeweils das «Etwas» ist, das erschaffen wird, ist schon schwerer zu bestimmen: Was wird z. B. genau geschaffen, wenn in V. 9–10 sich Wasser sammeln und Trockenes sichtbar wird? Wie ist es mit der Erde (dem Land) in V. 11–12, die selbst «junges Grün» spriessen lässt? Und bringt die Erde (das Land) in V. 24 nicht auch die Tiere hervor (anders in V. 25)? Ist die Erde gemäss V. 2 etwa – zusammen mit der Finsternis, der Urflut und dem Wasser – schon da, bevor die eigentliche Schöpfung in V3 mit den Worten: «Und Gott sprach: Es werde Licht …», beginnt?

Solche und weitere Fragen sind nicht spitzfindig. Sie werden vielmehr vom Text selbst aufgeworfen. Wir dürfen davon ausgehen, dass die Menschen, die diesen Text schrieben, alles sehr bewusst formulierten, um ihre Überzeugung und ihren Glauben darzulegen. Den Text genau zu lesen und zu befragen heisst, den Text und seine Aussagen ernst zu nehmen.

Gewöhnlich werden in Gen 1,1–2,4a acht «Werke» gezählt, die wie folgt auf die sechs Tage verteilt sind:

- 1. Tag: 1. Licht (benannt: Tag und Nacht)
- 2. Tag: 2. eine «Feste» (lat. Firmament; benannt: Himmel)

- 3. Tag: 3. Trennung von Trockenem (Erde) und Wasser (Meer)
  4. Pflanzen, die von der Erde hervorgebracht werden
- 4. Tag: 5. «Lichter» (Sonne und Mond, die jedoch nicht benannt werden; «auch die Sterne» ist evtl. später hinzugefügt worden oder bewusst nur wie nebenbei erwähnt, um ihnen keine vergöttlichte Bedeutung zuzumessen)
- 5. Tag: 6. Wassertiere und Flugtiere
- 6. Tag: 7. Landtiere
  8. Menschen

Wenn wir die Sätze, die mehrfach vorkommen und die wir unterstrichen haben, nun in Bezug zu den acht Werken setzen, so ergibt sich folgende Übersicht:

Formel	Formulierung/Satz:	kommt bei folgendem Werk (1–8) vor:
a) Redeeinleitungsformel (gefolgt von einer Rede Gottes)	«Und Gott sprach: …»	bei allen Werken zusätzlich in Gen 1,28.29
b) Entsprechungsformel	«Und so (dementsprechend) geschah es»	bei allen ausser 6.
c) ein Tun Gottes	«Gott machte …» «Gott schuf …» «Gott schied …» «Gott setzte …»	2.; 5.; 7. 6.; 8. 1. 5. (bei 4. ist die Erde Subjekt!)
d) Benennungsformel	«Und Gott nannte/berief …»	nur bei den ersten drei Werken (wohl als Voraussetzungen für Raum und Zeit, welche die Chaosmächte überwinden)
e) Billigungsformel	«Und Gott sah, dass es gut ist/war.»	– bei 1. leicht abgewandelt – bei allen Werken ausser bei 2. (jedoch im Text der LXX enthalten)
f) Segen	«Und Gott segnete …»	6.; 8.; zudem den siebten Tag
g) Tagesformel	«Und es wurde Abend, und es wurde Morgen: x-ter Tag.»	(am Ende der ersten sechs Schöpfungstage)

Jede dieser Formulierungen und natürlich auch die Sätze und Wörter, die nicht mehrfach vorkommen, wären es wert, ihnen weiter nachzugehen und zu fragen, was sie bedeuten und aussagen wollen. Einige Aussagen und Wörter werden weiter unten noch behandelt, für die vielen anderen muss hier auf grössere Kommentare und Einzeluntersuchungen verwiesen werden. Hier soll jedoch den grossen Hauptfragen nachgegangen werden: Was sagt Gen 1,1–2,4 in Bezug auf «die Welt / die Erde», «den Menschen» und Gott / das Gottesbild?

4.1.1.4 Und – wie ist nun die Schöpfung?

Zum Bibelverständnis habe ich einleitend festgestellt, dass die altorientalischen Schöpfungserzählungen nicht erklären wollen, wie die Erde entstanden ist, sondern vielmehr deuten wollen, wie die Erde selbst ist – so, wie sie die Menschen in ihrer Gegenwart erfahren –, das heisst, welche Qualität, welche Bedeutung, welchen Sinn (oder welche Sinnlosigkeit) die Erde hat.

Aufgrund dessen ist die Hauptfrage in Bezug auf die Schöpfungserzählung in Gen 1,1–2,4a: Wie ist nun die Schöpfung, die Erde, das Universum gemäss Gen 1,1–2,4a? Meiner Meinung nach wird dies durch einen jener Sätze, die immer wieder vorkommen, sehr deutlich zum Ausdruck gebracht:

V. 4 «Und Gott sah, dass das Licht gut war …
V. 10 … Und Gott sah, dass es gut war.
V. 12 … Und Gott sah, dass es gut war.
V. 18 … Und Gott sah, dass es gut war.
V. 21 … Und Gott sah, dass es gut war.
V. 25 … Und Gott sah, dass es gut war.
V. 31 Und Gott sah alles an, was er gemacht hatte,
und siehe, es war sehr gut.»

Sieben Mal wird ausgesagt, dass die Erde und alles, was ist, gut (hebr. *tob*) ist –, ja sehr gut ist! Diese Aussage ist alles andere als selbstverständlich: Die Menschen in Israel/Palästina kannten seit Jahrtausenden Naturkatastrophen (bes. Erdbeben, Vulkanausbrüche, Trockenheiten und damit verbundene Hungersnöte). Mehr als wir heute in den Industrienationen waren sie bedroht von wilden Tieren, von körperlichen Verletzungen, Krankheiten und Seuchen. Ebenso wie in unserer

Zeit wurden Menschenleben immer wieder zerstört durch Kriege. Und dennoch formulieren die Menschen in Gen 1,1–2,4a ihren Glauben, ihre Hoffnung: Die Welt mit all ihren Lebewesen ist grundlegend gut.

Existenziell verstanden 4.1.1.5

Ein solches Vertrauensbekenntnis, ein solches Credo, ist umso erstaunlicher, wenn man bedenkt, in welcher geschichtlichen Situation die Schöpfungserzählung Gen 1,1–2,4a wahrscheinlich geschrieben wurde. Es spricht vieles dafür, dass sie in einer der grössten geschichtlichen Krisen des jüdischen Volkes entstanden ist: im babylonischen Exil (587–539 v. Chr.) oder kurz danach.[9] Der Tempel in Jerusalem, das Symbol für Gottes Gegenwart, war durch die babylonische Streitmacht zerstört worden. Die Menschen jüdischen Glaubens fühlten sich von Gott verlassen. Unzählige waren nach Ägypten geflüchtet oder nach Babylon ins Exil verschleppt worden. Familien und Sippen waren auseinandergerissen, unzählige Menschen umgebracht worden. Die Menschen Judas/Israels hätten in dieser katastrophalen Situation allen Grund gehabt, am Sinn des Lebens, an dieser Welt und an Gott zu zweifeln, sie hätten allen Grund gehabt, am erfahrenen Leid zu zerbrechen. Und viele werden daran auch zerbrochen sein. Doch mitten in dieser Situation wurde das Vertrauen, die Hoffnung, der Glaube formuliert, dass die Erde, alle Lebewesen, ja alles, was ist, von Grund auf gut ist.

Und dieser Glaube, dieses Vertrauen, half den Jüdinnen und Juden weiterzuleben, es gab ihnen die Kraft, trotz allem weiterzuleben. Man kann darin meiner Meinung nach das «Wunder» oder das «Geheimnis des Glaubens» bzw. der Religion überhaupt sehen: dass im Menschen etwas angelegt ist, dass im Menschen oder in ihn hinein etwas wirkt, das ein Vertrauen und eine Hoffnung hervorruft, die unerhört stark sind.[10] Ein Vertrauen, dass es mehr gibt als das Leid, den Schmerz und den Schrecken in der Welt. Eine Hoffnung, dass

---

9 Gen 1,1–2,4a wird gewöhnlich der Priesterschrift zugeordnet, siehe Kap. 3; zum babylonischen Exil Abschnitt 2.5.

10 Für einen kultur- und religionsgeschichtlichen Einblick vgl. *MacGregor, Neil*, Leben.

es mehr gibt als das, was wir in der Welt sehen, messen und erfahren können. Ein Glaube, dass es eben jene höhere Macht gibt, welche in der Bibel Gott genannt wird.

Natürlich kann man dieses Vertrauen für eine Illusion halten und sagen, es sei ein Vertrauen auf etwas, was man sich zwar wünscht, was es aber nicht gebe. Ein Mensch sollte immer frei sein in dem, woran er glauben und worauf er vertrauen will, und in dem, woran er nicht glauben und worauf er nicht vertrauen will. Man darf daher aber ebenfalls berechtigt sagen: Doch, ich will mein Vertrauen darauf setzen, dass die Welt und das Leben einen guten Sinn haben, ich will darauf vertrauen, dass es eine höhere Macht gibt, die das Leben hervorgebracht hat. Es ist nicht die eine Haltung «vernünftiger» als die andere. Dies hat – neben vielen anderen – schon der Philosoph William James in seiner Schrift «The Will to Believe» («Der Wille zum Glauben», engl. 1887) eindrücklich deutlich gemacht: Wir sind vom Standpunkt der Vernunft her völlig frei, ob wir glauben wollen oder dies eben nicht wollen.

Sich zu entscheiden, dass man glauben will, kann man beispielsweise, weil man feststellt, dass vertrauensvoller Glaube Menschen helfen kann, schlimmste Krisen durchzustehen bzw. in ihnen nicht vollkommen zu zerbrechen: In einem solchen Gottvertrauen konnte der lutherische Theologe Dietrich Bonhoeffer (1906–1945), der sich sehr früh und engagiert am Widerstand gegen Hitler und den Nationalsozialismus beteiligte, im Gefängnis kurz vor seiner Ermordung in einem Gedicht formulieren: «Von guten Mächten wunderbar geborgen erwarten wir getrost, was kommen mag. Gott ist bei uns am Abend und am Morgen und ganz gewiss an jedem neuen Tag».[11] Ein solches Vertrauen und der Wille, «trotzdem Ja zum Leben» zu sagen, half dem Neurologen, Psychiater und Begründer der Logotherapie, dem Juden Viktor E. Frankl (1905–1997), das Konzentrationslager zu überstehen.[12]

Ein solches Vertrauen half den Menschen jüdischen Glaubens, die Gen 1,1–2,4a geschrieben und dann vorgelesen, gehört, immer wieder erzählt und im Kult gefeiert hatten, das

11 Z.B. in *Bonhoeffer, Dietrich,* Von guten Mächten 42 f.

12 Vgl. sein gleichnamiges Buch: *Frankl, Viktor E.,* … trotzdem Ja.

babylonische Exil (und andere Krisen) durchzustehen und letztlich als Volk und Religionsgemeinschaft wahrscheinlich sogar gestärkt daraus hervorzugehen.

Und wie ist «der Mensch»? 4.1.1.6

Der Bibel wird heutzutage oft vorgeworfen, sie hätte ein «negatives Menschenbild», sie würde den Menschen immer nur «kleinmachen» und als «armen Sünder» sehen. Wenn man jedoch Gen 1,1–2,4a liest, so ist das Gegenteil der Fall. Bereits festgestellt haben wir, dass der Mensch und alles, was erschaffen wurde, als «sehr gut» bezeichnet wird. In Gen 1,26 f. heisst es in Bezug auf den Menschen weiter:[13]

> «[26] Und Gott sprach: Lasst uns Menschen machen als unser Bild [hebr. *zäläm*], uns ähnlich [hebr. *demut*], sie sollen […] [27] Und Gott schuf den Menschen als sein Bild [hebr. *zäläm*], als Bild [hebr. *zäläm*] Gottes schuf er ihn; als Mann und Frau schuf er sie.» (Gen 1,26 f.)

In der Bibel wird also gleich zu Beginn die Überzeugung vertreten, dass der Mensch von Gott als «Bild Gottes» erschaffen wurde (auch mit «Abbild Gottes», «Ebenbild Gottes» übersetzbar).[14] Im hebräischen Text werden zwei Ausdrücke gebraucht: In V. 26 stehen je einmal *zäläm* und *demut*; in V. 27 steht zweimal *zäläm*. Die Bedeutung der beiden Wörter in V. 26–27 wird in etwa gleich sein und kann mit Bild, Abbild, Ebenbild übersetzt werden. Zäläm betont, wenn man den weiteren Gebrauch in der Bibel anschaut, etwas mehr das Repräsentative: Es steht meistens für eine Skulptur, ein plastisches Bild, eine Statue (1 Sam 6,5.11; 2 Kön 11,18; 2 Chr 23,17) und kann auch für Götterbilder stehen (Ez 7,20; Am 5,26; Num 33,52). *Demut* betont mehr die Ähnlichkeit/Vergleichbarkeit. Das Verb *damah*, von dem *demut* abgeleitet ist, bedeutet gleichen.

Doch was ist unter «Bild Gottes» zu verstehen? Die Metapher «Bild Gottes» greift auf altorientalische Königsvorstellungen zurück, nach denen der König der «Sohn Gottes» und

---

13 Vgl. zum Folgenden ausführlich *Schellenberg, Annette,* Mensch.

14 Vgl. *Neumann-Gorsolke, Ute:* Art. Gottebenbildlichkeit (AT)/WiBiLex; *Schellenberg, Annette,* Mensch 78–84.114–127.

Stellvertreter Gottes auf Erden ist:[15] In Ägypten trug der König seit der 1. Dynastie den Horusnamen, um zu zeigen, dass er den fernen Himmelsgott Horus (symbolisiert durch den Falken) auf Erden repräsentiert. Seit der 4. Dynastie (ca. 2500 v. Chr.) wurde der ägyptische König zudem als «Sohn des Re» (des Sonnengottes) bezeichnet. In hellenistisch-griechischer Zeit wurde Alexander d. Gr. (356–323 v. Chr.) – ob schon zu Lebzeiten oder erst danach – sehr stark als göttlich verehrt. In der römischen Zeit bezeichnet z. B. eine Inschrift aus dem Jahre 48 v. Chr. Julius Cäsar (100–44 v. Chr.) als den «sichtbar erschienenen Gott Θεὸν ἐπιφανῆ) und allgemeinen Retter des menschlichen Lebens»[16]. Zahlreiche weitere Beispiele der Vergöttlichung von Königen könnten hier genannt werden. Auch biblisch ist in Ps 2 die Vorstellung bekannt, der König Jerusalems sei der «Sohn Gottes» und «von Gott gezeugt».

Das Besondere der biblischen Schöpfungserzählung in Gen 1,1–2,4a ist daher gerade vor diesem Hintergrund, dass die Würde, ein «Bild Gottes» zu sein, hier nicht einem bestimmten König zukommt, sondern vielmehr jedem Menschen, Frau und Mann – und, wie heute zu ergänzen ist, allen Geschlechtsidentifikationen, die zwischen diesen beiden Polen liegen. Grösser kann man vom Menschen kaum denken! Die Metapher «Bild Gottes» spricht dem Menschen unter anderem folgende Würde, Fähigkeit und Verantwortung zu:[17]

- Jeder Mensch soll wie eine Art lebendiges «Götterbild» oder lebendige «Götterstatue» auf der Erde wirken – das heisst wie ein*e Stellvertreter*in des guten Schöpfergottes.
- Jeder Mensch soll wie ein*e König*in die Lebensordnung der Erde sichern und schützen; denn ein altorientalischer König beanspruchte, den Menschen Recht zu sprechen und sie gegen innere und äussere Feinde zu beschützen; diese Aufgabe wird in Gen 1 nun sozusagen demokratisiert und allen Menschen zugesprochen.

---

15 Vgl. z. B. *Bickel, Susanne,* Verknüpfung; *Klauck, Hans-Josef,* Umwelt II, 17–74; *Schellenberg, Annette,* Mensch 326–342; *Pietsch, Michael:* Art. König/Königtum (AT)/WiBiLex; *Gundlach, Rolf:* Art. König/Königtum (Ägypten)/WiBiLex.

16 Zit. nach *Klauck, Hans-Josef,* Umwelt II, 46.

17 Vgl. *Zenger, Erich,* Erschaffung 46–47; ausführlicher und differenzierter *Schellenberg, Annette,* Mensch 69–127.

- Jeder Mensch soll wie ein*e Verwandte*r Gottes (Sohn/Tochter Gottes) gelten und dementsprechend handeln.

Die Metapher «Bild Gottes» beinhaltet also sehr hohe Vorstellungen vom Menschen in seiner Beziehung zu Gott. Damit verbunden sind ebenso tiefsinnige Aussagen über das Verhältnis von Mensch zu Mensch: *Alle* Menschen haben dieselbe Würde. Es ist niemand weniger «Bild Gottes» als ein anderer. Damit wird aber die Überzeugung zum Ausdruck gebracht, dass auch die Menschen der anderen Kulturen und Religionen «Bild Gottes» sind. Besonders brisant ist diese Überzeugung, wenn wir uns die Entstehungszeit von Gen 1,1–2,4a vor Augen halten: Selbst die feindlichen Babylonier, deren Streitmacht Jerusalem zerstörte und unzählige Menschen umbrachte und verschleppte, sind «Bild Gottes» – auch wenn sie sich nicht demgemäss verhielten!

Ebenfalls bedeutsam ist Gen 1 für das Verhältnis von Mann und Frau: Mann und Frau sind gleichermassen «Bild Gottes» (Gen 1,27). Das wird auch deutlich, wenn man die Verwendung des hebräischen Wortes für «Mensch» anschaut: Das hebräische Wort *adam* bedeutet in Gen 1,1–2,4a und auch sonst meistens ganz allgemein Mensch. *adam* ist also eine Gattungsbezeichnung für «den Menschen», «die Menschheit».[18] Dies zeigt ganz deutlich auch Gen 5,2, wo auf die erste Schöpfungserzählung Bezug genommen wird:

> «Männlich und weiblich schuf er *sie*, und er segnete *sie*
> und gab *ihnen* den Namen Mensch [hebr. *adam*],
> an dem Tag, als *sie* geschaffen wurden.»
> (Gen 5,2)

Mensch und Tier: «urgut» und «urgesegnet» 4.1.1.7

Der Mensch ist nach der biblischen Schöpfungserzählung in Gen 1,1–2,4a also nicht irgendwie «klein» oder «sündig», sondern vielmehr «urgut», ein wunderbares, lebendiges «Bild Gottes». Und der Mensch ist von Gott gesegnet (Gen 1,28),

18 Siehe Abschnitt 4.1.2.2 sowie *Schellenberg, Annette,* Mensch 127–134; *Bührer, Walter,* Anfang 187–191.

wie auch die Tiere (Gen 1,22) und der siebte Tag (Gen 2,3) – der Schabbat als Ruhetag – gesegnet sind.

Als wie «gut» der Mensch in Gen 1,1–2,4a gezeichnet wird, zeigt sich auch an der Art der Nahrungsmittel, die er von Gott bekommt – ein tiefsinniges erzählerisches Detail, das oft übersehen wird:

> «Und Gott sprach: Seht, ich gebe euch alles Kraut auf der ganzen Erde, das Samen trägt, und alle Bäume, an denen samentragende Früchte sind. Das wird eure Nahrung sein.» (Gen 1,29, Zü. 07)

Die Menschen leben nach Gen 1,29 also vegetarisch (bzw. sogar vegan). Sie töten keine Tiere zur Nahrungsbeschaffung. Damit wird die heute oft kritisierte Aussage, dass der Mensch gemäss Gen 1,28 über die Tiere «herrschen» solle, in ein ganz anderes Licht gerückt! Vor der Erfindung des Schiesspulvers und vor der industriellen Massenzüchtung und -tötung von Tieren war das Verhältnis von Mensch und Tier zudem ein völlig anderes: Der Mensch war oft bedroht von wilden Tieren (dies lässt z. B. Gen 9,5a noch erkennen) oder Insektenplagen (vgl. Ex 10) usw. Aufgrund dieser Bedrohung verbirgt sich in der Aussage, der Mensch solle über die Tiere «herrschen», vor allem der Wunsch, der Mensch möge in Sicherheit vor den Tieren leben.[19]

Hinzu kommt ein sehr positives Bild der Tiere in Gen 1,20–25: Die Tiere sind genauso von Gott erschaffen wie der Mensch. Die Tiere sind genauso von Gott gesegnet wie der Mensch (auch wenn es nicht explizit gesagt wird, können die Landtiere in Gen 1,24 f. als ebenso gesegnet gelten, wie die Tiere des Wassers und die Vögel in Gen 1,21 f.). Und die Tiere werden genauso als «gut» bezeichnet wie der Mensch. Zudem ernähren sich die Tiere gemäss Gen 1,30 ebenfalls vegetarisch. Natürlich wussten die Menschen, welche die Schöpfungserzählung geschrieben hatten, dass es bei den Tieren ein ständiges «Fressen und Gefressenwerden» gibt. Aber Gen 1,30 will folgende Überzeugung zum Ausdruck bringen: In einer guten Schöpfung, so wie sie ein guter Schöpfergott eigentlich will und wie sie an Gott glaubende Menschen anstreben sollen,

19 Vgl. *Riede, Peter:* Art. Tier/WiBiLex.

dürfte es kein Blutvergiessen geben.[20] – In Entsprechung dazu findet sich biblisch für die erhoffte Vollendung der Erde sowohl die Vision des Friedens unter allen Völkern (Jes 2,1–5) wie auch eines Friedens zwischen Mensch und Tier sowie der Tiere untereinander (Jes 11,6–8; 65,25).

Ähnlich wie beim Ausdruck «herrschen» über die Tiere, muss man auch die oft missverstandene und missbrauchte Aussage in Bezug auf die Erde: «macht sie euch untertan» (Gen 1,28), aus der damaligen Zeit heraus verstehen: Der Mensch war der Natur – besonders auch Erdbeben, Überschwemmungen – damals noch viel stärker ausgeliefert, als wir es seit der Industrialisierung sind. Anders als im industrialisierten Zeitalter schädigte der Mensch im Alten Orient zudem die Natur kaum, ja, hatte gar nicht die Mittel, die Natur nachhaltig zu schädigen (eine Ausnahme bildete die Abholzung von Wäldern zur Gewinnung von Baumaterial durch Grossmächte). Hinter der Formulierung «macht sie euch untertan / unterwerft sie euch» steht der Wunsch, in Sicherheit auf «der Erde» zu leben. Die Formulierung meint also nicht, der Mensch solle die Erde zerstören – denn die Erde ist ja die gute Schöpfung, das von Gott geschaffene Lebenshaus, und der Mensch soll sich als «Bild Gottes» entsprechend diesem guten Schöpfergott verhalten. Heute sind wir in besonderer Dringlichkeit dazu herausgefordert: die Erde und die Natur als gute Lebensgrundlage des Lebens für alle mit aller Kraft zu schützen und zu bewahren.

Und das Gottesbild? 4.1.1.8

Es fällt auf, dass in Gen 1,1–2,4a nicht gesagt wird, wie Gott *ist*. Es wird vielmehr gesagt, was Gott *tut*:

> Gott «schuf», Gottes Geist «bewegte sich», Gott «sprach», «sah», «schied», «nannte», «nannte», «sprach», «machte», «schied», «nannte», «sprach», «nannte», «nannte», «sah», «sprach», «sah», «sprach», «machte», «setzte», «sah», «sprach», «schuf», «sah», «segnete», «sprach», «sprach», «machte», «sah», «sprach», «schuf», «schuf», «schuf», «segnete», «sprach», «sprach», «sah», «vollendete», «ruhte», «segnete», «ruhte».

20 Siehe die Abschnitte 4.1.4 und 6.10.6.6.

Eine eindrückliche Liste an Verben, wie sie in dieser Reihenfolge mit Gott (und Gottes Geist) als Subjekt in Gen 1,1–2,4a vorkommen. Man ist geradezu an Kurt Martis Wunsch erinnert, «daß Gott ein Tätigkeitswort werde», wobei Marti damit natürlich vor allem auf das Tun der gläubigen Menschen zielt.[21]

Das «Tun» Gottes in Gen 1,1–2,4a erschafft alles «gut». Daraus darf geschlossen werden, dass Gen 1,1–2,4a die Überzeugung vertritt, dass auch Gott gut ist. Als wie gut in Gen 1,1–2,4a Gott– und auch das Verhältnis Gott–Mensch – beschrieben und geglaubt wird, zeigt auch der Vergleich mit ausserbiblischen altorientalischen Schöpfungserzählungen: In den allermeisten altorientalischen Schöpfungserzählungen wird der Mensch geschaffen, damit er zuallererst die Erde *für die Götter* bearbeitet, das heisst als jemand, der den Göttern die Arbeit abnimmt.[22] Davon ist in Gen 1,1–2,4a jedoch keine Rede: Vielmehr übergibt Gott den Menschen die Erde als ein «Haus des Lebens», auf dass der Mensch darin gesegnet, geschützt und fruchtbar lebe. Zudem wird Gott als mit gutem Beispiel vorangehend beschrieben, indem Gott am siebten Tage ruht und diesen Tag des Ruhens segnet und heiligt.[23]

Zwei weitere Aussagen in Bezug auf Gott sollen wenigstens kurz angesprochen werden, die Aussage «Lasst *uns* Menschen machen …» (Gen 1,26) und die Formulierung, dass der «Geist Gottes» sich über dem Wasser bewegt (Gen 1,2). Zunächst stellte sich immer schon die Frage, warum in Gen 1,26 in der Mehrzahl formuliert wird: «Lasst *uns* Menschen machen als *unser* Bild, *uns* ähnlich.» Am wahrscheinlichsten ist wohl, dass sich Gen 1,26 Gott als «König» mit einem königlichen Hofstaat (Beratern u. a.) vorstellt. Diese Vorstellung findet sich auch an anderen Bibelstellen (1 Kön 22,19; Ijob 1,6 ff.; 2,1 ff.), und sie passt zur ebenfalls aus dem Königsbereich genommenen Vorstellung des Menschen als «Bild Gottes». Andere halten die Mehrzahl (den Plural) für einen *pluralis majestatis* («Hoheitsplural»), nochmals andere für eine Stil-

21 Vgl. *Marti, Kurt,* Zärtlichkeit 135.
22 Vgl. *Albertz, Rainer,* Kulturarbeit 1–21.
23 Siehe zum Schabbat Abschnitt 6.10.6.4.

form des Selbstgespräches (*pluralis deliberationis*; vgl. Gen 11,7: «Auf, lasst uns hinabfahren ...»). Dem alttestamentlichen Text nicht gerecht wird die altkirchliche Deutung, hier sei schon die Trinität angedeutet. Denn die Trinitätslehre entwickelte sich erst im Laufe des 2.–5. Jahrhunderts n. Chr.[24]

Was der altkirchlichen Deutung Vorschub geleistet hatte, ist die Aussage in Gen 1,2: «[...] und der *Geist Gottes* bewegte sich über dem Wasser.» Auch hier ist bibelwissenschaftlich klar, dass «Geist Gottes» (hebr. *ruach elohim*[25]) im AT überhaupt nichts mit der Trinitätslehre zu tun hat, diese hat sich jedoch auf Gen 1,2 zurückbezogen. Die Rede vom «Geist» bzw. vom «Geist Gottes» ist in den alttestamentlichen Texten überaus vielfältig:[26] Die *Ruach* kommt in den Bedeutungen Wind, Atem, Geist, Energie, Lebenskraft vor. Wörterbücher teilen *Ruach* zumeist in drei Bedeutungsfelder ein: (1) Wind, Sturm (betr. Wetterphänomene); (2) Atem, Geist (in Bezug auf den Menschen); (3) Geist, Geist Gottes (in Bezug auf Gott). Manchmal sind die Übergänge – wo ist von Gottes Geist, wo vom Geist des Menschen die Rede – auch fliessend.

Es ist je nach Kontext zu entscheiden, was *Ruach* in einem bestimmten Text meint. So ist *Ruach* in Gen 3,8 ein vom Meer herkommender Wind, der den Abend erfrischt. Bei der Sintflut lässt gemäss Gen 8,1 Gott einen starken Wind/Sturm (*Ruach*) wehen, der die Wasser zurücktreibt[27] – ganz ähnlich wie bei der sogenannten Teilung des Meers beim Exodus (Ex 15,8–10)[28].

Auch in der Verbindung mit Gott, als *Ruach Elohim* oder *Ruach JHWH,* ist Gottes Geist eine sehr dynamische Wirkkraft: So ist z. B. bei Ezechiel die *Ruach* Gottes ein Bild dafür, dass Gott überall wirken kann und nicht auf den (zerstörten) Tempel beschränkt ist (Ez 1,12.20 f.). Zudem ist in Ez 37,1–14 die *Ruach* die lebenserneuernde Kraft Gottes, die das zerstreute Israel wiederherstellt. Schöpfungskraft, ja Lebens-

24 Vgl. für einen Überblick *Selvatico, Pietro/Strahm, Doris,* Jesus Christus 213–242; *Vorgrimler, Herbert,* Wörterbuch 636–638; *ders.*, Gotteslehre 79–147.

25 Zu *Elohim* und anderen Bezeichnungen für Gott siehe Abschnitt 4.1.1.9.

26 Vgl. *Albertz, Rainer/Westermann, Claus,* Art. רוח; *Schüngel-Straumann, Helen,* RUAH.

27 Siehe Abschnitt 4.1.5.

28 Siehe Abschnitt 6.8.

grundlage ist die *Ruach* ebenfalls im Schöpfungspsalm 104, wobei hier sowohl von der *Ruach* der Menschen als auch von der *Ruach* Gottes die Rede ist:

> «[27] Sie alle warten auf dich,
> dass du ihnen Speise gibst zur rechten Zeit.
> [28] Gibst du ihnen, so sammeln sie ein,
> tust du deine Hand auf, so werden sie satt von Gutem.
>
> [29] Verbirgst du dein Angesicht, erschrecken sie, /
> nimmst du ihre *Ruach* weg, kommen sie um
> und werden wieder zu Staub.
> [27] Sendest du deine *Ruach* aus, werden sie erschaffen,
> und du erneuerst das Angesicht der Erde.» (Ps 104,27–30)

In diesem schöpferischen Sinn ist wohl auch der «Geist Elohims» in Gen 1,2 zu verstehen.

Vor allem im prophetischen Bereich ist häufig davon die Rede, dass Gottes *Ruach* auf jemanden oder in jemanden kommt (Num 24,2; Jes 42,1; 61,1; Ez 2,2 u. ö.). Joël 3,1 f. formuliert die Zukunftshoffnung, dass einmal alle Menschen von der prophetischen *Ruach* Gottes erfüllt sein mögen. An diese Hoffnung knüpft Apg 2,17–21 mit einer Rede des Petrus an, um die Pfingsterfahrung zu beschreiben.[29]

4.1.1.9 Namen und Bezeichnungen für Gott

Schon mehrfach sind nun für Gott die Ausdrücke «Elohim» und «JHWH» gebraucht worden. Dies führt zur Frage, wie Gott im Alten Orient und im Alten Testament bezeichnet bzw. benannt wird.[30] Im Alten Orient sowie in der Antike haben die verschiedenen Gottheiten/Götter Namen. Das gilt auch für den einen Gott des Judentums. Das Vaterunser lässt uns dies noch erkennen, wenn es da heisst: «geheiligt werde

29 Zu den jüdischen Festen siehe Abschnitt 6.7.

30 Vgl. für einen Überblick *Pfeiffer, Henrik:* Art. Gottesbezeichnungen/Gottesnamen (AT)/WiBiLex; und ausführlich *Kottsieper, Ingo,* El; *Rösel, Martin,* Adonaj; *Niehr, Herbert,* Gott; *Müller, Hans-Peter,* Gott; *Keel, Othmar/Uehlinger, Christoph,* Göttinnen; *Jeremias, Jörg/Hartenstein, Friedhelm,* «JHWH und seine Aschera».

dein *Name*». Im jüdischen und neutestamentlichen Kontext ist damit der Gottesname JHWH gemeint.

JHWH ist der besondere Gottesname im Judentum und damit auch für Jesus, der Jude war. JHWH kommt im AT als Nennung Gottes am häufigsten vor (6828-mal).[31] Daneben gibt es im Alten Testament viele weitere Bezeichnungen für Gott. Viele davon sind ebenfalls einmal eigenständige Gottesnamen in anderen altorientalischen Religionen gewesen. So auch der Gottesname «EL»: Er ist im Namen Isra-el («El kämpft») enthalten, was darauf schliessen lässt, dass El einmal der Hauptgott der unter dem Namen Israel verbündeten Nordstämme war. El wurde aber viel früher schon verehrt: In der nordsyrischen Stadt Ugarit begegnet El im 2. Jahrtausend v. Chr. als höchste Gottheit und als Vater der anderen Götter. Das Wort El wird in verschiedenen semitischen Sprachen als Gottesname bzw. für die Bezeichnung Gottes gebraucht – und zwar bis heute: auch das Arabische «Allah» ist von El abgeleitet.

Elohim ist eine Mehrzahlbildung von El/*elah*. Elohim wird biblisch nicht mehr in der Bedeutung eines Eigennamens gebraucht, sondern als allgemeine Bezeichnung für Gott/Götter/Gottheit(en). Im AT ist Elohim die zweithäufigste Bezeichnung für Gott (2602-mal). Ex 6,2–12 vertritt die Meinung, dass der Gottesname JHWH erst dem Mose offenbart wurde, die Erzeltern in der Genesis jedoch Gott noch als «El-Schaddai» verehrt hätten (Gen 17,1; 28,3 u. ö.). Doch schon die Genesistexte lassen erkennen, dass die Sachlage historisch/religionsgeschichtlich viel komplexer ist (Gen 4,1.3.26; 12,7 u. ö.).[32] Je mehr sich der Glaube, dass es nur einen einzigen Gott gibt (Monotheismus),[33] durchzusetzen begann, desto mehr wurde «Elohim» ebenfalls für den einen Gott JHWH gebraucht – und umgekehrt JHWH für Elohim/Gott schlechthin. Gen 2,4b–3 scheint diese Entwicklung zu dokumentieren, indem hier von «JHWH Elohim» geredet wird.

Heute wird mehrheitlich angenommen, dass der Gott namens JHWH ursprünglich im Südosten Kanaans bzw.

---

31 Siehe weiter unten und vgl. *Becking, Bob:* Art. Jahwe/WiBiLex.

32 Siehe Abschnitt 6.5.

33 Siehe den Exkurs «Monolatrie – Monotheismus» in Abschnitt 6.10.6.1.

Nordwesten des heutigen Saudiarabiens verehrt wurde,[34] also etwa im Gebiet des biblischen Midian (die Verbindung zu Midian scheint im Exodusbuch noch ersichtlich, indem der Schwiegervater des Mose als Priester von Midian vorgestellt wird). In ägyptischen Texten werden «*Schasu von JHW*» genannt, die ebenfalls in dieses Gebiet gehören können.[35] Vielleicht gelangte mit diesen Nomaden die JHWH-Verehrung nach Juda, wo dann David JHWH als seinen persönlichen Schutzgott verehrte und schliesslich den JHWH-Kult an den Tempel von Jerusalem mitbrachte. Während JHWH ursprünglich wohl als Sturm-/Wettergott (*jhw* könnte «wehen» bedeuten) galt oder vielleicht als Gott eines vulkanischen Berges verehrt wurde, verband sich die JHWH-Verehrung in Jerusalem mit dem dort wahrscheinlich schon lange zuvor verehrten Sonnengott *Schamesch*.[36] Über mehrere Jahrhunderte entwickelte sich der Glaube, dass es nur einen einzigen Gott für alle Menschen gibt. Dabei wurden die Vorstellungen und Zuständigkeitsbereiche der zuvor vielen verschiedenen Götter und Göttinnen auf den einen Gott JHWH übertragen.

Die folgende Tabelle gibt einen kleinen Überblick über vier Gottesnamen bzw. Bezeichnungen für Gott:

אל	EL • religionsgeschichtlich sehr alt (besonders in Ugarit): höchster Gott, Vater des Gottes Baal[37] • enthalten in zahlreichen biblischen Namen: – Isra-el («El kämpft») – Isma-el («El hat gehört») – Gabri-el («El ist meine Stärke») – Samu-el («El hat er-/gehört») – Rafa-el («El ist Arzt») – Dani-el («El ist mein Richter»)
אלהים	Elohim • Pluralform von El; zweithäufigste Bezeichnung für Gott im AT (2602-mal) • Elohim steht im AT meistens für den einen Gott (z. B. in Gen 1–2,4a für den Schöpfergott), kann aber auch die anderen Götter bezeichnen (Dtn 6,14; Jos 24,15).

34 Vgl. *Keel, Othmar,* Geschichte Jerusalems I, 199–224; *Becking, Bob:* Art. Jahwe/WiBiLex.

35 Siehe die Abschnitte 2.1.3.2. und 6.3.2.

36 Vgl. *Lauber, Stephan:* Art. Sonne/WiBiLex.

37 Vgl. *Grätz, Sebastian:* Art. Baal/WiBiLex.

אל שׁדי	El-Schaddai (7-mal im AT), auch ohne El nur: Schaddai (41-mal)
	• die Herleitung und Bedeutung von Schaddai ist noch nicht sicher geklärt; vorgeschlagen wird u. a.:
	  – Gott des Gebirges (nach akkadisch *schadu*)
	  – Gott des Feldes (nach hebr. *sade*)
	• für eine Übersetzung mit «Gott, der Allmächtige» (so EÜ 80) bzw. «der allmächtige Gott» (Luth. 84; Luth. 17) gibt es vom Hebräischen her keinen Grund. Diese Übersetzung kommt vielmehr daher, dass die gr. Übersetzung (LXX) für *El-Schaddai* den Ausdruck *pantokrator* («Allherrscher») gebraucht, was die Vulgata schliesslich ins Lateinische überträgt mit *omnipotens* («allmächtig»).
	Zü. 07 und EÜ 16 geben nun richtigerweise den Namen wieder: «El-Schaddai» (vgl. u. a. Gen 17,1; 28,3; 35,11).

יהוה	JHWH
	• der am häufigsten vorkommende Eigenname und Gottesname im AT (6828-mal)
	• sogenanntes *Tetragramm* (gr. für Vier-Buchstaben)
	• die ursprüngliche Aussprache ist unbekannt (evtl. *jahwe*)
	• die ursprüngliche Bedeutung ist ebenfalls unbekannt; Ex 3,13–16 stellt lediglich eine spätere Deutung dar[38]
	• enthalten in zahlreichen biblischen Namen. An Wörter angehängt mit der Abkürzung «…-ja» (bzw. «… jahu», Zü. 07); vorangestellt mit «Jo-…» (bzw. «Jeoh-…», Zü. 07)
	  – Jesa-ja («Rettung durch JHWH»; vgl. Halleluja: «Singt JHWH!»)
	  – Hiski-ja («JHWH ist meine Kraft»)
	  – Eli-ja («mein El ist JHWH», d.h., «mein Gott ist JHWH»)
	  – Jo-chanan («JHWH ist gnädig»), davon gr. Johannes
	  – Jo-natan («JHWH hat gegeben»)
	  – Jo-schua/Jeho-schua/Je-schua («JHWH hilft/rettet»), ins Griechische übertragen wird dieser Name mit Jesus.
	• Es gibt keinen triftigen Grund, JHWH mit «der Herr» / «der HERR» (so EÜ 80, EÜ16, Luth., Zü. etc.) zu übersetzen: JHWH ist vielmehr ein Eigenname/Gottesname. Dies belegen auch jene archäologischen Funde, in denen JHWH eine Göttin namens Ascherah zur Seite gestellt ist.[39]
	• Aus Ehrfurcht wurde der Gottesname JHWH im Judentum wohl schon in biblischer Zeit nicht mehr ausgesprochen: im Gebet wurde stattdessen Adonaj (hebr. für «mein Gebieter, Herr, Herrscher») gesagt. Damit man dies beim Bibellesen nicht vergisst, wurden die Vokale von (a) D**o**N**a**J im hebräischen Text in das Tetragramm eingetragen; daher kam es im Mittelalter, als man diesen Zusammenhang nicht mehr wusste, zur falschen Aussprache von JeH**o**W**a**H (Jehova).
	• Ausserhalb des Gebetes (im profanen Bereich) wird im Judentum anstelle von JHWH gewöhnlich «*ha-schem*» («der Name») gesagt.

38 Siehe Abschnitt 6.2.5.

39 Vgl. *Olyan, Saul M.*, Asherah; *Keel, Othmar/Uehlinger, Christoph,* Göttinnen 237–282.358–361; *Jeremias, Jörg/Hartenstein, Friedhelm,* «JHWH und seine Aschera».

- Um deutlich zu machen, dass es bei JHWH um einen Gottesnamen geht, und dennoch die deutschen Übersetzungen gut lesbar zu machen, und im Respekt vor der Heiligkeit dieses Namens im Judentum könnte in deutschen Bibelausgaben JHWH mit Gott wiedergegeben werden. Die Übersetzung «Bibel in gerechter Sprache» von 2006 gibt den Gottesnamen JHWH – eine jüdische Tradition aufnehmend – je nach Kontext der Bibelstelle mit «der Ewige», «die Heilige», «der/die Lebendige» usw. wieder.

Neben diesen Gottesnamen/-bezeichnungen gibt es noch viele weitere, manche in Zusammensetzung mit den bereits genannten, andere ohne diese: *Eljon* («Höchster)» und *El-Eljon* («höchster El);» *El roi* («El, der mich sieht);» *El-olam* («ewiger El);» *El-Bet-El* («El von Bet-El);» *Elohe-Abi* («der Gott meines Vaters);» *Elohe-Abraham* («der Gott Abrahams»; auch Isaaks oder Jakobs); *Pachad-Izchak* («der Schrecken Isaaks»); *Adonaj* («mein Gebieter/Herrscher»); *JHWH-Zebaot* («JHWH der Heere»); *Kedosch-Israel* («der Heilige Israels»).

Was soll man von dieser Vielzahl von Bezeichnungen bzw. Umschreibungen für Gott halten, wie soll man sie deuten? Meiner Meinung nach zeigen diese vielen verschiedenen Bezeichnungen für Gott in der Bibel vor allem, dass der Gottesglaube etwas Lebendiges ist: Gottesglaube ereignete sich in unzähligen verschiedenen Menschen, die ihre je eigenen Vorstellungen von Gott hatten und die miteinander ins Gespräch kamen über ihre Gotteserfahrungen. Dass derart verschiedene Gottesbezeichnungen – und auch Gotteserfahrungen und -vorstellungen – in der Bibel nebeneinander enthalten sind, gehört zu einer ihrer grossen Stärken: Die Bibel ist kein starres System, «kein ausgeklügelt Buch», sie ist vielmehr ein «geselliges Buch» (Kurt Marti)[40], in dem die vielen zeitlich so verschiedenen und inhaltlich so vielfältigen Stimmen miteinander in einen Dialog treten und damit zeigen, dass Gottesglaube ein lebendiger Prozess ist, etwas, das wachsen und sich verändern kann.

40 Vgl. das gleichnamige Gedicht von *Kurt Marti*, «Das gesellige Buch», in: *ders.*, Gottheit 10–12.

Zweite Schöpfungserzählung (Gen 2,4b–24) 4.1.2

Bibelverständnis: Wie von Gott reden? 4.1.2.1

Die Frage nach den Gottesnamen hat auch mit der Frage zu tun, wie wir Menschen überhaupt von Gott reden können. Ist Gott nicht immer viel «grösser» oder «höher», als dass wir – nur schon im Vergleich zu unserer Galaxie doch sehr kleinen – Menschen von Gott sprechen könnten? Ja, bestimmt, auch die Bibel kennt Aussagen, die das thematisieren (vgl. u. a. Jes 55,8 f.; Ps 139,17 f.; Phil 4,7).

Dennoch wird in der Bibel häufig so geredet, als wäre Gott ein Mensch: Es wird von Gottes «Auge» und «Ohr», «Arm» und «Angesicht» usw. gesprochen (Ps 89,11; Num 6,25 f.; Jer 37,17); es wird erzählt, dass Gott «umhergeht», «etwas sieht», «weint» und «etwas bereut», dass Gott «zornig» oder «barmherzig» ist. Solches und ähnliches Reden von Gott nennt man anthropomorphe Rede, das heisst, man redet von Gott *wie* von einem Menschen, genauer in Analogie zu einem Menschen. Anthropomorphe Rede von Gott ist im Alten Orient das Normale.[41]

Die altorientalischen Menschen waren aber, wie schon mehrfach betont, nicht dümmer oder naiver als wir. Allen, die sich heute ernsthaft mit Ägyptologie oder mit den Kulturen und Religionen Mesopotamiens befassen, wird klar, dass das anthropomorphe Reden von Gott metaphorisch oder symbolisch zu verstehen ist und nicht wörtlich-naiv. Den altorientalischen Menschen war bewusst: Wir sind Menschen und haben keine andere Sprache und keine anderen Bildvergleiche als menschliche Sprache und Bildvergleiche.[42] Natürlich gab es im Alten Orient auch Menschen, die kein entwickeltes Symbolverständnis hatten und die anthropomorphen Bilder wörtlich nahmen – solche Menschen gibt es zu allen Zeiten, man ist versucht zu sagen: besonders auch heute. Aber es gab auch jene mit hoch entwickeltem Symbolverständnis. Wir dürfen davon ausgehen, dass jene, die antike heilige Texte und im

---

41 Vgl. *van Oorschot, Jürgen:* Art. Anthropomorphismus/WiBiLex.

42 Vgl. *Schellenberg, Annette,* Mensch 250–259, mit Lit.

Besonderen auch die Bibel verfassten, ein sehr ausgeprägtes Symbolverständnis hatten. Vom Symbolverständnis eines Menschen aber hängt es wesentlich ab, wie er biblische Texte und Bilder versteht oder eben missversteht.[43] Dies ist keine Frage der Intelligenz: Selbst in anderen Bereichen sehr gescheite Leute können eine Blockade haben, wenn sie biblischen Texten begegnen. So z. B. der sonst philosophisch geschulte Mittelalterspezialist Kurt Flasch, der Genesistexte – wenn es in seine Gott ablehnende Argumentation passt – in peinlicher Weise wörtlich versteht: «Wäre Gott noch ein physischer Organismus – das muß er einmal gewesen sein, ging er doch, wie die *Genesis* erzählt, bei Abendwind im Garten spazieren, was auch ein Gott nicht ohne Körper kann, und daß das ‹bildlich› gemeint sei, ist späte, philosophieentsprungene Umdeutung [...]»[44] Aber gewiss doch sind die Aussagen auch von den Schreibenden der Genesistexte bildlich/metaphorisch gemeint. Ihnen zu unterstellen, sie wären dümmer oder weniger differenziert denkend gewesen als wir, ist schlicht ignorant und/oder arrogant.

Formal kann man beim Reden über Gott unterscheiden: 1. Rede, die in abstrakten Begriffen von Gott spricht: Gott ist «Liebe», Gott ist «Geist», Gott ist «Freiheit», Gott ist der «Ursprung allen Lebens», Gott ist der «ganz Andere», Gott ist «das, worüber hinaus wir nichts Grösseres denken können», usw. 2. Rede, die narrativ von Gott spricht: in Erzählungen, Gleichnissen, Mythen usw. Auch sie geschieht im Bewusstsein, dass man damit natürlich nicht aussagt, was Gott wörtlich tut oder sagt etc., sondern vielmehr gleichnishaft von Gott spricht. Der Vorteil der narrativen Rede ist, dass sie zum Nacherzählen, Weitererzählen, zum Fragen und Interpretieren einlädt und häufig offener ist für kreative Verbindungen als abstrakte Rede.

Weiter kann unterschieden werden, wo man mit der Rede von Gott ansetzt: a) bei Gott; b) bei der Natur; c) beim Menschen.

43 Vgl. grundlegend *Fowler, James W.*, Stufen; *Halbfas, Hubertus*, Sprachlehre.
44 *Flasch, Kurt*, Christ 143.

a) Wenn man mit der Rede über Gott bei Gott ansetzt, formuliert man z. B., wie wir es in der Genesis oft antreffen: «Dann pflanzte GOTT in Eden einen Garten …» (Gen 2,8); «Und GOTT sprach zu Abram: Geh aus deinem Land …» (Gen 12,1). b) Wenn man mit der Rede über Gott bei der Natur ansetzt, sagt man beispielsweise: «Die Natur ist ein Wunder. Eine höhere Macht hat sie hervorgebracht.» In biblischer Sprache: «Wie zahlreich sind deine Werke, GOTT. Du hast sie alle in Weisheit gemacht, die Erde ist voll von deinen Geschöpfen.» (Ps 104,24). c) Wenn man mit der Rede über Gott beim Menschen, genauer beim Ich, ansetzt, sagt man beispielsweise: «Wenn ich die Natur ansehe, staune ich, und ich komme zur Überzeugung, dass es mehr gibt, als wir naturwissenschaftlich messen und beweisen können. So wächst in mir der Glaube an Gott.»

Bei all diesen Ansätzen muss zudem gefragt werden: Wie bewusst sind sich die Menschen bzw. ist sich die Glaubensgemeinschaft, dass sie als Menschen von Gott reden? Dieses Bewusstsein hatte in philosophischer Hinsicht Immanuel Kant (1724–1804) mit der Frage, welche Möglichkeiten wir als Menschen überhaupt haben, um Erkenntnisse zu erlangen, wissenschaftlich grundgelegt. Für die Theologie betonten dies in hervorragender Weise Friedrich Schleiermacher (1768–1834) und Karl Rahner (1904–1984). Sie setzten explizit bei den menschlichen Möglichkeiten des Erkennens und Glaubens an. Die Unterscheidung von «Gott an sich» und unseren menschlichen «Gottesbildern» hatte der junge C. G. Jung – der hier zitiert sei, ohne damit seine Psychologie zu übernehmen und obwohl sein Verhältnis zum Judentum in der Nazizeit und zu Freud insgesamt problematisch war – einmal vom Standpunkt seiner Psychologie in die Diskussion mit seinen Kollegen eingebracht:

> «Die Ideen des moralischen Gesetzes und der Gottheit gehören zum unausrottbaren Bestand der menschlichen Seele. Darum hat sich jede ehrliche Psychologie, die nicht von einem banausenhaften Aufklärungsdünkel verblendet ist, mit diesen Tatsachen auseinanderzusetzen. Sie sind nicht wegzuerklären und wegzuironisieren. In der Physik können wir eines Gottesbildes entraten, in der Psychologie aber ist es eine definitive Grösse, mit der zu rechnen ist, so gut wie mit ‹Affekt›, ‹Trieb›,

> ‹Mutter› usw. Es liegt natürlich an der ewigen Vermischung von Objekt und Imago, dass man sich keinen Unterschied denken kann zwischen ‹Gott› und ‹Gottesimago› und daher meint, man spreche von Gott, erkläre ‹theologisch›, wenn man von ‹Gottesbild› spricht.»[45]

4.1.2.2 Lebendige Wesen

In Gen 2,4b-24 wird eine ganz andere Erzählung von der Erschaffung des Menschen überliefert als in Gen 1,1–2,4a. Ein inhaltlicher Widerspruch zwischen den beiden Schöpfungserzählungen ist beispielsweise, dass in Gen 1,20–27 «Elohim» zuerst die Tiere und erst danach den Menschen erschafft. In Gen 2,5–7.19–20 erschafft «JHWH Elohim» jedoch zuerst den Menschen und erst danach die Tiere. Dies und anderes mehr weist darauf hin, dass die beiden Schöpfungserzählungen zu ganz unterschiedlichen Zeiten sowie von unterschiedlichen Menschen geschrieben und erst viel später miteinander verbunden wurden.[46] Wie die erste Schöpfungserzählung (Gen 1,1–2,4a), so ist auch die zweite ein überaus dichter Text. Im Folgenden werden einige Aspekte dieser Erzählung näher beleuchtet.[47]

Die Erschaffung des Menschen wird in einem Satz formuliert:

> «Da bildete JHWH Elohim den Menschen [hebr. *ha-adam*] aus Staub vom Erdboden und blies Lebensatem [hebr. *nischmat-chaijm*] in seine Nase. So wurde der Mensch ein lebendiges Wesen [hebr. *näfäsch*].» (Gen 2,7)

Der hebräische Ausdruck *adam* (Mensch) bzw. *ha-adam* (der Mensch) wird bereits in der ersten Schöpfungserzählung Gen 1,1–2,4a verwendet. Dort ist ganz klar, dass *ha-adam* ein Gattungsbegriff ist: Er steht für Mensch/Menschheit und

---

45 *Jung, Carl Gustav*, Die Dynamik des Unbewußten. GW 8, hg. v. *Marianne Niehus-Jung*, Ostfildern ^{4}2011, 316.

46 Vgl. *Bührer, Walter*, Anfang; *Schellenberg, Annette*, Mensch 238–243, mit weiterer Lit.; siehe zudem Kap. 3.

47 Vgl. ausführlich *Keel, Othmar/Schroer, Silvia*, Eva; *Blum, Erhard*, Gottesunmittelbarkeit; *Schellenberg, Annette*, Mensch 179–204; *Bührer, Walter*, Anfang 165–331; *Ego, Beate*, Adam.

bezeichnet gleichermassen Mann *und* Frau:[48] «Und Gott schuf den Menschen [hebr. *ha-adam*] nach seinem Bild […] männlich und weiblich schuf er sie» (Gen 1,27). Wahrscheinlich bezeichnet *(ha-)adam* überall, wo neben *adam* nicht explizit «seine Frau» genannt wird, die Menschheit / den Menschen an sich. Eindeutig Eigenname ist *adam* nur in Gen 4,25 (evtl. noch 5,1.3–5) – und in der Wirkungsgeschichte. Natürlich müsste heute aufgrund der Erkenntnisse des Genderdiskurses Gen 1,27 anders formuliert werden, nämlich dass Gott den Menschen «männlich*weiblich» geschaffen hatte, damit die LGBTI*-Menschen mitgemeint sind.[49] Männlich und weiblich sind zwei Pole, denen die Mehrheit der Menschen angehören, aber zwischen diesen Polen gibt es unterschiedliche geschlechtliche Identitäten, welche – wie alle Minderheiten – des besonderen Schutzes ihrer Würde bedürfen.

Adam hat wohl die Grundbedeutung rot/rötlich und wird volksetymologisch in Verbindung gebracht mit dem Ausdruck *adamah*, was Acker-/Erdboden bedeutet. Damit wird auf die schicksalhafte Verbundenheit des Menschen mit der Mutter Erde, dem Acker-/Erdboden, angespielt: Gott bildet den Menschen aus «Staub vom Erdboden» (Gen 2,7), und am Ende seines Lebens kehrt der Mensch zu diesem Erd-/Ackerboden, von dem seine Nahrung kommt, zurück (Gen 3,19). Daher wird *adam* manchmal auch als «Erdling» übersetzt.

Eva (hebr. *chawa*) ist als Eigenname für die Frau Adams nur in Gen 3,20 und 4,1 belegt. Gen 3,20 leitet den Namen Eva vom Verb *chaja* («leben») ab und bezeichnet Eva als «Mutter allen Lebens». Dies alles macht deutlich, dass die Bibel keinesfalls die Auffassung vertritt, es hätte «am Anfang» nur zwei einzelne Menschen gegeben. Vielmehr wird durch die Erzählung und die Wahl der Worte *adam* und *chawa* Folgendes zum Ausdruck gebracht: Alle Menschen haben den gleichen Ursprung sowie die gleiche Würde und gehören deshalb zusammen. Sie bilden sozusagen eine Menschheitsfamilie und sollten sich zueinander wie gute Geschwister verhalten. Jeder Mensch (*adam*) ist existenziell «vom Erdboden /

48 Vgl. *Sals, Ulrike:* Art. Frau (AT)/WiBiLex; *Paganini, Simone:* Art. Mann (AT)/WiBiLex.

49 Vgl. *Matern, Harald,* … und schuf sie als Mann und Frau.

der Mutter Erde» (*adamah*) abhängig – von ihm «genommen» – und mit «Lebendigkeit» (*chawa)* erfüllt.

Gott wird in Gen 2,7 als eine Art Töpfer dargestellt, indem Gott den Menschen «aus Staub vom Erdboden» bildet. Das ist eine im Alten Orient weit verbreitete Metapher für Gottes Schöpfungshandeln. Von Ägypten bis Mesopotamien wird in verschiedenen Mythen erzählt, dass Gott den Menschen aus Lehm/Ton bildet und hierauf belebt: So wird z. B. im Atramchasis-Epos (18./17. Jahrhundert v. Chr.) der Mensch belebt durch Vermischung des Lehms mit dem Blut eines getöteten Gottes. In Ägypten gibt es die Vorstellung, dass der Gott Chnum den Menschen töpfert und die Göttin Hathor den Menschen belebt, indem sie ihm das *anch*-Zeichen an die Nase hält.[50]

Sehr ähnlich erzählt die Genesis, dass Gott dem Menschen Lebensodem/Lebensatem (hebr. *nischmat chaijm)* in die Nase haucht, wodurch der Mensch zu einem «lebendigen Wesen» (hebr. *näfäsch chaijm)* wird. Körper und Lebensatem machen den Menschen zum Lebewesen. Manche älteren Bibelübersetzungen geben *näfäsch* mit «(lebende) Seele» wieder. Doch ursprünglich bezeichnete *näfäsch* wohl die Kehle, durch die Luft/Lebensatem ein- und ausströmen kann. In späterer biblischer Zeit wurde *näfäsch* zu einem allgemeinen Ausdruck für Lebewesen, Leben, Lebenswille-/kraft, sowohl für Mensch wie Tier. Nochmals später, unter hellenistisch-griechischem Einfluss, wurde *näfäsch* «spiritualisiert» und mit Seele übersetzt. Die allermeisten alttestamentlichen Texte vertreten jedoch ein ganzheitlicheres Menschenbild, als wir es uns gewohnt sind: Der Mensch *hat* nicht einen Körper, er *ist* Körper; der Mensch *hat* nicht eine Seele, der Mensch *ist* Seele – zusammengenommen ein lebendiges Wesen. Dies ist ein bedeutsamer Unterschied zu Menschenbildern, die das griechische Denken und auch uns heute noch häufig prägen: zweigeteilte (Dichotomie: Körper | Geist) und dreigeteilte Menschenbilder (Trichotomie: Körper | Geist | Seele). Dem gegenüber erscheint der Mensch im Alten Testament unter viel zahlreicheren Aspekten: Im AT wird ein offenes Bild des Menschen vertreten, es gibt keine geschlossene Systematik,

Abb. 21: Der Gott Chnum (re) töpfert, die Göttin Hathor (li) belebt den Menschen

50 Vgl. *Schellenberg, Annette,* Mensch 276–291.

keine Hierarchisierung (z. B. der Geist sei wichtiger als der Körper usw.), der Mensch wird ganzheitlich und multiperspektivisch gesehen.[51]

In Gen 2,18 wird die Einsamkeit eines einzelnen Menschenwesens als Problem thematisiert: «Und JHWH Gott sprach: Es ist nicht gut, dass der Mensch allein sei; ich will ihm eine Hilfe machen, die ihm entspricht.» Der Mensch ist und lebt wesentlich in Beziehung. Völlig allein geht ein Mensch in der Regel zugrunde. Davon wissen nicht nur Daniel Defoes Roman «Robinson Crusoe» und dessen zahlreiche Verfilmungen zu berichten. In Gen 2,18 wird diese Einsicht in einem einfachen Satz ausgedrückt. Umstritten ist, in welcher Weise der Ausdruck «Hilfe» (hebr. *esär*) für die zu erschaffende Frau zu verstehen ist: In traditioneller Auslegung wurde «Hilfe» abwertend verstanden, im Sinne einer untergeordneten «Dienerin», «Lebenshilfe», mitunter sogar einer «Haushaltshilfe». Doch es gibt gute Gründe anzunehmen, dass in Gen 2,18 «Hilfe» verstanden wird als die Not abwendende Hilfe eines Retters – bzw. einer Retterin![52] So bezeichnen zahlreiche Bibelverse Gott selbst als eine «Hilfe» (*esär*) des Menschen (vgl. u. a. Ex 18,4; Ps 70,6; 121,1–2; 118,7; 146,5). Zudem wird in Gen 2,18 die Frau als «Hilfe» näher bestimmt mit: «die ihm entspricht». Das besagt gleiche Augenhöhe, gleiche Würde, Gleichstellung. Für dieses Verständnis spricht auch, dass Gen 2,23 explizit auf den gleichen Klang der hebräischen Worte für «Mann» und «Frau» eingeht. Die Worte unterscheiden sich nur durch die Endsilbe: *isch* («Mann»), *ischah* («Frau). Gen 2,23 nimmt dies auf: «Diese soll *ischah* heissen, denn vom *isch* ist sie genommen».

In diesem Zusammenhang muss noch etwas zur ominösen «Rippe» gesagt werden.[53] In Gen 2,21–23 wird die Vorstellung der handwerklichen Tätigkeit Gottes bei der Erschaffung der Frau weitergeführt: «Und JHWH Gott machte aus der Rippe/Seite [hebr. *zela*], die er vom Menschen genommen hatte, eine Frau und brachte sie zum Menschen» (Gen 2,24). Der hebräische Ausdruck *zela* kann sowohl Rippe als auch

51 Vgl. *Wagner, Andreas,* Reduktion; *ders.:* Art. Körper (AT)/WiBiLex.
52 Vgl. *Schellenberg, Annette,* Mensch 192–193.
53 Vgl. *Bührer, Walter,* Anfang 226–230.

Seite (oder Brett, Türflügel etc.) bedeuten. Spekulationen darüber, warum es ausgerechnet eine Rippe gewesen sein sollte, sind daher fehl am Platz. Entscheidend ist, dass hier die gleiche «Beschaffenheit» betont wird: Während die Tiere neu von der Erde geformt keinen gleichwertigen Partner für *adam* darstellen, so ist dies jedoch die von *adam* geformte *ischah:* «Diese ist endlich Bein von meinem Bein und Fleisch von meinem Fleisch» (Gen 2,23).

Eden (עדן) hat die Bedeutung von «Ort des Überflusses», «Wonnegarten», «Lustgarten». Gen 2,8 nennt «einen Garten *in* Eden», in 2,15.23f. heisst der Garten selber so: «Garten Eden». Aufgrund der Beschreibung des Flusses mit den vier «Armen» und der Länder (Gen 2,10–14) wird «Eden» von manchen bei Ur im heutigen Irak vermutet. Doch wahrscheinlich lässt der Text eine genaue Lokalisierung bewusst nicht zu und spricht allgemein von «im Osten», was auch «in der Urzeit» meinen kann, da «Osten» im Hebräischen für die Vergangenheit stehen kann. Der Begriff «Paradies» wird erst von der Septuaginta in Gen 2–3 für das hebräische Wort für «Garten» (hebr. *ganah*) eingebracht: Das griechische *paradeisos* stammt vom altiranischen Ausdruck *pairidaēza* («runde Umzäunung», «das Umzäunte») und bezeichnet in persischer Zeit vor allem die Gartenanlagen des Grosskönigs.

Auch das Motiv eines Baumes des Lebens ist im Alten Orient weit verbreitet.[54] Er spendet erneuertes Leben oder gar Unsterblichkeit. Ein solcher Weltenbaum ist – oft in Verbindung mit einer Göttin – ab dem 3. Jahrtausend v. Chr. in vielen Bildern und Texten belegt.[55]

Doch ein Baum der Erkenntnis von Gut und Böse wird ausserhalb der Bibel nie erwähnt. Dies ist ein weiterer Hinweis darauf, wie biblische Erzählungen entstanden sind: Bekannte Vorstellungen von anderen Religionen und Völkern werden aufgenommen und mit eigenen Überzeugungen ergänzt, und dadurch werden neue, eigenständige theologische Aussagen geschaffen. Nicht stringent ist der biblische Text, indem er in Gen 3,3 von nur einem Baum in der Mitte des Gartens spricht, in Gen 2,9 jedoch von zwei Bäumen. Dies hat wohl mit einem

54 Vgl. *Michel, Andreas:* Art. Baum der Erkenntnis/Baum des Lebens/WiBiLex.
55 Vgl. *Keel, Othmar/Schroer, Silvia,* Schöpfung 62–64.

Abb. 22: «Lebensbaum». Von Ziegen flankierter Baum als Symbol von Fruchtbarkeit und Leben (Rollsiegel aus Megiddo; 14. Jh. v. Chr.

längeren Entstehungsprozess des Textes Gen 2–3 zu tun. Wahrscheinlich kommt aus diesem Grund auch Gottes Verbot, von dem «Baum der Erkenntnis des Guten und Bösen» zu essen, völlig unvermittelt:

> «[16] Und JHWH Elohim gebot dem Menschen und sprach: Von allen Bäumen des Gartens darfst du essen; [17] aber vom Baum der Erkenntnis von Gut und Böse darfst du nicht essen; denn an dem Tag, da du davon isst, wirst du sterben!» (Gen 2,16 f.)

Interessanterweise ist «die Frau» zu diesem Zeitpunkt des Verbots in der Erzählung noch gar nicht erschaffen. Was uns zum spannenden Text von Gen 3 führt.

Die Sache mit …? (Gen 2,25–3,24) 4.1.3

Bibelverständnis: Ätiologie 4.1.3.1

Menschen fragen, warum etwas so ist, wie es ist, oder auch warum etwas so heisst, wie es heisst. Diesen Fragen kann man naturwissenschaftlich oder historisch nachgehen. Vielfach wählten Menschen aber andere Zugänge. So gibt es etwa für die Frage, warum der Hausberg der Schweizer Stadt Luzern den Namen «Pilatus» trägt, eine legendenhafte Erklärung: Der Leichnam des Pontius Pilatus sei auf diesem Berg in einen verwunschenen See geworfen worden. Daher heisse der Berg Pilatus. Näherliegend ist natürlich, dass der Berg den Namen seinem Aussehen verdankt: *Mons pileatus* (später auch *Mons*

Pilati) bedeutet: der mit Felspfeilern durchsetzte Berg (von lat. *mons* «Berg» und *pila* «Pfeiler»). Aufgrund des ähnlichen Wortes wurde dann die Erzählung von Pontius Pilatus erfunden.[56]

Eine solche Herleitung nennt man Ätiologie:[57] Es wird versucht, mit einer Erzählung, die in der Vergangenheit spielt, den Namen eines Ortes, einer Person usw. zu «erklären» bzw. diesem Namen eine Bedeutung zu geben. Eine Ätiologie kann mehr oder weniger tiefsinnig sein. Die Begebenheit, von der sie erzählt, kann frei erfunden oder mit einem historischen Ereignis verknüpft sein. Alle Kulturen und Religionen kennen ätiologische Herleitungen. In der Bibel ist beispielsweise die biblische Erzählung in Gen 19 über die Zerstörung von «Sodom und Gomorra» und von Lot und seiner Familie als Ätiologie anzusehen: Menschen hatten zwei zerstörte Städte angetroffen sowie das Tote Meer mit skurrilen Salzgebilden in seiner Umgebung. Durch die Erzählungen in Gen 19 soll eine Art Erklärung dafür geliefert werden. Auch Gen 3 kennt Ätiologisches: Seit Menschengedenken kriechen Schlangen auf dem Boden, müssen sich die Menschen ihre Nahrung mit viel Fleiss und Schweiss erarbeiten und werden Kinder unter Geburtsschmerzen geboren. Hinzu kommt das Ringen um ein ethisch gutes Leben: Was dient dem Leben aller und ist somit «gut»? Was verhindert, verunmöglicht und zerstört Leben und ist somit «böse»? Und warum müssen Menschen täglich um diese Fragen ringen? All diese Erfahrungen, die Menschen zur Zeit der Bibel, aber auch schon davor machten, werden in Gen 3 in eine «Urgeschichte» verwoben und in Bezug auf den Gottesglauben reflektiert.

4.1.3.2 Lektüre und Methode: Vorurteile

Menschen haben Vorurteile: Man fällt ein Urteil (hat eine vorgefasste Meinung) über eine bestimmte Sache oder Person, ohne dass man sich selbst vergewissert hat, ob das Urteil auch zutrifft. Das Urteil hat man von anderen übernommen oder irgendwie unbewusst gebildet.

56 Vgl. *Ruhl, Felix,* Bergsagen 55–58.

57 Vgl. *Scherer, Andreas:* Art. Ätiologie/WiBiLex.

Auch in Bezug auf biblische Texte haben wir alle unsere Vorurteile. Der Text in Gen 3 lädt ein, uns dahingehend zu testen: Woran denken Sie, wenn Sie «Adam und Eva» hören?

Lektüre und Methode: Bitte schreiben Sie auf, was Ihnen in den Sinn kommt, wenn Sie an die Erzählung von Adam und Eva und der Schlange in Gen 3 denken. Lesen Sie danach Gen 3 genau durch, und überlegen Sie, was mit Ihren spontanen Assoziationen (Vorurteilen) übereinstimmt und was nicht. Überlegen Sie auch, welche Themen in Gen 3 vom Text tatsächlich angesprochen werden.

Von den Überschriften 4.1.3.3

Die meisten Menschen heute denken wohl, wenn sie nach der Bedeutung von Adam und Eva gefragt werden, an die Schlange, an den verbotenen «Apfel», auch daran, dass «Eva an allem schuld» sei bzw. dass ihr die Schuld für alles zugeschoben wird. Und manche werden wohl sagen, das sei «die Geschichte vom Sündenfall». So ist die Erzählung von Gen 3 in den meisten Bibelausgaben ja auch überschrieben.

Diese Überschriften der Bibelausgaben gehören jedoch nicht zum Bibeltext! Denn diese Überschriften stehen gar nicht im hebräischen Bibeltext. Sie sind vielmehr Hinzufügungen der Bibelübersetzer oder Herausgeber, um den biblischen Text zu strukturieren. Auch die Kapitelzahlen und Verse stehen nicht im hebräischen Text: Die Einteilung in Kapitel, wie wir sie christlicherseits gebrauchen, wurde 1205 n. Chr. von Stephen Langton (Professor in Paris, später Erzbischof der Kirche von England) entwickelt. Die Nummerierung der Verseinteilung wurde erstmals 1555 n. Chr. vom Pariser Buchhändler Robert Estienne in einer Bibelausgabe eingearbeitet.

Warum ist das wichtig? Weil die Überschriften sehr stark beeinflussen, wie wir die folgenden Bibeltexte wahrnehmen, welche Themen wir in den Texten sehen. Die Überschrift ist wie eine Art Vorurteil, das wir mehr oder eher weniger bewusst übernehmen. In Bezug auf Gen 3 haben diese nicht zum Bibeltext gehörenden Überschriften massgeblich dazu beigetragen, dass man die Erzählung von Adam und Eva als «Der Sündenfall» (Luth. 1984; 2017; Zü. 2007), «Der Sündenfall und dessen Folgen» (Elb. 2006), «Der Fall des Menschen» (EÜ 1980; 2016); «Der Mensch verscherzt sich das Paradies»

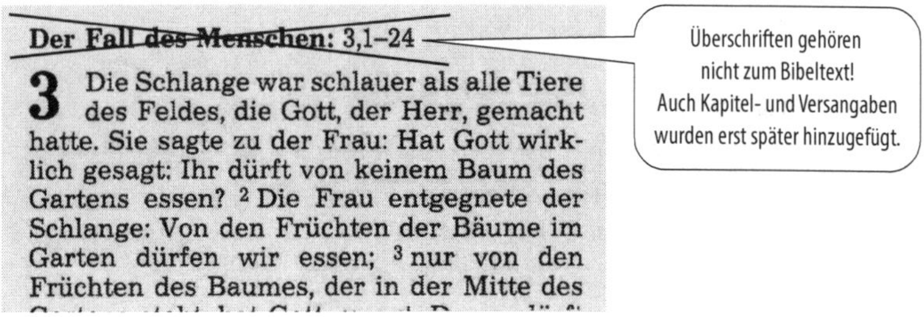
Der Fall des Menschen: 3,1–24

3 Die Schlange war schlauer als alle Tiere des Feldes, die Gott, der Herr, gemacht hatte. Sie sagte zu der Frau: Hat Gott wirklich gesagt: Ihr dürft von keinem Baum des Gartens essen? 2 Die Frau entgegnete der Schlange: Von den Früchten der Bäume im Garten dürfen wir essen; 3 nur von den Früchten des Baumes, der in der Mitte des

Abb. 23: Nachträgliche Überschriften

(GuN 97) usw. in Erinnerung hat. Diese Interpretation ist in der Auslegung und der Wirkungsgeschichte tief verwurzelt, bereits in der antiken jüdischen Auslegung (vgl. 4Esr 7,118) und bei Paulus (Röm 5,12).

Doch ist «Sünde» tatsächlich das Thema von Gen 3? Im biblischen Text kommen weder die Wörter Sünde noch Schuld, noch Übertretung, Verscherzen, Fall oder Ungehorsam vor. Bekanntlich kommen diese Wörter andernorts in der Bibel durchaus vor. Wenn aber alle diese Wörter nicht in Gen 3 stehen, wird das Thema wohl eher ein anderes als «Sünde» sein. Schauen wir den Bibeltext Gen 3,1–24 oder, wie es meiner Meinung sachgerecht ist, Gen 2,25–3,24 genauer an.

4.1.3.4 Vom Nacktsein

Die Erzählung beginnt in Gen 2,25 mit der Feststellung: «Beide, der Mensch und seine Frau, waren nackt (עָרוֹם, *'arom)*, und sie schämten sich nicht voreinander.» Wie sollten sie auch? Kurz zuvor wird ja erzählt, dass Gott sie wie ein Töpfer formte und der Mann die Frau mit Jubel begrüsste: «Diese ist endlich Gebein von meinem Gebein und Fleisch von meinem Fleisch» (Gen 2,23). Warum sollten sie sich nun voreinander schämen? Sie sollen einander ja vielmehr «anhangen» und «ein Fleisch» werden (Gen 2,24), das heisst, die Sexualität geniessen.

Da tritt die Schlange auf: Die Kunstgeschichte weist eine äusserst frauenfeindliche Bildtradition auf, in welcher die Schlange selbst als verführerische Frau dargestellt und somit die Frau nicht mehr wie der Mann nur von der Schlange verführt wird, sondern selbst zur Verführerin gemacht wurde

(Hugo van der Goes; Raffael, Michelangelo u. v. a. m.).[58] Welch androzentrische, frauenfeindliche Sichtweise![59]

Ganz anders der biblische Text: Hier ist erstens der hebräische Ausdruck für Schlange maskulin: *nachasch* (נחשׁ), «der Schlang».[60] Natürlich kann und soll vom grammatikalischen Geschlecht nicht auf das biologisch-psychologische geschlossen werden – aber es ist leicht zu beobachten, wie die Bezeichnung «der Schlang» im Deutschen unsere Wahrnehmung und unser Empfinden verändert. So würde beispielsweise die in der Alltagssprache oft gehörte Aussage: «*Die* ist eine richtige Schlange!», wohl doch sehr seltener verwendet werden. Zweitens ist «der Schlang» in Gen 3 ein von Gott erschaffenes Tier – kein Teufel oder Satan, auch keine Gottheit usw., wie es in späteren Zeiten immer wieder in den Text hineingedeutet wurde –, einfach ein Tier, wie es explizit heisst: «Der Schlang war klüger [*ʿarum*] als alle Tiere des Feldes, die JHWH Elohim gemacht hatte» (Gen 3,1). Der Ausdruck *ʿarum* (עָרוּם «klug,

Abb. 24: Michelangelo: Adam und Eva, die Schlange wird als Frau dargestellt; Deckengemälde, Sixtinische Kapelle (1508–1512 n. Chr.)

58 Konkret z. B. *van der Goes, Hugo:* Der Fall (ca. 1480 n. Chr.); *Raffael:* Stanza della Segnatura (ca. 1508–1511); *Michelangelo:* Adam und Eva, Deckengemälde, Sixtinische Kapelle (1508–1512 n. Chr.); sogar *Lucas Cranach d.Ä.*, der ab 1509 ein halbes Dutzend Adams und Evas mit einer normalen, tiergestaltigen Schlange gemalt hatte, malte 1530 in seinem monumentalen Werk «Adam und Eva im Garten Eden» die Schlange als Frau.

59 Bedenkenswert ist in diesem Zusammenhang, dass in der frühen Neuzeit von ca. 1550–1650 die Hexenverfolgung in Europa am schlimmsten war!

60 Siehe Abschnitt 4.1.3.6.

verstehend»), kommt im AT lediglich elf Mal vor.[61] Die Bedeutung von *ʿarum* ist dabei immer positiv, meist im Sinne von «der Kluge», wie z. B. Spr 14,8: «Die Weisheit des Klugen [*ʿarum*] lässt ihn seinen Weg verstehen, aber die Torheit der Dummen ist trügerisch.» Darum sollte auch hier in Gen 3,1 meines Erachtens nicht mit «listiger» (Luth. 17, Zü. 07) oder «schlauer» (EÜ 16), sondern mit «klüger als alle Tiere des Feldes» übersetzt werden. Vielleicht wäre sogar noch eine andere Übersetzung angebracht: Denn interessanterweise sind die beiden Ausdrücke «nackt» (עָרוֹם, *ʿarom)* und «klug» (*ʿarum*, עָרוּם) von den hebräischen Konsonanten her genau gleich. Erst die später hinzugefügten Vokale machen einen Unterschied deutlich. Dadurch und durch den sehr ähnlichen Klang beziehen sich die beiden Ausdrücke in Gen 3 zumindest als ein Wortspiel aufeinander. Vom konsonantischen Text her könnte wohl sogar übersetzt werden, «der Schlang war *nackter*, als die Tiere des Feldes» – was ja dem Aussehen von Schlangen durchaus entspricht.

Doch was sagt nun «der Schlang»? «Der Schlang» stellt wohl keine eigentliche Frage,[62] sondern macht eine vielleicht etwas provozierende Aussage: «Da hat Gott also tatsächlich gesagt, ihr dürft von keinem Baum des Gartens essen …» (Gen 3,1). Die Frau korrigiert diese Falschaussage: «Nur von den Früchten des Baums, der in der Mitte des Gartens steht, hat Gott gesagt: Davon dürft ihr nicht essen, und ihr dürft ihn nicht anrühren, damit ihr nicht sterbt» (Gen 3,2 f.). Dem widerspricht der Schlang: «Nein, ihr werdet nicht sterben, sondern Gott weiss: An dem Tage, da ihr davon esst, gehen eure Augen auf, und ihr werdet sein wie Gott und erkennt Gut und Böse» (3,4 f.). Was «der Schlang» in Aussicht stellt, wird an allen anderen Stellen im AT als etwas Positives angesehen:[63] Das Öffnen der Augen ist im wörtlichen Sinn ein Ausdruck von Wachheit (Ijob 27,19; Spr 20,13) und Lebendigkeit (2 Kön 4,35); im übertragenen Sinn bedeutet es eine bessere und tiefere Einsicht, die Gott ermöglicht (Gen 21,19; Jes 42,7). Die

61 Vgl. Gen 3,1; Ijob 5,12; 15,5; Spr 12,16.23; 13,16; 14,8.15.18; 22,3; 27,11.

62 Vgl. *Crüsemann, Frank,* Was ist 63 f., mit verschiedenen Übersetzungsvorschlägen.

63 Vgl. *Albertz, Rainer,* «Ihr werdet sein wie Gott» 89–111.

Erkenntnis von Gut und Böse ist in der Bibel immer eine positive Fähigkeit, die besonders dem Engel Gottes (2 Sam 14,17) oder dem König zugeschrieben wird (1 Kön 3,9). Mehrfach wird bemerkt, dass diese Fähigkeit des Unterscheidens von einem Kind bei dessen Heranwachsen erlangt wird (Dtn 1,39; Jes 7,15 f.). Das Sein-wie-Gott enthält vielleicht ein kritisches Moment. Aber wahrscheinlich bezieht sich dieses Sein-wie-Gott nur auf die Erkenntnis von Gut und Böse. Diese Annahme bestätigt später die Gottesrede in Gen 3,22: «Dann sprach JHWH Elohim: Siehe, der Mensch ist wie einer von uns geworden, dass er Gut und Böse erkennt.»

Aufgrund all des Positiven, das «der Schlang» in Aussicht stellt, ist die Reaktion der Frau völlig einsichtig:

> «Da sah die Frau, dass es gut wäre, von dem Baum zu essen, dass der Baum eine Augenweide war und dass er begehrenswert war, um weise zu werden. Sie nahm von seiner Frucht und ass. Und sie gab auch ihrem Mann neben ihr. Und auch er ass.» (Gen 3,6)

Spannend ist, wie es nun weiter geht: Aufgrund der bisherigen Erzählung wäre es logisch, wenn nun dem Mann und der Frau die Augen aufgingen und sie die Erkenntnis von Gut und Böse erlangen würden. Doch nur Ersteres trifft ein: «Da gingen beiden die Augen auf und sie erkannten,» – nicht etwa Gut und Böse, sondern – «dass sie nackt waren». Sie hefteten Feigenblätter zusammen und machten sich Schurze» (Gen 3,7). Als sie sodann hören, dass Gott im Garten ist, verstecken sich der Mann und die Frau vor Gott.

> «Aber JHWH Gott rief nach dem Menschen und sprach zu ihm: Wo bist du / was ist mit dir? Er antwortete: Ich habe deine Schritte gehört im Garten; da geriet ich in Furcht, weil ich nackt bin, und versteckte mich.» (Gen 3,9 f.)

Man stelle sich das einmal vor: Wenige Verse zuvor wurde erzählt, Gott habe den Menschen wie ein Töpfer aus Lehm geformt (Gen 2,7)[64] – und nun sollte sich der Mensch vor Gott fürchten, weil der Mensch nackt ist? Wie sollen wir das verstehen?

64 Siehe Abschnitt 4.1.2.2.

Meiner Meinung nach ist dieses Nackt-Sein ein Hauptthema der Erzählung Gen 2,25–3,24, und zwar unser menschliches Nackt- und Bloss-Sein im Sinne eines So-Seins verstanden: Ich bin so, wie ich bin – nicht grösser und nicht kleiner, nicht stärker oder klüger usw. Und haben wir Menschen mit unserem So-Sein, mit der Selbstannahme, nicht seit je und immer wieder unsere liebe Mühe? Wären wir nicht oft gerne anders – besser, schöner, klüger, intelligenter? Genau dies thematisiert Gen 2,25–3,24: Der Mann und die Frau schämen sich zu Beginn der Erzählung nicht über ihr So-Sein, ihr Nackt- und Bloss-Sein (Gen 2,25). Doch dann wollen sie mehr sein: wie Gott, Gut und Böse erkennend (Gen 3,5). Deshalb essen sie von der Frucht. Danach sehen sie einander und sehen, dass sie gesehen werden in ihrem So-Sein – und versuchen sich zu verbergen. Die Scham,[65] die uns als Menschen so sehr prägt, wird hier in wenigen Sätzen als Menschheitsthema beschrieben. Scham bezieht sich nicht nur auf bestimmte Taten, sondern auf die ganze Existenz. Man kann sich sogar fremdschämen, also für andere und deren Verhalten schämen. Und oft schämt man sich nicht, weil man etwas getan oder nicht getan hat, sondern einfach weil man den Eindruck hat, aller Augen seien auf einen gerichtet.

Doch wie reagiert Gott auf die Scham von «Adam» und «Eva», auf ihre Mühe mit ihrem blossen So-Sein, ihrer «Nacktheit»? Gen 3,21 besagt:

> «Und JHWH Gott machte Adam und seiner Frau Röcke von Fellen und zog sie ihnen an.»

Welch' barmherziges Gottesbild! Gott nimmt sich des Menschen und seiner Mühe mit seiner Bedürftigkeit an: Gott schneidert den Menschen Kleider und zieht sie ihnen selbst an. Kann man sich ein barmherzigeres, zärtlicheres Gottesbild vorstellen?

Die Kunstgeschichte zeigt auch hier deutlich, wie oberflächlich und falsch Gen 3 zumeist gelesen wurde: Nach der

---

65 Vgl. *Crüsemann, Frank,* Was ist; *Bauks, Michaela,* Nacktheit; *Bammel, Christina-Maria,* Augen; in psychoanalytischer Hinsicht *Wurmser, Léon,* Maske.

Abb. 25: Christus bekleidet Adam und Eva, Bible moralisée (1220–1230 n. Chr.)

Vertreibung werden Adam und Eva auf Gemälden durch die Jahrhunderte hinweg nackt dargestellt, von di Giovanni, Masaccio, Michelangelo und Cranach bis hin zu Emil Nolde, Max Beckmann und sogar Marc Chagall. Nackt, verzweifelt und voller Angst verlassen Adam und Eva gemäss diesen Bildern Eden. Der Gegensatz zum biblischen Text könnte nicht grösser sein!

Adam und Eva verlassen gemäss der Genesis den Garten Eden bekleidet. In der bildenden Kunst wird dies selten so dargestellt: teilweise in der frühen Buchmalerei[66] oder in den Mosaiken der Capella Palatina von Palermo (ca. 12. Jahrhundert n. Chr.). In der östlichen Bildtradition reicht hie und da ein Engel Adam und Eva Gewänder aus dem Himmel. Dass Gott entsprechend der biblischen Erzählung Adam und Eva

66 Z. B. in der Wiener Genesis (6. Jahrhundert n. Chr.) aus der Region Syrien stammend oder in der Bibel aus Moutier-Grandval (um 840 n. Chr); vgl. die Bildnachweise bei *Crüsemann, Frank,* Was ist 66 mit Anm. 18–20.

die Kleider anzieht, findet sich in bildlicher Darstellung fast nie: Angedeutet wird es am westlichen Portal der Sainte-Chapelle in Paris (ca. 1239–1248 n. Chr.). Eine Darstellung, die deutlich zeigt, wie Christus Adam und Eva bekleidet, gibt es meines Wissens einzig in der Bible moralisée (1220–1230 n. Chr.).[67]

4.1.3.5 Ätiologisches in Gen 3

Diesem barmherzigen Gottesbild von Gen 3,21 könnte entgegengehalten werden, dass in 3,14–19 die Schlange und der Ackerboden von Gott verflucht sowie das Leben – Arbeit, Geburt, männliche Herrschaft – als mühselig beschrieben wird. Doch diese Verse sind eindeutig als Ätiologien anzusehen:[68] Es ist nicht so, dass Gott dies «am Anfang» tatsächlich so zur Schlange und zu «Adam» und «Eva» gesagt hätte. Es ist vielmehr so, dass Menschen jahrtausendelang diese Erfahrungen machten und zur Zeit der Bibel dann diese Erfahrungen in einer Urerzählung über «Adam und Eva» reflektierten. Die Menschen, die diese biblischen Urgeschichten aufschrieben, hatten nicht eine «Offenbarung von aussen», sondern eine «Offenbarung von innen»: eine tiefe Erkenntnis in das Wesen des Menschen und des Lebens und ein hoffnungsstarkes Verbinden des menschlichen Lebens und der ganzen Schöpfung mit dem Glauben an Gott.

Gen 3,12–19 beschreibt «den Menschen», wie er sich über Jahrtausende immer wieder verhält: Die Verantwortung wird abgeschoben. Der Mann schiebt die Verantwortung auf die Frau, die Frau auf die Schlange, und der verschlägt es offenbar die Sprache ob dieser Schuldzuweiserei, jedenfalls kommt sie nicht mehr zu Wort, sondern wird von Gott zum Am-Boden-Kriechen verflucht –, was sie natürlich immer schon tat (Gen 3,12–14).

Ebenso hatten Frauen immer schon unsägliche Schmerzen bei der Geburt. Die zum Leben notwendige Nahrung wurde dem Erdboden immer schon im Schweisse des Angesichtes abgerungen usw. Dies ist Beschreibung der erlebten

67 Jetzt in Wien, Codex Vindobonensis 2554; Abb. in: *Walther, Ingo F./Wolf, Norbert,* Codices 159.

68 Siehe Abschnitt 4.1.3.1.

Realität, solange Menschen zurückdenken können. Und diese Erfahrungen werden nun an «den Anfang» zurückverlegt, um zu sagen: Es war immer schon so, so ist das Leben. Beachtenswert ist, dass in Gen 3 zwar der Ackerboden und die Schlange, nicht aber die Menschen verflucht werden. In biblischer Zeit ist zudem ein «Fluch» nicht so dramatisch zu verstehen, wie es für uns heute vielleicht tönt: Fluch meint biblisch «Lebensminderung» – Segen hingegen «Lebensfülle-/freude».[69]

Nochmals zu «der Schlang» 4.1.3.6

Der hebräische Ausdruck für Schlange, hebr. *nachasch*, hat in Gen 3, wie gesagt, rein gar nichts mit Satan oder Teufel usw. zu tun. In altorientalischer Zeit wurde die Schlange in verschiedenen Kulturen verehrt, wobei sie Verschiedenes symbolisieren kann:[70] (politische) Macht, Chaos, Unheil, Tod, aber auch Weisheit und ewiges Leben, sexuelle Vitalität und Lebenskraft. Für den biblischen Kulturraum und für Gen 3 haben wahrscheinlich die zahlreichen Schlangengottheiten Ägyptens eine Rolle gespielt: Schon vor den grossen Dynastien wurde in Unterägypten die Schlangengöttin Wadjet kultisch verehrt. Sie galt als Schutzgöttin der lokalen und später der ägyptischen Könige überhaupt und wird durch die Uräus-Schlange (aufgerichtete Kobra) symbolisiert (vor allem als Kopfschmuck der Könige, aber auch bei Gebäuden).

Für die in Gen 3,15 erwähnte Feindschaft zwischen der Frau und der Schlange kommt jedoch eher ein Vergleich mit der ägyptischen Schlange Apophis in Frage, die ab dem Mittleren Reich (ab ca. 2130 v. Chr.) belegt ist: Apophis stellte man sich mythologisch als riesige Schlange im Meer vor, die Ur-Chaos, Finsternis und Zerstörung symbolisiert. Damit ist Apophis der Widersacher des Sonnengottes Re. Apophis muss allmorgendlich von Re besiegt werden, damit die Sonne aufgehen kann. Ein Bild aus einem Grab in Luxor zeigt, wie die Katze des Res der Apophis-Schlange den Kopf abschneidet. Auch von den ägyptischen Göttern Seth und Horus sind ähn-

69 Vgl. *Schönemann, Hubertus:* Art. Fluch/Fluchspruch (AT)/WiBiLex; *Leuenberger, Martin:* Art. Segen/Segnen (AT)/WiBiLex.

70 Vgl. *Frey-Anthes, Henrike:* Art. Schlange/WiBiLex.

Abb. 26: Die Katze des Gottes Re schneidet der Apophis-Schlange den Kopf ab, Grab des Inihercha im Tal der Könige, Theben (bei Luxor)

liche Bilder des Kampfes gegen Apophis belegt. Zudem gibt es die Vorstellung, dass verstorbene Menschen gegen Apophis kämpfen müssen, der die Barke des Sonnengottes Re angreift.

Damit verbunden ist das Thema «ewiges Leben», das im mesopotamischen Gilgamesch-Epos[71] ein Hauptthema ist: Gilgamesch ist an den Prüfungen zur Erlangung eines ewigen irdischen Lebens gescheitert. Als Lohn für seine Mühe stellt ihm Uta-napischti ein «Lebenskraut» in Aussicht, das nicht das ewige Leben, aber doch die Verjüngung bzw. die Wiedererlangung der dahingegangenen Jugend ermöglicht.[72] Gilgamesch taucht in die «Unterirdischen Wasser» und findet dort die Pflanze, die er «Der-greise-Mensch-ist-jung-geworden» nennt und erst zu Hause in seiner Stadt Uruk essen will. Doch auf dem Weg dahin wird ihm das Verjüngungskraut von einer Schlange gestohlen, die alsbald ihre Haut abwarf (womit natürlich auf die «verjüngende» Wirkung des Häutens bei Schlangen angespielt wird[73]). Gilgamesch weint bittere Tränen. So mäch-

71 Siehe Abschnitt 4.1.5.1.; zudem *Zgoll, Annette:* Art. Gilgamesch/WiBiLex.

72 Vgl. hierzu und zum Folgenden Tafel XI, 271–328; zur Deutung *Maul, Stefan M.,* Gilgamesch-Epos 37–40; *Kübel, Paul,* Metamorphosen 72–79.

73 Vgl. weitere Beispiele aus der Antike bei *Kübel, Paul,* Metamorphosen 201–207.

tig und gross seine Stadt Uruk mit ihrer Mauer auch sein mag, so ist und bleibt er selbst ein sterblicher Mensch.

Neben den Ähnlichkeiten fallen auch die Unterschiede von Gen 3 zur ägyptischen und mesopotamischen Mythologie auf: Vor allem ist in Gen 3 die Schlange kein übernatürliches Wesen, sondern explizit ein von Gott geschaffenes Tier. Damit wird die Schlange entmystifiziert. Vielleicht richtet sich Gen 3 damit auch gegen einen Schlangenkult, der am Jerusalemer Tempel einst stattgefunden hatte:[74] Gemäss 2 Kön 18,4 wurden einer Kupferschlange Rauchopfer dargebracht, bis sie König Hiskija (725–697 v. Chr) zerstören liess. Dass die Kupferschlange («eherne Schlange») in Israel jedoch auch geschätzt wurde, zeigt Num 21,4–9: Hier rettet die eherne Schlange die Israelit*innen unter Führung des Mose in der Wüste vor Schlangenbissen. Auch diese lebensrettende, heilende Funktion der Schlange ist nicht ohne Parallelen in der Mythologie: Die griechische Mythologie stellt Asklepios als Gott der Heilkunst mit einem Stab dar, der von einer Natter umschlungen ist. Aufgrund dieser Tradition ist der Asklepios- oder Äskulapstab mit der Schlange auch heute noch das Symbol der Pharmazeutiker*innen und Mediziner*innen.

Abb. 27: Asklepios, Kopie eines griechischen Originals aus dem 5. Jahrhundert v. Chr.

Kain und Abel – die Sünde: Mord (Gen 4,1–26) 4.1.4

Die biblische Erzählung über Adam und Eva will, wie gesehen, nicht behaupten, es hätte «am Anfang» nur zwei einzelne Menschen gegeben.[75] Sie formuliert vielmehr die Überzeugung, dass alle Menschen zu derselben «Menschheitsfamilie» gehören: Alle Menschen haben denselben guten Ursprung. Alle Menschen sind aufeinander hingewiesen und sollten sich so zueinander verhalten, wie es gute Geschwister tun: solidarisch, respektvoll, liebevoll. Zu einer solchen Geschwisterlichkeit – das ist die religiöse Überzeugung von Gen 1–2 – sind alle Menschen berufen.

Gen 1–2 ist damit eine Aufforderung für die Gegenwart und eine Vision für die Zukunft, denn eine solche positive

74 Vgl. *Koenen, Klaus:* Art. Nehuschtan/WiBiLex; *Camp, Ludger,* Hiskija 274–283.

75 Siehe die Abschnitte 4.1.1 und 4.1.2.

Beziehung zwischen den Menschen ist seit Menschengedenken immer wieder gefährdet und zerstört worden. Davon erzählt Gen 4 mittels zweier «Brüder» namens Kain und Abel. Auch die römische Mythologie erzählt von den Anfängen mittels zweier Brüder, zunächst von Numitor und Amulius, dann von Romulus und Remus – und auch die römische Erzählung handelt vom Brudermord. Die biblische Erzählung hat jedoch eine überraschend andere Sicht auf den Gottesglauben und das Menschsein.

4.1.4.1 Lektüre und Methode: Rollen der literarischen Personen/Figuren

Bei allen Erzählungen – auch jenen der Bibel – muss gefragt werden, welche Rolle die einzelnen Personen bzw. Figuren spielen. Gerade bei mythologischen Erzählungen, in denen es um das typisch Menschliche sowie um verschiedene Arten des Menschseins geht, ist genau hinzusehen, wofür die auftretenden literarischen Personen stehen, welchen Typos sie vertreten (das Gute – das Böse; das Starke – das Schwache; das Mutige – das Feige etc.).

Lektüre und Methode: Lesen Sie Gen 4,1–26 und fragen Sie, welche Rollen Eva, Kain, Abel sowie deren Nachkommen spielen und welche Rolle Gott in der Erzählung spielt. Wofür stehen sie? Warum handeln sie in der Erzählung so, wie sie handeln? Was kann das für das Leben an sich und für die Beziehung von Mensch zu Mensch bedeuten? Was wird in Bezug auf den Glauben an Gott ausgesagt?

4.1.4.2 Warum schaut Gott auf Abel?

Die meisten Auslegungen von Gen 4 setzen bei der Frage ein, warum Gott auf Abel und sein Opfer schaut und nicht auf Kain. Diese Frage wirft der Text ja tatsächlich auf:

> «[3] Nach geraumer Zeit aber brachte Kain Gott von den Früchten des Ackers ein Opfer dar. [4] Und auch Abel brachte ein Opfer dar von den Erstlingen seiner Schafe und von ihrem Fett. Und Gott sah auf Abel und sein Opfer, [5] aber auf Kain und sein Opfer sah er nicht. Da wurde Kain sehr zornig, und sein Blick senkte sich.» (Gen 4,4 f.)

Es wurde und wird oft spekuliert, Gott schaue auf Abel, weil der ein Schafhirt und Kain ein Ackerbauer sei (Gen 4,2) oder weil das Opfer Abels («Erstlinge seiner Schafe und von ihrem

Fett») vielleicht wertvoller sei als das Opfer Kains («von den Früchten des Ackers»).[76] Doch im biblischen Text heisst es nichts von alledem. Spekulationen bezüglich unterschiedlicher Wertungen des Berufs oder des Opfers gehen daher am Text vorbei (die Verfasser*innen hätten ja etwas derartiges leicht sagen können) und übersehen das Offensichtliche, dass Kain und Abel sich nämlich in ganz anderer Hinsicht unterscheiden:[77]

Kain ist der Erstgeborene von Adam und Eva – und damit auf der erzählerischen Ebene des Genesisbuchs überhaupt der erstgeborene Mensch. Als Erstgeborener stehen ihm, wie im Alten Orient und weit darüber hinaus üblich, viele Privilegien zu:[78] Als Erstgeborener ist er «Stammhalter», das künftige Oberhaupt der Familie, der neue Patriarch und bekommt den väterlichen Segen (Gen 27). Zudem konnte der erstgeborene Sohn doppelt soviel erben wie seine Brüder (vgl. Dtn 21,17). In verschiedenen Details wird diese bevorzugte Stellung Kains noch betont. So lässt die Erzählung Eva gleich zu Beginn sagen: «Mit Gott habe ich einen Mann erworben (hebr. קנה, *kanah*)» (Gen 4,1). Das Verb *kanah* kann sowohl erwerben (Gen 25,10; 33,19 u. a.) als auch erschaffen (Gen 14,19.22; Ps 139,13) bedeuten. Der Name Kain (hebr. קין) ähnelt vom Wortklang her zudem diesem Wort *kanah* (erwerben/erschaffen). Daher wurde Kain in der Auslegungsgeschichte manchmal mit Erwerber, Besitzer/Besitzender in Verbindung gebracht. Auch im Erzählverlauf selbst ist Kain die aktive, starke Person: Er wird als Erster geboren, bringt als Erster ein Opfer, nur er wird von Gott angesprochen, und nur er redet mit Gott.

Ganz anders Abel: Seine Geburt wird lediglich nebenbei erwähnt (Gen 4,2a). In der ganzen Erzählung spielt er keine aktive und schon gar keine starke Rolle. Er spricht kein Wort, und sein Opfer bringt er wie eine Nachahmung von Kains Opfer dar. Er steht völlig an zweiter Stelle, das heisst hinter

76 Zu den frühen jüdischen und christlichen Auslegungen vgl. *Erzberger, Johanna*, Kain; zudem *Oberhänsli-Widmer, Gabrielle*, Bilder 69–92, mit Ausblicken in die neuere Literaturgeschichte.

77 Vgl. zur folgenden Auslegung bes. *Minnaard, Gerard*, Namen 9–22; gefolgt von *Butting, Klara*, Abel; weitere/andere Auslegungen bei *Jacob, Benno*, Das erste Buch 134–157; *Crüsemann, Frank*, Kain; *Witte, Markus*, Kain.

78 Vgl. *Michel, Andreas:* Art. Erstlinge/Erstgeburt/WiBiLex.

oder unter Kain. Das bringt auch sein Name zum Ausdruck: «Abel» (hebr. הבל, *häväl*) bedeutet Hauch, Windhauch, Nichts. Es ist dasselbe Wort, das aus dem Koheletbuch bekannt ist («Windhauch, Windhauch, alles ist Windhauch», Koh 1,2 u. ö.).[79] Wenn Kain als Starker und Besitzender angesehen werden kann, so steht Abel als Schwacher und Habenichts da.

Wenn man in Gen 4 Kain als Typos des Starken/Besitzenden und Abel als Schwachen/Habenichts liest, so beinhaltet die Hinwendung Gottes zu Abel eine überaus sozialkritische Aussage: Gott schaut auf den Zweitgeborenen, den Schwachen, auf den, der in der üblichen Gesellschaftsordnung nicht zuoberst steht, sondern verdrängt wird, als wäre er ein «Nichts». Dabei hat Kain mit seinem Opfer nichts falsch gemacht, er wird von Gott auch nicht zurückgewiesen. Gott schaut schlicht und einfach auf den Schwächeren. Das ist eine erste theologische Aussage von Gen 4: Es wird hier der Glaube bezeugt, dass Gott auf die Schwächeren bzw. zu den Schwächeren schaut. Dies wird sich biblisch in vielfacher Weise weiterziehen (Isaak anstelle Ismaels; Jakob anstelle Esaus; Efraim anstelle Manasses; die unterdrückten Sklav*innen anstelle des ägyptischen Pharaos usw.).

Diese biblische Option für die Würde der schwächeren Menschen, für die Würde der Habenichtse – an andern Orten für die Würde der Armen und Unterdrückten, der Sklav*innen, der Ausgestossenen, Kranken, Witwen, Waisen und Fremden – steht im direkten Gegensatz zur römischen Erzählung: Da setzt sich der ältere König Numitor gegen seinen jüngeren Bruder König Amulius schliesslich durch. Und ebenso setzt sich bei Romulus und Remus, den Söhnen von Numitors Tochter Rhea Silvia (Ilia) und vom Kriegsgott Mars, der Stärkere beziehungsweise der Gewalttätigere durch und gibt der Stadt Rom den Namen. Es ist dies die Erzählung eines Siegers und eines siegreichen Kriegsgottes.[80]

Welch ein Unterschied zu Gen 4! Gott schaut auf Abel, den «Windhauch», das vermeintliche «Nichts». Warum Kain deswegen zornig wird und den Blick senkt (V. 5), wird nicht

---

79 Vgl. *Fischer, Alexander:* Art. Eitelkeit/Windhauch/WiBiLex.

80 Siehe den Exkurs «Kriegerische Gottesbilder – und deren Überwindung» in Abschnitt 2.2.2.3.

gesagt. Aufgrund der Reaktion Kains wendet sich ihm Gott jedenfalls sogleich zu:

> «[6] Gott aber sprach zu Kain: Warum bist du zornig, und warum ist dein Blick gesenkt? [7] Ist es nicht so: Wenn du gut handelst, kannst du frei aufblicken. Wenn du aber nicht gut handelst, lauert an der Tür die Sünde. Sie hat Verlangen nach dir, doch du sollst über sie herrschen.» (Gen 4,6 f.)[81]

Die Erzählung stellt damit vor die grundlegende Frage: Warum sind wir Menschen zornig, neidisch, missgünstig, wenn andere Glück erfahren, selbst wenn «Habenichtse» Glück erfahren? Wäre es nicht möglich – gerade für Stärkere, Reichere usw. –, sich darüber zu freuen und den anderen Wohlergehen zu gönnen? Gott jedenfalls erwartet dies von Kain in der Erzählung: Er soll über die «Sünde» (hebr. חטאת, *chattat*) herrschen, nicht umgekehrt. Er soll dem aufkeimenden Bösen widerstehen, er soll Gutes tun, dann kann er aufblicken, frei und offen im Leben stehen.

Hier – angesichts des bevorstehenden Mordes – kommt das Wort «Sünde» erstmals in der Bibel vor: Mord, Totschlag, Blutvergiessen – das ist Sünde. Sünde trennt den Menschen von seinem Mitmenschen und damit auch von Gott (s. u.). Interessanterweise wird der Mensch (Kain) auch in Gen 4 nicht als «kleines, schwaches Sünderlein» beschrieben, sondern vielmehr als fähig, die Sünde zu beherrschen. Auch wird nicht gesagt, die Sünde sei irgendwie «in» Kain, «im» Menschen. Die Sünde ist gemäss Gen 4 dem Menschen nicht inhärent, sie «lagert» vielmehr «an der Tür». Dem Menschen wird mit alledem in gewisser Weise Autonomie und jedenfalls Verantwortung für sein ethisches oder unethisches Handeln zugesprochen. Gemäss Gen 3 kann der Mensch unterscheiden zwischen «gut» und «böse». Gemäss Gen 4 liegt es in der Hand des Menschen, ob er dem Lebensfeindlichen widersteht oder nicht. Gen 4 traut dem Menschen zu, dass er Verantwortung für das Gute, für seine Mitmenschen – seine Schwester, seinen Bruder – übernimmt. Kain kann und muss sich entscheiden.

---

81 Gen 4,7 ist überaus schwierig zu übersetzen; vgl. schon *Jacob, Benno,* Das erste Buch 138–140.

Doch jene, die Gen 4 erzählen, wissen auch, dass der Mensch in seiner Entscheidung für das Gute immer schon und immer wieder versagen kann. Und so erschlägt Kain seinen Bruder Abel (V. 8). Wiederum wendet sich Gott Kain zu:

> «Da sprach GOTT zu Kain: Wo ist dein Bruder Abel? Er sprach: Ich weiss es nicht. Bin ich denn der Hüter meines Bruders?» (Gen 4,9)

Nachdem Gott den Menschen in Gen 3,9 gefragt hat: «Wo bist du?», folgt nun in Gen 4,9 die Frage nach dem Bruder, der Schwester, dem Mitmenschen. In aller Klarheit wird die Kluft, die ein Mord reisst, hier offenbar: Kain hat den Bezug zu seinem Bruder zerstört. Er hat den Bezug zu sich verloren, wird «rastlos und ruhelos» sein (VV. 12.14). Er hat mit alledem auch den Bezug zu Gott verloren, wird Gott gegenüber zum Lügner (V. 9) und wird schliesslich von Gott weggehen (V. 16). Womöglich deutet der Text an, dass Kain auch den Bezug zur Natur, der Muttererde, verloren hat, indem es heisst, das vergossene Blut seines Bruders schreie vom Ackerboden zu Gott (VV. 10 f.). Die Erzählung macht deutlich: Wir Menschen sollen wissen, wo unser Mitmensch – unser Bruder, unsere Schwester – ist und wie es ihm ergeht. Wir sollen gut an ihnen handeln, damit wir frei und aufrecht im Leben stehen können. Wir sollen Verantwortung füreinander übernehmen, gerade die Stärkeren/Besitzenden für die Schwächeren, die Besitzlosen. Wenn wir dies nicht tun, geht die Beziehung zum Mitmenschen und zu Gott verloren. Beides hängt zusammen: Es ist gemäss Gen 4 nicht so, dass es im Glauben um eine isolierte Beziehung zu Gott ginge. Vielmehr ist die Beziehung zum Mitmenschen massgeblich für die Beziehung zu Gott. Die Beziehung zu Gott ist in Gen 4 mit der Nächstenliebe verbunden, auch wenn der Ausdruck hier nicht fällt.

Gott konfrontiert Kain mit seinem Tun: Das vergossene Blut Abels schreit zu Gott, ebenso wie im Exodusbuch die versklavten Israelit*innen zu Gott schreien.[82] Das Leben Kains ist «vermindert» (biblisch: «verflucht»),[83] getrennt von Mitmenschen und Gott. Kain befürchtet nun, die Logik der Gewalt wende sich gegen ihn selbst, er rechnet mit dem Tun-Ergehen-

82 Siehe Abschnitt 6.2.1.

83 Siehe Abschnitt 4.2.2.1.

Zusammenhang:[84] Weil er seinen Bruder erschlug, rechnet er damit, selbst erschlagen zu werden. Doch Gott durchbricht die Logik der Gewalttätigkeit und schützt Kains Leben: Gott versieht Kain mit einem «Zeichen» (V. 15). Damit ist wahrscheinlich kein sichtbares Zeichen (Brandmal, Tätowierung, Stammeszeichen usw.), sondern eine Art Zugehörigkeitszeichen gemeint: Gott wendet sich Kain trotz dessen Mord zu. Gott bleibt Kain zugewandt, auch wenn Kain von Gott weggeht und sich im «Lande Nod, jenseits/gegenüber von Eden, niederlässt» (V. 16). «Nod» ist nicht lokalisierbar und vielleicht bewusst als Kunstwort kreiert, in klanglicher Anspielung auf *nad* (hebr. für heimatlos, umherirrend, ruhelos).

Kain kann aufgrund des Erbarmens Gottes weiterleben. Der Tun-Ergehen-Zusammenhang wird in der Erzählung unterbrochen, Mord soll nicht mit Mord beantwortet werden. Auch der Mörder Kain soll eine Zukunft haben. Und so erzählt Gen 4,17–24 von der vielfältigen Nachkommenschaft Kains, die für verschiedene Völker, Kultur- und Berufszweige stehen: Vom erstgeborenen Sohn Henoch wird erzählt, er sei «der Erbauer einer Stadt» (V. 17) geworden – in deutlicher Parallele zu Romulus. Mit der Erwähnung eines Jabal als «Stammvater von denen, die in Zelten und bei den Herden wohnen» (V. 20), wird wohl darauf angespielt, dass die Keniter historisch wahrscheinlich ein grosser, einflussreicher Nomadenstamm waren und etwa ein Drittel des Negevs beanspruchten (vgl. 1 Sam 27,10).[85] Jubal wird als «Stammvater aller Leier- und Flötenspieler» (V. 21) genannt, Tubal-Kain als «Stammvater aller Kupfer- und Eisenschmiede» (V. 22). In Tubal-Kain lebt der Name «Kain» weiter, der zudem auch die Bedeutung von «Speer» haben kann.[86] Die Liste endet mit Lamech, dem kein Beruf und keine Kulturleistung, sondern Prahlerei zugeschrieben wird:

> «[23] Und Lamech sprach zu seinen Frauen: Ada und Zilla, hört meine Rede, ihr Frauen Lamechs, vernehmt meinen Spruch. Einen Mann erschlage ich für meine Wunde, einen Knaben für meine Strieme.

84 Vgl. *Freuling, Georg:* Art. Tun-Ergehen-Zusammenhang/WiBiLex; siehe zudem Abschnitt 6.10.1.

85 Vgl. *Knauf, Ernst A.:* Art. Keniter/WiBiLex.

86 Vgl. *Gertz, Jan C.:* Art. Tubal-Kain/WiBiLex.

> [24] Siebenfach wird Kain gerächt, Lamech aber siebenundsiebzigfach.» (Gen 4,23 f.)

Das Schutz-Zeichen, das Gott in Gen 4 Kain zukommen lässt, pervertiert zum männlich-kriegerischen Überlegenheits- und Machtwahn Lamechs. Die Erzählung könnte hier enden. Die Ähnlichkeiten mit der Erzählung von Romulus und Remus liegen auf der Hand: Der Mörder hat überlebt und (seine Nachkommenschaft) gründet eine Stadt. Er erbringt Kultur-, Viehzucht- und Handwerksleistungen und protzt mit kriegerischer Stärke. Läuft es nicht allzu oft so?

Doch die biblische Erzählung geht einen anderen Weg und vertritt damit ein anderes Menschenbild, einen anderen Gottesglauben:

> «Und Adam erkannte seine Frau noch einmal, und sie gebar einen Sohn und nannte ihn Set. Denn, sprach sie, Gott hat mir einen anderen Nachkommen gegeben für Abel, da Kain ihn erschlagen hat.» (Gen 4,25)

Eva protestiert mit der Geburt und Namensgebung des dritten Sohnes gegen den Lauf der Dinge, protestiert gegen den Tod Abels: Sie nennt ihren Sohn Set (hebr. שֵׁת, *schet*), was wörtlich Setzling/Same, übertragen auch Stellvertreter bedeutet. Der ermordete Abel soll nicht sang- und klanglos untergehen, die Opfer der Geschichte dürfen nicht vergessen werden, dürfen nicht aufgegeben werden. Vielmehr brauchen genau sie Nachfolger*innen. Und so wird Set zum Hoffnungszeichen: Mit dem Tod Abels ist seine Geschichte nicht zu Ende. Set steht an seiner Stelle auf. Und die biblische Erzählung führt – anders als die römische mit Romulus – die Erwählungslinie, den entscheidenden Fortgang der Geschichte, eben diesem Set zu: Er ist der Vorfahre von Noah, Abraham, Isaak, Jakob … und Jesus (vgl. Lk 3,23–38; mit Varianten in Mt 1,1–17). An erster Stelle wird dem Set ein Sohn namens Enosch geboren:

> «Und auch Set wurde ein Sohn geboren, und er nannte ihn Enosch. Damals fing man an, den Namen JHWHs anzurufen.» (Gen 4,26)

Enosch bedeutet – wie Adam – zunächst und an den meisten Stellen der Bibel einfach Mensch/Menschheit. So etwa, wenn im Psalm gefragt wird:

> «Was ist der Mensch [*enosch*], dass du seiner gedenkst, und des Menschen Kind [*ben-adam*], dass du dich seiner annimmst?» (Ps 8,5)

Anders als in der Erzählung von Romulus und Remus wird in der Bibel nicht die Geschichte des Siegers, des Herrschers, weitererzählt, es wird vielmehr die Geschichte der Unterdrückten, Entrechteten, Ermordeten erzählt – es wird die Geschichte des «Menschen» und der «Menschlichkeit» erzählt. «Damals», so heisst es nach der Geburt Enoschs, «fing man an, den Namen JHWH anzurufen» (Gen 4,26). Und damit wird kein «Siegergott» angerufen, der ein Imperium errichten lässt bzw. schützt. Es wird vielmehr jener Gott JHWH angerufen, von dem die jüdisch-christliche Tradition glaubt, dass dieser Gott den Schrei der Unterdrückten nach Gerechtigkeit hört, auf sie schaut, zu ihnen schaut, dass Gott ihnen solidarisch zur Seite steht.

4.1.5 Die Sintfluterzählung oder die Veränderung des Gottesbildes (Gen 6,5–9,17)

4.1.5.1 Bibelverständnis: Texte aus der Umwelt des Alten Testaments

Lange Zeit war die Meinung verbreitet, dass die Bibel bzw. das Erste/Alte Testament eines der ältesten schriftlichen Zeugnisse der Menschheit sei, ein vermeintlich autonom entstandener Text, wobei der Pentateuch dem Mose sozusagen von ausserhalb dieser Welt direkt von Gott offenbart worden sei.

Seit Mitte des 19. Jahrhunderts n.Chr. förderten jedoch die archäologische Forschung, die Ägyptologie und die Altorientalistik tausende von Texten zutage, die teils einiges älter sind als die biblischen Texte und in religiöser Hinsicht sowohl viele Ähnlichkeiten als auch Unterschiede beobachten lassen. Deutlich wurde durch den Vergleich mit diesen Texten, dass das Erste/Alte Testament im Dialog mit solchen Texten, Vorstellungen und Bräuchen aus anderen Kulturen und Religionen im Alten Orient entstanden war. Das AT übernahm viele religiöse Vorstellungen der anderen Kulturen und setzte gleichzeitig eigene Schwerpunkte, formulierte eigene Überzeugungen. Zugänglich sind die ausserbiblischen Texte auf Deutsch vor allem in der Buchreihe «Texte aus der Umwelt des Alten Testaments», die in ihrer ersten Folge vier

Bände (1982–2001) und in der neuen Folge ab 2004 bereits acht Bände umfasst. Diese ausserbiblischen Texte bieten hervorragende Vergleichsmöglichkeiten zu biblischen Texten.[87]

Für die biblische Forschung und das Verständnis der Bibel war beispielsweise sehr bedeutend, dass ausserhalb von Israel ältere Fluterzählungen überliefert sind als die sogenannte Sintfluterzählung in Gen 6–9 (*sin[t])* hat nichts mit Sünde zu tun, sondern kommt vom Althochdeutschen und bedeutet immer, überall). Schon lange bevor das Buch Genesis entstand, hatte es im Alten Orient Sintfluterzählungen gegeben. Diese sind rund 1000 Jahre älter als die biblische Erzählung von der Flut, die wahrscheinlich zwischen dem 8.–5. Jahrhundert v. Chr. geschrieben wurde.[88] Ausserbiblisch gehörten Sintfluterzählungen jedoch zumindest ab etwa 1900 v. Chr. zu den Topthemen des Alten Orients. So finden sich Fluterzählungen unter anderem im altbabylonischen Atra-Chasis-Epos sowie in der sogenannten Eridu-Genesis (19./17. Jahrhundert v. Chr.). Diese Erzählungen wurden vielfach abgeschrieben und weitergeschrieben. Die Erkenntnis darüber, wie diese altorientalischen Texte weitergeschrieben wurden, gab auch eine Vorstellung davon, wie biblische Texte über Jahrhunderte entstanden waren.

Der wohl bekannteste Text im Alten Orient war das Gilgamesch-Epos.[89] Sein Name geht auf Gilgamesch zurück, der im 27. Jahrhundert v. Chr. König von Uruk war. Die Stadt Uruk – zwischen Babylon und Ur im heutigen Irak gelegen – war wohl die wahrscheinlich grösste Metropole des 4. und 3. Jahrtausends v. Chr. Diese mesopotamische Stadt hatte riesige Tempelanlagen und war umgeben von einer Stadtmauer von über 9 km Länge, die Gilgamesch zugeschrieben wird. In Uruk wurden zudem die frühesten Zeugnisse von Schrift gefunden. Das Gilgamesch-Epos war schon im 2. Jahrtausend v. Chr. in sumerischer Sprache ein Stück Weltliteratur und

87 Vgl. TUAT; TUAT.NF; für einen Überblick zudem *Weippert, Manfred,* Textbuch; und zur Umwelt des Alten Testaments *Knauf, Ernst A.,* Umwelt.

88 Für einen Überblick zur Entstehung von Gen 6–9 vgl. *Baumgart, Norbert C.:* Art. Sintflut/Sintfluterzählung/WiBiLex; ausführlich z. B. *ders.,* Umkehr 381–418; *Witte, Markus,* Urgeschichte; *Schüle, Andreas,* Prolog.

89 Für einen Überblick vgl. *Zgoll, Annette:* Art. Gilgamesch/WiBiLex; weiterführend *Sallaberger, Walther,* Gilgamesch-Epos.

wurde tausend Jahre lang weitertradiert. Etwa im 11. Jahrhundert v. Chr. wurde es in der jungbabylonischen Zeit aufgenommen und weitergeschrieben/-erzählt, für wiederum tausend Jahre bis in die römische Zeit hinein. Den Text der jungbabylonischen Fassungen bezeichnen wir als das Gilgamesch-Epos. Das Gilgamesch-Epos ist auch in inhaltlicher Hinsicht einzigartig: Es ist die einzige grosse babylonische Erzählung, die den Menschen ins Zentrum der Erzählung stellt. Es geht um das Leben des Menschen angesichts seines Wissens um den Tod, um die Suche nach Freundschaft, nach Leben und Unsterblichkeit, um menschliche Hoffnungen, Ängste, Stärken und Schwächen. So liest sich das Gilgamesch-Epos auch heute noch mit Gewinn.

Das erste Bruchstück einer von insgesamt zwölf Tontafeln des Gilgamesch-Epos stellte der britischen Assyriologe George Smith 1872 vor. Kurz zuvor war die mesopotamische Keilschrift – neben den ägyptischen Hieroglyphen die älteste bekannte Schrift der Menschheit – entziffert worden. Die

Abb. 28: Gilgamesch-Epos, 11. Tafel mit Sintflut, urspr. Bibliothek des Assurbanipals

Tontafel hatte man in den Ruinen der assyrischen Hauptstadt Ninive gefunden, im Palast des Assyrerkönigs Assurbanipal (668–627 v. Chr.). Mittlerweile sind über 100 Textfunde zum Gilgamesch-Epos zusammengetragen worden, so dass rund zwei Drittel des Epos vorliegen.

Das Gilgamesch-Epos weist viele Parallelen zur biblischen Urgeschichte (Gen 1–9) auf: So etwa das Erkennen der Geschlechtlichkeit und die Kleidung als verändernder Schritt der Menschen zur Zivilisation (Tafel I: Enkidu, der in der Wildnis lebt, wird von einer Dirne dem Stadtleben zugeführt; die Verbindung von einer Pflanze, die Unsterblichkeit gibt, mit einer Schlange (Tafel II; vgl. Gen 3); oder die 7-Tage-Einteilung (u. a. Tafel XI; vgl. Gen 1). Am bedeutendsten ist jedoch, dass es auch im Gilgamesch-Epos eine Sintfluterzählung gibt (wahrscheinlich vor 1200 v. Chr. dem Epos hinzugefügt), die sehr viele Ähnlichkeiten und Übereinstimmungen mit der später entstandenen biblischen Erzählung hat:[90] Im Gilgamesch-Epos wird berichtet, dass die Götter eine Sintflut schicken wollten. Ein Grund dafür wird nicht genannt. Der weise Gott Ea warnt jedoch Uta-napischti, den Helden der Erzählung, einen Mann aus Schuruppak (eine ab 3400 v. Chr. besiedelte Stadt nördlich von Uruk; im Epos «Stadt der Götter» genannt). Dieser Uta-napischti entspricht dem späteren biblischen Noah. Der Gott Ea gebietet ihm, ein Schiff zu bauen und damit sich, seine Familie und die Tiere zu retten:[91]

> «Mann von Schuruppak, Sohn Ubar-Tutus,
> reiße nieder das Haus und erbaue ein Schiff.
> Lasse ab vom Reichtum, und suche statt dessen nach dem, das atmet.
> Die Habe sei dir zuwider, erhalte statt dessen das, was atmet, am Leben!
> Hole den Samen all dessen, das atmet, herauf in das Inn're des Schiffs!»
> (Taf. XI, 23–27)

Uta-napischti baut ein Schiff, dessen Konstruktion und Bau – ähnlich wie in der Bibel – ausführlich beschrieben werden.

90 Zum Vergleich zwischen Gen 6–9 und der Fluterzählung im Gilgamesch-Epos siehe *Müller, Hans-Peter,* Gilgamesch-Epos; *Baumgart, Norbert C.,* Umkehr 419–559; *ders.:* Art. Sintflut/Sintfluterzählung/WiBiLex.

91 Übersetzung nach *Maul, Stefan M.,* Gilgamesch-Epos.

Daraufhin wird erzählt, was Uta-napischti – in deutlichem Widerspruch zur göttlichen Anweisung, vom Reichtum abzulassen – an Bord nimmt:

> «Ich belud es mit allem, das ich besaß.
> Ich belud es mit allem Silber, das ich besaß.
> Ich belud es mit allem Gold, das ich besaß.
> Ich belud es mit allem, das ich besaß an jeglichem Samen von dem, was atmet.
> Dann holte ich herauf in das Innere des Schiffes meine gesamte Familie und Sippe.
> Die Herdentiere der Steppe, die wilden Tiere der Steppe, die Vertreter aller Künste holte ich herauf.» (Taf. XI, 81–86)

Die Sintflut kommt, sie dauert sieben Tage, die Sintflut geht. Uta-napischti strandet auf einem Berg. Er schickt eine Taube aus, die wieder zurückkehrt. Ebenso ergeht es einer Schwalbe. Hierauf schickt er einen Raben aus, der nicht mehr wiederkehrt. Da können Uta-napischti und alle Lebewesen die Arche verlassen. Uta-napischti bringt den Göttern ein Opfer dar:

> «Da aber holte ich ein Opfertier hervor, den vier Winden brachte ich es dar.
> Ich streute Räuchergaben hin, oben auf den Stufenturm aus Fels,
> und stellte sieben Opfertrankflaschen auf.
> Ihnen zu Füßen schüttete ich Rohr, Zeder und Myrte hin.
> Die Götter aber rochen den Duft,
> die Götter kamen alsbald wie die Fliegen über dem Opferspender zusammen.» (Taf. XI, 157–168)

Der Götterkönig Enlil hatte jedoch alles andere als Freude, dass Menschen, die er allesamt vernichten wollte, die Flut überlebten:

> «Als aber Enlil herangekommen war,
> sah er das Schiff. Da packte den Enlil der Zorn.
> Gegen die himmlischen Götter lief wilde Wut ihm auf:
> ‹Von wo nur kam dieses Lebewesen hervorgekrochen?
> Kein einziger Mensch sollte die Vernichtung überleben!›»
> (Taf. XI, 172–176)

Damit Enlil mit seinem Entschluss, alle Menschen zu vernichten, nicht allzu offensichtlich scheiterte, einigte er sich mit den

Göttern darauf, den Uta-napischti zum ewigen Leben zu entrücken. – Soviel hier zum Gilgamesch-Epos.

4.1.5.2 Lektüre und Methode: Vergleich mit ausserbiblischen Texten

Die Ähnlichkeiten aber auch Unterschiede zu Gen 6–9 sind offensichtlich. Jene Menschen, welche die Fluterzählung im Buch Genesis verfassten, hatten diese altorientalischen Fluterzählungen gekannt, gewisse Teile aufgenommen und eigene Akzente gesetzt. Zu betonen ist hier auch: Weder die Genesis noch die altorientalischen Fluterzählungen enthalten ein geheimes Wissen über eine globale Flutkatastrophe in Urzeiten. Vielmehr gab es offenbar, seit Menschen zurückdenken können, immer wieder regionale Flutkatastrophen/Tsunamis, die teilweise archäologisch nachgewiesen sind (z. B. bei Ur im 4. Jahrtausend v. Chr.; bei Schuruppak ca. 2800 v. Chr.; die sogenannte Schwarzmeerflutung ca. 5600 v. Chr.). Allerdings haben diese Überflutungen regionale Gebiete überschwemmt und nicht die ganze Erde. Auch lässt sich nicht nachweisen, dass eine konkrete Überflutung der Auslöser gewesen wäre, eine der verschiedenen Fluterzählung zu schreiben. Die Erfahrung von katastrophalen Überflutungen gehört wohl zur kollektiven Erinnerung der Menschen.

Lektüre und Methode: Bitte lesen Sie Gen 6,5–9,17 und notieren Sie, wo der biblische Text mit der Fluterzählung im Gilgamesch-Epos übereinstimmt und wo nicht. Überlegen Sie auch, was die biblische Fluterzählung in Bezug auf Mensch und Gott aussagen will.

4.1.5.3 Was tut Gott angesichts der Gewalttätigkeit der Menschen?

Die biblische Urgeschichte in Gen 1–9 behandelt Menschheitsfragen in erzählender, mythologischer Form. Eine unter vielen dieser Menschheitsfragen ist die, woher das Böse, die Gewalttätigkeit und das Blutvergiessen kommen. Dahingehend befragt, kann in der ersten Schöpfungserzählung in Gen 1,1–2,4a die Überzeugung gesehen werden: Das Böse kommt nicht von Gott. Aus der Urflut / dem Chaoswasser (hebr. *tehom*)[92] sowie aus der Finsternis hat Gott vielmehr Licht und Leben erschaffen, so dass die ganze Schöpfung gut

---

92 Vgl. *Bauks, Michaela:* Art. Chaos/Chaoskampf/WiBiLex.

ist: «Siehe, alles war sehr gut» (Gen 1,31). Dermassen gut sogar, dass Menschen und Tiere kein Blut vergiessen, nicht einmal für ihre Ernährung (Gen 1,29–30).[93]

Gen 3 formuliert die Überzeugung, dass der Mensch seit Beginn der Menschheit zwischen Gut und Böse, zwischen Lebensförderlichem und Lebensvernichtendem unterscheiden kann und muss.[94] Und Gen 4 kennt die Erfahrung, dass der Mensch in seiner Entscheidung für das Gute immer schon versagen konnte, im schlimmsten Fall so sehr, dass er seinen Mitmenschen umbringt. Mord/Blutvergiessen ist die Ursünde gemäss Gen 4.[95]

Mit der biblischen Sintfluterzählung Gen 6–9 wird meiner Meinung nach nun die Frage gestellt: Was tut Gott, angesichts der Gewalttätigkeit der Menschen? Um diese Frage zuzuspitzen, entwerfen die Verfasser*innen von Gen 6–9 ein ganz schwarzes Bild, sozusagen den Worst Case:

> «Und GOTT sah, dass die Bosheit des Menschen auf der Erde gross war und alles Sinnen der Gedanken seines Herzens nur böse den ganzen Tag.» (Gen 6,5)

Konkret besteht die «Bosheit» in der Gewalttätigkeit der Menschen:

> «Die Erde aber war vor Gott verdorben, die Erde war voller Gewalttat.» (Gen 6,11)

Die Genesis gibt die Gewalttätigkeit der Menschen als Grund für die Sintflut an. Dies im Unterschied zum Gilgamesch-Epos, das keinen Grund für die Flut nennt, und zum noch älteren Atra-Chasis-Mythos, bei dem der Götterkönig Enlil eine Flut schickt, weil die allzu zahlreich gewordenen Menschen mit ihrem Lärm die Ruhe Enlils stören. In der Genesis sind jedoch die Gewalttätigkeit und das damit verbundene Blutvergiessen Ursache der Flut. Die hinter dem formulierten Worst Case stehende Frage lautet: Angenommen, die Menschen wären durch und durch böse und die ganze Welt von Gewalttat erfüllt – was könnte Gott dagegen tun? Eine Mög-

93 Siehe Abschnitt 4.1.1.7.
94 Siehe Abschnitt 4.1.3.
95 Siehe Abschnitt 4.1.4.

lichkeit, wie Gott handeln könnte, bietet die traditionelle Sintflut – und diese Möglichkeit wird als Erstes literarisch durchgespielt:

> «Da reute es GOTT, auf der Erde den Menschen gemacht zu haben, und es tat seinem Herzen weh.» (Gen 6,6)

> «Da sprach Gott zu Noach: Ich sehe, das Ende aller Wesen aus Fleisch ist gekommen; denn durch sie ist die Erde voller Gewalttat. Siehe, ich will sie zugleich mit der Erde verderben.» (Gen 6,13)

Und so wird erzählt, Gott lasse – wie in den anderen altorientalischen Urgeschichten – eine Sintflut kommen: Alle Lebewesen gehen zugrunde, nur der gerechte Noah mit seiner Familie und alle Tierarten überleben.

Entscheidend ist jedoch, wie es nach der Sintflut weitergeht! Wie Uta-napischti im Gilgamesch-Epos, so baut auch Noah in der Genesis einen Altar und bringt Gott Opfer dar, deren beruhigenden Geruch Gott wahrnimmt. Darauf spricht GOTT:

> «Ich werde den Erdboden wegen des Menschen nie mehr verfluchen; denn das Trachten des menschlichen Herzens ist böse von Jugend an.» (Gen 8,21)

Eine ganz seltsame Begründung! Fast dieselbe Bestandesaufnahme hatte ja überhaupt erst zur Sintflut geführt: «[…] und alles Sinnen der Gedanken seines Herzens nur böse den ganzen Tag», hiess es da (Gen 6,5). Und jetzt, nach der Sintflut, soll fast derselbe Tatbestand dazu führen, dass Gott verspricht, nie mehr eine Flut zu veranstalten? Wie ist dies zu verstehen? Es legt sich die Auslegung nahe, dass die biblische Sintfluterzählung mit diesem vordergründigen Widerspruch eine höchst spannende Aussage machen will: Gott könnte vielleicht eine ganze Sintflut herbeiführen, um die Gewalttäter und die Bösewichte zu beseitigen – doch es würde nichts nützen, weil sich die Menschheit eben durch Gewalt nicht zum Guten ändern lässt!

Und deswegen ändert sich in der biblischen Fluterzählung nicht der Mensch, sondern Gott beziehungsweise das Gottesbild, indem Gott seinen Bogen in die Wolken setzt, wie es wörtlich heisst:

«[12] Und Gott sprach: Das ist das Zeichen des Bundes, den ich stifte zwischen mir und euch und den lebendigen Wesen bei euch für alle Generationen: [13] Meinen Bogen setze ich in die Wolken; er soll das Zeichen des Bundes werden zwischen mir und der Erde. [14] Balle ich Wolken über der Erde zusammen und erscheint der Bogen in den Wolken, [15] dann gedenke ich des Bundes, der besteht zwischen mir und euch und allen Lebewesen, allen Wesen aus Fleisch, und das Wasser wird nie wieder zur Flut werden, die alle Wesen aus Fleisch verdirbt.» (Gen 9,12–15, EÜ 16)

Natürlich ist mit dem Bogen, den Gott in die Wolken setzt, auf den Regenbogen angespielt. Aber es ist noch etwas Tiefsinnigeres gemeint: Das verwendete hebräische Wort קֶשֶׁת (*qäschät*) bedeutet einfach «Bogen». Es bezeichnet nicht nur den Bogen in den Wolken, sondern viel häufiger den Pfeilbogen, den Kriegsbogen, mit dem Menschen einander bekämpfen (Gen 48,22; 2 Kön 13,16; Ps 7,13 u. ö.). Wenn ein König oder ein Gott im Alten Orient als mächtig und stark dargestellt werden sollte, so wurde er sehr häufig mit einem möglichst grossen Kriegsbogen in Stein gemeisselt. Je stärker der jeweilige Gott oder König, desto grösser sein Kriegsbogen.

Abb. 29: Assyrischer König Assurbanipal mit Kriegsbogen

Interessanterweise sind in der Bibel ebenfalls Gottesbilder belegt, die damit rechnen, dass Gott die Feinde bzw. Übeltäter mit Pfeil und Bogen vernichtet:

> «Denn du [Gott] schlägst sie in die Flucht, wenn du mit deinem Bogen [*qäschät*] auf ihr Angesicht zielst.» (Ps 21,13)

> «[1] (Von David) Gepriesen sei Gott, mein Fels, der meine Hände den Kampf lehrt, meine Finger den Krieg […] [2] Gott, neige deine Himmel und steige herab! Rühre die Berge an, dass sie rauchen! […] [6] Schleudere Blitze und zerstreue sie! Schiesse deine Pfeile ab und erschrecke sie!» (Ps 144,1–6)

Und genau dagegen wendet sich die biblische Flutgeschichte: Gott hängt seinen Kriegsbogen an den Himmel (sozusagen «an den Nagel»). Gott schiesst keine Pfeile gegen ungerechte Menschen, Frevler und Gewalttäter ab – weil dies nichts bringen würde!

Die biblische Sintflut erzählt also von der Veränderung Gottes beziehungsweise von der Veränderung des Bildes, das wir Menschen uns von Gott machen:[96] von einem Gott, der die Gewalttätigkeit der Menschen mit Gegengewalt – nämlich mit der Sintflut – bekämpft, zu einem Gott, der auf Gewaltanwendung verzichtet; von einem Kriegsgott zu einem gewaltlosen Gott. Auf diese – notwendige – Veränderung des Gottesbildes will Gen 6–9 hinaus.

Zwischen diesen beiden Gottesvorstellungen gibt es in anderen biblischen Texten noch eine Art Zwischenstufe. Einige Texte vertreten die Überzeugung, dass Gott die Kriegsgeräte abschafft, Pfeil und Bogen zerbricht:

> «Er setzt den Kriegen ein Ende bis an die Grenzen der Erde. Den Bogen [*qäschät*] zerbricht er, die Lanze zerschlägt er; Streitwagen verbrennt er im Feuer.» (Ps 46,10, EÜ 16; vgl. Ps 76,4; Jer 49,35)

In dieser Vorstellung bleibt Gott jedoch sehr menschlich, wird gar selbst zum Gewalttäter (vgl. Ex 15,3 f. u. a.). Die Verfasser der biblischen Flutgeschichte gingen daher einen

96 Siehe auch den Exkurs «Kriegerische Gottesbilder – und deren Überwindung» in Abschnitt 2.2.2.3.

wesentlichen Schritt weiter. Sie waren überzeugt: Gott bekämpft Böses nicht mit Bösem, weil dies nicht zum Ende von Bösem führt, weil Gewalttätigkeit letztlich nicht durch Gewalttätigkeit aus der Welt geschaffen werden kann. Gott schickt deshalb nie und nimmer eine Sintflut. Mit anderen Worten und auch auf heute bezogen: Ein Blitz, der in ein Haus einschlägt, ein Hagelwetter, das ein Feld verwüstet, ein Erbeben oder Vulkanausbruch, ein Tsunami usw. – all dies ist *nicht* von Gott geschickt. Und ebenso wenig setzt Gott eine Armee ein oder lässt eine solche siegreich sein. Solches tun wir Menschen, aber nicht Gott.

Gottes Bund 4.1.5.4

Wenn Gott also keine Gewalt gegen (gewalttätige) Menschen richtet, was tut Gott dann? Es ist nach der biblischen Fluterzählung ein Zweifaches (Gen 9,1–17): Erstens segnet Gott Noah und alle Lebewesen. Gottes Segen, Gottes Geist und Lebensatem will im Menschen sein und ihn immer begleiten. Zweitens schliesst Gott einen Bund mit allen Menschen und allen Tieren.[97] Der noachidische Bund beinhaltet sowohl eine Verheissung als auch einen Anspruch an alle Menschen der biblischen Zeit und darüber hinaus. Beides können wir auch für uns heute entsprechend heraushören: Trotz mancher Bosheit und Gewalttätigkeit von uns Menschen schliesst Gott – so die Überzeugung von Gen 9 – einen Bund mit allen Menschen. Gott geht damit eine Partnerschaft mit uns Menschen ein. Eine Partnerschaft, die uns dazu inspirieren soll, so zu handeln, wie Gott handelt: So wie Gott keine Gewalt gegen Menschen richtet, so sollen auch wir Menschen kein Blut vergiessen. So wie Gott seinen Kriegsbogen an den Himmel hängt, so sollen auch wir Menschen unsere Schwerter zu Pflugscharen umschmieden (Mi 4,3; Jes 2,4): Wir sollen nicht in Kriege investieren, sondern in das Erzeugen und die gerechte Verteilung von Nahrungsmitteln für alle Menschen. Dies ist die beste Prävention gegen Krieg und Terror. Das veränderte Gottesbild der Sintfluterzählung will uns dazu ermutigen.

97 Vgl. *Rüterswörden, Udo:* Art. Bund (AT)/WiBiLex.

4.2 Erzelternerzählungen

4.2.1 Bibelverständnis: Wer oder was sind die Erzeltern?

Die Erzelternerzählungen sind keine Berichte über nomadische Vorfahren in grauer Vorzeit. Sie sind vielmehr narrative Reflexion der Volks- und Sippengeschichte. Diese bibelwissenschaftliche Erkenntnis hat sich in den letzten dreissig Jahren durchgesetzt, sie ist jedoch noch lange nicht überall angekommen: Immer noch findet sich die – hauptsächlich auf Albrecht Alt (1883–1956) zurückgehende – Vorstellung, die «Erzväter» Abraham, Isaak und Jakob seien (Halb-)Nomaden gewesen, die mit ihrem «persönlichen» Gott JHWH von Ort zu Ort gezogen seien, ohne Tempel, Priesterschaft und staatliche Struktur.[98] Doch diese Vorstellung hat sich als falsch erwiesen:[99] Das historische Zusammenwachsen zu einer gemeinsamen Grösse Israel war sehr komplex und vollzog sich über Jahrhunderte.[100] Mit den Erzelternerzählungen wird erst im Nachhinein eine gemeinsame Geschichte, eine gemeinsame Identität für die vormals oft verfeindeten Stadtstaaten und Stämme mit ihrer je eigenen Geschichte geschaffen, indem «zwölf Stämme» auf Jakob («Israel») mit Lea und Rahel zurückgeführt werden und Jakob wiederum auf Isaak mit Rebekka und Abraham mit Sara.

Lange Zeit hatte sich in der Bibelwissenschaft eine zweite falsche Sichtweise auf die Texte in Gen 12–36 gehalten, indem nur von den «Erz*vätern*», den «*Väter*verheissungen» usw. die Rede war. Erst die feministische Exegese korrigierte diese verzerrte, misogyne Sichtweise und zeigte die Bedeutung der «Erz*mütter*» wieder adäquat auf.[101] Die Erzmütter spielen

98 Vgl. *Alt, Albrecht,* Gott ([1]1929).

99 Grundlegend *Blum, Erhard,* Komposition der Vätergeschichte (1984); *Köckert, Matthias,* Vätergott (1988); *Van Seters, John,* Prologue (1992); vgl. jetzt z.B. *Oswald, Wolfgang,* Staatstheorie; zudem die Überblicke bei *Schäfer-Lichtenberger, Christa:* Art. Stamm/Stammesgesellschaft/WiBiLex; *Oswald, Wolfgang:* Art. Staat (AT)/WiBiLex.

100 Siehe die Abschnitte 2.1 und 2.2; vgl. zur Sprache *Gzella, Holger:* Art. Hebräisch/WiBiLex.

101 Für den deutschen Sprachraum grundlegend *Fischer, Irmtraud,* Erzeltern; *dies.,* Gottesstreiterinnen; *dies.,* Genesis 12–50.

gerade auch in den Genesiserzählungen zur Volkswerdung eine zentrale Rolle.[102]

Ob es die Erzeltern einmal als historische Personen gegeben hat, kann wissenschaftlich bislang nicht entschieden werden. Falls ja, müssten sie nach biblischer Chronologie ca. im 19.–16. Jahrhundert v. Chr. gelebt haben. Doch archäologische oder textliche Belege für die Erzeltern gibt es keine aus dieser Zeit und wird es wohl auch nie geben. Die biblischen Texte über die Erzeltern sind sehr viel später entstanden. Sie geben keine Auskunft über das 19.–16. Jahrhundert v. Chr., sondern vielmehr über die Fragestellungen der Zeit, in der die Texte geschrieben wurden:[103] Die Jakob-Rahel-Lea-Erzählungen wurden wahrscheinlich nach der Zerstörung des Nordreichs 722 v. Chr. aufgeschrieben. Die Isaak-Rebekka-Erzählung vielleicht kurz danach, um das Südreich Juda (Isaak) mit dem Nordreich Israel (Jakob) genealogisch zu verbinden. Die Erzählungen wurden von Generation zu Generation immer wieder aktualisiert. Die Abraham-Sara-Hagar-Erzählung schliesslich wurde wahrscheinlich zu einem grossen Teil rund um das babylonische Exil (597–539 v. Chr.) aufgeschrieben,[104] zu einer Zeit also, als der Tempel zerstört, das davidische Königtum und das Land verloren waren.[105] Mittels der Erzählungen über «Abraham» und «Sara» wird in dieser Krisenzeit neu nach Gott gefragt, neu nach Glauben und eigener Identität gesucht.

Exkurs

Ethnogenese

Verschiedene Faktoren spielen zusammen, bis ein Volk mit eigener Kultur, Sprache, Religion usw. entsteht (sogenannte Ethnogenese – Entstehung von Völkern/Ethnien etc.).[106] Die gemeinsame Identität wird unter anderem dadurch unterstützt, wenn sich ein Volk von einer gemeinsamen Stammesmutter / einem Stam-

102 Siehe die Abschnitte 2.1.3.4 und 4.2.2.3.

103 Für einen Überblick vgl. *Mühling, Anke:* Art. Erzeltern/WiBiLex, Kap. 5; für verschiedene Thesen der Entstehung z. B.: *Fischer, Irmtraud,* Erzeltern; *Schmid, Konrad,* Erzväter; *Blum, Erhard,* Komposition der Vätergeschichte; *ders.,* Verbindung.

104 Für Abraham und Sara als Identifikationsfiguren vgl. *Mühling, Anke,* Abraham; *dies.:* Art. Sarai/Sara/WiBiLex.

105 Siehe Abschnitt 2.5.

106 Für Israel vgl. *Weingart, Kristin:* Art. Volk (AT)/WiBiLex; *Oswald, Wolfgang,* Staatstheorie.

mesvater herleitet. Dies ist in verschiedensten Kulturen und Zeiten weit verbreitet. So auch in den Erzelternerzählungen. Das Prinzip und die Funktion der Erzelternerzählung in politischer Hinsicht kann man sich vor Augen führen, wenn man beispielsweise das Entstehen der Eidgenossenschaft und ihre rund 800-jährige Geschichte als «Familiengeschichte» erzählt: Die ältesten drei «Söhne» wären dann «Uri», «Schwyz» und «Nidwalden», die in den Bergen lebten und sich mutig von dem «Riesen Habsburg» freigesprochen hatten. Nach und nach würden dann weitere «Kinder» geboren: Da ist die schöne Tochter «Lucerna», die sich sehr zu ihren älteren Brüdern hingezogen fühlt. Da ist der stolze Sohn «Zürich», der sich einmal verräterisch mit dem «bösen Riesen Habsburg» verbündet (Alter Zürichkrieg 1436–1450). Da ist die mächtige, oft protzige Tochter «Berna», die manche Geschwister unter ihre Herrschaft zwingt, so besonders das jüngste aller Kinder, die Tochter «Jura», die erst sehr spät die Freiheit erlangt. Aber allem Streit und allen Kriegen zum Trotz haben dennoch alle «Kinder» dieselbe Mutter: «Helvetia». Und nicht zu vergessen der heldenhafte Vorfahre «Wilhelm», der mutige Freiheitskämpfer. So wie er sollen die «Söhne» und «Töchter» der Helvetia sein. Dass es diesen Wilhelm Tell historisch nie gegeben hat, tut seiner Wirkung als Identitätsfigur und Symbol des Kampfes für Eigenständigkeit und Freiheit keinen Abbruch.

Im Prinzip funktionieren die Erzelternerzählung in Gen 12–36 sowie die Josefserzählung Gen 37–50 in dieser Weise. Sie geben dem allmählich zusammengewachsenen Volk Israel/Juda über die Rückführung auf zwölf Stämme und Erzeltern eine gemeinsame Identität. Das Besondere an der biblischen Erzählung ist, dass sie ihre Geschichte immer im Hinblick auf Gott reflektiert. Gott wird eine Rolle zugedacht. Sei es, dass Gott in der Erzählung auftritt und in menschlicher Weise spricht (so in Gen 12–36), sei es, dass Gott eher als im Hintergrund wirkend und nicht direkt eingreifend in der Erzählung vorkommt (so in Gen 37–50). Auf diese Weise wird die gemeinsame Geschichte quasi von Gott kommentiert bzw. im Hinblick auf den Glauben an Gott befragt. Die Reflexion wird dadurch selbstkritisch, denn das Gegenüber – Gott – verlangt ethisches Handeln und den Schutz der Würde eines jeden Menschen. Wenn nun Abraham, Sara, Isaak, Rebekka, Jakob, Rahel nicht als Individuen in grauer Vorzeit verstanden werden, sondern vielmehr als Identitätsfiguren für die eigene, jüdische Geschichte, dann spiegelt ihr Handeln in den Geneseserzählungen das Handeln des Volkes Israel. In Abraham und Sara werden damit der eigene Glaube, das eigene Handeln, die eigenen Hoffnungen und Ängste sowie das eigene Vertrauen auf Gott reflektiert. Mittels der Figuren Hagar und Ismael werden die Beziehungen zum Stamm der Ismaeliter erzählt, mit Esau (Gen 27 ff.) die Beziehung zum Volk Edom.[107]

An manchen Stellen lässt der biblische Text explizit durchblicken, dass die Erzählung nicht an Vorfahren in grauer Vorzeit interessiert ist, sondern an der Geschichte des Volkes Israel und an der Beziehung zu seinen Nachbarvölkern. Deutlich wird dies z. B. bei den Namensgebungen: Abraham wird im biblischen Text von Gen 11,26–17,3 immer «Abram» genannt. Die wörtliche Bedeutung von Abram ist möglicherweise «Vater – d. h. Gott – ist erhaben». In Gen 17,4 erhält Abram jedoch den neuen Namen «Abraham» mit der Begründung: «denn zum Vater einer Vielzahl von Völkern habe ich dich bestimmt» (Gen 17,5). Ebenso wird «Sarai» in Gen 17,15 in «Sara» umbenannt (beides bedeutet «Fürstin») mit der Begründung: «Ich will sie segnen, und auch von ihr will ich dir einen Sohn geben. Ich will sie segnen, und sie soll zu Völkern werden. Könige von Völkern werden von ihr abstammen» (Gen 17,16) Ganz deutlich ist hier die Volksgeschichte in späterer Zeit das Thema. Und zwar nicht in einer hellseherischen Art und Weise, sondern als rückblickende Reflexion und Identitätsbildung. Ebenso deutlich wird das Thema Volkserzählung, wenn bei Rebekka, der Frau des Isaaks, bereits während der Schwangerschaft klargestellt wird, dass «zwei Nationen», «zwei Volksstämme» in ihrem Innern seien (Gen 25,23).[108]

Die Volksgeschichten als Erzelterngeschichte zu erzählen, birgt verschiedene Vorteile: Eine solche Erzählung kann man sich viel einfacher merken und besser weitererzählen als beispielsweise die Aneinanderreihung der Geschicke von Königen in 1 Kön 12–16; 2 Kön 9–20 etc. Die Volksgeschichte als «Familiengeschichte» erzählt, lässt zudem sehr viel Raum für kreative Interpretationen, für Selbstkritik, feinen Humor und anderes mehr. Weiter können die Erzelternerzählungen auch relativ leicht auf neue geschichtliche Begebenheiten hin

107 Vgl. *Hübner, Ulrich:* Art. Ismael/Ismaeliter/WiBiLex; zu Edom/Esau siehe auch Abschnitt 4.2.3.2.

108 Siehe Abschnitt 4.2.3.

gedeutet werden: So wurde z. B. der Konflikt zwischen Jakob und Esau Jahrhunderte später auf den Konflikt Israels mit Rom (als «Edom») in römischer Zeit übertragen.[109] Schliesslich bietet diese Art der Geschichtsreflexion den Vorteil, dass solche «Familien»-Erzählungen *auch* individuell, auf den einzelnen Mensch hin, ausgelegt werden können. In dieser Weise bezieht sich etwa der Psychoanalytiker Erik H. Erikson (1902–1994) auf den Jakobskampf (Gen 32): «Ich möchte behaupten, dass der Mensch nur dann beginnen kann, die innere Welt des Menschen zu erforschen, wenn er seine eigene Neurose zu dem Engel des Herrn erhebt, mit dem er zu kämpfen hat und den er nicht lassen wird, bis er ihn auch segnet.»[110] Die Genesistexte sind daher auch psychologisch höchst ergiebig. Immer lässt sich fragen: Inwiefern handle und fühle ich wie Jakob, inwiefern wie Esau? Inwiefern zeichnen die Texte heute noch bekannte Verhaltensmuster und Familienkonstellationen? Das Interesse und Augenmerk der Erzelternerzählungen selbst gilt jedoch der kollektiven Geschichte und Identität des Volkes Israel.

4.2.2 Abraham-Sara-Hagar-Erzählung (Gen 11,27–25,11)

Abraham und Sara sind in herausragender Weise Identitätsfiguren für Juda/Israel: Im Genesisbuch stehen sie am Anfang der Erzählung, die sich nun spezifisch dem Glauben des jüdischen Volkes widmet. Mit ihnen reflektiert Juda/Israel seine Beziehung zu Gott und zu Völkern anderen Glaubens. Abraham und Sara erlangten diese Bedeutung besonders im und nach dem babylonischen Exil (597/87–539 v. Chr.): In dieser geschichtlichen Situation waren Themen wie Rückkehr ins Land Kanaan (Gen 12), Beschneidung als unterscheidendes Kennzeichen (Gen 17), Verheissung von Land, Nachkommenschaft und religiöser Zukunft (Gen 12; 15; 18 u. a.) zentral. Wie das Exodusbuch eine religiöse Ursprungsgeschichte

109 Vgl. in BerR 65 z. B. zu Gen 27,22. – Eine Fundgrube kreativer Aktualisierungen und Deutungen bietet auch *Ritter, Christine*, Rachels Klage.

110 *Erikson, Erik H.*, Einsicht und Verantwortung, Frankfurt a. M. 1964 (1971), 15.

für Israel erzählt, so tut dies die Abraham-Sara-Hagar-Erzählung.[111]

Eine Notiz im Jesajabuch (Tritojesaja[112]) bestätigt die identitätsbildende Funktion von Abraham und Sara, indem sie als gemeinsamer Ursprung für die unterschiedlichen Stämme mit ihren unterschiedlichen Geschichten dargestellt werden:

> «[1] Hört auf mich, die ihr der Gerechtigkeit folgen wollt, die ihr Gott sucht. Schaut auf den Felsen, aus dem ihr gehauen, und auf den Stein, aus dem ihr gebrochen seid! [2] Schaut auf Abraham, euren Vater, und auf Sara, die euch geboren hat. Denn als ich ihn rief, war er nur einer, dann aber habe ich ihn gesegnet und zahlreich gemacht.» (Jes 51,1 f.)

Für die Wirkungsgeschichte Abrahams ist weiter bedeutsam, dass er häufig als «Vater des Glaubens» gesehen wurde, obwohl es im Genesisbuch nur einmal heisst, dass Abraham Gott glaubt: «Und er glaubte Gott, und das rechnete er ihm als Gerechtigkeit an» (Gen 15,6). Im Neuen Testament hat dies der Apostel Paulus als ein Argument dafür aufgenommen, dass der Glaube des Menschen entscheidend ist, um vor Gott gerecht zu sein (Röm 4; Gal 3,6–18).[113] Im Hebräerbrief werden sowohl der Glaube Abrahams als auch der Glaube Saras betont (Hebr 11,8–12).

Neben dem Judentum und dem Christentum spielt Abraham auch im Islam eine hervorragende Rolle:[114] Ibrahim – arabisch für Abraham – ist der meistgenannte Personenname im Koran und einer der wichtigsten Propheten im Islam. Er gilt als Begründer des monotheistischen Kults an der Kaaba in Mekka. Während im Judentum die Erwählungslinie Gottes von Abraham und Sara zu Isaak weitergezogen wird, zeichnet sie der Islam von Abraham und Hagar zu Ismael. Aufgrund der Bedeutung Abrahams werden die drei monotheistischen Weltreligionen manchmal auch abrahamitische Religionen

111 Vgl. grundlegend *Schmid, Konrad,* Erzväter.

112 Vgl. *Bauer, Dieter,* Überlieferungen 148–158; *Koenen, Klaus:* Art. Tritojesaja/Tritojesajabuch/WiBiLex.

113 Vgl. *Bieberstein, Sabine/Kosch, Daniel,* Paulus 169–182.258–262.

114 Vgl. *Kuschel, Karl-Josef,* Streit; *Wimmer, Stefan/Leimgruber, Stephan,* Adam 110–123.

genannt. In allen drei heiligen Schriften wird Abraham zudem als Freund Gottes bezeichnet:

> «Du aber, Israel, mein Knecht, / Jakob, den ich erwählt habe, / Nachkomme meines Freundes Abraham» (Jes 41,8, EÜ 16).
> «So hat sich das Wort der Schrift erfüllt: *Abraham glaubte Gott, und das wurde ihm als Gerechtigkeit angerechnet*, und er wurde Freund Gottes› genannt.» (Jak 2,23, EÜ 16)
> «Wer hätte eine bessere Religion, als wer sich Gott ergibt und dabei rechtschaffen ist und der Religion Abrahams folgt, eines Hanifen. Gott hat sich Abraham zum Freund genommen.» (Sure 4:125)

Abraham/Ibrahim kann daher als Ursprungsgestalt angesehen werden, durch die Judentum, Christentum und Islam in gewisser Weise verbunden sind und die dem friedensfördernden interreligiösen Dialog dienen kann.

4.2.2.1 Was soll Religion? Wozu der Glaube? (Gen 12,1–4a)

Jede Religion oder religiöse Gemeinschaft muss sich immer wieder neu fragen, was das Wesentliche für sie ist, wozu sie da ist, wofür sie einsteht. Auch im jahrhundertelangen Entstehungsprozess der Bibel wurde diese Frage immer wieder neu gestellt. Herausragend formuliert Gen 12,1–3 eine Antwort auf diese Frage. Als erzählerischer Beginn der Geschichte des jüdischen Volks, quasi als Ouvertüre für die gesamte Erzählung der Volks- und Glaubensgeschichte in der Tora, formuliert Gen 12,1–3 folgende Gottesrede an Abraham:[115]

> V. 1a «Und dann sprach JHWH zu Abram:
> V. 1b Geh du selbst weg aus deinem Land und weg von deiner Verwandtschaft und weg vom Haus deines Vaters
> V. 1c in das Land, das ich dich sehen lasse –
> V. 2a und so will ich dich zu einer grossen Nation machen
> V. 2b und so will dich segnen,
> V. 2c und so will ich deinen Namen gross machen,
> V. 2d und so sollst du ein Segen sein,
> V. 3a und so will ich segnen, die dich segnen,

115 Zur Auslegung von Gen 12,1–3 vgl. ausführlich *Flury, André*, Abrahams Segen. Um in den Versen auf einzelne Sätze Bezug nehmen zu können, werden diese mit a, b usw. gekennzeichnet.

V. 3b und wer dich verflucht / verschmäht / unterdrückt, den werde ich verfluchen;
V. 3c und so sollen in alledem gesegnet werden durch dich alle Sippen der Erde.
V. 4a Und Abram ging hin, wie GOTT zu ihm geredet hatte, und Lot ging mit ihm.
V. 4b Abram aber war 75 Jahre alt, als er aus Haran zog.» (Gen 12,1–4)

Mit diesen signifikanten Worten wird ganz Wesentliches für den jüdischen Glauben, für die Berufung zur jüdischen Glaubensgemeinschaft, zum Ausdruck gebracht. Für christliche Leser*innen, die sowohl das Erste/Alte Testament als auch das Zweite/Neue Testament als Wort Gottes annehmen, gelten diese Aussagen ebenso für ihren Glauben. Mit der Gottesrede an Abraham wird die Überzeugung zum Ausdruck gebracht, dass für Israel bzw. den jüdischen Glauben Folgendes wesentlich ist: (1) Angesprochen-Sein von Gott; (2) Altes verlassen und zu Neuem aufbrechen, was hier gleichbedeutend ist, wie den Verheissungen Gottes zu vertrauen; (3) von Gott gesegnet sein; (4) ein Segen für andere Menschen und Völker sein. Fünf Mal kommt das Wort Segen/segnen in Gen 12,1-3 vor (siehe die Unterstreichungen).

In vielen Anspielungen und Bezugnahmen zu anderen Bibelstellen wird deutlich, dass es bereits bei dieser ersten Gottesrede an Abraham nicht um einen Ahnvater in grauer Vorzeit geht, sondern um das jüdische Volk, um die Entstehungsgeschichte und das Selbstverständnis Israels: Wohin Abraham gehen soll, bleibt in der Aufforderung seltsam ungewiss: «in das Land, das ich dich sehen lasse» (Gen 12,1c). In der nachfolgenden Erzählung wird es sich als «das Land Kanaan» erweisen (Gen 12,5; 13,14–15), doch hier ist es noch ganz unbestimmt. Neben Abraham findet sich die gleiche Formulierung in der Tora nur noch in Bezug auf Mose: Gott lässt auch Mose das Land sehen (Dtn 34,4), doch im Unterschied zu Abraham darf Mose das Land nicht betreten.

Auch die erste eigentliche Verheissung hat einen Bezug zu Mose: In Gen 12,2a wird Abraham nicht verheissen, eine grosse «Sippe» (hebr. *molädät*) oder ein grosses «Volk» (*'am*), sondern eine grosse «Nation» (*goj*) zu werden. Mit dieser Wortwahl ist deutlich die politische Ebene angesprochen. Dies zeigt auch der Bezug zu weiteren Bibelstellen: In Gen 46,3 wird Jakob/Israel von Gott ermutigt, nach Ägypten zu ziehen, denn Gott werde Israel «dort zu einer grossen Nation [*goj*] machen». Nach der Befreiung aus der Sklaverei in Ägypten[116] ergeht dann zwei Mal dieselbe Verheissung wie Gen 12,2a an Mose: Er soll zu einer grossen Nation werden (Ex 32,10; vgl. Num 14,12).

Die Verheissung eines grossen Namens (Gen 12,2c) spielt zunächst auf den Turmbau zu Babel[117] an: Während sich die Menschen dort selber einen grossen Namen machen wollen (Gen 11,4), so wird Abraham hier von Gott ein grosser Name verheissen. Üblicherweise kommt im Alten Orient jedoch ein grosser Name den Königen zu:[118] wenn sie erfolgreich Kriege führen (2 Sam 7,9; 8,13), sich durch grosse Taten Ruhm erwerben (1 Kön 1,47; 5,11) und wenn ihre Dynastie bestand hat (Ps 72,17). Nur noch von König David heisst es in der Bibel wörtlich gleich wie bei Abraham, dass Gott seinen Namen «gross-macht» (2 Sam 7,9). Damit wird in Gen 12,2 meiner Meinung nach Abraham mit König David in Verbindung gebracht:[119] Das, was altorientalisch einem König zusteht – ein grosser Name –, steht gemäss Gen 12,2 Abraham zu – und da Abraham Identitätsfigur für das gesamte jüdische Volk ist, steht es dem jüdischen Volk zu.

Ebenso ist es mit dem Gesegnet-Sein und dem Segen-Sein: In Ägypten und im Alten Orient mitsamt Israel/Juda ist der jeweilige König Inbegriff des Segens für sein Volk:[120] Der König gilt als Gottes Sohn (vgl. Ps 2,7), oberster Priester für den Staatskult, Gesetzgeber und Garant des Rechts, oberster Heeresführer und Verteidiger des Landes. Der König gilt als von Gott eingesetzt und gesegnet. Vom König geht Segen aus für sein Volk. Indem nun Gen 12 von Abraham aussagt, dass er von Gott gesegnet ist und zum Segen für andere wird, werden zentrale Aussagen des Königtums auf «Abraham», d. h.

---

116 Siehe Kap. 6.

117 Vgl. *Baumgart, Norbert C.:* Art. Turmbauerzählung/WiBiLex.

118 Vgl. *Köckert, Matthias,* Vätergott 283–287.

119 Vgl. *Flury, André,* Abrahams Segen 76–77.

120 Vgl. *Gundlach, Rolf:* Art. König/Königtum (Ägypten)/WiBiLex; *Roth-Hoffmann, Silke:* Art. Königin (Ägypten)/WiBiLex; *Pietsch, Michael:* Art. König/Königtum (AT)/WiBiLex; *Jost, Renate:* Art. Königin (AT)/WiBiLex.

auf das Volk übertragen. Ebenso wie mit dem «grossen Namen» entsteht auch in Bezug auf den Segen eine Art Demokratisierungsbewegung: Nicht mehr der König ist Segensträger und -spender für sein Volk. Von Gott sind vielmehr alle – das ganze Volk – angesprochen, alle sind gesegnet und alle sollen zum Segen werden.

Doch von welcher Art Segen ist hier die Rede? Meiner Meinung nach wird in Gen 12,2–3 ein neues Segensverständnis in Bezug auf andere Völker vertreten, das sich vom altorientalischen Herrschaftssegen grundlegend unterscheidet:[121] In der altorientalischen Königsideologie ist der König, wie gesagt, von Gott gesegnet und gibt diesen Segen seinem Volk weiter (vgl. z. B. Ps 72). Wenn der König in Gerechtigkeit herrscht, bringt dies seinem Volk Wohlstand und stabilisiert des Königs Macht. Auf dieser Grundlage kann der König andere Nationen beherrschen (Ps 2,8 f.; 18,48; 21). Diese werden zu ihm hochschauen und sich solchen Segen wünschen, wie der König ihn hat (Ps 72,17). Diese Vorstellung eines Herrschersegens bzw. eines Herrschaftssegens findet sich in ganz Mesopotamien und in Ägypten. In Gen 22,15–18 wird der Herrschaftssegen auf Abraham und damit auf Israel übertragen:[122] Wenn Israel seinem Gott absolut gehorcht – so absolut, wie andere Nationen ihren Göttern und Königen –, so führt dies zur Mehrung Israels und zur Herrschaft über andere Nationen, so dass sich die anderen Nationen Segen wünschen, wie Israel ihn hat.

Eine erste Veränderung dieses im Alten Orient verbreiteten Segensverständnisses erfolgt im Zusammenhang mit der im Ersten Testament häufig vorkommenden prophetischen Kritik an den Königen:[123] Zu Beginn des Jeremia-Buches wird gefordert, dass Israel zu Gott zurückkehrt, indem es umkehrt von falschen Wegen und von Ungerechtigkeit. Als Folge dieser Umkehr wird erhofft, dass auch andere Nationen zu Gott kommen: «In jener Zeit wird man Jerusalem Thron JHWHs nennen; dort, beim Namen JHWHs in Jerusalem, werden sich

121 Vgl. ausführlich *Flury, André,* Abrahams Segen 127–318.

122 Siehe Abschnitt 4.2.2.8.5.

123 Vgl. *Gerstenberger, Erhard:* Art. Königskritik/WiBiLex.

alle Völker versammeln, und sie werden nicht mehr der Verstocktheit ihres bösen Herzens folgen» (Jer 3,17). Wenn Israel wahrhaftig GOTT folgt, so die Überzeugung, werden sich andere Völker von GOTT selbst Segen erbitten. Dies kommt einer Hinwendung bzw. Bekehrung dieser Völker zu GOTT gleich (Jer 4,2).

Eine zweite, grundlegende Veränderung des Segensverständnisses wird in Gen 12,2–3 vollzogen. Hier wird an die anderen Völker keine Forderung oder Erwartung formuliert, hier wird ausschliesslich an «Abraham»/Israel die Selbstaufforderung bzw. die Verheissung formuliert: *Du* sollst ein Segen sein, und *durch dich* sollen gesegnet werden alle Sippen der Erde. Was die anderen Völker mit diesem Segen anfangen, ist ihnen völlig freigestellt. Es geht hier eben nicht mehr um Herrschaft über andere, sondern um Segen für andere. Gen 18 wird in erzählender Form ausfalten, was dies konkret bedeuten kann: Israel soll damit rechnen, dass auch bei allen anderen Völkern – selbst in Sodom und Gomorra – gerechte Menschen leben und Israel soll für diese Menschen bei Gott einstehen.[124] Dass solches Segen-Sein hier nicht naiv verstanden wird, zeigt die Segen-Fluchformel in Gen 12,3ab: Es ist eine auch andernorts belegte Schutzformel, die also durchaus auch damit rechnet, dass andere einen verschmähen oder unterdrücken können (vgl. Num 22,6; 24,9).

Segen-Sein meint in der Bibel nicht nur *benedicere* (lat. für Gutes sagen), sondern mehr noch *benefacere* (lat. für Gutes tun). Nach biblischem Verständnis ist alles, was das gelingende Leben fördert, Segen. Was das Leben jedoch vermindert oder verunmöglicht, wird Fluch genannt.[125] Wenn wir die Eingangsfragen nochmals aufnehmen – Wozu gibt es eine Religion? Was ist für sie wesentlich? –, so formuliert Gen 12,2–3 die wunderbare, starke Überzeugung: Gott ruft «Abraham»/Israel, Gott ruft Menschen, damit sie ein Segen sind für andere, damit sie anderen Gutes tun – und zwar in weltweiter Perspektive: ein Segen für alle Sippen des Erdbodens.

124 Siehe Abschnitt 4.2.2.7.

125 Vgl. *Schönemann, Hubertus:* Art. Fluch/Fluchspruch (AT)/WiBiLex; *Leuenberger, Martin:* Art. Segen/Segnen (AT)/WiBiLex.

Verknüpfung mit alten Heiligtümern (Gen 12,5–8) 4.2.2.2

Abraham bricht gemäss Gen 12,4b aus Haran auf. Haran war eine zwischen Karkemisch und Ninive gelegene Stadt im nördlichen Mesopotamien und ist eng mit der Jakobserzählung verknüpft (vgl. Gen 27,43 ff.).[126] In Gen 15,7 und Neh 9,7 wird Abraham von Gott jedoch aus «Ur in Chaldäa» gerufen, einer der ältesten sumerischen Städte (ca. 4000 v. Chr.) im Süden Mesopotamiens (heutiges Irak) gelegen – mit einem mächtigen Zikkurat (Stufenheiligtum) für den Mondgott Nanna.[127] Ur in Chaldäa verdankt sich möglicherweise einer Aktualisierung der biblischen Texte im oder nach dem babylonischen Exil, denn damit wird Abrahams Ursprungsort näher an Babylon gerückt.

Gen 12,5–8 lässt Abraham an überaus bedeutende alte Kultorte kommen. Indem erzählt wird, Abraham baue Altäre für Gott an diesen alten Kultorten, werden diese nicht mehr als fremde Kultzentren oder als Konkurrenz zu Jerusalem angesehen, sondern in die Abrahamserzählung und damit in die Geschichte Israels und Judas integriert: Zunächst kommt Abraham nach Sichem, einem alten kanaanäischen Kult- und Kulturzentrum zwischen den Bergen Garizim und Ebal gelegen (beim heutigen Nablus, in der sogenannten Westbank).[128] Sichem war bereits im 4. Jahrtausend v. Chr. besiedelt und ab 1900 v. Chr. eine bedeutende, auch in ägyptischen Texten belegte Stadt. Für die biblische Geschichte bedeutsam ist, dass Jos 24 in Sichem die «zwölf Stämme» zusammenkommen lässt, um einen Bund mit Gott zu schliessen, und dass Sichem nach Salomos Tod als Regierungssitz Jerobeams I., dem ersten König des Nordreichs, dient (1 Kön 12,25). Aufgrund dessen polemisieren viele Propheten Jerusalems gegen Sichem (vgl. Jer 41,5; Hos 6,9; zudem Ps 60,8; 108,8; Sir 50,25 f.). Die Jakobserzählung ist eng mit Sichem verbunden:[129] Gemäss Gen 33,18–20 kauft Jakob hier Land und gemäss Jos 24,32 werden die Gebeine Josef hier bestattet. Der Jakobsbrunnen wird bis heute hier lokalisiert (vgl. auch Joh 4,6). Indem Abra-

126 Vgl. *Bagg, Ariel:* Art. Haran/WiBiLex.
127 Vgl. *Wicke, Dirk:* Art. Zikkurat/WiBiLex.
128 Vgl. *Wimmer, Stefan:* Art. Sichem/WiBiLex; siehe zudem Abschnitt 2.2.2.1.
129 Siehe Abschnitt 4.2.3.

ham nun als erstes Sichem aufsucht (Gen 12,7), wird dieser alte kanaanäische und spätere israelitische Kultort meines Erachtens rehabilitiert, das heisst, in friedensfördernder Absicht in die Abrahamserzählung integriert.

Ebenso ergeht es dem zweiten Ort, den Gen 12,8 Abraham aufsuchen lässt: Bet-El – wörtlich «Haus (des Gottes) El» – war der wohl bedeutendste Tempel- und Kultort für das Nordreich Israel.[130] Da Bet-El nur 16 km nördlich von Jerusalem lag, stand es in ständiger Konkurrenz zu Jerusalem und dessen Tempel. Die Propheten Samuel, Elia und Elischa wirkten in Bet-El (1 Sam 7,16; 1 Kön 13; 2 Kön 2). Für den Propheten Amos ist Bet-El ein legitimes JHWH-Heiligtum. Der Prophet Hosea kritisiert jedoch aufs Schärfste, Jerobeam I. habe in Bet-El eine Stierstatue als Kultbild für JHWH aufstellen lassen (Hos 8,4–6; 10,5–7; 13,1–3).[131] Diese Stierstatue wird auch in der Erzählung vom «goldenen Kalb» (Ex 32) kritisiert, und gemäss 2 Kön 23,15 lässt den Jerusalemer König Joschija Bet-El schliesslich zerstören. Wenn im Gegensatz dazu Abraham in Bet-El einen Altar baut, so wird im Genesisbuch der Ort wieder rehabilitiert und in die Geschichte Judas integriert. Dies besonders, indem Gen 12,8 aussagt: Abraham «rief dort den Namen JHWH an».[132]

Wie friedfertig und friedensfördernd die Erzählung von Abraham und Sara, aber auch von Lot (Gen 13; selbst Gen 19), Hagar und Ismael (Gen 16; 21) und den Philistern (Gen 20; 26) in der Genesis sind, wird noch deutlicher, wenn man sie mit den prophetischen Fremdvölkersprüchen[133] vergleicht oder auch mit verschiedenen Psalmworten. So werden die in der Genesis erwähnten Völker (im Folgenden unterstrichen) beispielsweise in Ps 83 sämtlich als Feinde aufgezählt, und es wird für ihre Vernichtung gebetet:

---

130 Vgl. *Koenen, Klaus:* Art. Bethel (Ort)/WiBiLex. Zu Jakob in Bet-El siehe Abschnitt 4.2.3.2.

131 Siehe Abschnitt 2.2.2.1 mit dem Exkurs «Stiere als Götterbilder»; vgl. *Koenen, Klaus:* Art. Stierbilder/WiBiLex; *ders.:* Art. Goldenes Kalb/WiBiLex; zu Amos und Hosea *Bauer, Dieter,* Überlieferungen 38–64.

132 Siehe Abschnitt 4.1.1.9 und zum Widerspruch mit Ex 6,2 f. Abschnitt 6.5.

133 Vgl. *Bauer, Dieter,* Überlieferungen 45–48; *Krispenz, Jutta:* Art. Prophetische Redeformen/WiBiLex, Kap. 4.

«[5] Sie sagen: Kommt, wir tilgen sie aus, dass sie kein Volk mehr sind, des Namens Israel werde nicht mehr gedacht. [6] Einmütig haben sie sich beraten, einen Bund gegen dich zu schliessen: [7] die Zelte Edoms und die Ismaeliter, Moab und die Hagriter, [8] Gebal und Ammon und Amalek, Philistäa samt den Bewohnern von Tyros. [9] Auch Assur hat sich mit ihnen verbündet, leiht seinen Arm den Söhnen Lots. Sela [10] Tu ihnen wie Midjan, wie Sisera, wie Jabin am Bach Kischon: [11] Sie wurden vernichtet bei En-dor, wurden zu Dünger für den Acker.» (Ps 83,5–11, Zü. 07)

Der Verrat (Gen 12,10–20) 4.2.2.3

Die Gottesrede in Gen 12,1–3 hatte dem Abraham grossartige Verheissungen zugesprochen. In Gen 12,7 wurde Abraham das Land von Gott gezeigt. Doch dann, drei Verse später, verlässt Abraham dieses Land bei der ersten Widerwärtigkeit - wegen einer schweren Hungersnot - und zieht Richtung Ägypten, um dort als Fremder zu wohnen (Gen 12,10).

Ohne Hintergrundwissen löst das in Gen 12,10–20 Erzählte bei heutigen Lesenden meist Ablehnung oder Entsetzen aus. Doch die Erzählung ist sehr selbstkritisch, dicht komponiert und betreibt auf narrative Weise eine tiefsinnige Theologie.[134] Meist wird die Erzählung «Preisgabe der Ahnfrau» oder ähnlich genannt. Fast dieselbe Erzählung findet sich mit Sara und Abraham nochmals in Gen 20,1–18 sowie mit Isaak und Rebekka in Gen 26,1–11. Meines Erachtens ist Gen 12,10–20 (zusammen mit Gen 12,1–3.5–9) spätnachexilisch als letzte dieser Erzählungen geschrieben worden, auch wenn dies andere Forschende anders sehen.[135] Im Folgenden kann es nicht um diese Frage gehen, sondern nur um die Textauslegung von Gen 12,10–20.

Lektüre und Methode: Handlungsstruktur 4.2.2.3.1

Ein Grund, warum die Erzmütter in Gen 12–36 lange Zeit übersehen wurden, war, dass die biblischen Texte zu wenig genau gelesen und analysiert wurden. Wer die biblischen

134 Vgl. zur Auslegung *Fischer, Irmtraud,* Erzeltern 119–136.

135 Vgl. *Flury, André,* Abrahams Segen 308–318; *Mühling, Anke:* Art. Preisgabeerzählungen/WiBiLex; *Fischer, Irmtraud,* Erzeltern 190–258; *Blum, Erhard,* Komposition der Vätergeschichte 301–311.405–419.

Erzählungen jedoch genau anschaut, stellt fest, dass den Frauen eine viel bedeutendere Rolle zukommt, als die meisten Auslegungen es wahrhaben wollen.

Lektüre und Methode: Bitte lesen Sie Gen 12,10–20 genau und überlegen Sie, wer hier wie handelt. Die Handlungsstruktur, auch Aktant*innen-Analyse genannt (von lat. *agere*, dt. handeln), kann man auch mit einer Skizze bildlich erfassen: Hierzu wird jede Handlung eines Subjekts als aktiv (X) oder passiv (O) gekennzeichnet und die Richtung der Handlung mit einem Pfeil vom Subjekt zum Objekt angegeben. Dadurch wird visuell abgebildet, welche Dynamik zwischen den Handlungsträgern besteht. Aufgrund dieses Bildes kann analysiert werden: Wer ist wie aktiv? Was hält die Erzählung in Gang? Wer agiert mit wem? Wer ist passiv und warum? Auf Gen 12,10–20 angewandt ergibt sich folgendes Bild (S. 202 f.).

Die Analyse der Aktant*innen in Gen 12,10–20 lässt schon auf den ersten Blick unter anderem Folgendes erkennen: Die Ägypter handeln ganz anders, als es Abraham in seiner Rede befürchtet. Gott greift nur ein einziges Mal ein. Sara ist in den eigentlichen Handlungen nie aktiv, sie ist nie Subjekt einer Handlung oder Rede, sie wird als völlig passiv gezeichnet. Die Rede des Pharaos macht deutlich, dass sich – entgegen vieler Auslegungen dieser Erzählung – nicht Sara als Schwester von Abram ausgibt: Vielmehr ist es Abram, der dem Pharao sagt, Sara sei seine Schwester.

4.2.2.3.2 Selbstkritische Sichtweisen

Je genauer Gen 12,10–20 analysiert wird, desto deutlicher tritt vor Augen, wie selbstkritisch hier Abraham und somit Juda/Israel beschrieben wird: In der Rede an seine Frau Sara werden Abrahams Ängste vor den Ägyptern ersichtlich und damit zusammenhängend seine Lösungsstrategie. Abraham beginnt mit einem – wie im Nachhinein deutlich wird – fadenscheinigen Kompliment an Sara: «Sieh doch, ich weiss, du bist eine schöne Frau» (Gen 12,11b), und fährt dann mit seiner Befürchtung fort: «Wenn dich die Ägypter sehen, werden sie sagen: Das ist seine Frau. Und sie werden mich erschlagen, dich aber am Leben lassen» (Gen 12,12). Welch' seltsame Aussage! Abrahams Angst, erschlagen zu werden, ist noch verständlich, auch wenn er damit «den» Ägyptern unterstellt, sie würden gleich alle erschlagen, die ihnen im Wege stehen. Doch in Bezug auf Sara sagt Abraham nicht: «dich aber werden sie verschleppen», oder: «dir aber werden sie Gewalt antun». Vielmehr sagt er: «dich aber werden sie am Leben lassen». Die Aussage ist neutral formuliert – und für Sara eigentlich eine gute Aussicht. Abraham erscheint in Gen 12,12 damit jedoch als sehr egoistisch: Er fürchtet um sein eigenes Leben, nicht um Saras Leben. Er hätte ja auch sagen können: «Siehe, du bist eine schöne Frau. Ich befürchte, dass die Ägypter dich mir mit Gewalt entreissen. Ich werde dich zwar verteidigen, aber ich habe Angst, dass sie in der Übermacht sind. Was sollen wir tun? Ich möchte, dass es dir gut geht.» Doch der biblische Text zeichnet hier einen Abraham, dem es nicht um Sara, sondern nur um sich selbst geht.

Abrahams Lösungsstrategie bestätigt dieses Verständnis des Textes: «Sag doch, du seist meine Schwester, damit es mir gut geht um deinetwegen und ich um deinetwegen am Leben bleibe» (Gen 12,13). Abraham will, dass es ihm gut geht und dass er am Leben bleibt. Wie es Sara bei alledem ergeht, spricht er nicht einmal an! Dass es den Erzählenden von Gen 12,10–20 tatsächlich um eine solch selbstkritische Sicht von Abraham geht, zeigt sich auch daran, dass im Erzählrahmen Sara immer mit Namen und sozialem Status («seine Frau») genannt wird (Gen 12,11.17). Abraham hingegen spricht seine Frau nie mit Namen an.

«Die» Ägypter handeln anders, als von Abraham befürchtet: Sie sehen zwar Sara – sie ist nicht nur schön, sondern «sehr schön» –, doch sie erschlagen Abraham nicht und bedrängen auch Sara nicht (Gen 12,14). Auch die Beamten des Pharaos tun Abraham keine Gewalt an, sondern rühmen Sara beim Pharao (Gen 12,15a). Hierauf heisst es: «Da wurde die Frau in das Haus des Pharaos genommen» (Gen 12,15b). Die Formulierung: «eine Frau nehmen (לקח, *lakach*)», ist die übliche Formulierung, mit der ein Mann eine Frau zur Ehefrau nimmt. So wurde z. B. schon bei Lamech mit Ada und Zilla (Gen 4,19) oder bei Abraham mit Sara (Gen 11,29) formuliert, ebenso wird bei Isaak formuliert werden (Gen 24,4). Somit ist aller Wahrscheinlichkeit auch hier gemeint, dass der Pharao ohne Gewaltanwendung Sara offiziell zur Frau nimmt bzw. als Frau

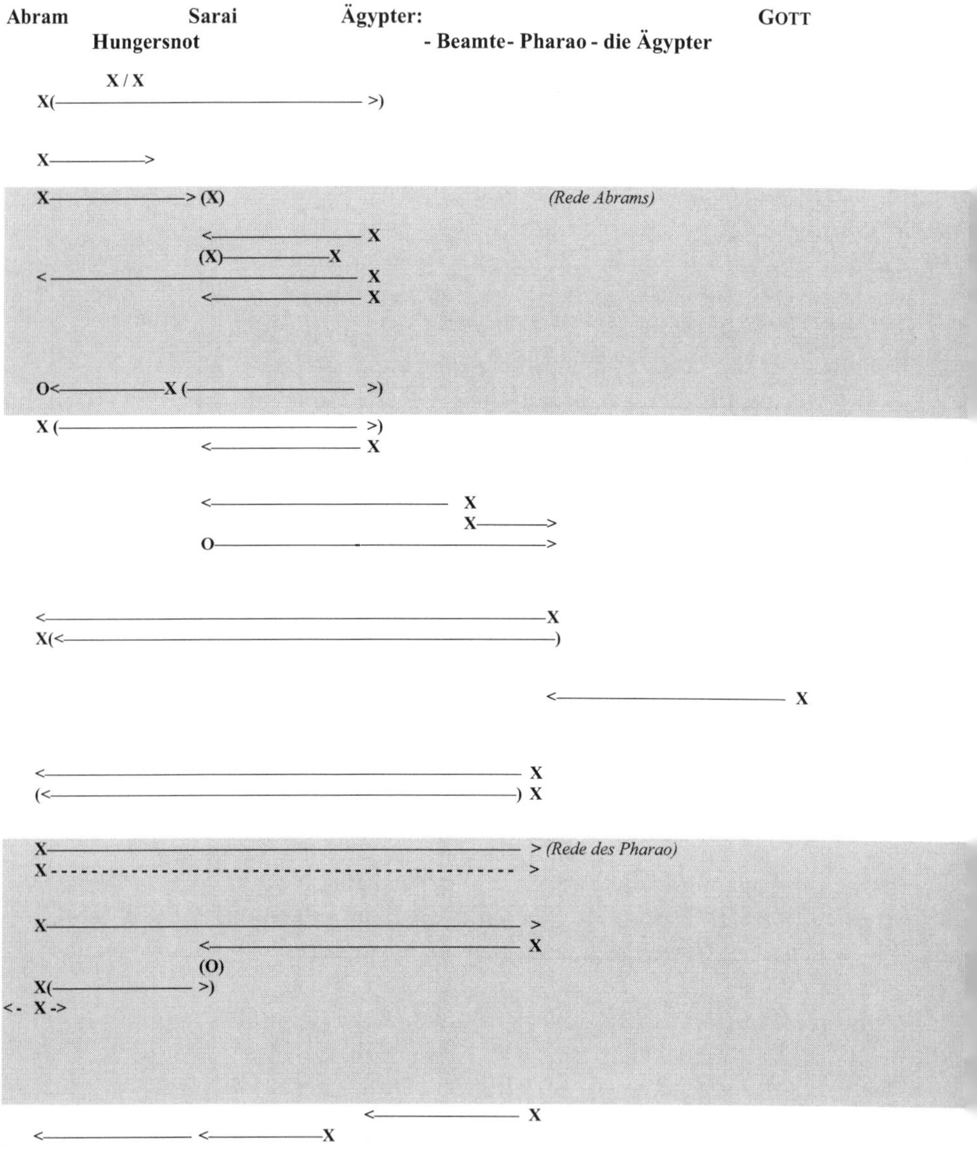

Resultat:

Abram	Sarai	Ägypter	Beamte	Pharao	Gott
4 aktiv, 0 passiv	**0 aktiv, 1 passiv**	1 akt, 0 pass	2 akt, 0 pass	4 akt, 0 pass	**1 aktiv, 0 passiv**
6 aktiv, 1 passiv	**3 aktiv, 1 passiv**	4 akt, 0 pass	0 akt, 0 pass	1 akt, 0 pass	**0 aktiv, 0 passiv**

12,10 a Und dann war eine Hungersnot im Land,
b und dann zog Abram nach Ägypten, um …, (*denn* …)

12,11 a …, als er nahe an Ägypten kam, (b) sagte er zu seiner Frau Sarai:
b Sieh doch, ich weiss, du bist eine schöne Frau.

12,12 a Wenn dich die Ägypter sehen,
werden sie sagen: Das ist seine Frau!
b Und sie werden mich erschlagen,
dich aber am Leben lassen.

12,13 a Sag doch, du seiest meine Schwester, (b) (*damit* … [!])

12,14 a Und dann (geschah es): Abram kam nach Ägypten,
b und dann sahen die Ägypter die Frau, gewiss …

12,15 a Und dann sahen die Beamten des Pharaos sie,
und dann rühmten sie sie vor dem Pharao.
b Und dann wurde die Frau in den Palast des Pharaos geholt.

12,16 a Und Abram behandelte er ihretwegen gut:
Er bekam Klein- und Grossvieh und Esel und …

12,17 a Und dann schlug GOTT den Pharao …, samt …
b *um Sarais willen, der Frau Abrams.*

12,18 a Und dann rief der Pharao den Abram,
und dann sagte er:

b Warum hast du mir dies angetan?
Warum hast du mir nicht kundgetan, dass sie deine Frau ist?

12,19 a Warum hast du gesagt: sie ist meine Schwester,
so dass ich sie mir zur Frau nahm?
b Jetzt aber, da ist deine Frau,
nimm (sie),
und geh!

12,20 a Und dann ordnete der Pharao seinetwegen Leute ab,
b und dann begleiteten sie ihn und seine Frau …

sind (grammatikalisch) aktives oder passives Subjekt:
← im Erzählrahmen, d. h. in der effektiven Handlung
← in der Rede, d. h. ohne eigentliches Handeln

in seinen Harem nimmt. Dafür sprechen auch die «Schafe, Rinder, Esel, Knechte und Mägde, Eselinnen und Kamele» (Gen 12,16), die Abraham vom Pharao bekommt: Es dürfte sich hierbei um den Brautpreis handeln, der üblicherweise bei einer Hochzeit vom Mann zu bezahlen ist.[136]

Die Erzählung könnte hier zu Ende sein. Abrahams Kalkül ist aufgegangen. Ihm geht es gut wegen Sara, das heisst: auf Kosten von Sara. Doch da wird ein überraschendes Eingreifen Gottes erzählt:

> «GOTT aber schlug den Pharao und sein Haus mit grossen Plagen [נגע, *näga*] um Sarais willen, der Frau Abrams.» (Gen 12,17)

Ohne weitere Erklärung wird Abraham vom Pharao zu sich zitiert. Seltsamerweise wird in der Erzählung selbst nicht klar, woher der Pharao weiss, weshalb er von GOTT mit Plagen geschlagen wurde. Klar ist jedoch, was der Pharao dem Abraham vorzuwerfen hat:

> «[18] Da liess der Pharao Abram rufen und sprach: Was hast du mir angetan! Warum hast du mich nicht wissen lassen, dass sie deine Frau ist? [19] Warum hast du gesagt: Sie ist meine Schwester, so dass ich sie mir zur Frau nahm? Da hast du deine Frau, nimm sie und geh!» (Gen 12,18 f.)

Durch diese Rede wird Abraham entlarvt: Er hatte Sara in eigennütziger Absicht als Schwester ausgegeben und damit verraten und verkauft. Sara wird, wie in der Handlungsstruktur ersichtlich, absolut passiv gezeichnet. Das kann im Erzählzusammenhang meines Erachtens nichts anderes heissen, als dass sie als ohnmächtiges Opfer von Abrahams Kalkül und Verrat dargestellt wird.

Der Pharao hätte nun allen Grund, Abraham hinrichten/erschlagen zu lassen. Doch erstaunlicherweise wird hier ein überaus edles Bild vom Pharao gezeichnet: Er gibt Sara dem Abraham zurück, lässt beide ziehen und fordert nicht einmal den Brautpreis zurück (Gen 12,20). Ein ganz anderes Pharao-Bild, als es im Exodusbuch begegnet!

Die Bezugnahmen auf die Exoduserzählung sind denn auch ein weiterer Schlüssel für das Verständnis von Gen 12,10–20: Das Eingreifen Gottes in V. 17 wird verständlich, wenn

---

136 Vgl. *Fischer, Irmtraud,* Erzeltern 80–88.

man es als Anspielung auf die Befreiung Israels aus der Sklaverei in Ägypten sieht. GOTT ergreift für die Frau Sara ebenso sehr Partei wie für das ganze Volk Israel bei dessen Befreiung aus der Sklaverei in Ägypten![137] Mit demselben Wort für Plage (נגע) wie in Gen 12,7 kündigt Gott Mose an, dass der Pharao das Volk Israel ausziehen lassen muss:

> «Und GOTT sprach zu Mose: Noch eine Plage (נגע) will ich über den Pharao und über Ägypten bringen, danach wird er euch von hier wegziehen lassen. Und wenn er euch ziehen lässt, wird er euch sogar von hier vertreiben» (Ex 11,1).

Abraham und Sara durchleben in Gen 12,10–20 den Ägyptenaufenthalt und die Befreiung Israels aus der Sklaverei, sie nehmen diese zentrale Erfahrung Israels quasi vorweg – so wie das Matthäusevangelium Maria und Josef mit Jesus diese Erfahrung Israels in viel späterer Zeit nachholen lassen wird (vgl. Mt 2,13–23). Wenn man bedenkt, dass Abraham als Identitätsfigur für Israel steht, so ist die Erzählung in Gen 12,10–20 eine äusserst selbstkritische Sichtweise: Das Feindbild von den «bösen Ägyptern» und dem «bösen Pharao» wird zurückgewiesen. Stattdessen wird nach dem eigenen Verhalten gefragt. Wie steht es um die Einstellung gegenüber Ägypten? Wie um die Ehrlichkeit? Wie um das Vertrauen auf Gottes Verheissungen? Schwierig zu beantworten ist, wofür Sara in dieser Leseweise steht: Steht sie für die Treue zu Gott, die von Abraham verraten und verkauft wird? Das bleibt spekulativ. Klar hingegen ist, wie selbstkritisch «Abraham»/Israel hier gesehen wird und wie positiv «die Ägypter» und «der Pharao».

Hagars Flucht und Heiligtumsgründung (Gen 16,1–16) 4.2.2.4

Nach dem Verrat an Sara und der Vorwegnahme des Exodusgeschehens in Gen 12,10–20 lässt die Erzählung Abraham und Sara nach Kanaan zurückkehren. In Gen 13 teilt Abraham das Land friedlich mit seinem «Neffen» Lot. Abraham überlässt Lot sogar den besseren Teil. Signifikanterweise steht Lot für die Nachbarvölker Moab und Ammon, wie die bitterböse Spott-Erzählung in Gen 19,30–38 deutlich macht.[138] Mit die-

137 Siehe Abschnitt 6.6.

138 Vgl. *Oswald, Wolfgang:* Art. Lot/WiBiLex.

sen beiden Völkern stand Israel/Juda öfters im Krieg. Dem gegenüber wird in Gen 13 jedoch vorgeschlagen, mit diesen Völkern das Land friedlich zu teilen. Abraham und Sara lassen sich anschliessend bei «den Terebinthen von Mamre, die bei Hebron sind» (Gen 13,18) nieder. Gemäss Gen 14 steht Abraham dem Lot (Moab und Ammon) sogar gegen feindliche Könige bei und wird dafür von Melchisedek, dem König von Salem (Jerusalem),[139] gesegnet. Mit Gen 15 setzt die Erzählung neu ein: Wie schon in Gen 11,30 wird die fehlende Nachkommenschaft Abrahams als Problem dargestellt, wobei Gott dem Abraham wiederum Nachkommenschaft und das Land zusichert – das Land wird diesmal entgegen Gen 12,7 und 13,12–18 in einer extremen Ausdehnung und mit einem Bund (Gen 15,18–21) verheissen. In Gen 16 setzt die Erzählung wiederum neu ein, indem nun Sara und erstmals ihre Sklavin Hagar die Hauptrollen spielen.

4.2.2.4.1 Lektüre und Methode: Literarkritik

Schon mehrfach wurde erwähnt, dass die biblischen Texte des Ersten Testaments über Jahrhunderte entstanden sind. Die Texte selber lassen immer wieder erkennen, dass sie überarbeitet und mit anderen Texten zusammengefügt wurden. Die sogenannte Literarkritik sucht im Text nach Indizien für diese Entstehungsgeschichte und stellt Thesen auf, wie die Texte entstanden sein könnten.[140]

Lektüre und Methode: Lesen Sie Gen 16,1–16 und überlegen Sie, ob es hier literarische Spannungen gibt: Sind inhaltliche Widersprüche, unnötige Wiederholungen, unpassende Begründungen und Ähnliches zu beobachten?

4.2.2.4.2 Mögliche Entstehung von Gen 16,1–16

Es ist eines, literarische Spannungen in einem Text zu beobachten, etwas anderes ist es, daraus Schlüsse zu ziehen und eine konkrete These für die Entstehung des Textes aufzustel-

---

139 Vgl. *Böttrich, Christfried/von Nordheim-Diehl, Miriam:* Art. Melchisedek/WiBiLex.

140 Vgl. Methoden der Bibelauslegung unter URL: http://www.bibel-verstehen.ch; *Vette, Joachim:* Art. Bibelauslegung, historisch-kritische (AT)/WiBiLex, Kap. 3, mit weiterer Lit.

len. Bei beiden Schritten ist immer auch Vorsicht geboten: Bei den literarischen Spannungen muss gefragt werden, ob wir sie nur heute als solche wahrnehmen oder ob sie auch in biblischer Zeit als solche angesehen werden konnten. Falls Letzteres zutrifft, stellt sich die Frage, warum die Spannungen im Text belassen wurden. In Bezug auf die Entstehungsthese ist davon auszugehen, dass der Entstehungsprozess des Pentateuchs höchst komplex gewesen sein wird und wohl nie ganz entschlüsselt werden kann. Dennoch sind Entstehungshypothesen sinnvoll: Erstens können sie helfen, den Text besser zu verstehen. Zweitens lassen sie nach den sozialen, historischen Begebenheiten in der Entstehungszeit fragen. Dieses Zurückfragen nach der historischen Situation eines Textes ist aber eines der wichtigsten Mittel gegen fundamentalistische Bibellektüren.

Im Folgenden seien für Gen 16 in Anlehnung an Irmtraud Fischers Untersuchung literarkritische Beobachtungen und eine These für die Entstehung dargelegt:[141] V. 1 leitet die Erzählung neu ein, indem Sara nochmals als Abrahams Frau vorgestellt wird und zudem nochmals erwähnt wird, dass sie keine Kinder geboren hat. Beides ist seit Gen 11,29 f. den Lesenden bekannt. Erstmals hingegen kommt Hagar in der Erzählung vor, als ägyptische Sklavin von Sara.[142] Ganz anders als in Gen 12,10–20 ist in Gen 16 nun Sara die aktiv Handelnde: Um das Problem der Kinderlosigkeit zu lösen, gebietet sie Abraham, mit ihrer Sklavin Hagar ein Kind für sich zu zeugen. «Und Abram hörte auf Sarais Stimme» (V. 2b). Auf diese Aussage in V. 2b könnte unmittelbar V. 4 folgen: «und er ging zu Hagar ein, und sie wurde schwanger».

V. 3 verlangsamt die Erzählung jedoch und wiederholt, was bereits in V. 2a gesagt wurde: Nochmals wird Sara als Abrahams Frau bezeichnet, nochmals Hagar als Ägypterin und Sklavin, nochmals Abraham als Mann von Sara. Die Intention von V. 3 ist, die ganze Sache als einen offiziellen, rechtlichen Akt darzustellen: Es soll damit die im Alten Orient bekannte Sitte des stellvertretenden Gebärens einer Sklavin

141 Vgl. *Fischer, Irmtraud,* Erzeltern 259–298.

142 Zu Hagar vgl. *Naumann, Thomas:* Art. Hagar/WiBiLex, mit weiterer Lit.

für die Hauptfrau unterstrichen werden.[143] Aufgrund dessen erscheint es als wahrscheinlich, dass V. 3 der Erzählung erst später hinzugefügt wurde.

V. 4 berichtet knapp die Ausführung und dann deren Folgen: In den Augen der schwangeren Hagar wird deren Herrin Sara gering/verflucht/geschmäht (es wird mit קלל dasselbe Wort gebraucht wie in Gen 12,3b).[144] Das führt zur Klage Saras in V. 5. Seltsamerweise klagt Sara nicht so sehr Hagar an als vielmehr Abraham: Gott soll zwischen Sara und Abraham richten. Abraham zieht sich in V. 6 sofort zurück, was nicht gerade als mutig und aufrecht bezeichnet werden kann. Sara misshandelt/unterdrückt hierauf Hagar (vgl. Gen 31,50; 34,2; Ex 1,11 f. u. ö.). Daher flieht Hagar.

V. 7 f. berichten vom Engel Gottes, der Hagar an einer Wasserquelle in der Wüste auf dem Weg nach Schur findet und nach ihrer Herkunft und Zukunft fragt. Hagar gibt zur Antwort: «Vor Sarai, meiner Herrin, bin ich auf der Flucht» (V. 8).

In V. 9 folgt eine Erwiderung des Engels Gottes, welche *Phyllis Trible* in ihrer bahnbrechenden Arbeit «Texts of Terror» (dt. Mein Gott, warum hast du mich vergessen!) zu Recht aufs Schärfste kritisiert:[145]

> «Und der Engel Gottes sagte zu ihr: Kehre zu deiner Herrin zurück und demütige/beuge dich unter ihre Hände / lass dich durch sie (ihre Hände) unterdrücken/misshandeln.» (Gen 16,9)

Der Inhalt dieser Engelsrede steht im krassen Gegensatz zum Inhalt der folgenden VV. 11–13: In V. 11 verheisst der Engel Gottes der Hagar einen Sohn, den sie «Ismael», das heisst: «Gott erhört», nennen soll. Explizit begründet der Engel diese Namenswahl mit: «denn Gott hat auf dein Elend gehört» (V. 11). Dem Ismael wird in V. 12 Macht gegen andere zugesprochen. In V. 13 antwortet Hagar dankbar auf die Erscheinung von Gottes Engel bzw. auf die Gotteserscheinung: «Du bist El-Roi! [wörtl. ein Gott, der mich sieht] Denn sie sagte: Wahrlich, hier habe ich dem nachgesehen, der auf mich sieht.» Die Namenswahl Ismael und deren Begründung sowie die

---

143 Vgl. *Fischer, Irmtraud,* Erzeltern 97–101.

144 Siehe Abschnitt 4.2.2.1.

145 Vgl. *Trible, Phyllis,* Gott 25–59.

Reaktion der Hagar passen aber nun ganz und gar nicht zu der vorherigen Aussage des Engels in V. 9. Sie stehen vielmehr im direkten Widerspruch dazu: Gemäss V. 9 soll sich Hagar misshandeln/unterdrücken/demütigen lassen. Doch das bedeutet eine Rückkehr in den Zustand, aus dem Hagar gemäss V. 6 geflohen ist! All diese Beobachtungen legen die Vermutung nahe, dass der Text über mehrere Stufen entstanden ist. V. 10 wirkt bei alledem lediglich wie ein Trostpflaster: Du musst dich misshandeln lassen, aber du wirst einmal viele Nachkommen haben. Dies ist kein wirklicher Trost und schon gar nicht die Erhörung des Elends der Hagar.

Die Vermutung, dass Gen 16,9–11 über mehrere Stufen gewachsen ist, wird durch folgende Beobachtungen am Text bestärkt: Ohne ersichtlichen Grund wird die Rede des Engels drei Mal eingeleitet, obwohl sie durch nichts anderes unterbrochen wird. Drei Mal hintereinander heisst es: «[9] Und der Engel GOTTES sagte zu ihr [...] [10] Und der Engel GOTTES sagte zu ihr [...] [11] Und der Engel GOTTES sagte zu ihr [...]» Dies erinnert an den Stil von Ergänzungen, vergleichbar mit verschiedenen Positionen von Rabbinern in rabbinischer Zeit: «Rabbi Elieser sprach [...] Aber Rabbi Samuel sagte [...] Und Rabbi Jonathan sprach [...]» Dadurch können, wie es später im Talmud geschieht,[146] verschiedene Meinungen zur Auslegung bzw. zu einer Sachfrage einer Bibelstelle wiedergegeben werden.

Aufgrund dieser und weiterer Beobachtungen unterscheidet Fischer in Gen 16 drei Stufen der Entstehung: eine ursprüngliche Erzählung in Gen 16,1 f.4–8.11–14; eine zweite Stufe bei der Zusammenstellung mit der Priesterschrift in Gen 16,3.15 f.; und eine dritte Bearbeitung in Gen 16,9 f.:

146 Vgl. *Stemberger, Günter,* Der Talmud; *ders.*, Einleitung; *ders.:* Art. Talmud/WiBiLex; *Martini, Annett/Talabardon, Susanne:* Art. Bibelauslegung, jüdische/WiBiLex.

Ursprüngliche Erzählung
(gelungene Flucht Hagars und evtl. Heiligtumsgründung)

P(riesterschrift) (wird zusammengefügt mit der ursprünglichen Erzählung)

weitere Redaktion (evtl. schon vor der Zusammenfügung mit P: Da Hagar mit Ismael in Gen 20 aufgrund der Zusammenstellung verschiedener Erzählungen noch einmal bei Abraham und Sara ist, muss sie in Gen 16 zurückgeschickt werden)

V. 1 «Und Sarai, Abrams Frau, gebar ihm keine [Kinder].
Sie hatte aber eine ägyptische Sklavin, deren Name war Hagar.
V. 2 Da sagte Sarai zu Abram:
Siehe doch, Gott hat mich verschlossen, so dass ich nicht gebären kann.
Geh doch zu meiner Sklavin ein! Vielleicht komme ich durch sie zu einem Sohn.
Und Abram hörte auf Sarais Stimme.
V. 3 Da nahm Sarai, Abrams Frau, ihre Sklavin, die Ägypterin Hagar,
nachdem Abram zehn Jahre im Land Kanaan gewohnt hatte,
und gab sie Abram, ihrem Mann, ihm zur Frau.
V. 4 Und er ging zu Hagar ein, und sie wurde schwanger.
Als sie aber sah, dass sie schwanger war,
da wurde ihre Herrin gering/verflucht/geschmäht in ihren Augen.
V. 5 Da sagte Sarai zu Abram:
Das Unrecht / die Gewalt, das / die mir geschieht, komme über dich!
Ich selbst habe meine Sklavin in deinen Schoss gegeben. Doch kaum hat sie gesehen,
dass sie schwanger ist, da bin ich gering/verflucht/geschmäht in ihren Augen.
Gott richte zwischen mir und dir!
V. 6 Da sagte Abram zu Sarai:
Siehe, deine Sklavin ist in deiner Hand. Mache mit ihr, was gut ist in deinen Augen!
Da misshandelte/unterdrückte/demütigte Sarai sie,
da floh sie vor ihr.
V. 7 Und der Engel GOTTES fand sie an einer Wasserquelle in der Wüste,
an der Quelle auf dem Weg nach Schur.
V. 8 Und er sagte:
Hagar, Sklavin Sarais, woher kommst du, und wohin gehst du?
Und sie sagte:
Vor Sarai, meiner Herrin, bin ich auf der Flucht.

Ursprüngliche Erzählung

P(riesterschrift)

weitere Redaktion

V. 9 Und der Engel GOTTES sagte zu ihr:
Kehre zu deiner Herrin zurück, und demütige / beuge dich unter ihre Hände /
lass dich durch sie (ihre Hände) unterdrücken, misshandeln.
V. 10 Und der Engel GOTTES sagte zu ihr:
Ich will deine Nachkommen so sehr mehren,
dass man sie nicht zählen kann vor Menge.
V. 11 Und der Engel GOTTES sagte zu ihr:
Siehe, du bist schwanger und wirst einen Sohn gebären;
dem sollst du den Namen Ismael [wörtl. Gott erhörte] geben,
denn Gott hat auf dein Elend gehört.
V. 12 *Und er, er wird ein Mensch wie ein Wildesel sein; seine Hand gegen alle*
und die Hand aller gegen ihn, und allen seinen Brüdern setzt er sich vors Gesicht.
V. 13 Da nannte sie den Namen GOTTES, der zu ihr geredet hatte:
Du bist El-Roi! [wörtl. ein Gott, der mich sieht, אתה אל ראי]
Denn sie sagte:
Wahrlich, hier habe ich dem nachgesehen, der auf mich sieht.
V. 14 Deshalb nennt man den Brunnen: Beer-Lachai-Roi
[wörtl. Brunnen des Lebendigen, der auf mich schaut];
siehe, er ist zwischen Kadesch und Bered.
V. 15 Und Hagar gebar dem Abram einen Sohn;
und Abram gab seinem Sohn, den Hagar geboren hatte, den Namen Ismael.
V. 16 Und Abram war 86 Jahre alt, als Hagar dem Abram Ismael gebar.»

Wenn der Text in dieser Weise entstanden ist, so handelt die ursprüngliche Erzählung von einer gelungenen Flucht Hagars. V. 9 mit dem Rückkehrbefehl in die Unterdrückung wird deshalb nachträglich eingefügt, weil in Gen 21,9–21 nochmals eine sehr ähnliche Erzählung folgt: Dort werden Hagar und der nun geborene Ismael von Sara und Abraham definitiv vertrieben. Gen 21 könnte jedoch nicht erzählt werden, wenn in Gen 16 die Flucht der Hagar bereits geglückt wäre. Daher wird Hagar in Gen 16,9 zurückgeschickt, denn sonst könnte Gen 21 nicht erzählt werden. Dass Hagar zurückkehrt, wird in Gen 16 übrigens nicht erzählt. V. 15 berichtet lediglich, dass Hagar dem Abraham einen Sohn gebar und dass Abraham ihm den Namen Ismael gab. Dies steht wiederum in einer Spannung zu V. 11, wo der Engel zu Hagar sagt, sie selbst solle ihrem Sohn den Namen Ismael geben. V. 15 f. haben ein ähnliches Anliegen wie V. 3: Sie wollen Ismael als legitimen Sohn Abrahams kennzeichnen. Von daher wird vermutet, dass die VV. 3.15 f. derselben Bearbeitungsschicht (Redaktion oder Priesterschrift) zugehören.

Doch die ursprüngliche Erzählung berichtet von einer gelungenen Flucht Hagars, die möglicherweise sogar mit einer Heilgtumsgründung bzw. Brunnengründung verbunden gewesen ist. Ob es eine solche Gründung historisch einmal gegeben hatte oder ob dies Gen 16 einfach erzählt, kann nicht entschieden werden. Jedenfalls wird die Benennung des Brunnens in «Beer-Lachai-Roi», was wörtlich wohl «Brunnen des Lebendigen, der auf mich schaut» heisst,[147] mit der Gottes-/Engelserscheinung von Hagar begründet: V. 13 ist sehr schwierig zu übersetzen: Er kann einerseits so übersetzt werden, dass Gott Hagar sieht, aber auch umgekehrt, dass Hagar Gott sieht.[148] Falls letzteres zutrifft, so erhält Hagar die seltene und andernorts als nicht möglich beschriebene Würde, Gott zu sehen – wie es Gen 18 von Abraham erzählt.

---

147 Vgl. *Jericke, Detlef:* Art. Beer Lahai-Roï/WiBiLex; *Egger, Monika,* Hagar 161–164.

148 Vgl. *Koenen, Klaus,* Wer sieht wen?; *Egger, Monika,* Hagar 143–161.

Verheissung von Nachkommen, Land und Bund (Gen 17) 4.2.2.5

Auf Gen 16 folgt mit Gen 17 ein Text, auf den hier nicht ausführlich eingegangen werden kann, so bedeutend er auch ist.[149] Gen 17 spielt auf der Erzählebene 13 Jahre nach der Geburt Ismaels: In fünf langen Gottesreden wird Abraham Nachkommenschaft und das Land Kanaan verheissen. Zudem wird stark betont, dass Gott mit Abraham, Isaak und dessen Nachkommen einen Bund schliesst.[150] Als Bundeszeichen dient die Beschneidung.[151] Die ebenfalls in Gen 17 erzählte Namensgebungen für Abram zu Abraham und von Sarai zu Sara werden damit begründet, dass Abraham «zum Stammvater einer Menge von Völkern» werden soll (V. 5) und dass von Sara «Völker» und «Könige von Völkern» entstammen sollen (V. 15 f.).

Abraham lacht ungläubig über die Verheissung solcher Nachkommenschaft (Gen 17,17 f.), wie später auch Sara lachen wird (Gen 18,12). Kein Wunder, wird doch Abraham in Gen 17,24 als 99-jährig beschrieben. Natürlich sind solche Altersangaben nicht wortwörtlich zu verstehen, sondern vielmehr als Stilmittel, um das Besondere (die besondere Würde einer Person; das besonders Unglaubliche eines Geschehens etc.) zu betonen.[152]

Gott isst unkoscher (Gen 18,1–15) 4.2.2.6

In manchen biblischen Erzählungen bricht Gott aus Rollen aus, die ihm durch Menschen – Gläubigen wie Ungläubigen – üblicherweise zugeschrieben werden. Gen 18,1–15 ist ein Musterbeispiel dafür, und zwar gleich in mehrfacher Hinsicht:[153]

Es gehört zum jüdisch-biblischen «Credo», dass kein Mensch Gott sehen kann (vgl. Ex 33,18–23). Von Abraham wird jedoch in Gen 18 wie selbstverständlich erzählt, dass er am Zelteingang sitzt, seine Augen erhebt und drei «Männer»

---

149 Vgl. zu Gen 17 *Ziemer, Benjamin,* Abram; *Köckert, Matthias,* «Bund»; *Ruwe, Andreas,* Beschneidung.

150 Zum Bund vgl. *Rüterswörden, Udo:* Art. Bund (AT)/WiBiLex.

151 Vgl. *Zimmermann, Ulrich:* Art. Beschneidung (AT)/WiBiLex.

152 Vgl. *Lang, Bernhard:* Art. Alter (AT)/WiBiLex.

153 Vgl. *Flury, André,* Rollenwechsel 198–202.

sieht (V. 2), von denen zumindest einer als JHWH bezeichnet wird (V. 1.13f.). Das Unmögliche wird hier als Möglichkeit geschildert: Ein Mensch sieht Gott – weil Gott ihn besucht, weil Gott entgegen seiner gewöhnlichen «Rolle» als Unsichtbarer, Unfassbarer für einmal so beschrieben wird, dass Gott sich sehen lassen will (vgl. auch Ex 24,9–11).

Weiter ist es biblisch ebenso unaufgebbare Glaubenssache, dass es nur *einen einzigen* Gott gibt (vgl. u. a. Dtn 6,4; Jes 44,6; Mk 12,29; Lk 18,19). Doch in Gen 18 erscheint Gott dem Abraham so, dass Abraham *drei* Männer dastehen sieht (V. 2). Das Aussergewöhnliche für die damalige ziemlich patriarchale Zeit ist nicht, dass es «Männer» (hebr. *anaschim*) sind, sondern dass es *drei* an der Zahl sind, drei menschliche Gestalten, deren Identität der Text in geheimnisvoller Schwebe lässt zwischen Gott, Menschen und Engeln (vgl. Gen 19,1.15). Jene christlichen wie jüdischen Versuche,[154] welche die drei Gestalten eindeutig erklären wollen – sei es als Trinität, als drei prophetische Männer, als JHWH und zwei Engel –, bleiben hinter dem Rätselhaften der Erzählung zurück. Und vielleicht will Gen 18 genau dies: Das Geheimnisvolle Gottes betonen, zum Ausdruck bringen, dass Gott vielfältiger ist, als Menschen ihn sich vorstellen können, dass Gott immer wieder überraschend, immer wieder anders, grösser – mitunter aber auch kleiner, sprich: menschlicher erscheinen kann.

Drittens ist es normalerweise Gott, der Schöpfer allen Lebens, der den Menschen Nahrung gibt zur rechten Zeit (Ps 104,27; 145,15) und der die Menschen zu einem Festmahl einlädt (Jes 25,6; Mt 22,1–14). In Gen 18 werden jedoch die Rollen getauscht: Gott erscheint als Gast und lässt sich von Sara, Abraham und deren Knecht bekochen. Am meisten überrascht dabei, was Abraham den göttlichen Gästen zum Essen vorsetzt: Abraham trägt ihnen «Butter, Milch und Kalbfleisch» auf – und sie essen davon (V8)! Damit übertritt Gott aber eines der grundlegenden biblischen Speisegebote.[155] Neben der Einteilung in reine (zum Essen erlaubte) und unreine (zum Essen nicht erlaubte) Tiere (Lev 11) sowie dem

154 Vgl. den überaus lesenswerten Genesiskommentar des Rabbiners *Jacob, Benno,* Das erste Buch 435–437.

155 Vgl. *Gies, Kathrin:* Art. Speisegebote (AT)/WiBiLex.

Verbot, Blut zu essen (Gen 9,4; Lev 17,11 f.), woraus das Schächten als Schlachtmethode resultiert, lautet das grundlegende Speisegebot:

> «Du sollst ein Böckchen nicht in der Milch seiner Mutter kochen» (Ex 23,19; vgl. 34,26; Dtn 14,21).

Von Menschen jüdischen Glaubens werden bis heute Milch(speisen) und Fleisch nicht zusammen gegessen. Mitunter gibt es getrennte Küchenbereiche: Für Milchspeisen und für Fleischspeisen. – Ein Gott also, der seine eigenen Gebote übertritt? Was soll das bedeuten?

Zahlreiche jüdische Auslegungen nehmen diese Brisanz des Textes durchaus wahr. Sie versuchen zumeist, die Sachlage zu mildern: So wird beispielsweise behauptet, das Fleisch sei erst später aufgetragen worden –, wofür sich kein Anhaltspunkt im Text findet. Oder es wird argumentiert, die Speisegebote seien erst seit Mose in Kraft getreten und nicht schon bei Abraham. Diese Argumentation hat etwas für sich, doch ganz zu überzeugen vermag auch sie nicht: Warum sollte Gott hier etwas in derart exponierter Weise tun, was er «später» verbieten wird? Historisch gesehen ist Gen 18 zudem mit grosser Wahrscheinlichkeit viel später (erst nachexilisch) entstanden als das Speisegebot in Ex 23,19, das sich im Bundesbuch befindet (Ex 20,22–23,33).[156]

So liegt die Annahme nahe, dass die biblische Erzählung hier Gott ganz bewusst religiöse Konventionen durchbrechen lässt, die sonst als unumstösslich gelten. Es wird damit eine Gewichtung der biblischen Gebote vorgenommen: Wichtiger als kultisch-religiöse Gebote ist gemäss Gen 18 die Annahme der menschlichen Gastfreundschaft. Gott is(s)t, wo man ihn einlädt, kann in Anlehnung an das berühmte Diktum von Menachem Mendel von Kozk gesagt werden: «Gott wohnt, wo man ihn einläßt»[157]. Die jüdische Tradition kann sogar sagen: Gäste zu bewirten sei grösser, als das Angesicht Gottes bzw. der Schekinah zu empfangen.[158] Gen 18 formuliert zudem die Überzeugung, wichtiger als kultisch-religiöse Normen sei für

---

156 Siehe Abschnitt 6.11.

157 Überliefert in *Buber, Martin*, Erzählungen 785.

158 Vgl. bShab 127a.

Gott die Verheissung der Zukunft: Abraham und Sara wird ein Kind verheissen, das für die Zukunft Israels steht. Beiden erscheint diese Zukunftsverheissung so unglaublich, dass sie darüber lachen (Gen 17,17; 18,12–15).

Gen 18,1–15 bringt somit in verschiedenen Facetten zum Ausdruck, dass Gott nicht in ein einziges Bild gezwängt werden soll und sich nicht definieren lässt, wie und was Gott ist. GOTT ist mehr, vielfältiger, unverfügbar. Für Gott ist nichts unmöglich (V. 14) – auch nicht das Ausbrechen aus Rollen, die wir Menschen Gott üblicherweise zuschreiben. Diese Aussagen von Gen 18 erinnern an ein Gedicht, das der Berner Pfarrer und Dichter Kurt Marti (1921–2017) verfasste:[159]

> Noch bevor wir dich suchen, Gott,
> warst du bei uns.
> Wenn wir dich als Vater anrufen,
> hast du uns längst schon wie eine Mutter geliebt.
> Wenn wir Herr zu dir sagen,
> gibst du dich als Bruder zu erkennen.
> Wenn wir deine Brüderlichkeit preisen,
> kommst du uns schwesterlich entgegen.
> Immer bist du es,
> der uns zuerst geliebt hat […]

4.2.2.7 An Gottes Gerechtigkeit appellieren (Gen 18,16–33)

Nach der Verheissung von Zukunft an Sara und Abraham wird in Gen 18,16–33 eine neue Frage aufgeworfen:[160] Wie soll sich Abraham – sprich: wie sollen sich Jüd*innen – gegenüber anderen Menschen oder Nationen verhalten, die massivstes Unrecht tun? Und was soll von Gott erwartet werden? Diese Fragen werden anhand der Städte Sodom und Gomorra diskutiert. Wahrscheinlich galt Sodom schon in vorbiblischer Zeit als Stadt, die das Unrecht repräsentiert. In Jerusalem war jedenfalls, lange bevor es von David erobert wurde, ein Sonnengott als Richter verehrt worden, der Stätten des Unrechts in Wüsten verwandelte.[161] An solche Gottesbilder und Gerech-

159 *Marti, Kurt,* Gottesbefragung 150.
160 Vgl. zum Folgenden *Flury, André,* Gerechtigkeit 198–207.
161 Vgl. *Keel, Othmar,* Geschichte Jerusalems I, 277–281.

tigkeitsvorstellungen knüpfen die biblischen Erzählungen an: Sodom und Gomorra – im Bereich des Toten Meeres angesiedelt, archäologisch jedoch nicht nachweisbar[162] – gelten in biblischen Texten als Symbol für die Schlechtigkeit an sich: Von Hochmut und Geiz (Ez 16,49) über missachtete Gastfreundschaft bis hin zu sexueller Gewalt (Gen 19) wird hier alle Gottlosigkeit «versammelt». Und so erscheint es nur recht, wenn Gott dem ein Ende setzt.

Doch in Gen 18 widerspricht Abraham überraschenderweise dieser weit verbreiteten religiösen Überzeugung. Abraham bleibt wie selbstverständlich bei Gott stehen und fragt Gott wie jemanden, den er zur Rechenschaft ziehen kann: «Willst du auch den Gerechten mit dem Ruchlosen wegraffen?» (V. 23). Mit anderen Worten: Kann es Gott in Kauf nehmen, bei der Bestrafung von Frevlern auch Unschuldige, Gerechte zu treffen? Und: Ist das Geschick des Gerechten genau das gleiche wie jenes des Ungerechten (V. 25)?

Dies alles widerspricht offenbar Abrahams Gerechtigkeitsempfinden – und das heisst der Überzeugung jener, die Gen 18,16–33 erzählen. Aus diesem Widerspruch resultiert eine noch grundlegendere Frage: Sollte sich Gott, der als Richter über die ganze Erde geglaubt wird, nicht auch selbst an das Recht halten müssen (V. 20)? Diese Frage Abrahams zielt auf das Gottesbild: Gott kann gemäss Gen 18,10–33 nicht alles Beliebige tun. Gott darf nicht willkürlich handeln oder ungerecht richten. Abraham appelliert an die Gerechtigkeit Gottes: Gott hat sich als Richter der ganzen Erde selbst an das Recht zu halten. Damit widerspricht Gen 18,20–33 deutlich anderen biblischen Aussagen wie etwa jener in Jes 45,7, gemäss der Gott Heil und Unheil schafft.

Der jüdische Exeget Ehud Ben Zvi sieht in Gen 18,20–33 gar eine Beschränkung der praktischen, funktionalen Allmacht Gottes diskutiert: Diese werde in Gen 18 beschränkt, weil sich Gott erstens an ethische Standards zu halten habe, was zu tun und was nicht zu tun ist; weil zweitens diese Standards von einem Menschen gekannt werden können. Und

162 Vgl. *Knauf, Ernst A.:* Art. Sodom und Gomorra/WiBiLex.

drittens, weil Unrecht weder von Gott noch von Menschen kollektiv bestraft werden dürfe.[163]

Insgesamt ist Gen 18,20–33 damit meines Erachtens ein Appell für den Glauben an einen Gott, der sich der Gerechtigkeit und Barmherzigkeit verpflichtet weiss: Insofern und weil Gott gerecht ist, kann Gott nicht ungerecht richten, sondern muss wahrhaftiges Recht schaffen. Insofern und weil Gott barmherzig ist, wird Gott der ganzen Stadt Sodom, auch wenn es darin nur zehn Gerechte gäbe, verzeihen – um der zehn willen (V. 24). Warum das Verhandeln Abrahams mit Gott gerade bei zehn Gerechten aufhört, hat in der Auslegung verschiedene Interpretationsversuche gefunden: Zehn entspricht der traditionellen Zahl des *minjan*, der Grundversammlung im synagogalen Gottesdienst. Falls Gen 18 deshalb bei zehn Gerechten aufhört, würde das bedeuten: Aufgrund der jüdischen Gottesdienstversammlung wird eine ungerechte Stadt/Welt verschont. Allerdings ist der *minjan* erst in der Mischnah belegt.[164] Andere vermuten, Abraham habe Lot im Blick, der zusammen mit seiner Frau, seinen beiden Töchtern sowie deren anvertrauten Männern bereits sechs Personen ausmacht. Daher könne Abraham keinen weiteren Fünfer-Schritt von 10 auf 5 heruntergehen (wie von 50 auf 45). Doch Gen 18,20–33 will bestimmt nicht sagen, weniger als zehn Gerechte könnten von Gott dahingerafft werden. Schliesslich werden ja auch nur drei Leute, Lot und seine beiden Töchter, gerettet (19,12–26). Gen 18 betont vielmehr den Glauben an einen Gott, der gerecht und barmherzig ist.

Zudem nimmt Gen 18,20–33 auch Abraham/Israel in die Pflicht: Abraham ist dazu berufen, dass alle Nationen der Erde durch ihn gesegnet werden, wie Gen 18,18 in Bezugnahme auf Gen 12,3 wiederholt.[165] Dieses Segen-Sein Abrahams bedeutet in Gen 18,16–33 dreierlei: Erstens soll Abraham/Israel selbst «Recht und Gerechtigkeit» lehren (V. 19). Zweitens soll Israel auch für die schlimmsten Übeltäter bei Gott eintreten und um Vergebung bitten – um der Gerechten willen. Drittens muss Abraham/Israel auch beim ärgsten Feind mit Gerechten, d. h.

---

163 Vgl. *Ben Zvi, Ehud,* Dialogue.

164 Megilla 4,3.

165 Siehe Abschnitt 4.2.2.1.

mit Gerechtigkeit und Gottesfrucht rechnen. Dies wird ebenfalls im Jonabuch betont[166] sowie in der Gen 19 folgenden Erzählung von Abraham und Sara beim Philisterkönig Abimelech (Gen 20,1–18): Abraham verleugnet hier seine Frau Sara ein zweites Mal, und zwar weil er meint, es gebe bei Israels Erzfeind, bei den Philistern[167] / dem Philisterkönig Abimelech, «keine Gottesfurcht» (V. 11). Doch Abraham wird von Abimelech und von Gott eines Besseren belehrt: Abimelech hat mit «arglosem Herzen und reinen Händen» gehandelt (V. 5 f.). Dies muss Abraham erkennen und schliesslich für Abimelech und dessen Haus beten, damit sie Leben haben (VV. 7.17). Dies aber ist eine grundlegend neue religiöse Haltung: Dem Feind werden nicht Flüche entgegengesandt, nein, für den Feind wird vielmehr Gottes Heil erbeten.

Die Versuchung (Gen 22,1–19) 4.2.2.8

Lektüre und Methode: Emotionalisierung durch «Leerstellen» 4.2.2.8.1

Texte können emotionalisieren. Zum Beispiel durch Tabubrüche, Provokationen, Zynismus oder Ironie. Aber auch durch «Leerstellen»: Dinge, die nicht gesagt werden, implizit dazu einladen, die «Leerstellen» mit eigenen Gedanken, mit eigener Vermutung, eigener Lebenserfahrung und eigener Fantasie zu ergänzen.

Lektüre und Methode: Bitte lesen Sie Gen 22,1–19 und überlegen Sie sich, welche Emotionen dieser Text bei Ihnen auslöst. Was fühlen/denken Sie in Bezug auf Gott in diesem Text? Was in Bezug auf Abraham? Und auf Isaak? Woran am Text liegt es genau, dass diese Emotionen ausgelöst werden? Was sagt der Text – und was sagt er nicht, wo gibt es «Leerstellen»?

Schwerwiegende Fragen 4.2.2.8.2

Genesis 22,1–19 gehört zu den schwierigsten Texten der Bibel: Gott verlangt in dieser Erzählung von Abraham, dass er seinen einzigen, geliebten Sohn Isaak als Brandopfer darbringt (V. 1–3). In der christlichen Tradition wird diese Erzählung meist «Die Opferung Isaaks» genannt. Die jüdi-

---

166 Vgl. *Flury, André,* Jona.

167 Vgl. die Abschnitte 2.1.3. und 2.2.1.

sche Tradition nennt sie mehrheitlich «Bindung (hebr. *akeda*) Isaaks», womit angedeutet wird, dass Isaak am Schluss eben doch nicht geopfert wird.[168]

Der Text emotionalisiert wie kaum ein anderer. Er wirft Fragen nach dem Gottesbild, nach dem Abrahamsbild und nach dem Glaubensbild auf: Was soll das für ein Gott sein, der einen Menschen derart prüft? Oder anders gefragt: Welches Bild von Gott machten sich jene, die diese Erzählung verfassten? Was für ein Vater ist Abraham, der dem Auftrag Gottes wortlos gehorcht und bereit ist, seinen Sohn zu schlachten? Kann Glauben wirklich ein solches Tun bedeuten? Ist dies nicht vielmehr Fanatismus? An der Schärfe dieser Fragen ändert wenig, dass Isaak in Gen 22 kein Kleinkind mehr sein muss: In chronologischer, wörtlich verstandener Leseweise der Genesis ist Sara bei der Geburt Isaaks rund 90-jährig (vgl. Gen 17,17; 18,14). Nach der Bindung Isaaks stirbt Sara – manche Auslegenden interpretieren frei: aufgrund des Schocks über das, was Abraham zu tun bereit war – mit 127 Jahren (Gen 23,1). Für Isaak ist in Gen 22 infolgedessen ein Alter von ca. 5–37 Jahren möglich.

In der Auslegungsgeschichte wurde jedoch zumeist Abrahams unerschütterlicher Glaube an Gott und sein Gebot als vorbildlich angesehen. Dagegen begannen seit der Aufklärung die Gegenstimmen zuzunehmen. Prominent ist Immanuel Kants (1724–1804) Aussage, Abraham hätte auf Gottes Stimme wie folgt antworten müssen:

> «[...] dass ich meinen guten Sohn nicht töten solle, ist ganz gewiß; dass aber du, der du mir erscheinst, Gott sei [sic.], davon bin ich nicht gewiß und kann es auch nicht werden, wenn sie [die Stimme] auch vom (sichtbaren) Himmel herabschallete.»[169]

Es sei im Folgenden nach dem Gottesbild, nach allfälligen Menschenopfern sowie nach dem Abrahams- und Glaubensbild gefragt, bevor verschiedene Auslegungsversuche dargestellt werden.

---

168 Zur parallelen Erzählung der Prüfung Ibrahims mit Ismael im Islam vgl. Koran, Sure 37:99–113.

169 *Kant, Immanuel*, Werke Bd. 6, 333 in der Fussnote.

Beginnen wir mit dem Gottesbild. Gleich zu Beginn der Erzählung wird das Ganze als eine Prüfung Abrahams durch Gott bezeichnet:[170] «da prüfte [hebr. *nisah*] Gott [Elohim] den Abraham» (V. 1). Der Engel GOTTES verhindert im letzten Moment, dass Abraham den Isaak opfert, mit folgender Begründung:

> «Er sprach: Strecke deine Hand nicht aus gegen den Knaben, und tu ihm nichts, denn nun weiss ich, dass du gottesfürchtig bist, da du mir deinen Sohn, deinen Einzigen, nicht vorenthalten hast.» (Gen 22,12)

Da stellt sich doch mit Recht die Frage: Kennt Gott Abraham denn nicht, dass er ihn erst prüfen muss? Gemäss vielen anderen biblischen Aussagen ist es ja gerade Gott allein, der das Herz eines Menschen kennt (vgl. 1 Kön 8,39; Ps 139 usw.). Und falls es doch eine Prüfung bräuchte: Gäbe es keine andere Möglichkeit, den Abraham zu prüfen? Zudem: Was ist das für eine Art von «Gottesfurcht»? Die Hebammen Schifra und Pua retten aufgrund ihrer Gottesfurcht Leben (Ex 1)[171] – und Abraham soll Leben opfern und damit vernichten?

Abrahams Bereitschaft zur Opferung seines Sohnes Isaak wird in der zweiten Engelsrede ausdrücklich gutgeheissen und belohnt:

> «[15] Und der Engel GOTTES rief Abraham ein zweites Mal vom Himmel her [16] und sprach: Ich schwöre bei mir selbst, Spruch GOTTES: Deswegen, weil du diese Sache getan und deinen Sohn, deinen Einzigen, mir nicht vorenthalten hast, [17] deswegen werde ich dich ganz gewiss segnen, indem ich deine Nachkommen mehre wie die Sterne des Himmels und wie den Sand am Ufer des Meeres, und deine Nachkommen werden das Tor ihrer Feinde in Besitz nehmen, [18] so dass sich alle Nationen der Erde mit deinen Nachkommen Segen wünschen, zum Lohn dafür, dass du auf meine Stimme gehört hast.» (Gen 22,15–18)

Dieser Segen gleicht in verschiedener Hinsicht dem verbreiteten altorientalischen Herrschaftssegen aus den Königsideologien: Mehrung des eigenen Volkes, Mehrung des Reichtums

170 Vgl. *Scherer, Andreas:* Art. Prüfung/WiBiLex.

171 Siehe Abschnitt 6.2.3.

und die Herrschaft über Feinde (vgl. u.a. Ps 2; 72).[172] Der Ausdruck «Feinde» kommt bezeichnenderweise im Genesisbuch hier zum ersten Mal vor, danach nur noch in Gen 49,8 mit einem vergleichbaren Herrschaftssegen.

4.2.2.8.3 Menschenopfer?

Für das Verständnis von Gen 22 ist auch die Frage entscheidend, ob es im Alten Orient, in der Antike sowie in Israel/Jerusalem tatsächliche Menschen-/Kinderopfer gegeben hatte oder nicht. Diese Frage wird seit längerer Zeit erforscht und ist bis heute umstritten. Einige archäologische Funde in Ägypten, Mesopotamien, Anatolien, Syrien, Griechenland, Zypern, Kreta sowie im punischen Bereich (Karthago, Sizilien, Sardinien, Malta) werden teilweise als Belege von Menschenopfern angesehen.[173] In Israel/Palästina fanden sich bis heute keine archäologischen Hinweise auf Menschenopfer.

Bei den literarischen Erwähnungen von Menschenopfern ist immer die Frage, ob diese tatsächlich stattgefunden hatten oder ob z.B. lediglich behauptet wird, ein feindliches Volk opfere Kinder/Menschen. Solche Erzählungen wären dann als Kriegspropaganda bzw. Polemik gegen eine andere Kultur anzusehen. Berühmt ist beispielsweise die Beschuldigung des Diodor von Sizilien (1. Jahrhundert v.Chr.) gegen die Karthager:

> «(1) Deshalb glaubten die Karthager auch, dieses Unglück sei über sie von den Göttern verhängt worden, [...] (4) Sie beschuldigten auch Kronos, er sei ihnen feindlich gesonnen, insofern, als sie in den früheren Zeiten diesem Gott jeweils die besten ihrer Söhne geopfert hatten, später aber heimlich Jungen kauften, diese aufzogen und dann zum Opfer schickten [...] (5) [...] Bemüht, diese Achtlosigkeit wieder in Ordnung zu bringen, opferten sie öffentlich 200 der Söhne aus den angesehensten Familien, die sie zuvor ausgesucht hatten».[174]

---

172 Siehe Abschnitt 4.2.2.1; vgl. zudem *Maul, Stefan M.*, König; *Flury, André*, Abrahams Segen 193–223.247–264.

173 Vgl. dazu und zum Folgenden *Bauks, Michaela:* Art. Menschenopfer/WiBiLex; *dies.*, Jephtas Tochter, bes. 31–52.70–73.140–154; zum Stand der Archäologie vgl. *Porter, Anne/Schwartz, Glenn M.*, Sacred Killing.

174 Zit. nach Diodorus 220f.

Die biblischen Erzählungen von Menschenopfer (Gen 22; Ri 11; 2 Kön 3,26 f.) sowie die weiteren Stellen, die auf Menschen-/Kinderopfer hinweisen,[175] sind in ihrer Deutung ebenfalls umstritten: Manche gehen davon aus, dass es seit dem späten 8./7. Jahrhundert v. Chr. (bes. unter König Manasse) in Juda/Jerusalem tatsächlich Kinderopfer gegeben hatte,[176] andere halten dies für ausgeschlossen.[177]

Abrahamsbild und Glaubensverständnis 4.2.2.8.4

Neben der Frage nach dem Gottesbild ist auch die Frage nach dem Abrahamsbild zu stellen: Ist Abraham in Gen 22 ein vorbildlich gläubiger Mensch mit unerschütterlichem Gottvertrauen? Oder vielmehr ein feiger, gewissenloser Mensch, der – nach Sara, Hagar und Ismael – auch noch seinen «einzigen», «geliebten» Sohn Isaak (V. 2) preisgibt, das heisst, im Stich lässt und dem Tod weiht? Die Auslegungen von Gen 22 schwanken zwischen diesen beiden Polen. Dies liegt besonders auch an der Offenheit des Textes, das heisst an dem, was der Text gerade nicht sagt:

Von Abraham wird im Text keine einzige Gefühlsregung, kein Gedankengang und kein Widerspruch zu Gottes Aufforderung geschildert. Dies z. B. im Gegensatz zu seinem Zweifel an Gottes Verheissung in Gen 15,1–3 und 17,17 f., zu seinem Widerspruch in 18,16–33 oder zu seinen Gedanken in 21,11. Dies führt dazu, dass in der Auslegung Abraham allerhand Gefühle, Absichten und Beweggründe angedichtet werden, von denen der Text schlicht nichts sagt. Einige Aussagen Abrahams fördern zudem ein gegensätzliches Verständnis: Wenn Abraham zu den Knechten sagt: «Bleibt ihr mit dem Esel hier! Ich aber und der Junge wollen dorthin gehen und anbeten und zu euch zurückkehren» (Gen 22,5), so kann dies verstanden werden als ein Vertrauen Abrahams, dass es doch

---

175 Vgl. Ez 20,26; 16,20 f.; 2 Kön 16,3; 21,6; Jer 7,31 f.; 19,6.12.13.14; zum Kinderopfer für den «Moloch» vgl. Lev 18,21; 20,2.3.4.5; 2 Kön 23,10; Jer 32,35; Jes 30,33; zur Polemik gegen Menschen-/Kinderopfer vgl. Dtn 12,29–31; Jer 7,31; 19. Auf Gen 16 folgt mit Gen 17 ein Text, auf den hier nicht ausführlich eingegangen werden kann, so bedeutend er auch ist.

176 So u. a. *Noort, Ed,* Genesis 22; *ders.,* Child Sacrifice; *Stavrakopoulou, Francesca,* Manasseh.

177 So u. a. *Keel, Othmar,* Geschichte Jerusalems I, 492–504.

noch einen Ausweg gibt und Isaak am Leben bleibt. Es kann aber auch als Lüge Abrahams verstanden werden, als eine Täuschung der Knechte, weil Abraham keine Zeugen dabeihaben will. Ebenso gegensätzlich kann Abrahams Antwort auf Isaaks Frage, wo denn das Schaf zum Brandopfer sei (V. 7), verstanden werden: «Gott wird sich das Schaf zum Brandopfer ersehen, mein Sohn» (V. 8). Auch dies kann eine Hoffnung darstellen oder eine Lüge/Täuschung.

Solche «Lücken» im Text werden von den Lesenden und Interpretierenden – oft unbewusst – aufgefüllt, was zu sehr unterschiedlichen Auslegungen führt. Solche «Lücken» machen viele biblische Texte zu «offenen Kunstwerken» (Umberto Eco), das heisst zu Kunstwerken, bei denen die je eigene Interpretation der Lesenden und der Glaubensgemeinschaft ebenso bedeutend ist wie das Kunstwerk selbst.[178] Denn das eigene Gottesbild und die eigene Glaubensauffassung spielen eine wesentliche Rolle, wie die «Lücken» gefüllt werden. Hinzu kommen die Schwierigkeiten bei der Auslegung dessen, was tatsächlich im Text steht.

4.2.2.8.5 Interpretationsversuche

Gen 22 hat aus den genannten Gründen sehr viele unterschiedliche Auslegungen erfahren. Die wichtigsten seien hier kurz genannt.

a) Entstehungsgeschichtlich: Gen 22 erzähle von einem Stopp von Kinderopfern. Vor allem die Vertreter der religionsgeschichtlichen Schule[179] nahmen an, dass Gen 22 eine Erzählung sei, welche die Ablösung von Kinderopfern bzw. Menschenopfern fordere. Ursprünglich hätte Gen 22 nämlich von einer tatsächlichen Opferung Isaaks erzählt. Deshalb sei Isaak am Ende in V. 19 auch nicht mehr erwähnt: «Darauf kehrte Abraham zu seinen Knechten zurück.»

Kritik/Anfragen: Heute wird diese Auslegung kaum mehr vertreten. Erstens weil es fraglich ist, ob es überhaupt Menschenopfer in Israel gegeben hatte, und zweitens weil die Engelreden die Bereitschaft Abrahams, Isaak zu opfern, nicht kritisieren, sondern belohnen. Warum sollte ausgerechnet mit

178 Vgl. das gleichnamige Buch *Eco, Umberto,* Kunstwerk.
179 Vgl. grundlegend *Gunkel, Hermann,* Genesis, 236 ff.

dem Lob der Bereitschaft zum Menschenopfer letzteres abgeschafft werden?

b) Entstehungsgeschichtlich: Abraham habe in der ursprünglichen Erzählung Widerstand geleistet. Die meisten Forschenden halten die Engelsrede in Gen 22,15–18 für eine spätere Ergänzung. Der israelische Exeget Omri Boehm machte den Vorschlag, auch die erste Engelsrede, d. h. die Verhinderung des Opfers durch den Engel in Gen 22,11–12, sei eine spätere Ergänzung. Die ursprüngliche Fassung erzähle von einem Abraham, der einer unmoralischen Forderung seitens Gottes *nicht* gehorchte und anstelle des Sohnes *von sich aus* einen Widder opferte. Denn ohne erste Engelsrede folgt auf V. 10 direkt V. 13: «10 Abraham streckte seine Hand nach dem Messer aus, um seinen Sohn zu schlachten. 13 Da hob er seine Augen – und siehe, da war ein Widder hinten im Gestrüpp an seinen Hörnern festgehalten. Da ging Abraham, nahm den Widder und opferte ihn anstelle seines Sohnes». Die ursprüngliche Erzählung ist somit gemäss Boehm «eine innerbiblische Polemik [...] anhand des Themas Ungehorsam gegen einen offensichtlich illegalen Befehl».[180]

Kritik/Anfragen: Diese Auslegung ist bestimmt für das Abrahambild sympathisch. Literarkritisch/entstehungsgeschichtlich ist sie m. E. nicht unmöglich, bleibt aber unsicher. Hinzu kommt, dass der schliesslich vorliegende Text gar nichts mehr von einem Widerstand Abrahams erzählt. Und dieser Text ist kanonisch, d. h. als heilige Schrift in Judentum und Christentum überliefert.

c) Volksgeschichtlich: Wenn ernst genommen wird, was die Forschung der letzten 30 Jahre erarbeitet hat, dass nämlich «Abraham», «Sara», «Hagar», «Isaak» usw. in den biblischen Erzählungen nicht primär für Individuen stehen, sondern vielmehr für das Volk Israel/Juda bzw. für Völker und Stämme, dann muss auch bei Gen 22 gefragt werden, was das für die Interpretation bedeuten könnte. Stehen hier Abraham und Isaak für das Südreich Juda, das um 701 v. Chr. nur ganz knapp vor der Zerstörung durch die Assyrer bewahrt wurde? Dies im

180 «[...] an inner-biblical polemic [...] on the issue of disobeying a manifestly illegal order»: *Boehm, Omri,* Binding. An inner-biblical Polemic 3; vgl. *ders.*, Child Sacrifice; ausführlich: *ders.*, Binding. A religious Model.

Gegensatz zum Nordreich Israel, das 722 v. Chr. grausam zerstört wurde.[181] Ist Gen 22 in der schliesslich vorliegenden Fassung eine Verarbeitung dieser Ereignisse oder eine Verarbeitung des späteren babylonischen Exils?

Kritik/Anfragen: Zurzeit ist hier die Forschung m. E. noch zu wenig weit, um eine genauere Interpretation zu erlangen, das heisst, um Gen 22 – oder andere Texte der Erzelternerzählung historisch genau zu verorten. Einerseits weil die Erkenntnis, dass die Erzelternerzählungen reflektierte Volksgeschichte ist, noch relativ neu ist. Andererseits weil die meisten Aussagen der Erzeltern-Erzählungen in historischer Hinsicht zu wenig konkret sind, um sie mit konkreten historischen Ereignissen zu verbinden.

d) Theodizeefrage bzw. Verarbeitung der Tempelzerstörung: Gen 22 erzähle von der Unverständlichkeit Gottes. In neuerer Zeit nehmen viele Forschende an, die Erzählung Gen 22 thematisiere die Unverständlichkeit Gottes bzw. die Theodizee-Problematik (die Rechtfertigung Gottes angesichts des unverschuldeten menschlichen Leids):[182] Gott könne Zukunft eröffnen (Gen 12,1 ff.) und die Verheissungen des Lebens erfüllen. Gott könne aber auch beides zurückfordern und zurücknehmen. Als Hintergrund wird gerne die exilische/nachexilische Zeit angenommen. Gen 22 sei eine Verarbeitung der Krise des babylonischen Exils.

Kritik/Anfragen: Wie schon bei der vorherigen Auslegung bleiben der geschichtliche Hintergrund und die konkretere Auslegung recht vage. Zudem wäre zu fragen: Warum wird ausgerechnet ein «Brandopfer» verlangt? Was ist das für ein Gott bzw. Gottesbild? Erhält in dieser Auslegung Gott nicht völlig willkürliche, gar sadistische Züge? Wie aber soll der Glaube an einen willkürlichen Gott helfen, die Krise des babylonischen Exils zu verarbeiten? Kritisch ist auch zu fragen, welches Glaubensverständnis dieser Auslegung zugrunde liegt: Warum soll ein glaubender Mensch der Vernichtung seiner eigenen Zukunft – in Form des eigenen Sohnes – zustimmen?

181 Siehe die Abschnitte 2.3.1 und 2.3.2.

182 Vgl. u. a. *Veijola, Timo,* Opfer; *Ebach, Jürgen,* Theodizee; *Albertz, Rainer,* Exilszeit 113 f.

e) Forderung von unbedingtem, blindem Gottesgehorsam: Bei meinen eigenen Untersuchungen[183] kam ich – contre coeur – zur Überzeugung, dass Gen 22,1–19, so wie dieser Text mit den beiden Engelsreden als Gesamtes in der Bibel überliefert ist, einen unbedingten, wir würden heute sagen einen unkritischen, absoluten Gottesgehorsam fordert. Dieser Gehorsam wird über den Schutz des Lebens von Menschen gestellt. Die Menschheitsgeschichte wie auch unsere Zeit zeigen, dass solcher Extremismus immer wieder vorkommt, sei es bei fanatisierten, fundamentalistisch religiösen Menschen, sei es bei nichtreligiösen, indoktrinierten, totalitären Menschen und Systemen.

Im Hintergrund von Gen 22 steht meiner Meinung nach Dtn 13: Es sind die einzigen Stellen der Bibel, in denen im Zusammenhang mit einer Prüfung durch Gott von einem Menschen verlangt wird, dass er seinen Sohn eigenhändig tötet bzw. opfert. Religionsgeschichtlich wurden in Dtn 13 wahrscheinlich Vorstellungen aus assyrischen Vasallenverträgen übernommen: Wenn die Assyrer ein Land eroberten, mussten die Besiegten einen Vertrag unterschreiben.[184] Darin wird – neben Steuerabgaben etc. – unbedingter Gehorsam gegenüber dem assyrischen König verlangt: Wenn das eigene Kind, die eigene Frau, der beste Freund usw. etwas Abfälliges gegen den assyrischen König sagt, müssen diese von den Familienangehörigen sofort angezeigt werden. Dann werden sie vor eine Lynchjustiz gestellt.[185] Im Überlebenskampf gegen diese brutale assyrische Besatzungsmacht wurde in Juda eine Gegenstrategie formuliert: Die Loyalität gegenüber Gott/JHWH muss ebenso gross bzw. grösser sein als jene gegen den assyrischen Tyrannen. So wird in Dtn 13 mit praktisch genau gleichen Worten wie in den Vasallenverträgen verlangt:

> «[7] Wenn dich dein Bruder, der Sohn deiner Mutter oder dein Sohn oder deine Tochter oder die Frau in deinen Armen oder dein Freund, den du so lieb hast wie dich selbst, heimlich verführen will und sagt: Auf, lass uns anderen Göttern dienen […], [9] dann sollst du ihm nicht nachgeben

183 Vgl. *Flury, André*, Abrahams Segen 147–167.264–283.
184 Siehe die Abschnitte 2.3 und 2.4.3.
185 Vgl. *Otto, Eckart*, Krieg 72 f.; *ders.*, Das Deuteronomium 3 f.; *Flury, André*, Abrahams Segen 283–286.

und nicht auf ihn hören. Du sollst ihn nicht schonen und dich seiner nicht erbarmen und ihn nicht decken, [10] sondern du musst ihn umbringen. Du sollst als erster Hand an ihn legen, um ihn zu töten, und danach das ganze Volk. [11] Du sollst ihn zu Tode steinigen, denn er hat versucht, dich abzubringen von Gott, deinem Gott, der dich herausgeführt hat aus dem Land Ägypten, aus dem Sklavenhaus.» (Dtn 13,7–11)

Während eines grausamen Krieges sind derartige Forderungen leider üblich (vgl. Gesetze gegen Desserteure, Kriegsverräter). Als Gotteswort ist eine solche Aussage meiner Meinung nach katastrophal. Es wurde hier eine Kriegs- und Königsideologie auf den Glauben übertragen. Und Gen 22 könnte als Legitimation solcher Forderungen gebraucht worden sein: Wenn jemand nun – zu Recht – sagen würde, was in Dtn 13 verlangt wird, könne Gott nicht fordern, so kann ihm mit Gen 22 erwidert werden: Doch, Gott hat schon von Abraham ein solches Opfer verlangt, und Abraham wurde reich belohnt für seinen Gehorsam. Eine solche menschenverachtende Logik findet sich heutzutage sehr ähnlich bei islamistischen Terroristen.

Kritik/Anfragen: Auch gegen diese Auslegung kann eingewendet werden, dass unsicher ist, ob die Texte entstehungsgeschichtlich so voneinander abhängen. Zudem ist unsicher, ob die in Dtn 13 und andernorts geforderten Steinigungen etc. historisch je durchgeführt wurden. Manche Forschenden bestreiten, dass Dtn 13 etc. je positives Recht waren.[186]

f) Feministische Auslegung/narrativer Erzählbogen: Irmtraud Fischer hat für Gen 22 vorgeschlagen, diese im narrativen Zusammenhang mit den anderen Preisgaben Abrahams zu lesen:

«Abraham hat alle Menschen um sich preisgegeben. Seine Frau Sara zweimal durch die Verleugnung der Ehebeziehung (12,10ff; 20), Hagar, die Mutter seines Kindes, einmal als Schwangere (Gen 16), der er die Unterstützung versagte, und das andere Mal samt seinem Erstgeborenen Ismael, den er auf Nimmerwiedersehen außer Haus schickt und in Todesgefahr bringt (21,8ff). Nun hat er nur noch den einen Sohn, den einzigen, den er liebt, den Isaak (22,2). Und den soll er auf göttlichen

186 Vgl. *Köckert, Matthias,* Ort 83 f.

Befehl hin eigenhändig opfern. Die Geschichte erzählt von der Erprobung Abrahams, nicht von der Opferung Isaaks (V. 1). Gott mutet Abraham mit diesem Befehl zu, das an sich selber zu vollziehen, was er den Menschen – im speziellen den Frauen – um sich zugemutet hat: vom Lebensstrom abgeschnitten zu werden. Der Tod eines alten Mannes entspräche dem Lauf der Welt. Will Gott nach Abraham selber greifen, muß er nach dessen einziger Zukunft, nach seinem Sohn, greifen. Wie Ismael wird auch Isaak im letzten Augenblick durch einen Engel vom Himmel her gerettet und vor dem Tod bewahrt (21,17; 22,11). Die Probe ist bestanden, Vater und Sohn können weiterleben wie die verzweifelte Hagar und der vom Verdursten bedrohte Ismael.»[187]

Kritik/Anfragen: So sympathisch diese Auslegung auf den ersten Blick ist, so gravierende Fragen wirft sie auf den zweiten auf. Warum wird Abraham dafür belohnt, dass er nun mittels Isaak auch noch sich selbst aufgibt? Werden durch diese Belohnung nicht auch die anderen Preisgaben göttlich legitimiert? Müsste die Stimme des Engels nicht vielmehr schreien: «Halt, Abraham! Du hast alle dir anvertrauten Menschen verraten, nun verrätst du auch noch dich selbst. Doch Gott will nicht, dass du Menschen verrätst, opferst, in den Tod treibst! Gott will vielmehr das Leben für sie alle – und auch das Leben für dich!»

g) Jüdisch-rabbinische Auslegungen: Auch jüdischerseits hat Gen 22 eine Vielzahl an Auslegungen erfahren.[188] Davon sollen hier in aller Kürze nur ein paar Auslegungsrichtungen aus rabbinischer Zeit erwähnt werden: Die Bindung (Akeda) Isaaks wird in rabbinischer Auslegung sehr häufig als Hoffnungszeichen dafür angesehen, dass Gott Israel vor Not, Unglück, Verfolgung und gar dem Tod schützt. Interessanterweise wird mehrfach so formuliert, wie wenn Isaak tatsächlich geopfert worden wäre: Die Mechilta (ein halachischer Midrasch[189]) nennt zweimal den Ausdruck «Blut der Akedat Isaaks», was dessen Opferung voraussetzt (MRI 7,31.37 zu

187 *Fischer, Irmtraud,* Genesis 12–50, 72 f.; ausführlicher *dies.,* Erzeltern 333–337.361–366.

188 Vgl. ausführlich *Kundert, Lukas,* Opferung; weiter *Moisès, Stéphane,* Opferung; *Berthelot, Katell,* Jewish Views; *Lenzen, Verena,* Leben 49–86.

189 Vgl. *Kundert, Lukas,* Opferung 2, 11–17.

Ex 12,3). Dieses «Blut» wird in Verbindung gebracht mit der Pessachnacht in Ägypten (vgl. Ex 12): Das Blut der Opfertiere, welche die Israelit*innen in Ägypten an die Türpfosten streichen, erinnert Gott an das Blut Isaaks, wodurch die Israelit*innen vom Tod verschont werden. Sowohl im palästinischen wie im babylonischen Talmud wird von der «Asche Isaaks» geredet, was ebenfalls dessen tatsächliche Opferung voraussetzt.[190] Die «Asche Isaaks» stimmt Gott gnädig (bTaan 16a). Sie hilft aber auch, nach dem babylonischen Exil die Lage des Altars im zerstörten Tempel von Jerusalem wiederzufinden (bZeb 62a). Zudem erinnert die «Asche Isaaks» Gott an Rosch ha-Schanah (jüdischer Neujahrstag) beim Blasen des Widderhorns (Schofar) daran, dass alle Nachkommen Isaaks bereit sind, dem Glauben an Gott treu zu bleiben, selbst wenn sie dafür verfolgt und getötet werden (bRH 16a). In einer rabbinischen Auslegung war Isaak sogar zur Selbstopferung bereit, bevor Gottes Befehl an Abraham erging (bSanh 89b). Im Hintergrund dieser Auslegung stehen die real erfahrenen Verfolgungen jüdischer Menschen in griechischer und römischer Zeit – und später auch während der Kreuzzüge und in der Schoah / im Holocaust: Das Ermordetwerden aufgrund der Zugehörigkeit zum Judentum wurde jüdischerseits häufig in Verbindung mit der Akedah gebraucht und als Martyrium, als «Heiligung des Namens» GOTTES verstanden.[191]

Aufgrund der Erfahrung, dass unschuldige, wehrlose Menschen allein wegen ihres Glaubens umgebracht wurden, wurden auch die Fragen aufgeworfen: Wo ist Gott? Ist der Tod eines Menschen das Ende? Gibt es nie Gerechtigkeit? Vor dem Hintergrund solch tiefschürfender Fragen und Erfahrungen entstand die Hoffnung auf die Auferstehung der Toten, auf ein neues Leben bei Gott. Diese Auferstehungshoffnung wird in rabbinischer Auslegung mehrfach mit der Akeda verbunden (jBer 5,2; jTaan 1,1; BerR 56,2).

Anfragen/Kritik: Auch diese Auslegungen können in verschiedener Hinsicht kritisch befragt werden. Besonders ist zu sagen, dass diese Auslegungen sehr wenig mit der Entstehungszeit von Gen 22 und den Aussagen des Textes zu tun

---

190 Vgl. *Kundert, Lukas,* Opferung 2, 30–33.41–65.

191 Vgl. *Neubauer, Adolf/Stern, Moritz,* Berichte; *Zuidema, Willem,* Isaak.

haben. Die rabbinischen Auslegungen sind eine Art kreativer, weiterschreibender Umgang mit Bibeltexten. Sie sind natürlich kein Beleg dafür, dass Isaak tatsächlich geopfert worden wäre. Der weitere Erzählverlauf der Genesis zeigt ja das Gegenteil. Die Betonung des «Bluts der Akedat Isaak» bzw. der «Asche Isaaks» ist vielmehr vor dem religionsgeschichtlichen Hintergrund der Tempelzerstörung zu sehen: Im ganzen Alten Orient sowie bei den Griechen und den Römern waren blutige Tieropfer ein wichtiger Bestandteil der Religion.[192] Tieropfern wurde u. a. eine sühnende Wirkung zugesprochen: Sie versöhnen Menschen mit Gott und untereinander. Aufgrund der Zerstörung des Jerusalemer Tempels 70 n. Chr. suchten und fanden sowohl die Menschen jüdischen als auch die Menschen christlichen Glaubens eine Ablösung von diesen Tieropfern. Jüdischerseits wurde unter vielem anderem die Erinnerung an die «Opferung Isaaks» bedeutsam. Christlicherseits konnte der Tod Jesu als Opfer und rettende Tat Gottes verstanden werden. Aufgrund dessen konnte im Folgenden sowohl die jüdische wie die christliche Religion auf blutige Tieropfer verzichten. Für die damalige Zeit ein völlig neuer Weg.

Gen 22 ist und bleibt ein umstrittener, ambivalenter bis grausamer Text. Die Art und Weise seiner Auslegung hängt massgeblich von der Auslegungsmethode sowie der Sichtweise und den Intentionen der Auslegenden ab. Gen 22 provoziert zur Stellungnahme. Gen 22 provoziert uns, nach dem eigenen Gottes-, Glaubens- und Menschenbild zu fragen. Angesichts von religiösem Terrorismus in unserer Zeit muss Gen 22 unbedingt das Gebot Gottes entgegengehalten werden: «Du darfst nicht töten» (Ex 20,13; Dtn 5,17).[193] Der Versuchung des (religiösen) Menschen, etwas anderes höher zu stellen als das Leben eines Menschen und das Leben aller Menschen, gilt es zu widerstehen. Gott lieben heisst, den Mitmenschen zu lieben; den Mitmenschen achten heisst, Gott zu achten. Dies bringt bereits die erste Schöpfungserzählung zum Ausdruck, indem sie jeden Menschen als Ebenbild Gottes bezeichnet

192 Vgl. *Theißen, Gerd,* Religion 195–222.

193 Siehe Abschnitt 6.10.6.6.

(Gen 1,1–2,4a). Dies betont auch die Erzählung von Kain und Abel: Wer seinen Mitmenschen missachtet, missachtet damit Gott; wer seinen Mitmenschen zerstört, zerstört damit die Beziehung zu Gott.[194] Jede ernsthafte Religion muss die Gewalttätigkeit des Menschen zu überwinden suchen und den Frieden fördern.

4.2.2.9 Saras und Abrahams Tod (Gen 23,1–20; 25,7–11)

Anschliessend an Gen 22,1–19 werden zunächst Nachkommen von Milka und von Abrahams Bruder Nahor genannt (Gen 22,20–24; vgl. Gen 11,26–29) und gleich darauf vom Tod Saras erzählt:

> «[1] Die Lebenszeit Saras betrug hundertsiebenundzwanzig Jahre. So lange lebte Sara. [2] Und Sara starb in Kirjat-Arba, das ist Hebron, im Land Kanaan. Da kam Abraham, um die Totenklage für Sara zu halten und sie zu beweinen.» (Gen 23,1–2)

Die rabbinische Auslegung hat aus dem Umstand, dass Saras Tod fast unmittelbar nach der Bindung Isaaks erzählt wird, schon früh eine tiefsinnige Interpretation geschaffen: Sara habe von der ganzen Prüfung Abrahams bzw. von dessen Vorhaben, Isaak zu opfern, nichts gewusst. Erst als Abraham und Isaak wieder zurückkamen, habe Sara davon erfahren – und sei vor Entsetzen gestorben.[195] Der biblische Text selbst nennt allerdings keinen Grund für Saras Tod.

Eine besondere Würdigung erfährt Sara zum einen, indem sie die einzige Frau ist, deren Lebensalter im Genesisbuch (bzw. der Priesterschrift) genannt wird, und zum anderen in der Beschreibung des Erwerbs einer Grabstätte für Sara: Gen 23 handelt überaus ausführlich davon, wie Abraham vom Hethiter Efron ein «Feld» mit der «Höhle von Machpela» zu einem hohen Preis rechtsgültig kauft, um für Sara eine würdige Grabstätte zu bekommen.[196]

---

194 Zu Gen 1,1–2,4a siehe Abschnitt 4.1.1; zu Gen 4 siehe Abschnitt 4.1.4.

195 BerR 23,2 (5. Jahrhundert n. Chr.); vgl. Midrasch Tanchuma, z. St. (7.–9. Jahrhundert n. Chr.); Targum Jeruschalmi I = Pseudo-Jonathan, z. St.]

196 Vgl. *Wenning, Robert:* Art. Bestattung (AT)/WiBiLex; *ders.:* Art. Grab (AT)/WiBiLex.

Neben Beerscheba (Gen 21,33; 22,19) ist Hebron (Mamre, Kirjat-Arba; Machpela) der zweite wichtige Ort, an dem die Genesistexte Abraham und Sara wohnhaft werden lassen (Gen 13,18; 18,1; 23).[197] Hebron ist in den Erzelternerzählungen als Grabstätte für Sara und Abraham (Gen 23; 25,7–10), Isaak und Rebekka (Gen 49,1) sowie Lea und Jakob (Gen 49,29–33; 50,13) bedeutsam. Einzig die Erzmutter Rahel ist gemäss Gen 35,19 nicht dort begraben. Das heute *Machpela* oder arabisch *Haram-el-Chalil* genannte Bauwerk in Hebron geht in seinen Anfängen wohl auf die Zeit des Herodes d. Gr. (37–4 v. Chr.) zurück. Es wurde in byzantinischer Zeit in eine Kirche und in muslimischer Zeit in eine Moschee umgebaut. Das heute sichtbare Bauwerk entstand im 14. Jahrhundert n. Chr. Neben der Nutzung als Moschee wird es seit 1967 auch als Synagoge benutzt.

Das Begräbnis Abrahams stellt eine zweifach betonte Versöhnung dar (Gen 25,7–11): Erstens wird – wie selbstverständlich – erwähnt, dass Abraham von seinen beiden Söhnen Isaak und Ismael begraben wird (V. 9). Damit wird aber Isaak, der für Juda/Israel steht, mit dem zweimal vertriebenen Ismael (Gen 16; 21), der wie gesagt für das Volk der Ismaeliter steht, versöhnt.[198] Ebendies beabsichtigt zweitens vielleicht auch die abschliessende Bemerkung: «Isaak liess sich beim Brunnen Lahai-Roï nieder», das ist ebenjener Brunnen bzw. jenes Brunnenheiligtum, das die vertriebene Hagar gemäss Gen 16,14 gegründet hatte.[199]

197 Vgl. *Jericke, Detlef:* Art. Beerscheba/WiBiLex; *ders.:* Art. Hebron/WiBiLex.

198 Vgl. *Hübner, Urlich:* Art. Ismael/Ismaeliter/WiBiLex; siehe zudem Abschnitt 4.2.1.

199 Siehe Abschnitt 4.2.2.4.

4.2.3 Isaak-Rebekka- bzw. Jakob-Esau-Erzählung (Gen 24,1–36,43)

4.2.3.1 Der Erzählbogen

Auf die Erzählung von Isaak und Rebekka[200] bzw. ihrer «Söhne» Jakob und Esau[201] kann hier nur kurz eingegangen werden. Es sollen wenigstens der Kompositionsbogen aufgezeigt sowie einige wichtige Elemente der Erzählung im Hinblick auf die Volksgeschichte hervorgehoben werden: Gen 25,19 setzt neu ein mit der «Geschlechterfolge Isaaks»,[202] das heisst mit der Erzählung über die Nachkommenschaft Isaaks. Gen 24–36 enthält eine Fülle von Themen, wie schon ein Überblick der dreizehn Kapitel erkennen lässt:

Gen 24	Für Isaak wird eine Frau gesucht und gefunden: Rebekka
Gen 25,19–26	Kinderlosigkeit Rebekkas, Gebet, Geburt Esaus und Jakobs: zwei Völker
Gen 25,27–35	Esau verkauft sein Erstgeburtsrecht bzw. Jakob luchst es ihm ab
Gen 26,1–14	Isaaks Verrat an Rebekka (par. Gen 12,10–20; 20,1–18: Abraham verrät Sara zwei Mal)
Gen 26,15–25	Brunnen-Streit zwischen Isaak (entspricht wohl dem Stamm Juda) und den Philistern (par. Gen 21,25–31: Abraham)
Gen 26,26–33	Friedensbund zwischen Isaak (Juda) und Abimelech (Philister) (par. Gen 21,32 f.: Abraham)
Gen 26,34 f.	Esau nimmt sich aus Trotz gegen die «Eltern» hethitische Frauen
Gen 27,1–45	Jakob betrügt auf Initiative Rebekkas seinen «Bruder» Esau und seinen «Vater» Isaak um den Erstgeburts-/Sterbesegen Esau sinnt auf Rache und will Jakob umbringen
Gen 27,46–28,5	Rebekka lässt Jakob mit Isaaks Segen zu Rebekkas «Bruder» Laban nach Haran fliehen
Gen 28,6–9	Esau nimmt sich eine weitere Frau, diesmal von den Ismaelitern

---

200 Vgl. *Klein, Renate A.:* Art. Rebekka/WiBiLex; *Michel, Andreas:* Art. Isaak/WiBiLex.

201 Vgl. *Gies, Kathrin:* Art. Jakob/WiBiLex; *Klein, Renate A.*, Jakob; *Wagner, Thomas:* Art. Israel (AT)/WiBiLex; *Langer, Gerhard*, Esau; *Oswald, Wolfgang:* Art. Esau/WiBiLex.

202 Vgl. zu den Geschlechterfolgen (*toledot*) *Hieke, Thomas:* Art. Genealogie (AT)/WiBiLex.

Gen 28,10–22	Jakobs Traum von der Himmelstreppe in Bet-El
Gen 29,1–30	Jakob bei Laban; Jakob wird von Laban betrogen; Jakobs vierzehnjährige Arbeit für seine Frauen Rahel und Lea
Gen 29,31–30,24	Rahel mit ihrer «Magd» Bilha und Lea mit ihrer «Magd» Silpa wetteifern um Nachkommenschaft
Gen 30,25–43	Jakob überlistet/betrügt Laban
Gen 31,1–42	Rahel stiehlt die Hausgötter (hebr. *terafim*) ihres Vaters[203]; Jakob flieht (erneut) und wird von Laban verfolgt
Gen 31,43–54	Vertrag zwischen Laban und Jakob
Gen 32,1–22	Jakob bereitet sich voller Angst auf die Begegnung mit Esau vor
Gen 32,23–33	Jakobs Kampf am Jabbok
Gen 33	Versöhnung zwischen Esau und Jakob
Gen 34	Dina, die «Tochter» von Lea und Jakob, wird von «Sichem» vergewaltigt und von ihren «Brüdern» Simeon und Levi gerächt.
Gen 35	Gott segnet Jakob Rahel gebiert Benjamin und stirbt dabei; Geschlechterfolge Jakobs
Gen 36	Geschlechterfolge Esaus

Wie schon bei Ismael/Isaak setzt sich die geschichtliche Linie Israels nicht beim Erstgeborenen Esau, sondern beim Zweitgeborenen Jakob fort. Ebenso wird es bei Jakobs «Enkeln» Efraim und Manasse sein (Gen 48,8–20). Damit nimmt das Genesisbuch eine gesellschaftskritische Haltung ein: Nicht einfach das Volk, das zuerst da war oder das am meisten wirtschaftliche und militärische Macht hat, soll das Land besitzen. Theologisch widerspricht das Genesisbuch zudem der Meinung, der Stärkere, Mächtigere, Reichere sei von Gott gesegnet und behalte seine Macht auf immer. Nein, gerade auch die später Gekommenen, die Schwächeren werden gesegnet. Diese herrschaftskritische Haltung und Theologie findet sich ebenfalls ausgeprägt in vielen prophetischen Büchern und im Exodusbuch.[204] Die Jakob-Esau-Erzählung fragt nach Ersten und Zweiten, nach Überordnung und Unterordnung, Macht und Ohnmacht und einer Umkehrung der Verhältnisse.

203 Vgl. *Schmitt, Rüdiger:* Art. Hausgott/Terafin/WiBiLex.

204 Siehe Kap. 6. Zur Prophetie vgl. *Schart, Aaron:* Art. Prophetie (AT)/WiBiLex; *Gerstenberger, Erhard:* Art. Königskritik/WiBiLex; *Bauer, Dieter,* Überlieferungen, u. a. 39 f.53–55.65–70.

Exkurs

Der Name Jakob

An der Verwendung des Namens Jakob lässt sich gut erkennen, wie sehr er als Volksname gebraucht wird:[205] Gewöhnlich stehen sowohl der Name Jakob als auch der Ausdruck Haus Jakob (hebr. *bajit jakob*, Ex 19,3; Ps 114,11; Jes 2,5) für das Nordreich Israel. Der Name Juda oder der Ausdruck Haus Juda steht demgegenüber für das Südreich Juda (vgl. 2 Sam 2,10; 1 Kön 12,21 u.ö.). Nach der Zerstörung des Nordreichs Israel durch die Assyrer um 722 v.Chr. kann «Jakob» zudem das Nordreich zusammen mit dem Südreich Juda bezeichnen. Für den Namen Jakob zeigt sich die Gleichsetzung mit «Israel» sehr schön in der herausragenden Stilform hebräischer Poesie, der parallelen Formulierung (Parallelismus membrorum), z.B.: «Wenn Gott die Gefangenschaft seines Volkes wendet, wird Jakob jubeln, Israel sich freuen» (Ps 24,7). Durch diese parallele Nennung werden Jakob und Israel einander gleichgesetzt.

Eine andere Möglichkeit, deutlich zu machen, dass «Jakob» eigentlich für «Israel» steht, beschreitet das Genesisbuch. Hier findet in narrativer Weise zweimal eine neue Namensgebungen statt. Zunächst wird Jakob beim Ringen mit dem Unbekannten in Israel umbenannt (Gen 32,23–33):

«[28] Da sprach er zu ihm: Wie heisst du? Und er sprach: Jakob.

[29] Da sprach er: Du sollst nicht mehr Jakob heissen, sondern Israel, denn du hast mit Gott und mit Menschen gestritten und hast gesiegt.» (Gen 32,28f.)

Das zweite Mal erfolgt die neue Namensgebung im Zusammenhang mit der Kultreinigung in Bet-El (Gen 35,1–15):

«[9] Und Gott erschien Jakob noch einmal, als er von Paddan-Aram kam, und er segnete ihn.

[10] Gott sprach zu ihm: Dein Name ist Jakob. Aber du sollst nicht mehr Jakob heissen, sondern Israel soll dein Name sein. Und er nannte ihn Israel.» (Gen 35,9f.)

Was hier in eine (Volks-)Erzählung eingebettet ist, widerspiegelt den genannten geschichtlichen Hintergrund: Mit Jakob ist das Nordreich Israel gemeint, und durch die genealogische Verbindung Jakobs mit Isaak und Abraham später auch das Südreich Juda.

Zusätzlich zu diesen geschichtlichen Konstellationen finden sich im Genesisbuch zwei volksetymologische Ableitungen zum Namen Jakob: Das hebräische Wort «Jakob» leitet sich her von: «Gott schützt / möge schützen». In der Genesiserzählung werden aufgrund ähnlich klingender Wörter nicht etymologische, sondern humorvolle und selbstkritische Deutungen für den Namen «Jakob» gegeben: Da sich Jakob als Zweitgeborener bei der Geburt an der Ferse des

205 Vgl. *Gies, Kathrin:* Art. Jakob/WiBiLex, Kap. 3.2; *Wagner, Thomas:* Art. Israel (AT)/WiBiLex, Kap. 4.

erstgeborenen Esaus festgehalten habe (als wenn das ein Baby bei der Geburt könnte), werde er «Fersenhalter» genannt (von hebr. *akev* für Ferse, vgl. Gen 25,26). Die zweite Ableitung kommt in der Rede Esaus vor, der sich beim gemeinsamen «Vater» Isaak beklagt: «Da sagte Esau: Hat man ihn nicht Jakob genannt? Er hat mich jetzt schon zweimal betrogen» (Gen 27,36, mit hebr. *akav* für betrügen; vgl. Hos 12,4). Diese Wortspiele sind, da Jakob für Israel steht, nicht ohne Selbstkritik.

Selbstkritische Reflexion der Geschichte Judas 4.2.3.2

Rebekka, Isaaks Frau, wird in Gen 25,20 als «Tochter des Aramäers Betuël aus Paddan-Aram» und Schwester des «Aramäers Laban» bezeichnet. Damit wird eine verwandtschaftliche Verbindung geschaffen zum nordöstlich von Israel gelegenen Aram (etwa heutiges Syrien) bzw. zum vielgliedrigen Aramäerreich (vgl. ebenso Dtn 26,5).[206] Noch vor der Geburt Esaus und Jakobs wird klargemacht, dass es anhand ihres Geschicks um eine Reflexion der Volks-/Stammesgeschichte geht:

> «GOTT sprach zu ihr [Rebekka]: Zwei Nationen sind in deinem Leib, und zwei Volksstämme scheiden sich aus deinem Innern; und ein Volksstamm wird stärker sein als der andere, und der Ältere wird dem Jüngeren dienen.» (Gen 25,23)

Der Zweitgeborene Jakob steht, wie gesehen, vor allem für das Nordreich Israel, später für Israel und Juda. Der Erstgeborene der beiden Söhne wird Esau genannt und steht für das Volk Edom. So heisst es in Gen 36,8 explizit: «Esau ist Edom». An späterer Stelle stehen die zwölf «Söhne» Jakobs (Gen 29 ff.) für die zwölf Stämme Israels und die zwölf «Söhne» Esaus für die Stammesfürsten Edoms (Gen 36). Das kleine Königtum Edom ist südöstlich von Kanaan/Israel gelegen. Viele biblische Schriften berichten von den über Jahrhunderte dauernden kriegerischen Auseinandersetzungen Judas/Israels mit Edom (z. B. Sam 8,13 f.; 1 Kön 11,11–22; Ez 25,12–14).[207] Diese zwei Völker rivalisieren seit ihrem Bestehen miteinander, erzählerisch-bildlich gesprochen: seit ihrem Entstehen im «Mutter-

---

206 Vgl. *Niehr, Herbert:* Art. Aram/Aramäer/WiBiLex.
207 Siehe Abschnitt 2.2.2; vgl. zudem *Wagner, Thomas:* Art. Israel (AT)/WiBiLex; *Blum, Erhard,* Komposition der Vätergeschichte 69–79.

leib Rebekkas». Esau wird als Lieblingssohn Isaaks dargestellt, Jakob als Lieblingssohn Rebekkas (Gen 25,28).

Manche biblischen Texte projizieren den Konflikt mit Edom geschichtlich schon in die Zeit des Auszugs der Israelit*innen aus Ägypten zurück (Num 20,14–15; Ri 11,17 f.), andere nennen Kämpfe Sauls, Davids und von dessen Feldherrn Joab gegen Edom (1 Kön 11,15 f.; 2 Sam 8,13 f.). Eher historisch dürften drei Begebenheiten sein, in denen sich Juda von Edom verraten fühlte: Gemäss 2 Kön 3,8 f. zog der judäische König Joram (852–841 v. Chr.) zusammen mit dem ihm untergebenen Edomiterkönig gegen Moab in den Krieg, doch Edom wandte sich noch zu Jorams Lebzeiten wieder von Juda ab (2 Kön 8,20.22). Gemäss 2 Kön 16,6 wurde im syro-efraimitischen Krieg[208] die Hafenstadt Elat dem judäischen König Ahas (734–728 v. Chr.) entrissen und Edom zugeschlagen. Am stärksten wird Edom jedoch vorgeworfen, es sei während des babylonischen Exils[209] plündernd in Juda eingefallen (Klgl 4,21 f.; Ez 25,12). Das Ezechielbuch verurteilt deshalb Edom mit den Worten:

> «[12] So spricht der Gott JHWH: Weil Edom am Haus Juda rachsüchtig gehandelt und mehr und mehr Schuld auf sich geladen und sich immer wieder an ihnen gerächt hat, [13] darum, so spricht der Gott JHWH: Ich werde meine Hand ausstrecken gegen Edom und Mensch und Tier darin ausrotten, und von Teman an werde ich es in Trümmer legen, und bis nach Dedan hin werden sie fallen durch das Schwert. [14] Meine Rache an Edom aber werde ich in die Hand meines Volkes Israel legen, und wie es meiner Wut und meinem Zorn entspricht, werden sie mit Edom verfahren, und sie werden meine Rache erfahren! Spruch des Gottes JHWH.» (Ez 25,12–14, vgl. u. a. Jes 34; Jer 49,7–22)

Wie ganz anders das Genesisbuch! Gen 25–36 reflektiert die Rivalität in erzählerischer Weise. Erstaunlicherweise wird dabei sehr kritisch über sich selbst, das heisst über Jakob/ Israel, erzählt und sehr positiv über Esau/Edom. Mehrfach

208 Siehe Abschnitt 2.3.2.
209 Siehe Abschnitt 2.5.

handelt Jakob/Israel falsch an Esau und muss einen langen Weg gehen, bis es zur Versöhnung mit Esau/Edom kommt:[210]

Es beginnt damit, dass Jakob dem hungrigen Esaus das Erstgeburtsrecht für ein Linsengericht abkauft (Gen 25,27–34) und damit zum Haupterben des väterlichen Besitzes wird (Dtn 21,15–17). Hier kann dem Esau vielleicht Leichtsinnigkeit (frei nach Brecht: «erst kommt das Fressen, dann das Denken») und dem Jakob Schlauheit beigemessen werden. Beim Erstgeburtssegen bzw. dem Sterbesegen Isaaks ist es jedoch ein klarer Betrug (Gen 27): Auf Initiative von Rebekka täuscht und belügt Jakob seinen «Vater» Isaak mehrfach, damit dieser vor seinem Tod ihn anstelle von Esau segnet. Dem verzweifelten Esau sagt der getäuschte und wohl ebenso enttäuschte Isaak: «Ich habe ihn zum Herrn über dich gemacht» (Gen 27,37). Dem Esau, seinem Lieblingssohn, kann Isaak lediglich in Aussicht stellen: «Doch wird es geschehen, wenn du dich losmachst, wirst du sein Joch von deinem Hals wegreissen» (Gen 27,40). Esau sinnt auf Rache an Jakob, doch Rebekka warnt Jakob und lässt ihn mit dem nochmaligen Segen Isaaks nach Haran bzw. Paddan-Aram zu ihrem Bruder Laban fliehen (Gen 27,31–28,5).[211] Auf der Flucht kommt es zu dem berühmten Traum Jakobs von der Himmelstreppe in Bet-El (Gen 28,10–22), der ein Gelübde Esaus zur Folge hat:[212]

> «[20] Und Jakob legte ein Gelübde ab und sprach: Wenn Gott mit mir sein und mich behüten wird auf dem Weg, den ich gehe, wenn er mir Brot zu essen geben wird und Kleider anzuziehen [21] und mich wieder mit Frieden heim zu meinem Vater bringt, dann soll JHWH mein Gott sein [22] und dieser Stein, den ich als Steinmal aufgestellt habe, soll ein Gotteshaus werden […]» (Gen 28,20–22).

210 Vgl. *Fischer, Georg,* Josefsgeschichte; *Eberhart, Christian:* Art. Versöhnung (AT)/WiBiLex.

211 Vgl. *Bagg, Ariel:* Art. Haran/WiBiLex; *Kellenberger, Edgar:* Art. Paddan Aram/WiBiLex.

212 Vgl. *Blum, Erhard,* Komposition der Vätergeschichte; *Flury, André,* Abrahams Segen 175–180; *Lanckau, Jörg:* Art. Himmelsleiter/WiBiLex; *ders.,* Herr; *Koenen, Klaus:* Art. Bethel (Ort)/WiBiLex.

Jakob verhandelte nicht nur mit Esau um dessen Erstgeburtsrecht, Jakob verhandelt auch mit Gott: *Wenn* JHWH dem Jakob alles Mögliche gibt, *dann* soll dieser JHWH für Jakob Gott sein.

In der Fremde muss Jakob erstmal selbst erleben, wie es ist, betrogen zu werden (Gen 29,1–30): Sieben Jahre diente Jakob dem Laban, um dessen Tochter Rahel zur Frau zu bekommen. In der Hochzeitsnacht wird Jakob aber von Laban betrogen, der ihm die ältere Tochter Lea unterschiebt. – Wie schon beim Fersenhalten zeigt sich auch hier, dass die Erzählung immer wieder witzig-ironisch und nicht wortwörtlich zu verstehen ist: Wie sollte Jakob, der sich von Beginn weg in Rahel verliebte (Gen 29,18), diesen Betrug nicht sofort bemerkt haben? Er muss, so die Ironie des Schicksals, blinder als sein von ihm getäuschter Vater Isaak geworden sein (Gen 27,1). – Erst am Morgen bemerkt Jakob den Betrug, stellt Laban zur Rede und erhält dann eine Woche später auch Rahel zur Frau. Freilich nicht ohne für Rahel dem Laban nochmals sieben Jahre dienen zu müssen. Lea und Rahel gelangen in eine Art Gebärwettstreit, wozu sie sowohl ihre Sklavinnen Silpa und Bilha als auch Jakob benutzen (Gen 30,1–24). Auch wenn dieser Wettstreit auf die Stammes- und Volksgeschichte hin geschrieben ist, zeigt sich meines Erachtens darin doch eine frauenfeindliche Sicht, die Lea, Rahel, Silpa und Bilha auf das Söhnegebären reduziert.

Jakob selbst wurde durch die Erfahrung des Betrogenwerdens durch Laban nicht zum Besseren erzogen: Als er von Laban wegziehen und in sein Land zurückkehren will, betrügt Jakob den Laban wiederum um dessen starke Ziegen und Lämmer (Gen 30,25–43; 31,1–18). Rahel stiehlt die Hausgötter ihres Vaters Laban, und Jakob flieht erneut – diesmal mit all seinen Frauen, Kindern und seiner Habe. Daraufhin wird Jakob von Laban verfolgt. Nur durch Gottes Intervention in einem Traum Labans wird Schlimmstes verhindert und kommt es schliesslich zum Bund zwischen Laban und Jakob (Gen 31,19–32,1). Mit dieser Erzählung formuliert das Genesisbuch wiederum den Wunsch, es möge zwischen Israeliten und Aramäern einen friedenssichernden Bund geben.

Auf dem Heimweg steht Jakob Todesängste aus, als er erfährt, dass Esau ihm mit vierhundert Mann entgegenzieht

(Gen 32,7–9). Aus dieser Situation heraus tönt Jakobs Gebet an Gott anders als sein «Gelübde» in Gen 28,20–22. Jakob spricht zu Gott u. a.:

> «[11] Ich bin zu gering für alle Gnade und alle Treue, die du deinem Diener erwiesen hast. Ich hatte nur meinen Stab, als ich den Jordan da überschritt, und nun gebiete ich über zwei Lager. [12] Rette mich doch aus der Hand meines Bruders, aus der Hand Esaus, denn ich fürchte, dass er kommt und mich erschlägt, mich und die Mutter samt den Kindern.» (Gen 32,11f, Zü. 07)

Daraufhin schickt Jakob dem Esau Boten mit einer Unmenge an Geschenken entgegen, um diesen zu bestechen bzw. zu besänftigen. Die Boten sollen Jakob als «Knecht» Esaus bezeichnen und Esau als «Herrn» (Gen 32,14–22). Auf Jakobs Weg Richtung Esau kommt es schliesslich zum berühmten Kampf Jakobs am Fluss Jabbok (Gen 32):[213] Die Seinen hatte Jakob bereits über den Fluss gebracht, als ein Unbekannter mit ihm ringt bis zur Morgenröte. Da der Unbekannte Jakob nicht besiegen kann, bittet er Jakob, ihn loszulassen:

> «[27] Und er sprach: Lass mich los, denn die Morgenröte ist heraufgezogen. Er aber sprach: Ich lasse dich nicht, es sei denn, du segnest mich. [28] Da sprach er zu ihm: Wie heisst du? Und er sprach: Jakob. [29] Da sprach er: Du sollst nicht mehr Jakob heissen, sondern Israel, denn du hast mit Gott und mit Menschen gestritten und hast gesiegt. [30] Und Jakob fragte und sprach: Bitte nenne mir deinen Namen. Er aber sprach: Was fragst du nach meinem Namen? Und dort segnete er ihn. [31] Und Jakob nannte die Stätte Peniel. Denn, sagte er, ich habe Gott von Angesicht zu Angesicht gesehen und bin mit dem Leben davongekommen.» (Gen 32,27–31, Zü. 07)

Dieser Kampf markiert einen Wendepunkt: Auf der Flucht vor Esau war Jakob in Bet-El «die Sonne untergegangen» (Gen 28,11). Nach dem Ringkampf, so heisst es nun, «ging ihm die Sonne auf» (Gen 32,23). Und nun geht Jakob nicht mehr hinter all den Boten und Geschenken versteckt einher, nun geht er selbst voraus, seinem Bruder Esau entgegen:

---

213 Vgl. *Blum, Erhard, Komposition* der Vätergeschichte; *Jacob, Benno,* Das erste Buch, 638–644.

> «[3] Und er selbst ging vor ihnen her und warf sich siebenmal zur Erde nieder, bis er zu seinem Bruder kam. [4] Esau aber lief ihm entgegen und umarmte ihn, fiel ihm um den Hals und küsste ihn, und sie weinten.» (Gen 33,3 f.)

Esau erweist sich als barmherzig und grosszügig. Er will nichts von den vielen Geschenken. Und Jakob sieht Esau nun mit ganz anderen Augen:

> «Da sprach Jakob: Nicht doch! Wenn ich Gnade in deinen Augen gefunden habe, so nimm mein Geschenk von mir an. Denn ich habe dein Angesicht gesehen, wie man das Angesicht Gottes sieht, und du hast mich freundlich aufgenommen.» (Gen 33,10)

Damit wird erzählerisch ein deutlicher Bezug zum Kampf am Jabbok hergestellt: Die Begegnung mit Esau wird in Bezug gesetzt zum Kampf mit dem Unbekannten, den Jakob als Gott deutet. Dies legt die Interpretation nahe, Versöhnung mit dem «Bruder», mit dem benachbarten Volk zu wagen, bedeutet Gott zu begegnen. Dies ist die theologische, friedensfördernde Aussageabsicht der Jakob-Esau-Erzählung!

Entsprechend den historischen wahrscheinlichen Siedlungsgebieten der Völker lässt der Text Esau nach Seïr zurückkehren. Jakob, der Esau in der Erzählung wohl doch noch nicht ganz traut, geht zunächst nach Sichem (Gen 33,16–20). Dort wird von der Vergewaltigung Dinas erzählt, der Tochter Leas (Gen 30,21), der Schwester von Simeon und Levi (Gen 34).[214] Sichem ist ein alter kanaanäischer Kultur- und Kultort zwischen den Bergen Garizim und Ebal und erste Königsresidenz des Nordreichs Israel.[215] In Gen 34 vergewaltigt ein «Landesfürst» namens Sichem Dina, verliebt sich danach in sie und erbittet Jakob, ihm Dina zur Frau zu geben. Die «Söhne» Jakobs überlisten jedoch Sichem: Sichem und alle Männer seiner Stadt sollen sich beschneiden lassen, danach könne Sichem Dina zur Frau haben. Während den wohl fiebrigen Schmerzen nach der Beschneidung bringen jedoch Dinas «Brüder» Simeon und Levi alle Sichemiten um.

---

214 Vgl. *Häusl, Maria:* Art. Dina/WiBiLex.

215 Vgl. *Wimmer, Stefan:* Art. Sichem/WiBiLex.

Insgesamt ist dies wohl eine bitterböse Erzählung, die sich gegen die (eheliche) Verbindung mit den Sichemiten/Kanaanäern bzw. mit anderen Völkern wendet (vgl. Ex 34,12–16; Dtn 7,1–4).[216] Gen 34 steht damit im krassen Gegensatz zur sonstigen Jakob-Esau-Erzählung in Gen 24–36, was auf andere geschichtliche Umstände und damit auf eine andere Entstehungszeit von Gen 34 schliessen lässt. Der Hass gegen Sichem in bestimmten Schriften verdankt sich dem Umstand, dass Sichem erste Residenzstadt des ersten Nordreichkönigs Jerobeam I. war (vgl. Jes 41,5; Hos 6,9; Ps 60,8; 108,8 und selbst noch in sehr später Zeit Sir 50,25 f.). An Dina und ihrem Geschick besteht in Gen 34 bei alledem kein Interesse: Sie wird nie gefragt, kommt nie zu Wort, ihr Sichtweise und ihr Ergehen werden übergangen.[217]

In Gen 35 wird erzählt, wie Jakob nach Bet-El zurückkehrte und Gott ihm wiederum erschien (V. 1–7.9–14), wie Debora, die Amme Rebekkas, starb (V. 8) und wie auch Rahel nach dem Aufbruch aus Bet-El bei der Geburt Benjamins starb und «an der Strasse nach Efrata, das jetzt Betlehem heisst» (Gen 35,19), begraben wurde. Bevor sich Gen 36 als Abschluss der Erzelternerzählungen ausführlich der Nachkommenschaft Esaus widmet, wird vom Tod Isaaks erzählt: Isaaks starb «alt und lebenssatt» und wurde mit seinen Vorfahren vereint (Gen 35,28 f.). «Seine Söhne Esau und Jakob begruben ihn» (Gen 35,29). Dass Esau (als Erster genannt) und Jakob ihren «Vater» Isaak gemeinsam begruben, kann – wie schon bei Isaak und Ismael bei Abrahams Tod (Gen 25,9) – als Bestätigung ihrer Versöhnung gelesen werden. Während der Segen, den Isaak angesichts seines bevorstehenden Todes nur dem Esau geben wollte, doch fälschlicherweise dem Jakob gab, die beiden Söhne bzw. Völker entzweite, so lässt sie der Tod Isaaks nun wieder zusammenkommen.

216 Vgl. *Dyma, Oliver:* Art. Ehe (AT)/WiBiLex.

217 Vgl. *Häusl, Maria:* Art. Dina/WiBiLex; *Fischer, Irmtraud,* Gottesstreiterinnen 136 f.

4.2.4 Josefserzählung (Gen 37,1–50,26)

4.2.4.1 Überblick und Sinndeutung: Versöhnung von Nord- und Südreich

Die Josefserzählung (Gen 37–50) verknüpft die Erzeltern-Erzählungen (Gen 11,27–36,43) mit der Exoduserzählung und damit das Genesisbuch mit dem Exodusbuch.[218] Während die Jakob-Esau-Erzählung die Beziehung des Nordreichs Israel zum Nachbarvolk Edom reflektiert, reflektiert die Josefserzählung die geschichtliche Beziehung jener Stämme, die sich schliesslich zum Volk Israel zählen – Nordreich und Südreich Juda zusammengenommen. Mit den zwölf «Söhnen» Jakobs sind also auch in der Josefserzählung zwölf bzw. dreizehn Stämme gemeint («Josef» steht für die zwei Stämme Efraim und Manasse). Allerdings scheint der Fokus auf der Beziehung von «Josef» (= Nordreich) und «Juda» (= Südreich) zu liegen.

Die Erzählung von «Josef und seinen Brüdern»[219] gleicht in manchen Elementen der Gattung Novelle, genauerhin einer Diasporanovelle, da das Wesentliche ausserhalb der Heimat, nämlich in Ägypten geschieht: Wie bei einer Novelle entsteht der Konflikt der Erzählung aus einem Normenbruch, indem Josef von seinem «Vater» Jakob mehr geliebt wird als seine «Brüder» – wohl weil Josef der erste Sohn von Jakobs Lieblingsfrau Rahel ist – und indem Josef über seine «Brüder», auch über die neun älteren, herrschen will. Von seinen Brüdern wird Josef deshalb gehasst, verraten und nach Ägypten verkauft (vgl. Gen 37). Dort ist Josef als Protagonist der Erzählung weitgehend auf sich allein gestellt und gerät in grosse Schwierigkeiten (Verleugnung im Haus des Potifars und Gefängnis; Gen 39–40). Die Handlungsführung ist durch Leitmotive (u. a. «Kleid»; «Hunger»; «Lebenserhaltung»; «Hass und Versöhnung») verknüpft und führt zu einem Höhepunkt in Gestalt einer «unerhörten Begebenheit» – ein massgebliches

218 Vgl. weiterführend *Lux, Rüdiger:* Art. Josef/Josefsgeschichte/WiBiLex; *Oswald, Wolfgang,* Staatstheorie 170–184; *Schmid, Konrad,* Josephsgeschichte; *Blum, Erhard,* Komposition der Vätergeschichte 229–257; *Ebach, Jürgen,* Genesis 37–50.

219 Vgl. die literarische Auseinandersetzung im epischen Werk von *Thomas Mann:* Josef und seine Brüder, Berlin (1933–1943) 1976.

Kennzeichen einer Novelle nach J. W. v. Goethe:[220] Josef steigt zum Stellvertreter des Pharaos auf (Gen 41). Aufgrund einer überregionalen Hungersnot (Gen 41,57) müssen die «Brüder» Josefs nach Ägypten ziehen, um dort Getreide zu kaufen. Dabei begegnen sie Josef als Vizepharao, ohne ihn zu erkennen. Josef prüft seine «Brüder» auf verschiedene Weise, um ihnen schliesslich zu verzeihen (Gen 45; vgl. 50,14–21). Daraufhin kommt auch ihr gemeinsamer «Vater» Jakob nach Ägypten. Das Volk Israel wird somit vor der Hungersnot durch Josef in Ägypten gerettet (vgl. Gen 45,7; 50,20). Erzählerisch wird schliesslich nochmals die Versöhnung zwischen den anderen elf Stämmen und dem Stamm Josef bzw. Manasse und Efraim betont: Manasse und Efraim werden von Jakob adoptiert (Gen 48,5), das heisst, die beiden Stämme gehören nun nicht mehr als Herrschende, sondern ebenso wie das Südreich Juda als «Brüder» zu Israel.

Wie oben erwähnt, ist auch die Josefserzählung kein historischer Bericht über «Stammesväter» in grauer Vorzeit, sondern eine erzählerische Reflexion der Geschichte und Beziehung des Nordreichs zum Südreich sowie der zwölf/dreizehn Stämme, die sich schliesslich gemeinsam als Israel verstehen: Die Stämme Manasse und Efraim, für die «Josef» steht, hatten eine führende Rolle im Nordreich Israel und waren erst recht dominant gegenüber dem Südreich Juda. In ihrem Gebiet liegen die grossen Kult-, Handels- und Königsstädte Megiddo, Bet-Schean, Dor, Tirza (Manasse), Schilo, Bet-El, Geser, Jericho (Efraim), und auf der Grenze zwischen Efraim und Manasse liegt Sichem (vgl. Ri 9; Jos 24).[221] In manchen biblischen Texten lässt der Sprachgebrauch erkennen, dass mit «Josef» nicht ein Individuum, sondern «der Stamm Josef» (Gen 49,22; Num 1,31; 13,11; Dtn 33,13 u. a.) oder mit «Haus Josef» gar das gesamte Nordreich Israel (Ez 37,16.19; Am 5,6.15; Sach 10,6) gemeint ist.

---

220 Vgl. *Goethe, Johann Wolfgang von,* Goethes Werke Bd. VI, 726.

221 Vgl. den Überblick zu den Stammesgebieten bei *Zwickel, Wolfgang u. a.,* Bibelatlas 108–112; zudem *Wimmer, Stefan:* Art. Sichem/WiBiLex; *Koenen, Klaus:* Art. Bethel (Gott)/WiBiLex; *Schäfer-Lichtenberger, Christa:* Art. Stamm/Stammesgesellschaft/WiBiLex; *Oswald, Wolfgang,* Staatstheorie.

Die Frage der «Brüder» an Josef: «Willst du etwa König über uns werden, willst du gar über uns herrschen?» (Gen 37,8a), lässt die politische Dimension der Josefserzählung erkennen. Es geht ihr um eine Interpretation des Nordreich-Königtums. Welche Bedrohung das Nordreich gegenüber Juda/Jerusalem darstellen konnte, zeigte sich historisch z. B. 734 v. Chr. in der Belagerung Jerusalems durch Pekach, den Nordreichkönig aus Efraim.[222] Mit der Zerstörung des Nordreichs durch die Assyrer 722 v. Chr.[223] korrespondiert Josefs Verschleppung nach Ägypten. Es ist denkbar, dass Ägypten für Menschen aus dem Nordreich Israel in dieser Zeit zum Zufluchtsland wurde. Juda (= Südreich) schlägt in der Josefserzählung vor, Josef nicht zu ermorden, sondern «lediglich» an die Ismaeliter zu verkaufen (Gen 27,26 f.). Das spielt vielleicht darauf an, dass das Südreich Juda gemäss 2 Kön 16,5–9 beitrug zur Schwächung des Nordreiches, die zu dessen Zerstörung führte. Nach der Zerstörung Judas 597/587 v. Chr. durch die Babylonier[224] gab es gemäss 2 Kön 25,26 und Jer 41–44 eine starke Fluchtbewegung aus Juda nach Ägypten. Damit korrespondiert in der Josefserzählung, dass sich schliesslich alle «Söhne» Jakobs, ja Jakob selbst, in Ägypten aufhalten (Gen 45–50).

Auch der Text Gen 37–50 ist wahrscheinlich über eine längere Zeitdauer entstanden. Vielleicht können, mit aller Vorsicht, drei Entstehungsstufen unterschieden werden:[225] Eine erste Stufe im 8./7. Jahrhundert v. Chr. bildet eine eventuell mündliche Überlieferung über die aussergewöhnliche Karriere eines Israeliten in Ägypten (Diasporanovelle; historischer Hintergrund: Vertriebene und geflüchtete Israelit*innen aufgrund der Zerstörung des Nordreichs Israel 722 v. Chr.). Eine zweite Stufe könnte im Exil (6. Jahrhundert v. Chr.) durch die Verschriftlichung der Überlieferung und eine Verknüpfung mit der Jakob-/Israeltradition (mit Gen 37*; 39–47*; 50*) entstanden sein (ebenfalls mit Themen von Vertriebenen, diesmal aus dem Südreich Juda). Eine dritte Stufe könnte im 5. Jahrhundert

222 Zum syro-efraimitischen Krieg siehe Abschnitt 2.3.2.

223 Siehe Abschnitt 2.3.2.

224 Siehe Abschnitt 2.5.

225 So *Lux, Rüdiger:* Art. Josef/Josefsgeschichte/WiBiLex.

v. Chr. eine priesterschriftliche Redaktion darstellen, die die Erzählung ergänzte und teilweise kommentierte. Schliesslich wurde die Josefserzählung ein Teil des Pentateuchs.

Die Art und Weise, wie in der Josefserzählung von Gott erzählt wird, unterscheidet sich von jener der Erzelternerzählungen: Während bei letzteren Gott immer wieder «erscheint» und mit den Menschen quasi «von du zu du» redet, so wird in der Josefserzählung derart formuliert, dass Gott verborgen im Hintergrund wirkt: implizit durch Träume und menschliche Geschicke. Häufig wird deshalb behauptet, die Josefserzählung habe entgegen den Erzelternüberlieferungen eine «aufgeklärtere Gottesvorstellung», was m. E. jedoch nicht zutrifft. Es ist vielmehr eine Frage des literarischen Stils: Wie reden wir als Menschen über Gott und über das erhoffte und geglaubte Wirken Gottes? In Bezug auf das Gottesbild ist die ganze Genesis äusserst reflektiert, kritisch und tiefsinnig. In Gen 37–50 finden sich vom Stil her einfach weniger Formulierungen wie: «Und Gott sagte … und Gott machte … und Gott erschien». Aber selbstverständlich wollen solche Formulierungen in Gen 1–36 nicht wortwörtlich verstanden werden.

In der Josefserzählung wird als zentrales Wirken Gottes die Versöhnung der verschiedenen Stämme zu dem einen Volk Israel angesehen.[226] Explizit wird dies nach Jakobs Tod thematisiert: Die «Brüder» Josefs fürchteten sich nun erneut, dass Josef ihnen das Unrecht, das sie ihm angetan hatten, vergelte. Sie liessen ihm nochmals die Bitte um Verzeihung zukommen und warfen sich ihm als Knechte zu Füssen (Gen 50,15–18). Doch Josef stellte sich nun nicht mehr über sie, er stellte sich ihnen vielmehr als ihr Bruder und Helfer zur Seite:

> «[19] Josef aber antwortete ihnen: Fürchtet euch nicht! Stehe ich denn an Gottes Stelle? [20] Ihr habt Böses gegen mich im Sinne gehabt, Gott aber hatte dabei Gutes im Sinne, um zu erreichen, was heute geschieht: viel Volk am Leben zu erhalten. [21] Nun also fürchtet euch nicht! Ich selbst will für euch und eure Kinder sorgen. So tröstete er sie und redete ihnen zu Herzen.» (Gen 50,19–21)

---

226 Vgl. *Fischer, Georg,* Josefsgeschichte; *Eberhart, Christian:* Art. Versöhnung (AT)/WiBiLex.

Als Josef seinen nahenden Tod erahnt, lässt er seine Brüder schwören, seine Gebeine nach seinem Tod einmal zurück nach Israel zu bringen – was auf der erzählerischen Ebene allerdings erst in Jos 24 eingelöst wird. Das Genesisbuch endet mit den Worten:

> «Josef starb im Alter von hundertzehn Jahren. Man balsamierte ihn ein und legte ihn in Ägypten in einen Sarg.» (Gen 50,26)

Das Exodusbuch knüpft an der Josefserzählung an, indem es mit einer Aufzählung aller «Söhne» Jakobs bzw. Israels in Ägypten beginnt (Ex 1,1–5) – und dann den neuen Konflikt nennt, der die Exodus-Erzählung bestimmen wird: Ein neuer Pharao, der Josef nicht mehr kannte, kam an die Macht und unterdrückte die Israelit*innen (Ex 1).[227]

4.2.4.2 Wirkungsgeschichte bzw. intertextuelle Beobachtungen

Schon lange wurde festgestellt, dass im Neuen Testament Josef, der Vater Jesu, manches gemeinsam hat mit dem Josef der Genesis.[228] Durch solche intertextuellen Vergleiche treten Gemeinsamkeiten und Unterschiede deutlich hervor, und es wird klar, wo ein Text Akzente setzt.[229] Einige wenige Vergleiche seien hier in Bezug auf den Josef der Genesis und den Josef im Matthäusevangelium genannt:

a) In beiden Erzählungen zieht Josef jeweils nach Ägypten: Der Josef von Gen 37–50 wird von seinen «Brüdern» aufgrund seiner Überheblichkeit als Sklave nach Ägypten verkauft, und seine «Brüder» kommen aufgrund einer Hungersnot nach Ägypten; auch dem neutestamentlichen Josef dient Ägypten als Zufluchtsland, doch ihm nicht aus wirtschaftlichen, sondern aus politischen Gründen: Während im Exodusbuch Israel vor der Unterdrückung und politischen Verfolgung in Ägypten gerettet werden muss, müssen Maria und Josef mit Jesus gemäss Mt 2,13–15 vor der Verfolgung durch den eigenen König Herodes d. Gr. nach Ägypten fliehen.

---

227 Siehe Abschnitt 6.2.1.

228 Neuerdings ausführlich entfaltet von *Ebach, Jürgen*, Josef.

229 Zum intertextuellen Vergleich vgl. Methoden der Bibelauslegung unter URL: http://www.bibel-verstehen.ch.

b) Im Exodusbuch lässt der Pharao die neugeborenen Knaben der Hebräer umbringen (vgl. Ex 2); im Matthäusevangelium lässt Herodes die neugeborenen Knaben in Bethlehem ermorden (Mt 2,16–18). Insgesamt vollzieht Jesus denselben Weg, wie ihn schon Abraham und Sara, Jakob und seine «Söhne» und das alttestamentliche Volk Israel gegangen sind: hin nach Ägypten und zurück nach Kanaan/Israel.

c) Bei beiden Josefs spielen Träume eine wesentliche Rolle: Beim Josef in Gen 37–50 sind die Träume in symbolhaften, allegorischen Bildern erzählt, die von Josef erklärt werden müssen; beim Josef in Mt 1–2 erscheint jeweils ein Engel im Traum, der dem Josef auf verständliche Weise erklärt, was geschehen wird und was er tun soll.

d) Beide Josefs nehmen eine eigentümliche Vaterrolle ein: Efraim und Manasse, die «Söhne» des alttestamentlichen Josef, werden von dessen Vater Jakob «adoptiert». Sie gelten im Folgenden als Söhne Jakobs/Israels. In Mt 1–2 wird Josef als vorbildlicher sozialer Vater Jesu geschildert: Obwohl er gemäss Mt 1–2 nicht der leibliche Vater Jesu ist, steht er auf Geheiss des Engels zu seiner Verlobten Maria und dem Kind, das sie erwartet (Mt 1,18–24). Er gibt dem Kind nach Mt 1,25 den Namen «Jesus» (von hebr. *jeshua*, dt. JHWH hilft/rettet). Josef rettet Mutter und Kind vor der Verfolgung durch Herodes und bekommt den Auftrag, nach Herodes Tod wieder nach Israel zu ziehen (Mt 2,19f.).

Im Matthäusevangelium wird Jesus von Nazaret durch diese und weitere Parallelen zwischen dem alttestamentlichen und dem neutestamentlichen Josef zutiefst mit der Geschichte der Israelit*innen verbunden.[230]

Zum Weiterlesen

Zur Urgeschichte:

Baumgart, Norbert C.: Art. Sintflut/Sintfluterzählung, auf: https://www.bibelwissenschaft.de/stichwort/11920/ (24.4.2018).

Crüsemann, Frank: Damit «Kain nicht Kain wird». Die Wurzeln der Gewalt und ihre Überwindung in biblischer Sicht, in: Maßstab: Tora. Israels Weisung und christliche Ethik, Gütersloh 2003, 88–104.

230 Siehe die Abschnitte 1.1 und 5.1.

Crüsemann, Frank: Was ist und wonach fragt die erste Frage der Bibel? Oder: das Thema Scham als «Schlüssel zur Paradiesgeschichte», in: *Schiffner, Kerstin, u. a. (Hg.):* Fragen wider die Antworten, Gütersloh 2010, 63–79.

Keel, Othmar/Schroer, Silvia: Eva – Mutter alles Lebendigen. Frauen- und Göttinnenidole aus dem Alten Orient, Freiburg i. Üe. 2004.

Schellenberg, Annette: Der Mensch, das Bild Gottes? Zum Gedanken einer Sonderstellung des Menschen im Alten Testament und in weiteren altorientalischen Quellen (AThANT 101), Zürich 2011.

Schüle, Andreas: Art. Urgeschichte, auf: https://www.bibelwissenschaft.de/stichwort/33903/ (24.4.2018).

Zu den Erzelternerzählungen:

Crüsemann, Frank: Herrschaft, Schuld und Versöhnung. Der Beitrag der Jakobgeschichte der Genesis zur politischen Ethik, in: *ders.:* Kanon und Sozialgeschichte. Beiträge zum Alten Testament, Gütersloh 2003, 80–87.

Ebach, Jürgen: Der Kampf am Jabboq. Genesis 32,23–32. Eine Geschichte voller Verdrehungen, in: *ders. u. a. (Hg.):* «Leget Anmut in das Geben». Zum Verhältnis von Ökonomie und Theologie (Jabboq 1), Gütersloh 2001, 13–43.

Fischer, Irmtraud: Gottesstreiterinnen. Biblische Erzählungen über die Anfänge Israels, Stuttgart [4]2013.

Mühling, Anke: Art. Erzeltern, auf: https://www.bibelwissenschaft.de/stichwort/17712/ (24.4.2018)

Oswald, Wolfgang: Staatstheorie im Alten Israel. Der politische Diskurs im Pentateuch und in den Geschichtsbüchern des Alten, Stuttgart 2009, 145–169.

Willi-Plein, Ina: Das Buch Genesis (Neuer Stuttgarter Kommentar AT 1,2), Stuttgart 2011. [Gen 12–50]

Zur Josefserzählung:

Ebach, Jürgen: Genesis 37–50 (HThKAT), Freiburg i. Br. 2007.

Fischer, Georg: Die Josefsgeschichte als Modell für Versöhnung, in: *Wénin, André (Hg.):* Studies in the Book of Genesis. Literature, redaction and history (BEThL 155), Leuven 2001, 243–271.

Lux, Rüdiger: Art. Josef/Josefsgeschichte, auf: https://www.bibelwissenschaft.de/stichwort/22800/ (12.7.2018).

Oswald, Wolfgang: Staatstheorie im Alten Israel. Der politische Diskurs im Pentateuch und in den Geschichtsbüchern des Alten, Stuttgart 2009, 170–184.

Uehlinger, Christoph: Genesis 37–50: Der «Josef-Roman», in: *Römer, Thomas/Macchi, Jean-Daniel/Nihan, Christophe L. (Hg.):* Einleitung in das Alte Testament. Die Bücher der Hebräischen Bibel und die alttestamentlichen Schriften der katholischen, protestantischen und orthodoxen Kirchen, Zürich 2013, 217–232.

5 Vorurteile und Antijudaismus christlicherseits

Bevor auf das Buch Exodus eingegangen wird, soll etwas zum dunkeln Kapitel des Antijudaismus in der Geschichte des Christentums gesagt werden. Denn ein geschärftes Bewusstsein in Bezug auf das Verhältnis des Christentums zu seiner Mutterreligion, dem Judentum, ist Voraussetzung dafür, dass heute methodisch verantwortungsbewusst mit den biblischen Texten umgegangen werden kann.

Menschen haben Vorurteile. Besonders verbreitet sind Vorurteile von Mehrheiten gegenüber Minderheiten und umgekehrt. Im Hintergrund dieser Vorurteile stehen zumeist Ängste: Ängste vor dem Fremden, dem Anderen. Die Vorurteile gegenüber den Menschen jüdischen Glaubens haben leider von der Antike bis heute zu schrecklichsten Gräueltaten in der Menschheitsgeschichte geführt.[1] Eine seriöse Auslegung der Bibel muss sich dieser Geschichte bewusst sein – und alles daran setzten, dass es keine antijüdischen Auslegungen sowie keine antijüdische liturgische Verwendung der Bibel mehr gibt.

5.1 Heute verbreitete Vorurteile gegenüber dem AT

Auch heute noch wird das Alte Testament christlicherseits viel zu wenig als mit dem Neuen Testament gleichwertiges und verbundenes Wort Gottes erkannt. Viel zu lange wurde das AT von christlichen Theologen benutzt, um die vermeintliche Überlegenheit des NT zu demonstrieren.[2] So wurde das AT zum Beispiel nur als Kontrastfolie verwendet: Das AT zeige, wie sehr der Mensch im Irdischen verhaftet sei, sich nach

---

1 Siehe Abschnitt 5.2.

2 Vgl. hierzu und zum Folgenden *Bauer, Uwe:* Art. Antijudaismus (AT)/WiBi-Lex; *Crüsemann, Frank,* Das Alte Testament; *Zenger, Erich,* Das Erste Testament; *Janowski, Bernd,* Gott 1–30.

Glück und Macht sehne – und vor allem, dass der Mensch sich nicht selbst erlösen könne. Das NT bringe im Gegensatz dazu die Erlösung Gottes in Jesus Christus. Oder es wurde das AT lediglich als Verheissungsmodell benutzt: Der Wert des AT bestehe darin, dass es die Erfüllung der Zeit in Jesus Christus verheisse. Dabei wird völlig missverstanden, dass die alttestamentlichen Verheissungen für ihre Zeit gelten und für das jüdische Volk bis heute – in gleich unaufgebbarer Weise wie die neutestamentlichen Verheissungen für die neutestamentliche Zeit und die Christenheit bis heute gelten.

Es gab und gibt in der christlichen Theologie über die Jahrhunderte verschiedene Modelle, welche das AT und mit ihm das Judentum abwerteten, verkannten und für eigen Zwecke missbrauchten. Für das AT kann man hauptsächlich sechs antijüdische Modelle unterscheiden: (1) das Substitutionsmodell: die Kirche ersetzt Israel / das Judentum; (2) das Typologiemodell: Israel / das Judentum ist lediglich eine Vorabbildung der Kirche; (3) das Illustrationsmodell: Israel / das Judentum als Negativfolie der Kirche; (4) das Subsumtionsmodell: Israel / die Juden würden sich in der Menschheit auflösen; (5) die Ahasverus-Legende: jüdische Menschen werden als ruhe- und rastlose «Nachfolger Kains» bezeichnet; (6) das absteigende Geschichtsmodell: vorexilischer «Hebraismus» sei positiv; nachexilisches Judentum sei eine negative «Gesetzesreligion.

Solche missbräuchlichen Funktionalisierungen des AT werden weder diesem selbst als Wort Gottes noch Jesus Christus, seinem Leben und seiner Bedeutung gerecht. In Bezug auf das Alte Testament sind auch heute noch – wohl meist unbewusst und ohne böse Absicht – viele Vorurteile anzutreffen. Die drei vielleicht häufigsten seien kurz besprochen.

5.1.1 Vorurteil 1: Gewalttätiger Gott im AT – liebender Gott im NT

Dieses Vorurteil ist heute wohl am meisten verbreitet: Der Gott des Alten Testaments sei ein gewalttätiger Gott, der Gott des Neuen Testaments ein liebender Gott; das Alte Testament fordere Strafe und Vergeltung («Auge um Auge»), das Neue Testament verkünde Barmherzigkeit. Dagegen ist unter anderem Folgendes zu sagen:

- Jede Religion kennt gewalttätige Traditionen in ihren Schriften und ihrer Geschichte.[3] Dies gilt übrigens auch für Menschen und Gesellschaften, die sich als nichtreligiös verstehen. Soweit wir zurückdenken können, ist die Bereitschaft zur Gewalttätigkeit, der Aggressionstrieb, im Menschen selbst angelegt. Auch Völker und Nationen mit atheistischer Weltanschauung können grauenhaft gewalttätig sein.[4] Doch jede ernsthafte Religion enthält in ihrem Kern und in ihren geschichtlichen Bemühungen das Ringen um die Überwindung von Gewalttätigkeit. Das Überwinden von Feindschaft und Gewalttätigkeit ist eine bleibende Aufgabe für gläubige, religiöse Menschen. Religionen müssen dem Frieden dienen – alles andere ist ein Missbrauch von Religion.
- Zum AT und NT gilt es zudem zu beachten: Das AT kennt sehr viele friedliebende und gewaltüberwindende Traditionen – meiner Meinung nach sind solche Texte die grosse Mehrheit: beispielsweise die Vorstellung, dass ohne Ausnahme jeder Mensch ein Ebenbild Gottes ist (vgl. Gen 1,1–2,4b); weiter der Gottesbund mit allen Lebewesen, auch den Tieren (vgl. Gen 6–9); die Forderung an Menschen jüdischen Glaubens, ein Segen für andere zu sein (vgl. Gen 12,1–3); das Verbot zu töten (vgl. Dtn 5 // Ex 20);[5] die Liebe zu den Fremden (vgl. Lev 19,18.33 f.) und selbst die Liebe zu den Feinden (vgl. Ex 23,4 oder das Jonabuch[6]). Meines Erachtens dient das AT in seiner grossen Richtung und Bewegung sowie als Ganzes dem Frieden, dem *Schalom* (hebr. für umfassenden Frieden), und enthält ein gütiges Gottesbild.

---

3 Vgl. *Baudler, Georg,* Gewalt; *ders.,* Befreiung; zum Buddhismus zudem *Kollmar-Paulenz, Karénina,* Buddhismus; sowie die weiteren Beiträge in der Zeitschrift für Religionswissenschaft 11 (2003); zur Auseinandersetzung mit den Gewaltätigkeiten in der Geschichte des Christentums *Angenendt, Arnold,* Toleranz.

4 Vgl. etwa zu Stalin: *Baberowski, Jörg,* Erde; zu Hitler und Stalin: *Beyrau, Dietrich,* Schlachtfeld; zu Hitler: *Bialas, Wolfgang/Fitze, Lothar,* Ideologie; *Grabner-Haider, Anton,* Religion; zu einem Vergleich von Nationalsozialismus und DDR: *Becker, Manuel,* Diktaturen.

5 Siehe Abschnitt 6.10.6.6.

6 Vgl. zum Jonabuch *Bauer, Dieter,* Überlieferungen 198–211; *Flury, André,* Jona.

Umgekehrt kennt auch das NT verschiedene gewalttätige Aussagen, z. B. die Weherufe Jesu gegen die Städte Chorazin, Betsaida und Kafarnaum (vgl. Mt 11,20–24 par. Lk 10,12–15) oder die Drohung gegen Menschen, die andere vom Jesusglauben wegführen: «Und wer einem der Kleinen, die glauben, Anlass zur Sünde gibt, für den wäre es besser, wenn ein Mühlstein um seinen Hals gelegt und er ins Meer geworfen würde» (Mk 9,42 par. Mt 18,6; Lk 17,2). Weiter auch die Worte: «Denkt nicht, ich sei gekommen, um Frieden auf die Erde zu bringen. Ich bin nicht gekommen, um Frieden zu bringen, sondern das Schwert» (Mt 10,34 par. Lk 12,51). Jede religiöse Tradition hat solche gewaltgeladenen Aussagen, die zur Rechtfertigung von Gräueltaten benutzt werden können.

- Sowohl das AT als auch das NT zeigen einen barmherzigen, verzeihenden und liebenden Gott. Gleichzeitig verkünden beide auch einen heiligen und gerechten Gott. Zur Frage, wie sich Gottes Gerechtigkeit durchsetzt, gibt es sowohl im AT wie auch im NT verschiedene Überzeugungen. In beiden Testamenten finden sich Aussagen zu Strafen Gottes gegen Menschen, die Ungerechtigkeiten verüben, aber ebenso auch Aussagen zur immer grösseren Gnade Gottes. Zwei Verse können verdeutlichen, wie falsch das Vorurteil vom ausschliesslich «strafenden Gott im AT» und vom ausschliesslich «liebenden Gott im NT» ist: Aus dem AT: «Barmherzig und gnädig ist Gott, geduldig und von grosser Güte» (Ps 103,8). Und aus dem NT: «Schrecklich ist's, in die Hände des lebendigen Gottes zu fallen» (Hebr 10,31).

Diese und viele weitere Beispiele zeigen, dass es ein Klischee oder Vorurteil ist zu glauben, das AT sei gewalttätiger beziehungsweise weniger friedfertig als das NT. Dass es im AT *und* im NT auch Texte gibt, die in ihren Formulierungen Gewalttätigkeit rechtfertigen – quasi «göttlich» legitimieren – und die in ihrer Zeit oder ihrer Auslegungsgeschichte zu Gewalttätigkeiten führten, sei bei alledem nicht verschwiegen. Es gibt Texte in der ganzen Bibel, die Gewalttätiges formulieren und fordern. Manche dieser Texte wollen Macht religiös legitimieren, andere kann man am ehesten als Kriegstrauma-Literatur verstehen:[7] Menschen fordern oft Gewalt, weil sie selbst Gewalt erlitten haben. Solche «Texts of Terror» – so ein Buchtitel von Phyllis Trible zu frauenfeindlichen biblischen Texten – sollen als solche erkannt und benannt werden. Sie sollen uns eine Mahnung dafür sein, dass es auch in unserer eigenen religiösen Tradition Gewalt gibt, die wir nicht vertuschen dürfen. Wir sollen sensibilisiert werden für religiös motivierte Gewalt – und uns dagegen verwehren!

Vorurteil 2: Altes Testament «veraltet» – Neues Testament «aktuell» 5.1.2

Das Alte Testament sei alt im Sinne von veraltet, das Neue Testament sei neu im Sinne von aktuell. In extremer Form wird gar behauptet, das Alte Testament sei durch das Neue Testament abgelöst. Gegen dieses Vorurteil wendet sich, wie gesehen,[8] bereits das NT selbst: «Denkt nicht, ich sei gekommen, um das Gesetz abzulösen», sagt Jesus gemäss Mt 5,17. Zudem kommt die Bezeichnung «Altes Testament» im NT genauso wenig vor wie die Bezeichnung «Neues Testament». Wenn das NT auf die alttestamentlichen Texte Bezug nimmt, redet es von «Gesetz» (= Tora), von «Gesetz und Propheten» oder von «Gesetz, Propheten und Schriften.[9]

Um einer Abwertung des Alten Testaments entgegenzuwirken, wird es heute christlicherseits auch als «Erstes Testament» bezeichnet (teils auch als Hebräische Bibel, Jüdische Bibel oder in Anlehnung an das Judentum als Tenach). Wenn man die Bezeichnung «Altes Testament» weiterhin verwendet, so darf man «alt» nicht im Sinne von «veraltet» verstehen, sondern vielmehr im Sinne von «ehrwürdig», von «Dignität», «Bestand habend» und «bewährt». In diesem Sinne wird die Bezeichnung «Altes Testament» auch in diesem Buch verstanden. Im Alten Orient sowie in der Antike wurde das, was sich über Generationen hinweg bewährt hatte, als wertvoll erachtet. In unserer technisch geprägten Zeit wird dies leider oft

7 So im Hinblick auf Ez *Poser, Ruth,* Ezechielbuch.
8 Siehe Abschnitt 1.1.
9 Siehe Abschnitt 1.2.

vergessen: Man stellt immer das neueste Produkt als das beste dar; man will das Produkt ja verkaufen.

5.1.3 Vorurteil 3: «Gesetzesreligion» im AT – «Gnade» im NT

Das dritte Vorurteil betont einen scheinbaren Gegensatz sowohl für das AT und das NT als auch für die Religionsgemeinschaften Judentum und Christentum: Das Alte Testament bzw. das Judentum sei eine «Gesetzesreligion», das Neue Testament bzw. Jesus Christus befreiten davon.

Diese verzerrte Sicht wurde auch mit einer antijüdischen Epochenbildung verbunden: Im 19. Jahrhundert n. Chr. war beispielsweise die «Biblische Dogmatik» (1813–1816) von *Wilhelm M. L. de Wette* mit ihren postulierten zwei Epochen einflussreich: de Wette deutete die Zeit vor dem babylonischen Exil (597–539 v. Chr.) positiv und nannte sie «Hebraismus»; die Zeit danach jedoch bezeichnete er mit «Judenthum» und wertete sie negativ: «während der Hebraismus Sache des Lebens und der Begeisterung war, ist das Judenthum Sache des Begriffs und des Buchstabenwesens»[10]. Diese verzerrte Sichtweise war in vielen Jahrhunderten verbreitet und hatte grossen Einfluss auf die Theologie im 19. Jahrhundert und in der ersten Hälfte des 20. Jahrhunderts.

Gegenüber dem Vorurteil bzw. Zerrbild des AT / des Judentums als einer «erstarrten Gesetzesreligion» ist unter anderem Folgendes einzuwenden:

- Die grundlegende Glaubenserfahrung Israels ist, dass Gott Israel aus der Sklaverei in Ägypten befreite (vgl. Ex 1–14). Gott rettet, Gott befreit – diese Glaubenserfahrung kann als Mitte des Alten Testaments bezeichnet werden. Auf diese Befreiung wird über 360-mal im AT Bezug genommen (vgl. z. B. Dtn 6,20–25; 26,5–10). Richtig verstanden dienen die biblischen Gebote und Gesetze der Bewahrung dieser Freiheit.[11] Das alttestamentliche Gottesbild ist davon zutiefst geprägt. Überaus zahlreich sind die Aussagen, dass Gott erlöst (Ex 15,13; Ps 31,6 u. ö.), dass Gott vergibt (Num 14,19; Ps 103,3

10 *Wette, Wilhelm M. L. de*, Dogmatik I, 114.
11 Siehe Abschnitt 6.10.5.

u. ö.), dass Gott barmherzig ist (Ps 86,15; 116,5 u. ö.) und dass Gott befreit (Ps 22,6; 146,7 u. ö.).

- Das Zusammenleben von Menschen braucht Regeln, damit es möglichst gerecht und dadurch friedlich geschieht. Je grösser die Gruppe und je stärker organisiert die Gesellschaft ist, desto mehr solcher Regeln sind nötig. In Bezug auf die Bibel werden diese Regeln «Gebote» genannt. Sie sind an verschiedenen Orten zu Gesetzessammlungen (Gesetzeskorpora) zusammengestellt, wie es im Alten Orient üblich war.[12] Die 613 Gebote/Verbote des Alten Testaments werden auch vom Neuen Testament vorausgesetzt und anerkannt (vgl. u. a. Mk 12,28–34; Mt 5,17–19). Es ist übrigens – im Vergleich zu heutigen Staaten – eine sehr kleine Anzahl von Geboten.[13] Wie heutzutage, so wurden auch in biblischer Zeit die Gebote/Gesetze immer wieder diskutiert, angepasst und aktualisiert.

Wer sich von diesen und anderen Vorurteilen gegenüber dem AT befreit, wird im AT eine enorme Vielfalt und Fülle an inspirierten Gottesworten beziehungsweise theologischen Einsichten finden. Je offener sich jemand auf das Studium des Alten/Ersten und des Neuen Testaments einlässt, desto stärker wird er oder sie zur Erkenntnis der «theologischen Gleichrangigkeit und Gleichwertigkeit beider Testamente»[14] gelangen können.

Historische Schlaglichter 5.2

Kritik innerhalb einer Religionsgemeinschaft muss möglich sein. Sonst wird die Religion fundamentalistisch und verkommt zur Ideologie. Auch zwischen verschiedenen Religionen muss konstruktive Kritik einen Platz haben, damit der interreligiöse Dialog echt ist und weiterführt.

---

12 Siehe Abschnitt 6.10.1.

13 So sind etwa in Deutschland Ende 2002 insgesamt «2197 Gesetze mit 46 779 Einzelvorschriften und 3131 Rechtsverordnungen mit 39 197 Einzelvorschriften zu beachten» (*Deutscher Bundestag*, Bundestagsdrucksache 15/1233, 1); und das Kirchenrecht der röm.-kath. Kirche, der *Codex Iuris Canonici* von 1983, enthält 1752 Rechtssätze (*Canones*).

14 Vgl. u. a. *Crüsemann, Frank,* Das Alte Testament.

5.2.1 Selbstkritik innerhalb des AT

Im AT wird oft prophetische Kritik an religiösen, politischen und gesellschaftlichen Missständen geübt: Es werden die herrschenden Kreise, israelitische Könige, (Hohe-)Priester mitsamt ihrem Kult (Gottesdienst) am Tempel kritisiert.[15] Dass solche *Selbst*kritik vom Judentum als Gottesworte in seine Heilige Schrift aufgenommen wurde, gehört zur besonderen Grösse der jüdisch-biblischen Tradition. Weil die Folgen der politischen Misswirtschaft und der sozialen Ungerechtigkeiten häufig katastrophal waren,[16] brachten auch die biblischen Propheten ihre Kritik in äusserst scharfer Weise vor: Es finden sich zahlreiche Strafandrohungen und verallgemeinernde Anklagen gegen das ganze Volk oder gar gegen alle Menschen (vgl. z. B. Ez 6–7; Zef 1; Jes 13; Joël 2). Als Selbstkritik innerhalb des Judentums sind solche «surrealistischen» Prophetenworte in ihrer jeweiligen Zeit verständlich. Etwas ganz anderes ist es jedoch, wenn solche Selbstkritik von Menschen ausserhalb des Judentums benutzt wird, um sie pauschal gegen das Judentum zu wenden.

5.2.2 Innerjüdische Konflikte und Polemiken im NT

Entsprechend verhält es sich auch mit verschiedenen Aussagen zum Judentum im Neuen Testament: Jesus war Jude und wurde von seinen Jünger*innen, die ebenfalls jüdisch waren, als Messias (Gesalbter Gottes), ja zunehmend auch als Sohn Gottes verehrt.[17] Die grosse Mehrheit der Jüdinnen und Juden sah dies jedoch anders. Für sie war Jesus allenfalls ein Prophet (vgl. Mk 8,27 f.), aber nicht der Messias. Dies führte *innerjüdisch* zu Konflikten. Überlagert und verstärkt wurden diese Konflikte durch die politische Situation: Israel stand seit 63 v. Chr. unter römischer Herrschaft.[18] Tausende Juden wurden in dieser Zeit gekreuzigt.

---

15 Vgl. *Bauer, Dieter,* Überlieferungen 16–31; *Flury, André,* Prophetie 202–206; *Kessler, Rainer:* Art. Sozialkritik (AT)/WiBiLex.

16 Siehe u. a. die Abschnitte 2.2.2.4 und 2.3.

17 Vgl. *Selvatico, Pietro/Strahm, Doris,* Jesus Christus 27–58.

18 Siehe Abschnitt 2.8.

Exkurs

Kreuzigungen

Kreuzigungen waren eine römische Todesstrafe.[19] In Jerusalem/Judäa hatte ab 6 n. Chr. allein der römische Statthalter das Recht, diese Strafe zu verhängen. Sie werden besonders gegen Sklaven und Aufrührer verhängt. Gemäss dem antiken jüdischen Historiker Flavius Josephus (37/38–100 n. Chr.) liess beispielsweise der römische Statthalter Quinctilius Varus im Jahr 4 v. Chr. nach dem sogenannten Räuberkrieg 2000 Juden kreuzigen;[20] der römische Feldherr und spätere Kaiser Titus liess nach der Eroberung Jerusalems (70 n. Chr.) alle jüdischen Kriegsgefangenen auf den Stadtmauern kreuzigen – gemäss Josephus 500 Menschen an einem Tag.[21] Auch wenn die Zahlen mit Vorsicht zu betrachten sind, so belegen sie doch die Verbreitung der Kreuzigung als römische Todesstrafe.

Nach dem Tod von Herodes d. Gr. (gest. 4 v. Chr.) erhoben sich, wie gesehen, immer wieder verschiedene jüdische Gruppierungen gegen die römische Besatzungsmacht. Es kam schliesslich um 66 n. Chr. zum sogenannten Jüdischen Krieg gegen die Römer. Nach zahlreichen römischen Verlusten führte dieser um 70 n. Chr. zur Eroberung Jerusalems und zur zweiten Zerstörung des JHWH-Tempels. Diese enorme geschichtliche Krise spiegelt sich in den Evangelien an verschiedener Stelle wider. Pauschale Vorwürfe gegen «die» Juden im NT, sie hätten den Tod Jesu verlangt und «das ganze Volk» hätte geschrien: «Sein Blut komme über uns und unsere Kinder» (Mt 27,25), sind keine historischen Aussagen über die wirklichen Ereignisse. Sie sind vielmehr als gehässige Polemik im Konflikt der damaligen Zeit zu verstehen. Ebenso die schrecklichen Worte des Johannesevangeliums, «die» Juden hätten den «Teufel zum Vater» (Joh 8,44). Solange der Konflikt um die Schuld am Tod Jesu *innerjüdisch* blieb (vgl. 1 Thess 2,14–16), hatte er kaum direkte Gewalttätigkeiten zur Folge. Es gab zudem auch von den Juden, die in Jesus nicht den Messias sahen, Vorwürfe und Polemik gegen die Jesusgläubigen. Dem NT selber kann meiner Meinung nach kein Antijudaismus vorgeworfen werden.[22]

19 Vgl. *Theißen, Gerd/Merz, Annette,* Jesus 399–410.

20 Vgl. *Josephus, Flavius,* Antiquitates 17,295.

21 Vgl. *Josephus, Flavius,* De bello Judaico 5,449–451.

22 Vgl. dagegen allerdings *Ruether, Rosemary R.,* Nächstenliebe.

5.2.3 Beispiele von Antijudaismus in der Alten Kirche

Gefährlich und missbraucht wurden neutestamentliche Vorwürfe jedoch in späterer Zeit, als das Judentum und das Christentum ab Mitte des 2. Jahrhunderts n. Chr. zunehmend getrennte Wege gingen. Verheerend wirkte sich in der Geschichte der unsachgemässe Vorwurf aus, «die» Juden seien «Gottesmörder». Erstmals wurde er von Bischof Meliton von Sardes (gest. um 180 n. Chr.) vorgebracht:

> «Hört es, alle Geschlechter der Völker, und seht es: Ein nie dagewesener Mord geschah in Jerusalem [...] der, der das All festgemacht hat, ist am Holz festgenagelt worden! Gott ist getötet, der König Israels ist durch Israels Rechte beseitigt worden!»[23]

Als das Christentum für das Römische Reich zur Staatsreligion wurde, verband sich die politische und militärische Macht mit der neuen Staatsreligion. Um die Staatsreligion und -macht zu stärken, entwickelte sich ein spezifisch christlich verbrämter Antijudaismus.[24] So schürten zahlreiche Predigtreihen der Kirchenväter gegen die Juden (*Adversus Judaeos*) einen Judenhass. Wie schlimm solche unhaltbaren Anschuldigungen sein konnten, zeigen beispielsweise die Aussagen von Johannes Chrysostomos (gest. 407 n. Chr.), der Bischof von Konstantinopel war. Johannes' Vorwürfe an die Synagoge lauteten z. B.:

> «Nenne einer sie Hurenhaus, Lästerstätte, Teufelsasyl, Satansburg, Seelenverderb, jeden Unheils gähnenden Abgrund oder was immer, so wird er immer noch weniger sagen, als sie verdient hat.»[25]

Inhaltlich behauptete Johannes, die Tempelzerstörung 70 n. Chr. sei eine Strafe Gottes gewesen, ja, Gott selbst habe den Tempel zerstört. Diese Behauptung richtete Johannes bewusst gegen die Auffassungen antiochenischer Juden, die entgegen-

---

23 Zit. nach *Rengstorf, Karl H./Kortzfleisch, Siegfried von,* Kirche 1, 73.

24 Für einen Überblick vgl. *Thoma, Clemens,* Messiasprojekt 175–217.383–438; *Küng, Hans,* Judentum 193–200.210–218.230–237; *Angenendt, Arnold,* Toleranz 485–576. Ausführlich *Almog, Shmuel,* Antisemitism; *ders.*, Nationalism.

25 *Johannes Chrysostomos,* Or. VI,7.

hielten, Menschen und nicht Gott hätten den Tempel zerstört.[26] Johannes' antijüdische Polemiken sind von einem schematischen Entweder-Oder geprägt:

> «Wenn nämlich Leben und Lehre der Juden verehrungswürdig und gross sind, dann sind unsere falsch; wenn diese aber wahrhaftig sind – wie sie es auch sind –, dann sind jene übervoll mit Trug.»[27]

Solche Sichtweisen und Formulierungen müssen als grundfalsch und antijüdisch abgelehnt werden!

Differenzierter Befund im Mittelalter 5.2.4

Neuere Forschungen – gerade auch von jüdischen Historikern wie Robert Chazan, Michael Toch u. a. – legen nahe, dass die jüdisch-christlichen Beziehungen im Mittelalter (ca. 6.–15. Jahrhundert) nicht durchwegs negativ, sondern teilweise auch relativ gut waren.[28] Auch die schrecklichen Ermordungen von Jüdinnen und Juden während des ersten Kreuzzuges 1096 stellen in der christlich-jüdischen Beziehung nicht den Wendepunkt dar, als den sie häufig angesehen werden. Christinnen und Christen – auch Bischöfe, besonders im Rheinland – standen zu der Zeit in der Regel auf der Seite der verfolgten Jüdinnen und Juden.[29] Manche Päpste hatten im 11. und 15. Jahrhundert n. Chr. zudem versucht, Menschen jüdischen Glaubens durch Dekrete zu schützen, andere hingegen trafen antijüdische Massnahmen. Folgenschwer erwies sich das Vierte Laterankonzil von 1215 unter Papst Innozenz III., das die Juden als «Ungläubige» und als «Knechte der Sünde» bezeichnete[30] und den Kreuzzug ins Heilige Land beschloss.[31] Erstmals in der Geschichte wurde den Menschen jüdischen Glaubens vorgeschrieben, eine besondere, sie

26 Vgl. *Johannes Chrysostomos*, Jud. VI,3.

27 *Johannes Chrysostomos*, Jud. I,6.

28 Vgl. *Chazan, Robert*, Reassessing; *Toch, Michael*, Juden; *Haverkamp, Alfred*, Juden.

29 Vgl. *Chazan, Robert*, Jewry; *Angenendt, Arnold*, Toleranz 514–533.

30 Cann. 67–70 richten sich gegen die Juden und nehmen die zwei Jahre vorausgehende Kreuzzugsentscheidung der päpstlichen Bulle «Quia major» von 1213 auf.

31 Vgl. Can. 71.

kenntlichmachende Kleidung zu tragen. Zudem wurde ihnen verboten, öffentliche Ämter auszuüben.

Im Spätmittelalter kam es zunehmend zu Verleumdungen wie den zahlreichen Unterstellungen von Ritualmorden, Hostienschändungen, Brunnenvergiftungen usw. Unter dem Vorwand solcher und anderer Lügen wurden Jüdinnen und Juden verfolgt, vor die Alternative gestellt, sich zwangstaufen zu lassen oder auszuwandern. Nach Massenermordungen wurden in Frankreich 1182 n. Chr. (wiederholt 1306; 1394) und in England 1290 n. Chr. alle Menschen jüdischen Glaubens des Landes verwiesen – ihr Eigentum wurde beschlagnahmt, das heisst geraubt, Schulden, die man bei ihnen hatte, wurden «gestrichen». Die grosse Pest (1347–1352 n. Chr.), an der etwa ein Drittel der Menschen in Europa starb, hatte schliesslich ein bis dahin nie dagewesenes Abschlachten von Jüdinnen und Juden in Europa zur Folge. Die Juden wurden als Sündenböcke für die Pest missbraucht:[32] In Basel wurde am 16. Januar 1349 die erste jüdische Gemeinde Basels ausgelöscht.[33] In Spanien (1492 n. Chr.) und Portugal (1501 n. Chr.) kam es zur völligen Vertreibung der Jüdinnen und Juden.

5.2.5 Verbesserungen in der Neuzeit

Der Weg der Emanzipation des europäischen Judentums kann hier nur in ein paar Sätzen erwähnt werden:[34] Die Glaubensspaltung zwischen römisch-katholischer und reformatorischen Kirchen im 16. Jahrhundert führte langfristig gesehen zu einer Verbesserung der Situation der Jüdinnen und Juden in Europa, da sie nun nicht mehr die einzige «abweichende» Glaubensrichtung darstellten.[35] Im 18. Jahrhundert wurde der Höhepunkt der Anerkennung Menschen jüdischen Glaubens erreicht, indem sich die philosophisch-wissenschaftliche Revolution ins Politische wandte und in der Amerikanischen

32 Vgl. *Graus, František,* Pest.

33 Vgl. *Haumann, Heiko,* Jahrhunderte.

34 Vgl. als Überblick *Maier, Johann,* Geschichte 437–617.

35 Für die anfänglich positive Haltung Martin Luthers zu den Juden, die in den Jahren vor seinem Tod jedoch ins extrem Negative kippte, vgl. z. B. *Kremers, Heinz,* Juden. Für die antijüdische Politik der Päpste der Gegenreformation vgl. *Küng, Hans,* Judentum 234–237.

und der Französischen Revolution die Menschenrechte inklusive Bürgerrechte für alle – auch für die Juden – eingefordert wurden. Für die Verbesserung der Beziehung zwischen christlicher und jüdischer Bevölkerung zur Zeit der Aufklärung steht – herausragend und exemplarisch – die lebenslange Freundschaft zwischen dem grossen jüdischen Gelehrten Moses Mendelssohn (1729–1786) und dem grossen Aufklärer Gotthold Ephraim Lessing (1729–1781): Lessing bringt mit seinem Bühnenstück «Nathan der Weise» erstmals in der Geschichte des deutschen Theaters einen positiven, edlen Juden auf die Bühne – wobei ihm Moses Mendelssohn als reales Vorbild für den aufgeklärten Juden «Nathan» diente. Die berühmte Ringparabel in «Nathan der Weise» macht zudem deutlich, dass die formale Zugehörigkeit zu einer Religion weitaus weniger entscheidend ist als die konkret gelebte Menschlichkeit, die konkret gelebte Nächstenliebe.

Die Katastrophe im 20. Jahrhundert – die Schoah 5.2.6

Es würde zu weit führen und wäre zwangsläufig in unverantwortlicher Weise verkürzt, hier einzelne Gründe und Ursachen zu nennen, die zum ideologisch-maschinellen Mord am jüdischen Volk durch die Nationalsozialisten im Europa des zwanzigsten Jahrhunderts führten.[36]

Es muss für diese Einführung in die Tora genügen, Folgendes zu betonen: Die systematische Ermordung von rund 6 Millionen Jüdinnen und Juden unter dem Nazi-Regime Deutschlands stellt auch für die christliche Theologie und die Kirchen eine bleibende Herausforderung dar. Christliche Theologie – insbesondere auch Bibelauslegung – muss sich der *Schoah* (hebr. für Katastrophe, Verwüstung, Vernichtung)[37] bewusst sein und darf nie betrieben werden, als wären diese ungeheuren Gräueltaten nicht geschehen. Zu Recht betonte

---

36 Vgl. grundlegend *Hilberg, Raul,* Vernichtung; *ders.*, Quellen; *Bauer, Yehuda*, History; *ders.*, Seite; *Volkov, Shulamit*, Antisemitismus.

37 Häufig auch *Holocaust* genannt (gr. für Ganzopfer). Der Begriff Holocaust wird in der LXX für Brandopfer gebraucht (vgl. Gen 8,20; 22,2; Lev 1,3), eine im Alten Orient verbreitete Opferart, bei der das Opfertier «ganz verbrannt» wird.

der christliche Fundamentaltheologe Johann Baptist Metz, dass die christliche Theologie nach Auschwitz eine andere sein muss als zuvor.[38] Sie muss aus den Fehlern einer Jahrhunderte alten Geschichte lernen und höchst sensibel sein für alles – besonders für alles im religiösen Bereich –, was zu Rassismus, zu Nationalismus sowie zu jeder Art von Antijudaismus führen kann.

Christliche Theologie muss meines Erachtens immer – und nach der Schoah in aller Bestimmtheit und vermehrter Kraft – der Verständigung und dem Frieden der Menschen und Kulturen dienen. Dies ist eine der grundlegenden Aufgaben jeder ernsthaften Religion.

5.3 Neue christliche Wertschätzung des AT und des Judentums

Aus dem Erschrecken über die Schoah und die christliche Mitverantwortung an diesem Verbrechen gegen die Menschlichkeit begann in der Theologie und in den Kirchen ein grundlegendes Umdenken.[39] Wenn auch die eigene Schuld häufig nur zaghaft und zu wenig klar eingestanden wurde, so erfolgte im Hinblick auf das jüdische Volk Gottes und das Verhältnis des Christentums zum Judentum doch ein tiefgreifender Gesinnungswandel. Aufgrund dessen wurde der Dialog mit dem Judentum und mit dem Alten/Ersten Testament erst wieder möglich. Drei von vielen wichtigen Schritten seien im Folgenden genannt: 1947 trafen sich in der schweizerischen Ortschaft Seelisberg 65 Personen aus 19 Ländern zu einer Internationalen Konferenz der Christen und Juden, um ihre Trauer über die Schoah zum Ausdruck zu bringen, um die Ursachen des christlichen Antisemitismus/Antijudaismus zu untersuchen und um für dessen Überwindung zu arbeiten. Die Konferenz führte zur Gründung des «Internationalen Rats der Christen und Juden» und formulierte zehn Thesen:

38 Vgl. grundlegend *Metz, Johann B.*, Ökumene nach Auschwitz; weiter *Manemann, Jürgen/Metz, Johann B.*, Christologie.

39 Vgl. *Leimgruber, Stephan*, Gott 116–134; zudem die Beiträge in *Jeggle-Merz, Birgit/Durst, Michael*, Juden und Christen im Dialog.

«1. Es ist hervorzuheben, dass ein und derselbe Gott durch das Alte und das Neue Testament zu uns allen spricht.

2. Es ist hervorzuheben, dass Jesus von einer jüdischen Mutter aus dem Geschlechte Davids und dem Volke Israels geboren wurde, und dass seine ewige Liebe und Vergebung sein eigenes Volk und die ganze Welt umfasst.

3. Es ist hervorzuheben, dass die ersten Jünger, die Apostel und die ersten Märtyrer Juden waren.

4. Es ist hervorzuheben, dass das höchste Gebot für die Christenheit, die Liebe zu Gott und zum Nächsten, schon im Alten Testament verkündigt, von Jesus bestätigt, für beide, Christen und Juden, gleich bindend ist, und zwar in allen menschlichen Beziehungen und ohne jede Ausnahme.

5. Es ist zu vermeiden, dass das biblische und nachbiblische Judentum herabgesetzt wird, um dadurch das Christentum zu erhöhen.

6. Es ist zu vermeiden, das Wort ‹Juden› in der ausschließlichen Bedeutung ‹Feinde Jesu› zu gebrauchen oder auch die Worte ‹die Feinde Jesu›, um damit das ganze jüdische Volk zu bezeichnen.

7. Es ist zu vermeiden, die Passionsgeschichte so darzustellen, als ob alle Juden oder die Juden allein mit dem Odium der Tötung Jesu belastet seien. Tatsächlich waren es nicht alle Juden, welche den Tod Jesu gefordert haben. Nicht die Juden allein sind dafür verantwortlich, denn das Kreuz, das uns alle rettet, offenbart uns, dass Christus für unser aller Sünden gestorben ist.

8. Es ist zu vermeiden, dass die Verfluchung in der Heiligen Schrift oder das Geschrei einer rasenden Volksmenge: ‹Sein Blut komme über uns und unsere Kinder› behandelt wird, ohne daran zu erinnern, dass dieser Schrei die Worte unseres Herrn nicht aufzuwiegen vermag: ‹Vater, vergib ihnen, denn sie wissen nicht, was sie tun›, Worte, die unendlich mehr Gewicht haben.

9. Es ist zu vermeiden, dass der gottlosen Meinung Vorschub geleistet wird, wonach das jüdische Volk verworfen, verflucht und für ein ständiges Leiden bestimmt sei.

10. Es ist zu vermeiden, die Tatsache unerwähnt zu lassen, dass die ersten Mitglieder der Kirche Juden waren.»[40]

40 Z. B. in *Jeggle-Merz, Birgit/Durst, Michael,* Juden und Christen im Dialog 197 f. Die Seelisberger Thesen wurden 2009 vertieft und erweitert in zwölf Thesen von Berlin, vgl. *International Council of Christians and Jews:* Zeit zur Neu-Verpflichtung.

In Deutschland entstand 1961 die «Arbeitsgemeinschaft Juden und Christen». Sie gab in ihrer Gründungserklärung die Richtung vor, in der ein jüdisch-christlicher Dialog möglich wird:

> «Juden und Christen sind unlösbar verbunden. Aus der Leugnung dieser Zusammengehörigkeit entstand die Judenfeindschaft in der Christenheit. Sie wurde zu einer Hauptursache der Judenverfolgung. Jesus von Nazareth wird verraten, wenn Glieder des jüdischen Volkes, in dem er zur Welt kam, als Juden mißachtet werden. Jede Form der Judenfeindschaft ist Gottlosigkeit [...] Gegenüber der falschen, in der Kirche jahrhundertelang verbreiteten Behauptung, Gott habe das Volk der Juden verworfen, besinnen wir uns neu auf das Apostelwort: ‹Gott hat sein Volk nicht verstoßen, das er zuvor ersehen hat› (Röm 11,2).»[41]

Die römisch-katholische Kirche nahm eine Neubesinnung im Zweiten Vatikanischen Konzil vor:[42] In «Nostra aetate» (NA) – der «Erklärung über das Verhältnis der Kirche zu den nichtchristlichen Religionen» vom 28.10.1965 – wurde eine grundlegende Neubestimmung vorgenommen.[43] In Bezug auf alle Religionen wird darin festgestellt:

> «Die katholische Kirche verwirft nichts von dem, was in diesen Religionen wahr und heilig ist» (NA 2).

Im Hinblick auf den Islam wird betont:

> «Mit Wertschätzung betrachtet die Kirche auch die Muslime, die den einzigen Gott anbeten, den lebendigen und für sich seienden, barmherzigen und allmächtigen, den Schöpfer des Himmels und der Erde» (NA 3).

Der umfangreichste Abschnitt widmet sich der Beziehung zum Judentum. Hierzu betont das Konzil unter anderem:

> «Bei ihrer Besinnung auf das Geheimnis der Kirche gedenkt die Heilige Synode des Bandes, wodurch das Volk des Neuen Bundes mit dem Stamme Abraham geistlich verbunden ist.

---

41 Zit. nach *Kremers, Heinz,* Judenmission 18.

42 Für die Evangelische Kirche vgl. *Hermle, Siegfried,* Kirche.

43 Zur richtungsweisenden Bedeutung bis heute vgl. *Henrix, Hans H.,* Nostra Aetate.

> So anerkennt die Kirche Christi, daß nach dem Heilsgeheimnis Gottes die Anfänge ihres Glaubens und ihrer Erwählung sich schon bei den Patriarchen, bei Moses und den Propheten finden […] Deshalb kann die Kirche auch nicht vergessen, daß sie durch jenes Volk, mit dem Gott aus unsagbarem Erbarmen den Alten Bund geschlossen hat, die Offenbarung des Alten Testaments empfing und genährt wird von der Wurzel des guten Ölbaums, in den die Heiden als wilde Schößlinge eingepfropft sind (mit Verweis auf Röm 11,17–24) […]
> Da also das Christen und Juden gemeinsame geistliche Erbe so reich ist, will die Heilige Synode die gegenseitige Kenntnis und Achtung fördern, die vor allem die Frucht biblischer und theologischer Studien sowie des brüderlichen Gespräches ist […]
> Im Bewußtsein des Erbes, das sie mit den Juden gemeinsam hat, beklagt die Kirche, die alle Verfolgungen gegen irgendwelche Menschen verwirft, nicht aus politischen Gründen, sondern auf Antrieb der religiösen Liebe des Evangeliums, alle Haßausbrüche, Verfolgungen und Manifestationen des Antisemitismus, die sich zu irgendeiner Zeit und von irgend jemandem gegen die Juden gerichtet haben.» (NA 4)

Zeitlich vor dieser Erklärung wurde ein Bussgebet von Papst Johannes XXIII. berühmt, das er offenbar kurz vor seinem Tod (1963) formulierte. In diesem Gebet wird die eigene Schuld klar benannt und um Verzeihung gebeten:

> «Wir erkennen heute, daß viele Jahrhunderte der Blindheit unsere Augen verhüllt haben, so daß wir die Schönheit Deines auserwählten Volkes nicht mehr sehen und in seinem Gesicht nicht mehr die Züge unseres erstgeborenen Bruders wiedererkennen. Wir erkennen, daß ein Kainsmal auf unserer Stirn steht. Im Laufe der Jahrhunderte hat unser Bruder Abel in dem Blute gelegen, das wir vergossen, und er hat Tränen geweint, die wir verursacht haben, weil wir Deine Liebe vergaßen. Vergib uns den Fluch, den wir zu unrecht an den Namen der Juden hefteten. Vergib uns, daß wir Dich in ihrem Fleische zum zweitenmal ans Kreuz schlugen. Denn wir wußten nicht, was wir taten».[44]

Papst Johannes Paul II. ging diesen Weg der Umkehr weiter, indem er 1986 als erster Papst die Grosse Synagoge in Rom besuchte und dabei die Menschen jüdischen Glaubens als

44 Zit. nach *Pax Christi*, Schweigen 21; vgl. *Braunwarth, Esther*, Kooperation 262.

«ältere Brüder» bezeichnete. Am 12. März 2000 bat Johannes Paul II. in einem grossen Bussgottesdienst im Petersdom in der vierten von sieben Bitten das Jüdische Volk um Vergebung.[45] Die Bitte um Vergebung wiederholte er am 23. März bei seinem Besuch in Israel bei der Holocaust-Gedenkstätte Yad Vashem. Zudem steckte er diese Bitte auf einem Zettel nach jüdischem Gebetsbrauch in eine Ritze an der Westmauer in Jerusalem.[46]

Auf jüdischer Seite führten solche christlichen Zeichen der *Metanoia* (gr. für «Umkehr, Busse») der Kirchen zu einer erneuerten Dialogbereitschaft.[47] Dies zeigt exemplarisch die am 10. September 2000 in der New York Times und in der Baltimore Sun erschienene Erklärung «Dabru emet» (hebr. Redet Wahrheit) mit den Unterschriften von mehr als 200 jüdischen Gelehrten und Rabbinern. Die Erklärung beginnt mit den Worten:

> «In den vergangenen Jahren hat sich ein dramatischer und beispielloser Wandel in den christlich-jüdischen Beziehungen vollzogen. Während des fast zwei Jahrtausende andauernden jüdischen Exils haben Christen das Judentum zumeist als eine gescheiterte Religion oder bestenfalls als eine Vorläuferreligion charakterisiert, die dem Christentum den Weg bereitete und in ihm zur Erfüllung gekommen sei. In den Jahrzehnten nach dem Holocaust hat sich die Christenheit jedoch dramatisch verändert. Eine wachsende Zahl kirchlicher Gremien, unter ihnen sowohl römisch-katholische als auch protestantische, haben in öffentlichen Stellungnahmen ihre Reue über die christliche Misshandlung von Juden und Judentum ausgedrückt.»[48]

Die Erklärung fährt fort, dass auf die positiven Veränderungen der christlichen und kirchlichen Position gegenüber dem Judentum jüdischerseits mit Vertrauen und mit Gesprächsangeboten reagiert werden solle. Der jüdisch-christliche Dialog sei nachhaltig zu bekräftigen und zu vertiefen. Thesenartig werden sodann acht Grundeinsichten formuliert, auf deren Grundlage jüdisch-christlicher Dialog gelingen kann. Es sei

---

45 Vgl. *Thoma, Clemens,* Versöhnungsbitte; *Wandinger, Nikolaus,* Vergebung.
46 Vgl. Jubiläumspilgerreise (VApS 145) 74 f.
47 Vgl. *Leimgruber, Stephan,* Gott 134–138.
48 *Kampling, Rainer/Weinrich, Michael,* Dabru emet 7.

hier wenigstens der jeweils erste titelartige Satz dieser Einsichten genannt:

> «Juden und Christen beten den gleichen Gott an […]
> Juden und Christen stützen sich auf die Autorität ein und desselben Buches – die Bibel (das die Juden ‹Tenach› und die Christen das ‹Alte Testament› nennen) […]
> Christen können den Anspruch des jüdischen Volkes auf das Land Israel respektieren […]
> Juden und Christen anerkennen die moralischen Prinzipien der Tora […]
> Der Nazismus war kein christliches Phänomen […]
> Der nach menschlichem Ermessen unüberwindbare Unterschied zwischen Juden und Christen wird nicht eher ausgeräumt werden, bis Gott die gesamte Welt erlösen wird, wie es die Schrift prophezeit […]
> Ein neues Verhältnis zwischen Juden und Christen wird die jüdische Praxis nicht schwächen […]
> Juden und Christen müssen sich gemeinsam für Gerechtigkeit und Frieden einsetzen […]»[49]

Solche Fortschritte im jüdisch-christlichen Gespräch sind – von beiden Seiten her – nicht selbstverständlich. Das gewachsene Vertrauen ist noch labil. Unter Papst Benedikt XVI. gab es schmerzliche Rückschläge im jüdisch-christlichen Dialog.[50] Dies vor allem, weil Benedikt XVI. meinte, er müsse die in ihrer Entstehung und Geschichte aufs schlimmste judenfeindliche Karfreitagsfürbitte *Pro conversione Judaeorum* («Für die Bekehrung der Juden») wieder nach dem vorkonziliaren Ritus (*Missale Romanum* von 1962) bzw. einer von ihm selbst verfassten Formulierung zulassen. Dies führte jüdischer- und christlicherseits zu weltweitem Protest.[51] Aber auch weil Benedikt XVI. am 24. Januar 2009 die Exkommunikation von vier Traditionalisten-Bischöfen der Piusbruderschaft aufhob, worunter sich der notorische Holocaust-Leugner Bischof Richard Williamson befand.

49 Vgl. zur durchaus auch kontroversen Diskussion *Dirscherl, Erwin/Trutwin, Werner,* Redet Wahrheit.
50 Vgl. zum Überblick *Henrix, Hans H.,* Verhältnis 255–261.
51 Vgl. *Homolka, Walter/Zenger, Erich,* «… damit sie Jesus …».

Vor diesem Hintergrund ist es umso mehr zu begrüssen, dass Papst Franziskus in seinem ersten apostolischen Schreiben vom 24. November 2013 wieder starke Zeichen der Wertschätzung und des Dialogs setzte. Franziskus betont in seinem Lehrschreiben «Evangelii gaudium» – «Über die Verkündigung des Evangeliums in der Welt von heute» – die unwiderrufliche Berufung des jüdischen Volkes durch Gott und Gottes Wirken in ihm. Besonders wichtig ist, dass Franziskus auf jede Formulierung verzichtet, die in Richtung «Judenmission» geht. Er anerkennt demgegenüber, dass «einige christliche Überzeugungen für das Judentum unannehmbar sind». Implizit wird damit gesagt, dass das Judentum theologisch legitimerweise einen anderen Weg gegangen ist und geht als das Christentum. Beide Wege werden im Glauben an den einen Gott gegangen:

> «247. Ein ganz besonderer Blick ist auf das jüdische Volk gerichtet, dessen Bund mit Gott niemals aufgehoben wurde, denn ‹unwiderruflich sind Gnade und Berufung, die Gott gewährt› (Röm 11,29). Die Kirche, die mit dem Judentum einen wichtigen Teil der Heiligen Schrift gemeinsam hat, betrachtet das Volk des Bundes und seinen Glauben als eine heilige Wurzel der eigenen christlichen Identität (vgl. Röm 11,16–18). Als Christen können wir das Judentum nicht als eine fremde Religion ansehen, noch rechnen wir die Juden zu denen, die berufen sind, sich von den Götzen abzuwenden und sich zum wahren Gott zu bekehren (vgl. 1 Thess 1,9). Wir glauben gemeinsam mit ihnen an den einen Gott, der in der Geschichte handelt, und nehmen mit ihnen das gemeinsame offenbarte Wort an.
> 248. Der Dialog und die Freundschaft mit den Kindern Israels gehören zum Leben der Jünger Jesu. Die Zuneigung, die sich entwickelt hat, lässt uns die schrecklichen Verfolgungen, denen die Juden ausgesetzt waren und sind, aufrichtig und bitter bedauern, besonders, wenn Christen darin verwickelt waren und sind.
> 249. Gott wirkt weiterhin im Volk des Alten Bundes und lässt einen Weisheitsschatz entstehen, der aus der Begegnung mit dem göttlichen Wort entspringt. Darum ist es auch für die Kirche eine Bereicherung, wenn sie die Werte des Judentums aufnimmt. Obwohl einige christliche Überzeugungen für das Judentum unannehmbar sind und die Kirche nicht darauf verzichten kann, Jesus als den Herrn und Messias zu verkünden, besteht eine reiche Komplementarität, die uns erlaubt, die Texte

der hebräischen Bibel gemeinsam zu lesen und uns gegenseitig zu helfen, die Reichtümer des Wortes Gottes zu ergründen sowie viele ethische Überzeugungen und die gemeinsame Sorge um die Gerechtigkeit und die Entwicklung der Völker miteinander zu teilen.»

Wenn diese Haltungen von «Evangelii Gaudium» und «Dabru emet» auf christlicher und jüdischer Seite vertieft um sich greifen, wenn sie in die theologische Wissenschaft, die lehramtlichen Dokumente, den religiösen Unterricht, die Liturgie, die Gebetssprache und die persönliche Frömmigkeit einfliessen, dann kann das jüdisch-christliche Gespräch sich voll entfalten – und wird zu einem gegenseitigen Lernen von Gottes Wort und all seiner positiven Wirkung im Leben und in der Gesellschaft werden.

Zum Weiterlesen

Angenendt, Arnold: Toleranz und Gewalt. Das Christentum zwischen Bibel und Schwert, Münster [5]2009, 486–578.

Bauer, Yehuda: Die dunkle Seite der Geschichte. Die Shoah in historischer Sicht. Interpretationen und Re-Interpretationen, aus dem Engl. von Christian Wiese, Frankfurt a. M. 2001.

Crüsemann, Frank: Das Alte Testament als Wahrheitsraum des Neuen. Die neue Sicht der christlichen Bibel, Gütersloh 2011, 31–64.

Henrix, Hans H. (Hg.): Nostra Aetate – ein zukunftsweisender Konzilstext. Die Haltung der Kirche zum Judentum 40 Jahre danach (Aachener Beiträge zu Pastoral- und Bildungsfragen 23), Aachen 2006.

Hermle, Siegfried: Evangelische Kirche und Judentum – Stationen nach 1945 (Arbeiten zur kirchlichen Zeitgeschichte. Reihe B Bd. 16), Göttingen 1990.

Hilberg, Raul: Die Quellen des Holocaust. Entschlüsseln und interpretieren, Frankfurt a. M. [2]2003.

Jeggle-Merz, Birgit/Durst, Michael (Hg.): Juden und Christen im Dialog (Theologische Berichte 26), Freiburg i. Üe. 2016.

Leimgruber, Stephan: Christentum und Weltreligionen (STh XII), Zürich 2014, 116–144.

Volkov, Shulamit: Antisemitismus als kultureller Code. Zehn Essays, München 2000 [[1]1990 unter dem Titel: Jüdisches Leben und Antisemitismus im 19. und 20. Jahrhundert].

Exodus 6

Überblick 6.1

Exodus (latinisierend für das griechische *Exodos*) bedeutet «Auszug» und nennt damit das Hauptthema des zweiten Buches der Bibel: der Auszug des Volkes Israel aus der Sklaverei in Ägypten. Die jüdische Überlieferung nennt das Buch *schemot* (hebr. für Namen), da es mit den Namen der Nachkommen Jakobs beginnt, die nach Ägypten gekommen waren (vgl. Ex 1,1–5).

Der Glaube daran, dass Gott die Israelit*innen aus jeder Form der Sklaverei befreit, kann als Grundbekenntnis des Ersten/Alten Testaments bezeichnet werden. Diese Glaubensaussage wird im Exodusbuch erzählerisch entfaltet: Gott wird als ein Gott beschrieben und geglaubt, der die Unterdrückung und Not der Israelit*innen sieht und Mose beruft, um das Volk aus der Sklaverei zu befreien (Ex 3–4). Doch vor dieser Berufung sind Frauen für die Rettung des noch namenlosen, ausgesetzten Sklavenbabys Mose entscheidend tätig (vgl. Ex 1–2). Danach sind neben Mose auch sein Bruder Aaron sowie nochmals und ausgeprägt seine Schwester Mirjam massgeblich an der Rettung Israels aus der Sklaverei beteiligt.

Die Befreiung wird in der Erzählung durch einen dramatischen Kampf zwischen Gott und der anonymen Unheilsmacht «Pharao» (Ex 7–12), durch die Funktion der Pessachfeier (Ex 12,43–51) sowie durch die wunderbare Durchquerung des Schilfmeeres (Ex 14–15) verwirklicht. Durch all dies ist Gottes Volk jedoch noch lange nicht im «gelobten Land», sondern muss erst noch zahlreiche «Wüstenerfahrungen» machen (u. a. Ex 16–18, aber auch noch weit über das Buch Exodus hinaus).

Auf der Grundlage des befreiten Lebens sind die Gottesbegegnungen am Sinai möglich (Ex 19–Num 10): Damit die Freiheit bewahrt wird, braucht es zuallererst ethische Weisungen und Richtlinien (u. a. die Zehnworte in Ex 20 und das Bundesbuch in Ex 21–23). Weiter braucht es eine Regelung des religiösen Kultes: Die Anweisungen zum Bau eines mobilen Heiligtums («Zelt der Begegnung»: Ex 25–31) sowie die Ausführungen dieser Anweisungen (Ex 35–40) nehmen deshalb breiten Raum ein, weil dieses Heiligtum als Vorbild für den Jerusalemer Tempel dargestellt wird.

Der Inhalt des Buches Exodus kann wie folgt gegliedert werden:

Ex 1–18	*Erster Teil: Befreiung aus der Sklaverei Ägyptens*
Ex 1–6	Ausgangssituation, Berufungserzählungen und erste Befreiungsbemühungen
Ex 7–12,39	Machtkampf zwischen GOTT und Pharao (sogenannte Plagenerzählung)
Ex 12,40–15,21	Pessach, ungesäuerte Brote und wunderbare Durchquerung des Schilfmeeres
Ex 15,22–18,27	Weg durch die Wüste hin zum Berg Sinai
Ex 19,1–24,11	*Zweiter Teil: Gottesbegegnungen am Sinai und Bundesschluss*
Ex 19–20	Gotteserscheinung und Verkündung der Zehn Worte (10 Gebote)
Ex 21–23	Bundesbuch: Rechtsvorschriften und Mahnungen
Ex 24,1–11	Bundesschluss am Fuss des Berges und Festmahl auf dem Berg im Angesicht GOTTES
Ex 24,12–40,38	*Dritter Teil: Gott nimmt Wohnung inmitten seines Volkes*
Ex 24,12–31,18	Anweisungen zum Bau des Zelts der Begegnung
Ex 32	Abwendung von Gott (Kult vor dem goldenen Kalb)
Ex 33–34	Bundeserneuerung
Ex 35–40	Bau des Zelts der Begegnung

Entstanden sind die Texte des Exodusbuches nach heutigem Wissensstand etwa zwischen dem 8.–4. Jahrhundert v. Chr.[1] Im Folgenden werden ausgewählte Texte von Ex 1–23 besprochen.

1 Vgl. den Überblick bei *Oswald, Wolfgang:* Art. Exodusbuch/WiBiLex, mit Lit.; siehe zudem Abschnitt 3.2.2.

Erste Berufungserzählungen (Ex 1–4) 6.2

Die Ausgangslage (Ex 1,1–14) 6.2.1

Das Exodusbuch beginnt mit einer kurzen, dramatischen Schilderung der Ausgangslage: Zuerst werden die zwölf «Söhne» Jakobs namentlich aufgezählt. Damit wird ein Bogen zurück zum Genesisbuch geschlagen: Gemäss Gen 42 ff. waren ja ganz Israel bzw. alle «Söhne» Jakobs/Israels aufgrund einer Hungersnot als eine Art Wirtschaftsflüchtlinge nach Ägypten gekommen. Sie hatten dort bei ihrem «Bruder» Josef, der es zum Vize-Pharao geschafft hatte, Aufnahme gefunden. Nun erzählt das Exodusbuch, Josef und seine Zeitgenossen seien gestorben, und in Ägypten sei ein neuer König an die Macht gekommen, der Josef nicht mehr kannte (Ex 1,8). Dieser neue Pharao verkörpert nun die typische Art von Fremdenangst und -feindlichkeit: Er befürchtet, die Israelit*innen seien «zahlreicher und stärker» als die Ägypter geworden und setzt Fronaufseher über die Israelit*innen ein (Ex 1,9–11). Doch je mehr die Ägypter die ihnen fremden Israelit*innen «unterdrückten, desto mehr vermehrten sie sich» (Ex

Abb. 30:
Mose, von Michelangelo (1505–1515 n. Chr.), San Pietro in Vinculi, Rom

1,12) – eine Erfahrung, die über die Jahrhunderte im Zusammenhang mit Armut/Unterdrückung und Migration zu beobachten ist. Daraufhin werden die Israelit*innen mit Gewalt zur Arbeit gezwungen und versklavt (Ex 1,13 f.).

Für Leute, die heute das Exodusgeschehen noch einigermassen kennen, tritt nun wahrscheinlich Mose auf den Plan – der grosse Mose, der das Volk vom Pharao befreit. Unzählige Bilder und Filme prägen dieses Bild eines mächtigen, heldenhaften männlichen Befreiers. Doch der biblische Text sieht ganz anders aus.

6.2.2 Lektüre und Methode: «Blinde Flecken» wahrnehmen

Wie in Gen 3 bereits gesehen, ist es überaus wichtig, sich von Vorurteilen, vorgefassten Meinungen und unkritisch übernommenen Bildern zu befreien.[2] Nur wer die biblischen Texte neu, unvoreingenommen und genau liest, kann ihnen gerecht werden. So ist zu Beginn des Exodusbuches nicht gleich der grosse Mose für die Befreiung der Israelit*innen tätig, vielmehr tragen mehrere Personen zuallererst zur Rettung des Mose bei.

Lektüre und Methode: Bitte lesen Sie Ex 1,15–2,10 und notieren Sie, wer im biblischen Text zur Rettung des Mose und damit des Volkes Israel beiträgt.

6.2.3 Die Retterinnen Israels (Ex 1,15–2,10)

Die Versklavung der Israelit*innen reicht dem Pharao noch nicht aus. Vor lauter Angst vor einer möglichen fremden Übermacht im eigenen Land will er deren Geburten «regulieren». Er befiehlt, neugeborene Söhne der Israelit*innen zu ermorden:

> «[15] Und der König von Ägypten sprach zu den Hebammen der Hebräerinnen – die eine hiess Schifra, die andere Pua – [16] und sagte: Wenn ihr die Hebräerinnen entbindet, gebt acht bei der Geburt: Ist es ein Sohn, so tötet ihn, ist es aber eine Tochter, so kann sie am Leben bleiben.» (Ex 1,15 f., Zü. 07)

2 Siehe Abschnitt 4.1.3.2.

Auf diesen Befehl des Pharaos, die hebräischen Söhne bei deren Geburt heimlich zu ermorden, folgt nun eine der schönsten Beschreibungen von «Gottesfurcht»:[3]

> «[17] Die Hebammen aber fürchteten Gott und taten nicht, was ihnen der König von Ägypten gesagt hatte, sondern ließen die Kinder am Leben. [18] Da rief der König von Ägypten die Hebammen zu sich und sagte zu ihnen: Warum tut ihr das und lasst die Kinder am Leben? [19] Die Hebammen antworteten dem Pharao: Die hebräischen Frauen sind nicht wie die ägyptischen, denn sie sind voller Leben [hebr. *chajot*]. Bevor die Hebamme zu ihnen kommt, haben sie schon geboren.» (Ex 1,17–19, EÜ 16)

«Gottesfurcht» heisst aufgrund des Verhaltens der beiden Hebammen: jeder lebensbedrohenden Macht widerstehen! Selbst mit einer glatten Lüge (V. 19) Leben zu retten, wenn dieses durch Diktatoren oder sonst jemanden bedroht ist. Ziviler Ungehorsam zugunsten des Humanen, das ist es, was die Hebammen Schifra und Pua leisten, das ist es, was «Gottesfurcht» hier meint. Zwei Hebammen stehen damit am Anfang der Befreiungsgeschichte Israels![4] Sie werden mit Namen genannt, wobei die Namen vielleicht symbolhaft gewählt sind: Bei Schifra klingt das hebräische Wort für «Schönheit» an, bei Pua möglicherweise «Glanz».

Interessant ist weiter, dass vom hebräischen Text her die Näherbestimmung der Hebammen in zwei Richtungen verstanden werden kann: Es können «hebräische Hebammen» sein – also selbst Hebräerinnen – oder (ägyptische) «Hebammen für die Hebräer». Die erstgenannte Auffassung vertritt beispielsweise der Talmud,[5] die zweite findet sich bereits bei Philo von Alexandria (ca. 20 v. Chr.–50 n. Chr.) und Josephus (ca. 37–100 n. Chr.).[6] Im letzteren Fall wären die Hebammen wohl Ägypterinnen, die dem Pharao widerstehen und Leben retten. Damit wären sie aber Ägypterinnen, die Gott fürchten – und dies nicht aufgrund eines Bekenntnisses, sondern

3 Für die zahlreichen anderen Verständnisse in Religion und Bibel vgl. *Kipfer, Sara:* Art. Furcht (AT)/WiBiLex.

4 Vgl. hierzu und zum Folgenden *Fischer, Irmtraud,* Gottesstreiterinnen 160–180; *Siebert-Hommes, Jopie,* Retterinnen.

5 Vgl. Sota 11b.

6 Vgl. *Leibowitz, Nehama,* Shemot 31–38; zu Hebammen im AT zudem *Müllner, Ilse:* Art. Hebamme/WiBiLex.

vielmehr durch ihr Handeln. Für den zweiten Fall könnte sprechen, dass der Pharao kaum Hebräerinnen den Tötungsbefehl für hebräische Neugeborene geben kann, dass die Gottesfurcht mit Elohim (nicht mit JHWH) formuliert ist und dass die Hebammen von den gebärenden Hebräerinnen sprechen, als wären diese bei der Geburt anders als die Ägypterinnen: «Die hebräischen Frauen sind nicht wie die ägyptischen, denn sie sind voller Leben [hebr. *chajot*]. Bevor die Hebamme zu ihnen kommt, haben sie schon geboren» (Ex 1,19, EÜ 16). Die neue Einheitsübersetzung übersetzt hier zu Recht mit «sie sind voller Leben»,[7] denn das hebräische Wort *chajot* (חיות), das einzig hier in der Bibel vorkommt, ist mit dem Wort *chaja* («Leben»), verwandt oder klingt zumindest daran an. Damit wird wohl auch an «Eva» (hebr. *chawa*,), die «Mutter aller, die da leben», erinnert (Gen 3,20)[8] –, und die versklavten Hebräerinnen werden wie Eva mit Leben / Leben spenden in Verbindung gebracht.

Da dem Pharao das heimliche Ermordenlassen der erstgeborenen hebräischen Knaben aufgrund der mutigen Hebammen missglückt ist, ruft er nun zum öffentlichen Genozid auf:

> «Daher gab der Pharao seinem ganzen Volk den Befehl: Alle Söhne, die den Hebräern geboren werden, werft in den Nil! Alle Töchter dürft ihr am Leben lassen.» (Ex 1,22)

Der Befehl zielt auf Totalität: Er ergeht an das «*ganze* Volk» der Ägypter, und «*alle* Söhne», die den Hebräerinnen geboren werden, sollen ermordet werden.[9] Schon oft wurde gefragt, warum die hebräischen «Töchter» nicht ebenfalls umgebracht werden. Der Grund wird ein selbstsüchtig-grausamer sein: Diese werden als «Gebärerinnen» für den eigenen Nachwuchs oder für den Harem «gebraucht» – oder zu noch Schlimmerem missbraucht, wie dies viele Ausbeutungs- und Kriegsberichte, damals wie heute, immer wieder zeigen (vgl. Num 31,18).

---

7 EÜ 80: «Bei den hebräischen Frauen ist es nicht wie bei den Ägypterinnen, sondern wie bei den Tieren»; Zü. 07: «Sie gebären wie die Tiere».

8 Siehe Abschnitt 4.1.2.2.

9 Vgl. die Parallelen und Unterschiede zum Kindermord von Bethlehem bei Mt 2,13–23

In diese Situation des öffentlichen Genozides hinein erzählt Ex 2,1–4 von der Geburt eines hebräischen Kindes:

> «1 Und ein Mann aus dem Hause Levi ging und nahm die Tochter Levis zur Frau. 2 Und die Frau wurde schwanger und gebar einen Sohn, und sie sah, dass er gut war [*ki-tob hu*, כי־טוב הוא]. Da versteckte sie ihn drei Monate lang. 3 Als sie es nicht mehr verborgen halten konnte, nahm sie ein Binsenkästchen [*tebah*, תבה], dichtete es mit Pech und Teer ab, legte das Kind hinein und setzte es am Nilufer im Schilf aus. 4 Seine Schwester aber stellte sich in der Nähe auf, um zu sehen, was mit ihm geschehen würde.» (Ex 2,1–4)

Wie schon der Pharao, so bleiben in Ex 2 auch der Mann, die Frau, der neugeborene Sohn sowie dessen Schwester ohne Namen. Meiner Meinung nach nicht, weil es auf diese Namen nicht ankäme, sondern weil hier Prinzipielles und nicht Individuelles ausgesagt werden will.

Zweimal wird der Stamm Levi als Herkunft von Vater und Mutter des Mose genannt. Mose wird im Exodusbuch also dem Priestergeschlecht der Leviten zugeordnet. Damit wird im Exodusbuch eine Art Gleichgewicht bzw. eine Versöhnung zwischen den oft in Konkurrenz und Konflikt stehenden Priestergeschlechtern der Aaroniden und Leviten geschaffen.[10] Vor seinem Tod wird Mose im Segen über die Leviten deren Aufgabe wie folgt umschreiben: das Wort Gottes und seinen Bund halten, Israel die Rechtssatzungen und die Torah lehren sowie am Altar Räucher- und Ganzopfer für Gott bringen (vgl. Dtn 33,9f.).

Entscheidend für den Fortgang der Erzählung sowie für die Rettung des Neugeborenen ist der Einsatz seiner Mutter. Das Kind ist durch den Pharao und die Ägypter ja vom Tode bedroht. Während der Vater hier und im Folgenden völlig unerwähnt bleibt, kommt der Mutter eine entscheidende Rolle zu: Zuallererst sieht die Frau, dass das Kind «gut ist», wie es im Hebräischen wörtlich heisst (Ex 2,2). Diese Formulierung erinnert ganz deutlich an den Anfang der Bibel, an die

---

10 Zu den Konflikten verschiedener Priestergeschlechter vgl. *Koenen, Klaus:* Art. Aaron/Aaroniden/WiBiLex, Kap. 3; zudem *Labahn, Antje:* Art. Levi/Leviten/WiBiLex.

Schöpfungserzählung in Gen 1,1–2,4a. Sieben Mal heisst es dort: «Und Gott sah, dass es gut war».[11] Und nun, am Beginn des Exodusbuches, tut die Mutter des noch namenlosen Sklavenbabys genau dasselbe wie Gott bei der Schöpfung:

וירא אלהים את־האור כי־טוב	Gen 1,4	Und Gott sah, dass das Licht gut war
וירא אלהים כי־טוב	Gen 1,10	Und Gott sah, dass es gut war (usw.)
ותרא אתו כי־טוב הוא	Ex 2,2	Und die Frau sah, dass er gut war

Der Sinn der Aussage in Ex 2,2 ist damit folgender: Auch ein kleines, wehrloses Sklavenkind ist gut – genauso gut, wie die ganze Erde und alle Lebewesen! Auch ein Sklavenkind ist es wert, geschützt und gerettet zu werden.

Leider wird der Zusammenhang von Gen 1 und Ex 2,2 in allen mir bekannten deutschen Bibelübersetzungen – und vielen fremdsprachigen – nicht gesehen und daher meiner Meinung nach das *tob* (das allgemeinste hebr. Wort für gut) falsch übersetzt, zumeist mit «schön». Am schlimmsten sind in diesem Fall die Gute Nachricht (1997): «Als sie sah, dass es ein gesundes, schönes Kind war», und leider auch die Bibel in gerechter Sprache (2006): «und sah, dass er gesund und munter war». Wie wenn die Mutter das Kind nicht gerettet hätte, wenn es krank oder behindert gewesen wäre! Nein, die Aussage des hebräischen Textes von Ex 2 ist das pure Gegenteil: Ausnahmslos jedes Menschenkind, auch ein namenloses Sklavenbaby, soll gerettet werden von lebenszerstörenden Mächten. Denn jedes Menschenkind ist gut. Dies ist eine der Kernaussagen jeder ernsthaften Religion: Wer einen Menschen rettet, rettet die Welt. Diese Überzeugung formulieren explizit sowohl die jüdische wie auch die muslimische Glaubenstradition:

> «Nur für diesen Zweck wurde der Mensch erschaffen: Zu lehren, wer eine einzige Seele zerstört, zerstört die ganze Welt. Und wer eine einzige Seele rettet, rettet die ganze Welt […] Deshalb kann der Mensch sagen: Die Welt wurde um meinetwillen erschaffen.»[12]
>
> «Aus diesem Grund haben wir den Kindern Israels vorgeschrieben, dass, wenn einer jemanden tötet, nicht für jemand oder Unheil auf der

11 Siehe Abschnitt 4.1.1.4.

12 Jerusalemer Talmud, Sanhedrin, 23a–b.

Erde, es so sein soll, als ob er die Menschen alle getötet hätte. Und wenn einer jemanden am Leben erhält, soll es so sein, als ob er die Menschen alle am Leben erhalten hätte.»[13]

Dass die Handlung der Mutter in Ex 2 in diese Richtung verstanden werden will, zeigt sich auch in dem hebräischen Wort *tebah* (תבה), das für das «Binsenkästchen» verwendet wird, in welches die Mutter ihren Sohn legt: Das Wort *tebah* wird im ganzen Ersten Testament nur hier in Ex 2,3.5 sowie in Gen 6–9 verwendet –, dort aber bezeichnet es immer die «Arche» des Noah![14] Die Mutter in Ex 2 baut also für ihr Neugeborenes eine Arche, um das Kind in gleicher Weise zu retten, wie die Arche des Noah alle Gattungen der Lebewesen gerettet hat.[15]

Nach diesen drei Frauen, den beiden Hebammen und der Mutter des Babys, übernehmen zwei weitere Frauen die Handlung: die Schwester des Mose und die Tochter des Pharaos.

Die Schwester des Mose harrt beim im Nil ausgesetzten Bruder aus, um zu sehen, was mit ihm geschieht (Ex 2,4). Sie wendet sich später an die Tochter des Pharaos und erreicht, dass Mose von seiner Mutter gestillt wird und solange bei ihr aufwachsen kann, bis die Mutter ihn zur Pharaonentochter bringt (Ex 2,7–10). Ob mit der Schwester hier an «Mirjam, die Prophetin, Aarons Schwester» (Ex 15,20) gedacht ist,[16] sagt der Text nicht. Dass sie jedoch unter Einsatz ihres Lebens zugunsten ihres Bruders handelt, ist offensichtlich.

Ebenso bemerkenswert ist das Verhalten der Tochter des Pharaos:

«[5] Da kam die Tochter des Pharaos herab, um im Nil zu baden. Ihre Dienerinnen gingen am Ufer des Nils auf und ab. Und sie sah das Binsenkästchen [hebr. *tebah*] mitten im Schilf und schickte ihre Sklavin hin und liess es holen. [6] Und sie öffnete es, und sie sah das Kind, und siehe,

13 Sure 5:32, zit. nach: Der Koran, übers. v. *Rudi Paret* (ohne dessen erklärende Klammerbemerkungen).

14 Zur Arche vgl. *Baumgart, Norbert C.:* Art. Arche/WiBiLex.

15 Siehe Abschnitt 4.1.5.

16 Zu Mirjam vgl. *Rapp, Ursula,* Mirjam; *dies.:* Art. Mirjam/WiBiLex; *Bachmann, Mercedes G.,* Mirjam.

> es war ein weinender Knabe. Da hatte sie Mitleid [hebr. *chamal*, חמל] mit ihm und sagte: Das ist eines von den Kindern der Hebräer.» (Ex 2,5–6, Zü. 07)

Wie schon die Mutter, so kommt auch bei der Pharaonentochter an erster Stelle das Wahrnehmen: «und sie sah das Kind». Weiter betont der Text, dass sie das Baby als Hebräerkind erkennt. Gemäss dem Befehl ihres Vaters, des Pharaos, müsste sie dieses Baby nun in den Nil werfen (Ex 1,22)! Doch sie gibt es dank der Vermittlung der Schwester des Kindes der hebräischen Mutter mit den Worten: «Nimm das Kind mit und still es für mich. Ich werde dich dafür entlohnen» (Ex 2,9). Offenbar hat die Tochter des Pharaos von Anfang an die Absicht, das Kind zu adoptieren. Und so geschieht es:

> «[10] Und das Kind wuchs heran, und sie [die Mutter] brachte es der Tochter des Pharaos, und es wurde ihr Sohn. Und sie nannte es Mose und sprach: Ich habe ihn ja aus dem Wasser gezogen.» (Ex 2,10)

Was die Pharaonentochter leistet, ist Rebellion, der direkte Gegensatz zum Befehl ihres Vaters: Statt das Baby in den Nil zu werfen, zieht sie es aus dem Nil; statt das Baby zu töten, nimmt sie es als ihren Sohn an und ermöglicht ihm dadurch das Leben. Und offenbar sind auch die Dienerinnen/Sklavinnen solidarisch mit der Pharaonentochter und verraten sie nicht. Welch' grossartige Erzählung!

Wie schon bei der Mutter des Mose, so gibt es auch bei der Tochter des Pharaos Anklänge an ein andernorts beschriebenes Handeln Gottes: Im Klagelied Jes 63,7–64,11 wird explizit auf Mose Bezug genommen (V. 11–14). Unmittelbar vor diesen Versen heisst es, dass Gott Israel aus Liebe und Mitleid [hebr. Substantiv von derselben Wurzel *chamal*, חמל] erlöste:

> «All ihre Not war auch seine [Gottes] Not, und der Bote seines Angesichts hat sie gerettet. In seiner Liebe und in seinem Mitleid hat er sie [Israel] erlöst, und er hat sie emporgehoben, und alle Tage der längst vergangenen Zeit hat er sie getragen.» (Jes 63,9)

Das Exodusbuch würdigt die Tochter des Pharaos als Retterin des Mose und damit als Persönlichkeit, welche die spätere Befreiung aus der Sklaverei mit ermöglicht. Zudem wird der Pharaonentochter mit dem «Mitleid» eine Fähigkeit beziehungsweise Eigenschaft zugeschrieben, die ganz zentral auch von Gott erhofft wird.

Fünf bestimmte Frauen und eine weitere Anzahl Frauen (Dienerinnen/Sklavinnen) stehen am Anfang der Befreiungsgeschichte Israels. Das ist doch nicht das übliche Bild, das wir gewöhnlich in unserem Gedächtnis haben, wenn wir an den Exodus denken. Theologisch höchst interessant ist zudem auch Folgendes: Keine dieser Frauen hat in den biblischen Erzählungen eine explizite Offenbarung Gottes erfahren. Diese Frauen tun offensichtlich Gottes Willen von sich aus, aufgrund ihrer inneren Einstellung, ihres Gewissens. Besonders ist auch, dass möglicherweise die Hebammen, sicher aber die Tochter des Pharaos Ägypterinnen und damit Vertreterinnen einer ausgeprägt polytheistischen Religion sind, die andernorts in der Bibel häufig scharf abgelehnt wird (z.B. Jes 19; Jer 43,12 f.; Ez 30,13). Damit vertreten die ersten Kapitel des Exodusbuches eine sehr religionstolerante Sicht:[17] Auch andersgläubige Menschen können «Gott fürchten» bzw. Gottes Willen tun, indem sie sich nämlich für das Gute, das Leben einsetzen.

Abb. 31: Synagoge von Dura Europos, 3. Jahrhundert n. Chr., heutiges Syrien

17 Vgl. für weitere Belege religiöser Toleranz im AT *Fabry, Heinz-Josef,* Toleranz; *Flury, André,* Umgang; *Feldmeier, Reinhard,* Monotheismus.

6.2.4 Moses erste Tat (Ex 2,11–15)

Unter Einsatz ihres eigenen Lebens haben Frauen Mose das Leben gerettet. Aber die erste Tat des Mose geht in die genau entgegengesetzte Richtung:

> «[11] Zu jener Zeit, als Mose heranwuchs, ging er hinaus zu seinen Brüdern und sah, wie sie ihre Fronarbeit verrichteten. Da sah er, wie ein Ägypter einen Hebräer, einen seiner Brüder, erschlug. [12] Da schaute er sich nach allen Seiten um. Als er sah, dass niemand da war, erschlug er den Ägypter und verscharrte ihn im Sand.» (Ex 2,11 f.)

Moses erste Tat ist ein Totschlag oder sogar ein Mord. Anders kann man dieses vorsätzliche Tun («er schaute sich nach allen Seiten um») wohl kaum bezeichnen. Zuvor hat ein Ägypter einen Hebräer erschlagen. Mose vergilt also Gleiches mit Gleichem. In manchen Bibelausgaben wird die Tat des Ägypters mit er «schlug» (EÜ 16) wiedergegeben, was vom verwendeten hebräische Wort zwar möglich (vgl. Ex 21,12.15; 1 Sam 13,3), aber hier nicht wahrscheinlich ist, denn auch Moses erste Tat wird mit demselben Verb (נכה) formuliert. Und bei Mose ist klar ein Totschlagen gemeint, sonst könnte er den Ägypter anschliessend nicht im Sand verscharren.

Was für eine aussergewöhnliche Einführung der Mose-Figur! Wie aussergewöhnlich auch, dass eben dieser Mose dem Volk einmal die Gebote Gottes übergeben wird, unter anderen mit dem Gebot: «Du sollst nicht töten!» (Ex 20,13 par. Dtn 5,17).[18] Welch' langer Weg wird auf erzählerischer Ebene hier angedeutet. Denn jetzt, nach seinem Totschlag, kann Mose nicht einmal einen einfachen Streit zwischen zwei Hebräern schlichten (Ex 2,13–15). Bei seinem Versuch wirft ihm einer der Streitenden sofort vor: «Wer hat dich zum Aufseher und Richter über uns gesetzt? Willst du mich umbringen [הרג], wie du den Ägypter umgebracht hast?» (Ex 2,14). Seine erste Tat bestimmt den Fortgang der Erzählung (vgl. Ex 2,15–22): Mose bekommt Angst. Der Pharao hört von dem Vorfall und will Mose töten. Doch Mose entkommt und kann nach Midian flüchten. Dort hilft er den sieben Töchtern des Priesters von

18 Siehe Abschnitt 6.10.6.6.

Midian bei einem Brunnenstreit,[19] wird in dessen Haus aufgenommen und bekommt die Tochter Zippora zur Frau. Mit ihr hat er einen Sohn, den er Gerschom nennt.

Hier könnte die Erzählung für Mose zu Ende sein. Viele Heldenerzählungen in der antiken Welt und darüber hinaus enden mit einer geglückten Flucht des Helden und der Gründung einer Familie. Doch Mose hat nicht als Held begonnen, eher schon als Antiheld, und er ist erst am Anfang seines Weges.

Moses Berufung (Ex 3,1–4,18) 6.2.5

In Ex 2,23–25 wird erzählt, dass der Pharao starb und Gott das Stöhnen der Israelit*innen hörte. Viele Forschenden nehmen an, dass eine ursprüngliche Fassung des Textes dann direkt mit Ex 4,19 weiterfuhr: «Und GOTT sprach zu Mose in Midian: Geh zurück nach Ägypten, denn alle, die dir nach dem Leben trachteten, sind gestorben». Wahrscheinlich erst nachträglich wurde mit Ex 3,1–4,18 eine viel ausführlichere Erwählung des Mose formuliert und dann zwischen Ex 2,25 und 4,19 eingefügt. Diese Erzählung hat es in sich. Im Unterschied zu den Frauen in Ex 1–2, die keine Offenbarung Gottes und kein Gotteswort erfuhren, muss sich Gott bei Mose redlich Mühe geben, um ihn zum Handeln zu bewegen.

Gott offenbart sich Mose in einem brennenden Dornbusch (Ex 3,1 ff.),[20] der nicht verbrennt, und spricht ihn zweifach mit Namen an: «Mose, Mose». Sodann erklärt Gott dem Mose, dass dies heiliger Boden sei, und stellt sich ihm vor: «Ich bin der Gott deines Vaters, der Gott Abrahams, der Gott Isaaks und der Gott Jakobs» (Ex 3,6). Dann erläutert Gott dem Mose, dass er das Elend des Volkes Israel in Ägypten gesehen habe und nun herabgestiegen sei, um es aus der Hand der Ägypter zu entreissen. Hierauf beauftragt Gott Mose mit den Worten: «Und jetzt geh! Ich sende dich zum Pharao. Führe mein Volk, die Israeliten, aus Ägypten heraus!» (Ex 3,10).

19 Vgl. die zahlreichen Parallelen zu Gen 24 und 29 bei *Davies, Gordon F.*, Israel 148.

20 Vgl. dazu *Wißmann, Felipe:* Art. Dornbusch/WiBiLex.

Mose antwortet, so scheint es, in demütiger Bescheidenheit: «Wer bin ich, dass ich zum Pharao gehen und die Israeliten aus Ägypten herausführen könnte?» (Ex 3,11). Gott verspricht ihm hierauf, mit ihm zu sein, und wiederholt den Auftrag. Doch Mose reicht das nicht. Er will Gottes Namen wissen. Den Namen von jemandem zu kennen, bedeutet im altorientalischen und biblischen Kontext jedoch häufig, eine gewisse Macht über jemanden zu haben. Dementsprechend zurückweisend lautet Gottes Antwort:

> «Da sprach Gott zu Mose: Ich werde sein, der ich sein werde [oder: Ich bin, der ich bin]. Und er sprach: So sollst du zu den Israeliten sprechen: Ich-werde-sein [oder: Ich-bin] hat mich zu euch gesandt.» (Ex 3,14)

Gott widersetzt sich mit dieser Antwort dem Ansinnen des Mose, Gottes Namen zu kennen. Die Antwort Gottes kann vom Hebräischen her mit: «Ich werde sein, der ich sein werde», oder mit: «Ich bin, der ich bin», wiedergegeben werden. Diese Aussagen betonen wohl vor allem die Unverfügbarkeit Gottes. Zudem ist es ein Wortspiel: Die drei Buchstaben des hebräischen Wortes für «sein» (*hjh*, היה), kommen auch im Gottesnamen JHWH vor (*jhwh*, יהוה), allerdings in anderer Reihenfolge.[21] Erst in einem zweiten Einsatz, einer neuen Gottesrede, nennt sich Gott mit dem Namen JHWH, gibt sich erneut als Gott der Erzeltern aus und erklärt dem Mose nochmals ganz ausführlich, wie die Situation der Israelit*innen in Ägypten ist, was Gott zu tun gedenkt und was Mose tun soll (Ex 3,15–22). Der Gegensatz dieser langen Gottesrede zu der fehlenden Gottesrede bei den Frauen in Ex 1–2 könnte grösser nicht sein.

Dennoch gibt Mose seinen Widerstand nicht auf. Während seine ersten beiden Fragen an Gott noch einigermassen plausibel klangen, so lenkt er bei seiner dritten nicht eben mutig von sich ab und unterstellt den Israelit*innen, sie könnten ihm nicht glauben: «Daraufhin sagte Mose: Siehe, sie werden mir nicht glauben und auf meine Stimme nicht hören, sondern sagen: GOTT ist dir nicht erschienen» (Ex 4,1). Gottes Antwort im Text ist nicht ohne Humor geschrieben. GOTT stattet Mose mit aussergewöhnlichen Wunderzeichen aus:

---

21 Siehe Abschnitt 4.1.1.9; vgl. *Becking, Bob:* Art. Jahwe/WiBiLex.

Mose kann seinen Stab in eine Schlange und wieder zurückverwandeln und seine Hand nach Belieben aussätzig und wieder geheilt werden lassen, und selbst das Nilwasser kann er in Blut verwandeln (Ex 4,2–9).

Spätestens jetzt würde man erwarten, dass Mose dem Auftrag Gottes folgt. Doch seine weitere Gegenrede gerät ins Komische:

> «Doch Mose sagte zu Gott: Aber bitte, Herr, ich bin keiner, der gut reden kann, weder gestern noch vorgestern, noch seitdem du mit deinem Knecht sprichst. Mein Mund und meine Zunge sind nämlich schwerfällig.» (Ex 4,10; vgl. 6,12.30)

Aber wer denn, wenn nicht Mose, der am Hof des Pharaos aufgewachsen ist, sollte der Aufgabe gewachsen sein, mit einem Pharao zu reden? Entsprechend klar ist Gottes Antwort: Er, Gott, habe dem Menschen den Mund geschaffen und werde mit Mose sein: «Geh also! Ich bin mit deinem Mund und weise dich an, was du reden sollst» (Ex 4,12).

Die folgende Erwiderung des Mose klingt bei manchen Bibelübersetzungen wieder in einer gewissen Bescheidenheit, so, als wäre Mose nun zahm geworden und würde demütig um Entlastung von der Aufgabe bitten: «Bitte, Herr, schicke einen anderen» (Ex 4,13, EÜ 16). Doch vom hebräischen Text und vom Zusammenhang her kann durchaus auch übersetzt werden: «Ach, Herr, schick doch, wen du willst!»[22] Umgangssprachlich würden wir das heute in etwa wiedergeben mit: «Du kannst mich mal …» Jedenfalls weist Mose Gottes Auftrag erneut zurück. Dies, obwohl sich Gott in dieser Erzählung überaus geduldig gezeigt und den Mose mit allen möglichen Erklärungen und Zeichen ausgestattet hatte. So verwundert es nicht, dass der Text weiterfährt: «Da entbrannte der Zorn JHWHs über Mose» (Ex 4,14). Doch Gottes Zorn führt nicht etwa zu einer Bestrafung des Mose. Vielmehr stellt Gott ihm seinen «Bruder Aaron, den Leviten», zur Seite, dieser soll für Mose zum Volk reden (Ex 4,14–17).

Dies alles ist nicht einfach eine moderne, kritische Sichtweise auf Mose. Bereits rabbinische Auslegungen haben klar

---

22 Vgl. BuR 61: «Ach, mein Herr, schick doch, durch wen du schicken magst!»

gesehen, wie «bescheiden» Mose hier auftritt. Treffend charakterisiert ihn etwa Rabbi Simeon ben Jochai:

> «‹Und Mose hütete (das Vieh)…, und der Engel Gottes erschien ihm (in einer Feuerflamme aus dem Dornbusch heraus)› (Ex 3,1 f.). R. Elieser sagte: Warum erschien denn der Heilige, gepriesen sei Er, vom hohen Himmel herab und sprach mit Mose im Dornbusch? Müsste man nicht annehmen: von den Zedern des Libanon oder von den Spitzen der Berge oder von den Kuppen der Hügel aus – doch der Heilige, gepriesen sei Er, hat seine Schekinah erniedrigt und hat seine Redeweise ganz gewöhnlich gemacht, damit die Weltvölker (später) nicht sagen könnten: Weil er Gott ist und Herr seiner Welt, hat er etwas getan, was nicht der Ordnung (dieser Welt) entspricht. So bedrängte der Heilige, gepriesen sei er, Mose sechs Tage lang (zum Pharao zu gehen), und am siebten sagte er (Mose) (dennoch) zu ihm (Gott): ‹Schick doch, wen du willst…› (Ex 4,13).»[23]

Die Frage, die sich daher stellt, ist: Warum zeichnet Ex 3,1–4,17 ein solch zögerliches, unmutiges Mosebild? Bestimmt spielt der Text in einem gewissen Masse auf das anfängliche Zurückschrecken von Propheten bei ihrer Berufung an (z.B. Jes 6,5; Jer 1,6), aber Moses Ablehnung seiner Berufung durch Gott geht viel weiter. Vielleicht will Ex 3,1–4,17 zeigen, wie weit der Weg Moses noch ist von einem, der Unrecht tat, zu einem, der Gottes Recht verkünden wird. Vielleicht will der Text, indem er Mose derart menschlich, ja widerspenstig und ängstlich beschreibt, die Hörenden und Lesenden damals wie auch heute zum Nachdenken auffordern: Wie würden wir an Moses Stelle handeln? Welche Ausreden kennen wir? Wessen bedarf es bei uns, damit wir aufstehen und gehen?

Zu guter Letzt scheint Mose endlich bereit zu sein und tritt zusammen mit «seiner Frau und seinen Söhnen» (seit wann es mehrere Söhne gibt, sagt der Text nicht) den Rückweg nach Ägypten an (Ex 4,18–20).

---

23 MekhSh 2; Mekhilta de Rabbi Simeon ben Jochai (ca. 4./5. Jahrhundert n.Chr.), zit. nach *Goldberg, Arnold,* Untersuchungen 169.

Wen greift Gott an – und wen rettet Zippora? (Ex 4,24–26) 6.2.6

Nach einer weiteren Gottesrede an Mose (Ex 4,21–23) folgt ein Text, welcher der Auslegung viele Rätsel aufgibt: Ex 4,24–26 sei hier als Beispiel aufgeführt, das zeigt, wie sehr die hebräischen Bibeltexte bei der Übersetzung interpretiert werden. Die hebräischen Texte lassen häufig sehr viel mehr offen, als es die Bibelübersetzungen tun. So geben viele Bibelübersetzungen V. 24 derart wieder, dass Gott den Mose angreift:

> «Unterwegs am Rastplatz trat der HERR dem Mose entgegen und wollte ihn töten.» (EÜ 16)
> «Und als Mose unterwegs in der Herberge war, kam ihm der HERR entgegen und wollte ihn töten.» (Luth. 17)
>
> «Als sie einmal unterwegs übernachteten, fiel der Herr über Mose her und wollte ihn töten.» (GuN 97)
> «Einmal, als sie unterwegs übernachteten, überfiel Er den Trupp und wollte Mose töten.» (BigS 06)

Aber im hebräischen Text heisst es in V. 24 nichts von «Mose», sondern lediglich von «ihm». Ex 4,24–26 lässt bei den folgenden grau unterlegten Personalpronomen («ihn», «seine», «du», «ihm») offen, wer damit gemeint ist:[24]

> «[24] Da geschah es auf dem Weg beim Übernachten, dass GOTT ihn heimsuchte und ihn töten wollte. [25] Da nahm Zippora ein Steinmesser und schnitt die Vorhaut ihres Sohnes und berührte seine Beine und sagte: ‹Ja, mein Blutbräutigam bist du.› [26] Da sank er nieder – weg von ihm, weil sie gesagt hatte ‹Blutbräutigam› bei der Beschneidung.» (Ex 4,24–26)

Dadurch wird im hebräischen Text offengelassen, wen Gott angreift bzw. von wem Gott schliesslich ablässt: Ist es Gerschom, der Sohn von Zippora und Mose? Oder Mose selbst? Oder ein anderer Sohn (nach Ex 4,20 hat Mose mehrere Söhne; Ex 18,4 nennt einen Sohn namens Eliëser)?

Ebenso offen ist, wessen «Beine» – gemeint sind damit die Genitalien – Zippora berührt und wen sie als «Blutbräutigam»

---

24 Übersetzung zit. nach *Rapp, Ursula*, Zippora 295. Ebenfalls korrekt übersetzen hier z. B. BuR 61; Elb 06; Zü. 07.

bezeichnet. Die jüdische Auslegungstradition kennt diese Offenheit[25], und feministische Exegese betont sie neu, denn der biblische Text lässt auch noch anderes offen:[26] Woher weiss Zippora, was zu tun ist? Woher nimmt sie die rituelle Kompetenz der Beschneidung, diese ansonsten Männern vorbehaltene Rolle? Nimmt sie damit eine quasi priesterliche Funktion ein?

Klar ist jedenfalls, dass Zippora entweder Mose oder Gerschom oder Eliëser (oder sonst einen Sohn) rettet, indem sie einen ihrer Söhne beschneidet. Auch von anderen Frauen berichtet die Bibel, dass sie ihre Söhne beschnitten (1 Makk 1,60; 2 Makk 6,10). Zippora ist damit eine weitere Frau im Exodusbuch, die zu den Retterinnen Israels gehört.

Offen – um nicht zu sagen dunkel – bleibt bei alledem die Frage, warum Gott überhaupt jemanden angreift und «töten will».

6.3 Die Frage nach historischen Hintergründen

Bislang wurde der Fokus auf die Erzählung des Exodusbuches gelegt. Im Folgenden soll kurz zurückgefragt werden, ob das im Exodusbuch Erzählte auf historische Ereignisse zurückgeht und ob diese für uns greifbar werden. Über Jahrhunderte wurde die Exoduserzählung in Judentum, Christentum und darüber hinaus so gelesen, als ob sie ein historischer Bericht wäre. Doch seit mehr als 200 Jahren wurde dies immer wieder infrage gestellt.[27] Seit gut 50 Jahren ist sich die grosse Mehrheit der christlichen Bibelwissenschafter*innen einig, dass das Exodusbuch wie auch sonst die meisten Teile der Bibel – keinen historischen Bericht darstellen, sondern vielmehr Geschichte reflektieren[28] und Glaubenszeugnis geben will: erzählen, wie es sich mit Gott und Mensch in der Geschichte verhält. Wortwörtlich bzw. historisierend lesen

25 Vgl. *Jacob, Benno,* Exodus 99–103.

26 Vgl. *Rapp, Ursula,* Zippora.

27 Vgl. *Bitter, Stephan:* Art. Bibelauslegung, Epochen der christlichen/WiBiLex; siehe zudem Kap. 3.

28 Vgl. *Witte, Markus:* Art. Geschichte/Geschichtsschreibung (AT)/WiBiLex.

die Bibel in der westlichen Christenheit nur noch fundamentalistisch glaubende Menschen – oder solche, die von Bibel, Kirche und Theologie schlicht keine Ahnung haben.

Zu beachten ist auch Folgendes: Die Exoduserzählung kann «wahr» sein, auch wenn sie so historisch nie stattgefunden haben sollte. Sie kann in dem Sinne wahr sein, wie es z. B. die Gleichnisse Jesu sind: Diese enthalten eine tiefe Wahrheit über Gott und Mensch, obwohl sie ja explizit keine historischen Ereignisse wiedergeben, sondern «erfundene Dichtung» darstellen: philosophisch-theologische Einsichten in das Wesen des Menschen und seinen Glauben an Gott. Auch die Exoduserzählung kann als eine Art «Gleichnis» gelesen werden: Auch sie erzählt tiefe Einsichten in das Wesen des Menschen, in das Verhältnis des Volkes Israel zu seinem Gott JHWH im Laufe der Zeit; sie reflektiert die Geschichte in narrativer Weise; sie ringt um wahrhaftigen Glauben an Gott/JHWH, als einen Gott, der die Israelit*innen aus aller Sklaverei befreit; sie enthält rechtliche und ethische Gebote mit grosser, teils universaler Gültigkeit. Es sind nicht die historischen Aussagen des Pentateuchs, sondern seine ethischen, weisen, theologischen, glaubensrelevanten Aussagen voller Erkenntnisse, die ihn wahr sein lassen.

Insofern und insoweit es Glaubensgemeinschaften gibt, die sich von den Aussagen der Tora inspirieren, herausfordern und zum ethischen Handeln bewegen lassen, ist sie mehr als Literatur: Die «schriftliche Tora» (der verschriftlichte Pentateuch) lebt weiter in der «mündlichen Tora» – in der gesamten Rezeptions- und Wirkungsgeschichte, im jahrtausendelang gelebten Glauben unzähliger Menschen.

Ein historischer Mose? 6.3.1

Das Hauptproblem der Rückfrage nach einem historischen Mose ist, dass es ausserhalb der Bibel keine Belege (Quellen) für ihn gibt, genauso wenig wie für Mirjam oder Aaron.[29] Die zweite Schwierigkeit liegt in der Frage, wann die biblischen

29 Vgl. *Gertz, Jan C.:* Art. Mose/WiBiLex; *Rapp, Ursula:* Art. Mirjam/WiBiLex; *Koenen, Klaus:* Art. Aaron/Aaroniden/WiBiLex.

Texte, in denen Mose eine Hauptrolle spielt, entstanden sind. Und zudem auch: Seit wann Mose darin eine Hauptrolle spielt.

Die Bücher Exodus, Levitikus, Numeri und Deuteronomium können in der schliesslich vorliegenden Form fast wie eine Biografie des Mose gelesen werden, wobei das Deuteronomium als Abschiedsrede des Mose gestaltet ist, die er am Tag seines Todes hält. Doch die heutige biblische Forschung geht in der Mehrheit davon aus, dass der Pentateuch frühestens ab dem 9. Jahrhundert v. Chr. bis in die exilische und frühnachexilische Zeit geschrieben wurde.[30] Wenn man der Notiz von 1 Kön 6,1 folgt, dann fand der Auszug unter Führung des 80-jährigen Mose 480 Jahre vor dem Bau des Salomonischen Tempels statt, d. h. etwa im Jahre 1430 v. Chr. Damit liegen mehr als 500 Jahre zwischen den erzählten Ereignissen und der Verfassung der Schriften, d. h. des Exodusbuches bzw. des Pentateuchs. Deshalb können die biblischen Texte nicht als Quellen für die historischen Fragen gelten. Natürlich kann man argumentieren, die im Pentateuch enthaltenen Ereignisse usw. hätten zuvor eine mündliche Tradition – oder an vielleicht nur regional begrenzten Orten auch schriftliche Traditionen – gehabt. Aber das ist eine Vermutung, die nicht bewiesen werden kann.

Hinzu kommt, dass in den wahrscheinlich ältesten, summarischen Schilderungen des Exodusereignisses selbst im Pentateuch Mose nicht genannt wird, wie z. B. in Dtn 6:

> «[20] Wenn dich morgen dein Sohn fragt: Was sind das für Verordnungen, Satzungen und Rechte, die euch GOTT, unser Gott, geboten hat?, [21] dann sollst du deinem Sohn sagen: Wir waren Sklaven des Pharaos in Ägypten, GOTT aber führte uns mit starker Hand heraus aus Ägypten, [22] und GOTT tat vor unseren Augen grosse und unheilvolle Zeichen und Wunder an den Ägyptern, am Pharao und an seinem ganzen Haus, [23] uns aber führte er von dort heraus, um uns hierher zu bringen und uns das Land zu geben, wie er es unseren Vorfahren geschworen hatte. [24] Und GOTT gebot uns, nach allen diesen Satzungen zu handeln und GOTT, unseren Gott, zu fürchten, damit es uns gut geht allezeit und er uns am Leben erhält, wie es heute der Fall ist.» (Dtn 6,20–24)

---

30 Siehe Kap. 3.

Eine Erwähnung des Mose fehlt hier komplett. Während beim Dtn (vgl. auch Dtn 26,7 f.) noch gesagt werden könnte, Mose werde in seiner «Abschiedsrede» nicht ins Zentrum gestellt (wobei das Dtn ja frühestens ab Hiskija Ende 8. Jahrhundert v. Chr. entstanden war),[31] so ist es in anderen Schriften noch seltsamer, dass dort Mose fehlt: In Hos 11,1; 12,10; 13,4 f. wird ebenfalls ausschliesslich Gott als Befreier aus der Sklaverei genannt. Hos 12,14 nennt einen «Propheten», durch den GOTT Israel aus Ägypten führte, aber dieser Prophet trägt hier keinen Namen! Ebenso fehlt Mose in Am 2,10 f.; 3,1; 9,7. Wenn Mose aber in der Zeit von Hosea oder Amos – bzw. zur Abfassungszeit der nach ihnen benannten Bücher[32] – bereits die Hauptfigur der Exoduserzählung gewesen wäre, müsste man annehmen können, dass er in diesen Prophetenbüchern – aber auch andernorts, z. B. in Ps 136 – genannt würde.

Es gibt auch Anzeichen im Pentateuch selbst, die darauf hinweisen könnten, dass Mose erst sekundär (d. h. nachträglich) zur Exoduserzählung dazukam: In Ex 15,20 wird Mirjam als Schwester des Aarons bezeichnet, Mose aber seltsamerweise nicht erwähnt. Dies könnte ein Hinweis darauf sein, dass Mose erst später zum Bruder des Geschwisterpaares Aaron und Mirjam wurde. Am Ende des Deuteronomiumbuches wird nach der Schilderung des Todes des Mose bemerkt, dass sein Grab «bis auf diesen Tag unbekannt» sei (Dtn 34,6). Das wäre jedoch aussergewöhnlich, wenn Mose eine derart bedeutende historische Persönlichkeit gewesen wäre, wie es die Bücher Ex–Dtn erzählen. Das zeigt auch der Vergleich mit den Erzeltern, selbst für sie gibt es Grabesnotizen bzw. -verehrungen, besonders betont für Sara und Abraham (Gen 23,19; 25,9 f.), Jakob (Gen 49,30; 50,13) und Rebekka (Gen 49,31).

Eine weitere Auffälligkeit ist die Geburtserzählung des Mose: Schon lange wurde bemerkt, dass die Aussetzung des Mose in einem Binsenkörbchen zahlreiche Übereinstimmungen mit der Sargon-Legende hat. Diese Legende war im 8. und 7. Jahrhundert v. Chr. in der ganzen altorientalischen Welt verbreitet. Sargon II. (722–705 v. Chr.) hatte seinen Vorgänger –

31 Vgl. *Rüterswörden, Udo:* Art. Deuteronomium/WiBiLex.

32 Vgl. zum Stand der Forschung die Überblicke bei *Höffken, Peter:* Art. Amos/Amosbuch/ WiBiLex; *Neef, Heinz-Dieter:* Art. Hosea/Hoseabuch/WiBiLex.

und wohl Bruder – Salmanasser V. vom Thron gestürzt.[33] Zur Legitimierung seiner Macht, brachte Sargon II. eine Geburtslegende über König Sargon I. in den Umlauf bzw. liess eine solche Legende erfinden. Sargon I. von Akkad seinerseits lebte im 23. Jahrhundert v. Chr. und hatte die mesopotamischen Stadtstaaten zu einem mächtigen Reich geeint. Die Parallelen zur Mosegeschichte – das Ausgesetztwerden im Schilfkästchen auf einem Fluss, das Herausgezogenwerden aus dem Fluss, die Adoption – sind offenkundig. Die Sargon-Legende aus dem 8./7. Jahrhundert v. Chr. berichtet im Ich-Stil u. a. Folgendes:

> «Sargon, der starke König, von Akkad bin ich. Meine Mutter war Hohepriesterin, meinen Vater kenne ich nicht. […] Meine Mutter, eine Hohepriesterin, wurde mit mir schwanger und gebar mich im Verborgenen. Sie legte mich in ein Schilfkästchen. Mit Bitumen dichtete sie meine Behausung ab und setzte mich am Ufer des Flusses aus, der mich überspülte. Der Fluss trug mich fort. Zu Akki, dem Wasserschöpfer, brachte er mich. Akki, der Wasserschöpfer, zog mich heraus, als er seine Wassereimer eintauchte. Akki, der Wasserschöpfer, zog mich als sein Adoptivkind groß. Akki, der Wasserschöpfer, setzte mich in seine Gartenarbeit ein. Während meiner Gartenarbeit gewann mich die Göttin Ischtar lieb: 55 Jahre übte ich die Königsherrschaft aus.»[34]

Manche argumentieren für einen historischen Mose aufgrund verschiedener Aspekte der Exoduserzählung, die sich ihrer Auffassung nach leichter erklären lassen, wenn es einen historischen Mose gegeben hat: Der Name «Mose» ist ein typisch ägyptischer Name. Er ist in vielen ägyptischen Namen enthalten, z. B. bei Tuthmoses I. (15. Jahrhundert v. Chr.), wörtlich: «[Der Gott] Toth hat [ihn] geboren». Es ist nicht ganz klar, warum nachträglich ein Befreier Israels mit ägyptischem Namen eingeführt wurde – es sei denn, der Name sei ganz bewusst benutzt worden, um die Erzählung in Ägypten zu verorten, vielleicht sogar in ironischer Anspielung auf die vielen Pharaonen, in deren Namen Mose enthalten ist. Weiter ist die Ehe des Mose mit einer Nichtisraelitin, mit Zippora, der Tochter eines midianitischen Priesters (Ex 2,16–21) eher weniger eine Erfindung aus späterer Zeit, da dort «Misch-

33 Vgl. *Renz, Johannes:* Art. Assyrien/Assyrer/WiBiLex, Kap. 2.

34 Zit. nach *Otto, Eckart,* Mose und das Gesetz 52–53.

ehen» häufig als verboten gelten (vgl. z. B. Num 12,1; 1 Kön 11,1–13; 16,31–33; während die Chronikbücher wieder offener sind).[35] Allerdings darf dem Exodusbuch – wie schon dem Genesisbuch – durchaus zugetraut werden, dass es eine eigenständige Gegenstimme zu manchen restriktiven Heiratsvorschriften darstellt. Schliesslich wird die eherne Schlange, die im Jerusalemer Tempel gestanden haben wird und von Hiskija später beseitigt wurde (2 Kön 18,4),[36] in Num 21,4b–9 auf Mose zurückgeführt. Hier ist nicht plausibel, warum dies nachträglich hätte gemacht werden sollen, es sei denn, man wollte jene, welche eine solche Schlange vielleicht immer noch verehrten, gewissermassen rehabilitieren.

Alles in allem lässt sich ohne neue Quellen oder Textfunde wohl kaum je Gewissheit in der Frage nach der Historizität des Mose erzielen. Wie aber sieht es mit dem Exodusgeschehen als Ganzes aus?

Ein historischer Auszug von hebräischen Sklav*innen? 6.3.2

Traditionellerweise wird die Aussage in Ex 1,11, die Israelit*innen hätten «für den Pharao die Städte Pitom und Ramses als Vorratslager bauen» müssen, als Ansatzpunkt genommen, um nach dem historischen Ort eines Exodusgeschehens zu suchen: Die Ramses-Stadt, Pi-Ramesse,[37] wurde von Ramses II. (ca. 1279–1213 v. Chr.) massiv ausgebaut und als königliche Residenzstadt gewählt, eine Funktion, die Pi-Ramesse 200 Jahre lang behielt. Die Lokalisierung der Stadt Pitom hingegen ist bis heute nicht sicher:[38] In Erwägung gezogen wird *Tell er-Retaba*, wo Ramses II. einen Tempel für Atum bauen liess, oder auch *Tell el-Maschuta*, der jedoch von ca. 1500–600 v. Chr. unbesiedelt war. Dass Ramses II. in Israel/Kanaan nachhaltig in Erinnerung blieb, war bestimmt auch seinen sechs Feldzügen gegen Syrien zu verdanken, darunter die

35 Vgl. *Dyma, Oliver:* Art. Ehe (AT)/WiBiLex.
36 Siehe die Abschnitte 2.3.3 und 4.1.3.6.
37 Vgl. *Pusch, Edgar/Franzmeier, Henning:* Art. Pi-Ramesse/WiBiLex.
38 Vgl. *Jansen-Winkeln, Karl:* Art. Pitom/WiBiLex.

berühmte Schlacht von Kadesch.[39] In seinem dritten Feldzug vertrieb Ramses II. die Schasu-Beduinen aus Kanaan und zog mit seinem Heer auch nach Jerusalem und Jericho. Nur ein Jahr später erfolgte ein vierter Feldzug, um die rebellierenden Kanaanäer und Galiläer zu bezwingen sowie die kanaanäischen Hafenstädte zu besetzen. Beim nachfolgenden Pharao Merenptah (1213–1204 v. Chr.) ist auf einer Stele der Name «Israel» zudem ausserhalb der Bibel erstmals sicher nachgewiesen.[40] Es kann auch davon ausgegangen werden, dass die Zeit von Ramses II. und Merenptah mit Verschleppungen von Kriegsgefangenen als Arbeitskräfte einher gegangen war. Aufgrund dieser und anderer Überlegungen halten heute die meisten Forschenden an der Möglichkeit fest, dass es historisch einer kleinen Gruppe von Hebräern/Israeliten gelungen war, aus Ägypten zu fliehen – ob dies irgendwann vor 1000 v. Chr. war, ist eine andere Frage.[41]

Es gibt verschiedene Schwierigkeiten, die Exodusereignisse in der Zeit von Ramses II. zu verorten: a) Gemäss der Notiz in 1 Kön 6,1 erfolgte der Auszug etwa im Jahre 1430 v. Chr., also deutlich vor der Zeit Ramses II. b) Die blosse Erwähnung dieser beiden Städte in Ex 1,11 besagt natürlich noch gar nichts hinsichtlich der Historizität oder der zeitlichen Einordnung des Exodus. Die Ramsesstadt war auch im 1. Jahrtausend v. Chr. noch ein Inbegriff von pharaonischer Macht und Pracht. Sie könnte auch gut erst später in den Exodustext gelangt sein. c) In ägyptischen Quellen fehlt jeder Hinweis auf ein solches Ereignis, besonders in dem biblisch beschriebenen Ausmass (Ex 12,37: «Die Israeliten brachen von Ramses nach Sukkot auf. Es waren an die sechshunderttausend Mann zu Fuss, nicht gerechnet die Kinder»).

Heute gehen daher zahlreiche Forschende davon aus, dass die historischen Hintergründe der Mose-Pharao-Erzählung näher an der Zeit der Entstehung der Pentateuchtexte zu suchen sind. Denn warum sollte diese Erzählung ein derart

---

39 Vgl. *Maderna-Sieben, Claudia:* Art. Ramses II./WiBiLex; *von der Way, Thomas:* Art. Schlacht von Kadesch/WiBiLex.

40 Siehe Abschnitt 2.1.1.

41 Vgl. z. B. *Michel, Andreas:* Art. Meerwundererzählung/WiBiLex; *Albertz, Rainer,* Exodus I, 27–35; siehe weiter Abschnitt 6.8.

grosses Gewicht in den biblischen Texten erhalten, wenn sie zur Zeit ihrer Niederschrift nicht eine grosse Aktualität in den zeitgeschichtlichen Umständen gehabt hätte? Von manchen wird daher die These vertreten, die Exoduserzählung richte sich gegen das tyrannische assyrische Regime im 8./7. Jahrhundert v. Chr., das 722 v. Chr. für die Zerstörung des Nordreichs Israel verantwortlich war.[42] Für einige Pentateuchtexte kann denn auch nahegelegt werden, dass sie in Auseinandersetzung zur assyrischen Königsideologie entstanden sind.[43] Zudem ist belegt, dass zur Zeit des Königs Manasse von Juda (ca. 696–642 v. Chr.) judäische Kriegsgefangene Zwangsarbeiten für den assyrischen König Asarhaddon (680–669 v. Chr.) leisten mussten. Falls die Exoduserzählung darauf Bezug nimmt, wären der «Pharao» eine Chiffre für den assyrischen Asarhaddon und die Exoduserzählung ein Befreiungstext gegen die assyrische Unterdrückung.

Andere nehmen an, dass die Zeit des ägyptischen Pharao Necho II. (609–595 v. Chr.) der historische Hintergrund bilde, vor dem die Exodus-Erzählung geschrieben wurde:[44] Bekannt ist, dass der judäische König Joahas (609 v. Chr.) unter Necho II. nach Ägypten verschleppt wurde und Juda hohe Tribute zahlen musste (2 Kön 23,33–35). Möglicherweise hat Pharao Necho II. bei seinem Kanalbau durch das Wadi et-Tumelat zudem die Stadt Pitom neu erbauen lassen (an der Stelle des heutigen Tell el-Maschuta). Dafür könnten auch Kriegsgefangene als Zwangsarbeiter nach Ägypten verschleppt worden sein. Ägyptische Quellen belegen unter Necho II. zahlreiche fremdländische Zwangsarbeiter, wenn auch nicht explizit judäische erwähnt werden. Der Kanalbau wurde nach Nechos Tod eingestellt. Dies könnte auch eine Entlassung von Zwangsarbeitern bedeutet haben, was vielleicht ebenfalls der «historische Kern» des Exodusgeschehens sein könnte.

Bei alledem bleiben diese späten Ansetzungen eines Exodusgeschehens bislang ebenfalls Hypothesen. Insgesamt ist

---

42 So grundlegend *Otto, Eckart,* Geburt.

43 Vgl. *Otto, Eckart,* Treueeid; *ders.*, Das Deuteronomium 32–92; *Steymans, Hans U.*, Deuteronomium 28; *ders.*, Thron; *Arneth, Martin,* Sonne; *ders.*, Psalm 72.

44 Vgl. *Oswald, Wolfgang:* Art. Exodusbuch/WiBiLex, mit Lit.

klar, dass die Exodus-Erzählung – auch wenn ihr historischer Kern im 13./12. Jahrhundert v. Chr. läge – sowohl unter der Vormacht der Assyrer wie auch später während des babylonischen Exils und selbst danach eine sehr grosse Aktualität, Plausibilität und Wirkkraft haben konnte. Dies zeigt sich in der breiten Aufnahme des Exodus u. a. bei den exilischen Prophetenbüchern Deuterojesaja und Ezechiel, die mit der Herausführung der Israelit*innen aus Ägypten ihre Hoffnung auf einen zweiten Exodus, diesmal aus dem babylonischen Exil, begründen (vgl. Jes 43,1–7.14–21: 48,20 f.; Ez 20,34 f.; 37,12 f.). Aber auch gegen eigene, israelitische Könige, die sich wie der Pharao in Ex 1–12 verhalten, ist die Exoduserzählung wirkungsvoll – selbst noch in neutestamentlicher Zeit, in der das Exodusereignis umgekehrt, als Flucht vor König Herodes, erzählt wird (Mt 2). Die Exoduserzählung hat ein unerschöpfliches Befreiungspotenzial gegen jede Art von Tyrannei und Diktatur.[45]

6.4 Erfolglose Befreiungsbemühungen (Ex 5)

Nach diesen historischen Rückfragen kehren wir zurück zum biblischen Text: Exodus 5 führt in wenigen Versen vor Augen, wie die Ausbeutung von Sklav*innen, Zwangsarbeiter*innen oder Arbeitskräften funktioniert: Wenn Vertreter dieser Sklav*innen (hier: Mose und Aaron) zur vorgesetzten Stelle kommen (hier: der Pharao) und ein Recht für die Sklav*innen verlangen («Lass mein Volk ziehen, damit sie mir in der Wüste ein Fest feiern können»; V. 1), wird als Erstes dieses Recht bestritten («Wer ist JHWH, dass ich auf ihn hören sollte …»; V. 2). Zweitens werden falsche Vorwürfe erhoben: Den Israelit*innen gehe es gar nicht um eine Feier für Gott, sondern ums «Nichtstun» (V. 4), sie seien einfach «faul» (V. 8.17). Drittens wird das Gegenteil von dem Verlangten verordnet: Statt etwas mehr Freiheit und Zeit zu gewähren, wird die Arbeitslast erhöht («Erschwert man den Leuten die Arbeit, dann sind sie beschäftigt und kümmern sich nicht um leeres Geschwätz»; V. 9). Das Aufbegehren wird damit im Keim erstickt, und

45 Vgl. *Walzer, Michael,* Exodus.

zudem wird die Opposition gespalten: Mose und Aaron werden nun von den israelitischen Listenführern angegriffen und für die verstärkte Ausbeutung verantwortlich gemacht:

> «JHWH soll euch erscheinen und euch richten; denn ihr habt uns beim Pharao und seinen Dienern in Verruf gebracht und ihnen ein Schwert in die Hand gegeben, mit dem sie uns umbringen können.» (Ex 5,21)

Es ist schon beeindruckend, in welch schlichten Worten die biblische Erzählung hier Mechanismen der Unterdrückung und Ausbeutung, wie sie über Jahrhunderte bis heute funktionieren, aufdeckt.[46]

«Weitere» Berufung des Mose (Ex 6) 6.5

Entgegen dem Wunsch der israelitischen Listenführer (Ex 5,21) erscheint Gott im folgenden Kapitel Ex 6 nicht, um Mose und Aaron zu richten, sondern spricht in mehreren aneinandergereihten Gottesreden lediglich zu Mose: In einer ersten Rede wird betont, der Pharao werde durch Gottes starke Hand zur Freilassung der Israelit*innen gezwungen (Ex 6,1). Erzählerisch könnte hierauf z. B. gut mit den Plagenerzählungen (Ex 7–12) weitergefahren werden. Doch es folgen vier weitere Gottesreden, die je eigene Akzente setzen (vgl. Ex 6,2–8.10 f.28 f.; 7,1–5.9). Deutlich wird, wie in diesen Texten im Laufe ihrer Entstehungsgeschichte immer weiter mit der Bedeutung des Exodusgeschehens gerungen wird und neue Formulierungen dafür gesucht werden. So nennt die zweite Gottesrede (Ex 6,2–8) wichtige theologische Begriffe und Vorstellungen («Bund», «Land Kanaan», Land mittels «Eid» versprochen) und versucht zudem, den Gottesnamen JHWH in gewisser Weise geschichtlich einzuordnen:

> «[2] Da redete Gott mit Mose und sprach zu ihm: Ich bin JHWH. [3] Abraham, Isaak und Jakob bin ich als El-Schaddai erschienen, mit meinem Namen JHWH aber habe ich mich ihnen nicht kundgetan.» (Ex 6,2 f.)

Ex 6,3 steht im deutlichen inhaltlichen Widerspruch zu vielen Aussagen der Genesis: Gemäss Gen 4,1.26 wird bereits zur

46 Vgl. *Finley, Moses I.*, Sklaverei.

Zeit Evas der Name JHWH angerufen; in Gen 12,1.7.8 baut Abraham JHWH einen Altar und ruft JHWHs Name an; in Gen 26,27 nennt Isaak den Namen JHWH; in Gen 28,20 f. will Jakob nach seinem Traum Gott auf Schutz und Wohlfahrt verpflichten: «Wenn Gott mit mir ist […] so soll JHWH mein Gott sein». Ex 6,3 will jedoch den Gottesnamen JHWH ausschliesslich mit Mose und der Exodustradition verbinden. Herkömmlich wird darin das Konzept der Priesterschrift gesehen, die eine schrittweise Offenbarung des Gottesnamens darstellen will. Vielleicht widerspiegelt sich in Ex 6,3 auch eine gewisse historische Erinnerung: Die Jakobstradition war ursprünglich nicht mit JHWH, sondern mit EL verbunden (vgl. Bet-El; Isra-El). Zahlreiche Forschende nehmen daher an, dass die Genesistexte und andere mehr eine JHWH-Redaktion erhalten haben, das heisst, der Gottesname JHWH wurde nachträglich zu Erzählungen hinzugefügt. Die Widersprüche hinsichtlich der Frage, ab wann JHWH angerufen wurde, sind auf jeden Fall ein weiteres Anzeichen dafür, dass die Texte der Tora über Jahrhunderte entstanden sind und unterschiedliche theologische Standpunkte enthalten.

Ebenso ist es mit den zwischen diese Gottesreden eingeschobenen genealogischen Notizen zur Nachkommenschaft Rubens, Simeons und Levis in Ex 6,14–27. Im Unterschied zu Num 3,5–10 wird in Ex 6 die Bedeutsamkeit der levitischen Priesterschaft betont, indem Mose und Aaron den Leviten zugeordnet werden (vgl. Ex 2,1).[47]

6.6 Die Plagenerzählung (Ex 7–12)

Nachdem Mose und Aaron in der Erzählung Ex 5 das Gegenteil vom Erhofften erreicht hatten, lässt die sogenannte Plagenerzählung (Ex 7–12) nun Gott zum Gegenpart des Pharaos werden. Doch die Plagenerzählung macht zumindest heutzutage Mühe: Was soll die detaillierte Aufführung von zehn Plagen bewirken? Was sollen Nilpest (1; Ex 7,14–25), Froschplage

47 Zu den Konflikten verschiedener Priestergeschlechter vgl. *Koenen, Klaus:* Art. Aaron/Aaroniden/WiBiLEx, Kap. 3; zudem *Labahn, Antje:* Art. Levi/Leviten/WiBiLex.

(2; Ex 7,26–8,11), Mückenplage (3; Ex 8,12–15), Ungezieferplage (4; Ex 8,16–28), Viehpest (5; Ex 9,1–7), Beulenpest (6; Ex 9,8–12), Hagelplage (7; Ex 9,13–35), Heuschreckenplage (8; Ex 10,1–20), Finsternisplage (9; Ex 10,21–29) und schliesslich die Tötung bzw. Ermordung der ägyptischen Erstgeburten, sowohl von Mensch und Vieh (10; Ex 12,29–33)? Ist dies Action-Unterhaltung in einer Zeit, in der es noch kein Kino, Fernsehen oder Internet gab?

Selbstverständlich muss berücksichtigt werden, dass diese zehn Plagen in Ex 7–12 eine literarische Fiktion sind,[48] dass es sie also auf diese Weise nie gegeben hat. Selbst wenn es gewisse Plagen tatsächlich manchmal historisch gab und gibt (Mückenplage, Ungezieferplage, Viehpest, Heuschreckenplage usw.), so gab es sie doch nie in der in Ex 7–12 beschriebenen dramatischen Weise und Häufung. Und heute wissen wir, dass solche Naturplagen nicht von einem Gott quasi von ausserhalb gesteuert oder geschickt werden. Sie sind vielmehr der Natur immanent, es gab sie immer schon, solange die Erde besteht.

Auch wenn man dies berücksichtigt, wirft die Plagenerzählung schwerwiegende Fragen auf: Was wollten jene, die diese Erzählung schrieben, zum Ausdruck bringen? Welches Gottesbild hatten sie? Warum wird hier ein Gott beschrieben, der die Gewalttätigkeit des Pharaos mit Gegengewalt bekämpft? Erschwerend hinzu kommt die mehrfach wiederholte Aussage, dass Gott das Herz des Pharaos verhärtet, so z. B. in der Gottesrede Ex 7:

> «[3] Ich aber will das Herz des Pharaos verhärten und meine Zeichen und Wunder im Land Ägypten zahlreich machen. [4] Und der Pharao wird nicht auf euch hören. Dann werde ich meine Hand an Ägypten legen und meine Heerscharen, mein Volk, die Söhne Israel, durch grosse Gerichte aus dem Land Ägypten herausführen. [5] Und die Ägypter sollen erkennen, dass ich Gott bin, wenn ich meine Hand über Ägypten ausstrecke und die Söhne Israel aus ihrer Mitte herausführe.» (Ex 7,3–5; vgl. 4,21; 14,4.17)

Ist das nicht ein zynisches Gottesbild, wenn Gott das Herz des Pharaos verhärtet und ihn dann dafür bestraft? Sollen hier der

48 Vgl. *Kegler, Jürgen,* Komposition; *Berner, Christoph:* Art. Plagen/Plagenerzählung/WiBiLex.

Pharao bzw. die Ägypter auf gewalttätige Weise zum Glauben an Gott gezwungen werden? Manche Beschreibungen, wie sich der Pharao bei den einzelnen Plagen verhält, scheinen dies nahezulegen: So lässt der Text den Pharao nach der zweiten Plage sagen: «Betet für mich zu JHWH, dass er mich und mein Volk von den Fröschen befreit. Dann will ich das Volk ziehen lassen, und sie können JHWH Schlachtopfer bringen» (Ex 8,4); nach der dritten Plage sagen die Wahrsager zum Pharao: «das ist der Finger JHWHs» (Ex 8,15); nach der siebten bekennt der Pharao: «Diesmal bekenne ich mich schuldig. JHWH ist im Recht; ich aber und mein Volk, wir sind im Unrecht» (Ex 9,27). Doch der Text lässt den Pharao nicht zum Guten umkehren. Vielmehr scheint der Pharao nur Einsicht zu zeigen, wenn er äussere Gewalt erfährt. So heisst es gleich nach seinem Schuldbekenntnis: «Doch als der Pharao sah, dass Regen, Hagel und Donner aufgehört hatten, blieb er bei seiner Sünde; er und seine Diener verschlossen wieder ihr Herz» (Ex 9,34). Hier sagt der Text zudem, der Pharao und seine Diener würden ihre Herzen selbst verschliessen/verstocken.

Vertritt der Text insgesamt die Überzeugung, dass gewisse Tyrannen nur mit Gewalt entmachtet werden können? Vielleicht. Jedenfalls stehen sich in Ex 7–12 unterschiedliche Aussagen bezüglich der Verstockung des Pharaos immer wieder gegenüber: Teils wird formuliert, JHWH verhärte/verschliesse das Herz des Pharaos (u. a. Ex 4,21; 9,12; 10,20.27), teils wird formuliert, der Pharao verhärte/verschliesse sein Herz (u. a. Ex 7,13.22; 8,15; 9,34). Enthält hier der Text schon unterschiedliche Auffassung in Bezug auf Gott? Eine Auffassung, dass Gott das Herz des Pharaos verhärte, und eine andere, dass der Pharao dies selber tue? Oder wurde dies von jenen, die Ex 7–12 geschrieben haben, nicht als Widerspruch empfunden, weil göttliche und weltliche Sphäre nicht als getrennt, sondern als eine Einheit gesehen wurden?[49] Meiner Meinung nach ist es wahrscheinlicher, dass mit den unterschiedlichen Formulierungen unterschiedliche Gottesbilder vertreten werden. Der Text wurde während des langen Entstehungsprozesses des Exodusbuches wohl mehrfach redigiert, womit gegensätzliche Aussagen nebeneinander zu stehen kamen. Dass so

49 So *Kegler, Jürgen*, Komposition 58 f. Anm. 8.

gegensätzliche Überzeugungen in der Bibel nebeneinander stehengelassen werden, fordert die Leser*innen heraus, selbst nachzudenken und eine eigene Position zu finden.

Die genannten und weitere Fragen, die Ex 7–12 aufwirft, bleiben meines Erachtens bestehen und dürfen nicht billig «gelöst» werden. Hinzu kommt die Frage: Welche Bedeutung mag die Plagenerzählung für jene gehabt haben, die sie aufgeschrieben haben? Und können wir ihr heute noch einen Sinn abringen? Folgende Auslegungsrichtungen und Aspekte scheinen mir bedenkenswert:[50]

a) Kampf der Götter: Im Alten Orient und der Antike gibt es äusserst viele Erzählungen über den Kampf zwischen verschiedenen Göttinnen und Göttern, Gottessöhnen und -töchtern usw. Natürlich waren auch damit keine realen Kämpfe gemeint, sondern verschiedene «Prinzipien», die miteinander ringen. Solche Erzählungen waren symbolhafte, mehr oder weniger tiefsinnige Unterhaltungsliteratur, wie sie auch heute wieder populär wird (beispielsweise in den Romanen «Percy Jackson» von Rick Riordans, der die Kämpfe griechischer Götter ins Heute verlegt). Im Vergleich zu diesen ausserbiblischen Texten ist Ex 7–12 nicht besonders brutal oder gewalttätig. Für die Auslegung von Ex 7–12 als Götterkampf könnte sprechen, dass sich ägyptische Könige schon seit dem 3. Jahrtausend v. Chr. als «Söhne Gottes» bezeichnen[51] und dass Mose gemäss Ex 7,1 für den Pharao «zum Gott (Elohim) eingesetzt» ist.

b) Symbolischer Kampf zwischen Unterdrückung und Befreiung: Auffällig im Exodusbuch ist, dass der Pharao nie mit einem Namen identifiziert wird und somit in der Plagenerzählung keine konkrete historische Person darstellt. Der Pharao kann dadurch als symbolhaft für eine unterdrückende, tyrannische (Welt-)Macht angesehen werden. Eine solche Auslegung lehnt sich in gewisser Weise an die verbreitete Vorstellung des Kampfes Gottes gegen das (Ur-)Chaos an.[52] Manche Motive eines Chaoskampfes finden sich auch in Ex 14f.

50 Vgl. für weitere Deutungen *Bauks, Michaela*, Dämonische; *Kegler, Jürgen*, Komposition 70–74; *Schmidt, Werner H.*, Intention; *Kellenberger, Edgar*, Eigenarten.

51 Siehe Abschnitt 4.1.1.6.

52 Vgl. *Bauks, Michaela:* Art. Chaos/Chaoskampf (AT)/WiBiLex.

Als Chaoskampf gelesen, betont Ex 7–12, dass die befreiende Kraft Gottes ungleich grösser ist als alle Unterdrückungsgewalt der Welt (vgl. Röm 8).

c) Aufarbeitung von Kriegstraumata: Unterdrückung und Zerstörung durch Grossmächte und Tyrannen sind in der Geschichte der Israelit*innen häufig eine konkrete, historisch erlittene Erfahrung (u.a. 722 v.Chr. Zerstörung des Nordreichs; 587 v.Chr. Zerstörung Jerusalems und Exil). Unzählige Menschen aus Israel und Juda erfuhren historisch massivste Gewalt und Zerstörung. Solche Erfahrungen traumatisieren.[53] In Ohnmachtserfahrungen und Verzweiflung wird nicht selten erhofft, dass eine grössere, gute Macht die Gewalttäter zur Rechenschaft zieht bzw. die Gewalttäter vernichtet. Vielleicht will Ex 7–12 in diese Richtung verstanden werden.

So kann in den Aussagen, Gott verstocke das Herz des Pharaos, auch der Versuch gesehen werden, dem «Pharao» in gewisser Weise seine unheimliche, scheinbar unbegrenzte Macht zu nehmen. Der Pharao wird Gott unterstellt, ja zu einer Art Spielball Gottes gemacht. Damit erscheint der Pharao als ganz gewöhnlicher Mensch und nicht mehr als eine eigene Gottesmacht. Eine ähnliche Strategie wählt m.E. das Ezechielbuch zur Zeit des babylonischen Exils: Der feindliche babylonische König Nebukadnezzar, der für die Zerstörung Jerusalems verantwortlich ist, wird zu einem «Handlanger» Gottes degradiert (Ez 29,17–21; 30,10–12). Verbunden mit dieser «literarischen Entmachtung» des Tyrannen ist die Hoffnung, dass Gottes Macht weit grösser ist als jene der weltlichen Herrscher und dass Gott somit Israel auch wieder aus dem Exil befreien und zurück in Land bringen kann (Ez 37 u.ö.).

Wenn Ex 7–12 in dieser Weise verstanden wird, so ist damit auch die Aufforderung zum Widerstand gegen jede Unterdrückung und gegen jede Sklaverei verbunden.[54] Die Unterdrückten sollen nicht in ihrer Ohnmacht bleiben, sondern sich den Unterdrückern so mutig wie Mose und Aaron – und vor ihnen bereits die Hebammen Schifra und Pua, Mirjam, Moses Mutter, die Pharaonentochter und ihre Dienerinnen– entge-

53 Vgl. die grundlegende Arbeit von *Poser, Ruth*, Ezechielbuch.

54 Vgl. z.B. *Richard, Pablo*, Kampf; *Assmann, Hugo*, Glaube.

genstellen. So gelesen, wird das Exodusbuch zu einer Inspirationsquelle der Revolution gegen Unrechtssysteme.[55]

d) Tun-Ergehen-Zusammenhang:[56] Die zehnte Plage, die Tötung bzw. Ermordung der Erstgeborenen (Ex 12,29–33), ist bestimmt die widerlichste:

> «Um Mitternacht aber erschlug Gott alle Erstgeburt im Land Ägypten, vom Erstgeborenen des Pharao, der auf seinem Thron sass, bis zum Erstgeborenen des Gefangenen, der im Kerker lag, und alle Erstgeburt des Viehs.» (Ex 12,29)

Dies kann m. E. nur als Überzeichnung des Tun-Ergehen-Zusammenhangs gelesen werden: Der Pharao erfährt nun an sich, was er zu Beginn des Exodusbuches gegen die Israelit*innen angeordnet hatte: Alle neugeborenen Söhne der Hebräer zu ermorden (Ex 1,22). Dieses Unrecht fällt nun in der Erzählung auf die Ägypter zurück – allerdings krass überzeichnet, in noch grösserem Ausmass: alle, ohne Ausnahme, nicht nur der Pharao als Befehlshaber, werden getroffen; zudem wohl auch die Mädchen und explizit auch das Vieh (ganz anders Jona 4,11).

Kann das noch als Aufarbeitung von Kriegstraumata verstanden werden? Sind es nicht vielmehr Rachefantasien und Vorstellungen, die es zu überwinden gilt? In vielen biblischen Erzählungen wurden solche Gottesbilder und Tun-Ergehen-Zusammenhänge ja tatsächlich auch überwunden: etwa in der Sintfluterzählung, in der Gott darauf verzichtet, Gewalttäter mit Gewalt zu bekämpfen, oder in Jes 2 sowie im Jonabuch, um drei Beispiele zu nennen.[57] Meiner Überzeugung nach sind ein solch überzeichneter Tun-Ergehen-Zusammenhang und das damit verbundene Gottesbild in Ex 7–12 entschieden abzulehnen. Auch wenn im Alten Orient und auch im NT der Tun-Ergehen-Zusammenhang allgemein als gerecht empfunden wurden, gilt es, die Gewalttätigkeit insgesamt zu überwinden. Eine bekannte Formulierung im Matthäusevangelium fordert

---

55 Vgl. *Walzer, Michael,* Exodus.

56 Vgl. *Freuling, Georg:* Art. Tun-Ergehen-Zusammenhang/WiBiLex; siehe zudem Abschnitt 6.10.1.

57 Siehe Abschnitt 4.1.5.; zudem den Exkurs «Kriegerische Gottesbilder – und deren Überwindung» in Abschnitt 2.2.2.3.

gerade vor dem Hintergrund des Tun-Ergehen-Zusammenhangs den Gewaltverzicht: «Da sagte Jesus zu ihm: Steck dein Schwert an seinen Ort! Denn alle, die zum Schwert greifen, werden durch das Schwert umkommen» (Mt 26,52), und auch das AT kennt die Feindesliebe (Ex 23,4 f.; Dtn 22,1–4; Spr 25,21; vgl. Mt 5,43–48; Lk 6,27 f.; 23,34; Röm 12,9–21), welche den Kreislauf der Gewalt durchbrechen kann.[58]

Allerdings ist in der Menschheitsgeschichte – gerade auch in der Geschichte des Christentums – immer wieder darum gerungen worden, ob der absolute Verzicht auf Gewalt selbst im Falle eines Sich-Wehrens gegen Gewalttätigkeit tatsächlich dem Frieden dient und in allen Fällen umzusetzen ist. Es ist zu fragen, ob Armeegewalt gegen Aggressoren legitim sein kann, wenn dadurch kriegerische Gewalt schliesslich eingedämmt wird, und inwieweit sowie mit welchen Mitteln ein Tyrann oder Diktator gestürzt werden kann oder muss, um das Leben vieler Menschen zu retten (hätte z. B. Hitler ohne militärische Gewalt gestoppt werden können?). Auch in der Bibel finden sich verschiedene Positionen zu solchen Fragen.

6.7 Pessach, Mazzot – jüdische Feste

Mose und Aaron begründeten beim Pharao in Ägypten ihre Forderung nach Freilassung damit, dass die Israelit*innen Gott «in der Wüste dienen» können (Ex 7,16.26 u. ö.) bzw. dass sie Gott «Schlachtopfer darbringen» (Ex 8,22–23; 10,24–26) und «ein Fest Gottes» feiern können (Ex 10,9). Nach dem erfolgten Auszug werden dann zwei Feste ausführlicher genannt: Pessach und Mazzot (Ex 12,43–13,16). Die Feste werden in diesen Texten noch auf der Flucht, mitten in der Verfolgung durch die Ägypter, von den Israelit*innen gefeiert. Durch Ex 12,43–13,16 sind die Feste überaus stark mit der Rettungserzählung verbunden. In späteren Zeiten und bis heute bringen diese Feste den Exodus immer wieder in Erinnerung, lassen Jüdinnen und Juden bis heute den Exodus nachvollziehen an ihren Feiertagen.

58 Vgl. *Köckert, Matthias,* Nächstenliebe; *Moenikes, Ansgar:* Art. Liebe/Liebesgebot (AT)/WiBiLex, Kap. 2.2.

Feste zu feiern ist für jede Gemeinschaft lebensnotwendig. Denn Feste schaffen Identität und erneuern die Beziehungen untereinander. In vielen Festen werden zudem Hoffnungen und Ängste einer Gemeinschaft zum Ausdruck gebracht, und es wird versucht, die Ängste zu überwinden und das Leben gemeinsam zu bejahen. Feste bringen auch eine gewisse Distanzierung zum Alltag mit sich, wodurch die Gemeinschaft neue Impulse bekommen kann. Und schliesslich erinnern Feste an Ereignisse der Geschichte und lassen diese neu aufleben.

Die Feste, welche für Juda/Israel im Lauf der Zeit bedeutend wurden und es für das Judentum bis heute sind, hatten ihren Ursprung zumeist in einem mit der Natur und dem Jahreskreis verbundenen Leben, sei dieses bäuerlich oder nomadisch gewesen. Erst später wurden die Feste mit der Geschichte Israels verbunden, ganz besonders mit dem Exodusereignis.[59] Den wahrscheinlich ältesten Festkalender stellt Ex 23,14–19 dar (später sind wohl Ex 34,18–26; Lev 23; Dtn 16,1–17; sowie die Opferkalender Num 28 f.; Ez 45,18–25). In Ex 23,14–19 werden die drei grossen Jahresfeste genannt: (1) Das «Fest der ungesäuerten Brote» (wörtlich «der Ungesäuerten», hebr. *mazzot*) wurde ursprünglich wohl zu Beginn der Erntezeit im Frühsommer gefeiert. Mit den allerersten Erträgen des Getreides wurde frisches Brot gebacken – ohne Sauerteig, das heisst wohl ohne Getreide der alten Ernte. (2) Das «Fest der Ernte der Erstlingsfrüchte deiner Arbeit» (Ex 23,16), später *Wochenfest* (hebr. *schawuot*) genannt (Ex 34,22), ist ebenfalls eine Feier zum Erntebeginn: Die Erstlinge der Weizenernte wurden gefeiert und zwar eine Woche lang. (3) Das «Fest des Sammelns am Ausgang des Jahres» (hebr. *chag-ha-asif)* wird andernorts *Sukkot* genannt und ist das herbstliche Erntefest, die grosse Dankesfeier am Ende der Ernte. Mit diesem Erntefest wurde auch der Übergang zum neuen Jahr begangen (vgl.

59 Siehe den Überblick zum Jahreskreis unten; vgl. hierzu und zum Folgenden *Trepp, Leo,* Juden 190–217; *Körting, Corinna:* Art. Fest (AT)/WiBiLex; *dies.:* Art. Laubhüttenfest (AT)/WiBiLex; *dies.:* Art. Neujahrsfest (AT)/WiBiLex; *dies.:* Art. Jom Kippur (AT)/WiBiLex; *Weyde, Karl:* Art. Mazzen/Mazzotfest/WiBiLex; *ders.:* Art. Passa (AT)/WiBiLex; *Leimgruber, Stephan,* Gott 98–112.

Ex 23,16; 34,22). Auch der Natur steht nach ihrem segensreichen Fruchtbringen ein Ausruhen zu, ebenso wie Mensch und Tier am Schabbat, dem Tag des Ausruhens.[60]

Auch das Pessachfest (gr. *pas-cha*) war ursprünglich möglicherweise ein alter Hirten-/Nomadenbrauch:[61] Im Frühjahr wurden junge Lämmer geschlachtet und in der Familie gegessen. Das Blut der Lämmer wurde an die Zeltpfosten gestrichen. Dies sollte vor allen lebensfeindlichen Mächten schützen.

Was ist der tiefere Sinn, wenn Menschen die Früchte der Mutter Erde feiern? Es ist wohl die Erkenntnis, dass sich der Mensch das für das Leben Notwendige nicht selber geben kann. Es wird gegeben. Ja, das Leben selbst ist eine Gabe: Niemand hat sich selber zur Welt gebracht. Und auch Eltern wissen um den unverfügbaren, überraschenden Geschenkcharakter von Kindern. Man mag sich an der Gabe des Lebens freuen oder nicht – ihr Ursprung bleibt geheimnisvoll-geschenkhaft. Wenn Menschen nun die Lebensgaben feiern, bringen sie damit ihren Glauben und ihre Hoffnung zum Ausdruck, dass das Leben – trotz allem – sinnvoll und gut ist. Und vielleicht ist es gar so, dass durch das Feiern die Gaben erst richtig gut werden.

Im Lauf der Geschichte und Staatsbildung Israels/Judas wurden die ursprünglich mit der Natur verbundenen Feste in einen Zusammenhang mit der eigenen Geschichte gebracht. Möglicherweise ist es in der Zeit Joschijas zu einer Neudeutung der alten Feste gekommen.[62] Im 8. Jahrhundert v. Chr. erlebte Israel eine grosse Kluft zwischen einer kleinen Oberschicht (König, Hofbeamte, Militärs, Grossgrundbesitzer) und einer grossen Mehrheit von Leuten, die verarmten und häufig in Schuldsklaverei gerieten.[63] Der Zerstörung des Nordreichs Israel 722 v. Chr. durch die Assyrer folgten Deportationen und eine 60-jährige Unterdrückung. Nach dieser Krisenzeit kam die Schwächung der Assyrer und das Erstarken

60 Siehe Abschnitt 6.10.6.4.

61 Vgl. zur Unsicherheit der Ursprünge und zur Geschichte des Pessachfestes *Weyde, Karl:* Art. Passa (AT)/WiBiLex.

62 Siehe Abschnitt 2.4.3.

63 Siehe die Abschnitte 2.2.2.4 und 2.3.

Judas unter König Joschija (641–609 v. Chr.) der Bevölkerung wahrscheinlich wie ein neuer Exodus, eine neue Befreiung aus der Sklaverei vor.

Möglicherweise wurden in dieser Zeit das Pessachfest mit dem Mazzot-Fest und beide mit der Erzählung von der Befreiung aus Ägypten verbunden (Dtn 16; Ex 12). Durch diese Verbindung entstand das grosse Fest des Frühlings, das Fest des befreiten, neuen Lebens. – Christlicherseits gründen Karfreitag und Ostern in dieser Feier. – Das Wochenfest (hebr. *Schawuot*) wurde 50 Tage nach Pessach angesetzt, woraus sich der griechische Name *Pentekoste* für das Pfingstfest ergab (Lev 23,15–21). *Schawuot* wurde ebenfalls geschichtlich verankert: als Fest der Offenbarung der Tora am Sinaiberg. – Auch das Pfingstfest wurde später vom Christentum aufgenommen (Apg 2).

Das herbstliche Erntefest wurde zum Laubhüttenfest (hebr. *Sukkot*). Eine Woche lang soll ausserhalb des Hauses in Hütten gewohnt werden, als Zeichen dafür, dass Israel nach der Befreiung aus Ägypten während der Wüstenwanderung nur in Hütten wohnte (Lev 23,39–43).

Die Verbindung der ursprünglich landwirtschaftlich und jahreszeitlich bedingten Feste mit der Geschichte des Exodus ist eine hervorragende religiös-kulturelle Leistung. Die Bedeutung dieser religiösen Leistung bringt die Pessach-Haggadah, die bis heute am Pessach-Fest gelesene Erzählung von der Befreiung, zum Ausdruck:

> «In allen Zeiten ist es Pflicht eines jeden Einzelnen sich vorzustellen, als sei er selbst aus Ägypten gezogen […] Nicht unsere Vorfahren allein hat der Heilige, gelobt sei er, erlöst, sondern mit ihnen hat er auch uns erlöst.»[64]

64 Vgl. die Haggada online, URL: https://www.talmud.de/ (28.04.2018).

Überblick: Jüdischer Jahresfestkreis

Der jüdische Kalender orientiert sich – wie der muslimische – hauptsächlich an den Mondphasen, wobei jüdischerseits alle 19 Jahre ein zusätzlicher Monat Adar als Schaltmonat eingefügt wird, damit der Kalender nicht durch das ganze Sonnenjahr wandert. In biblischer Zeit war der Nissan der erste Monat, und das Jahr begann mit Pessach, dem Frühlingsfest bzw. dem Fest der Befreiung. Verschiedene religiöse Richtungen im Judentum zählen die Monate noch in dieser Weise. Im säkularen beziehungsweise bürgerlichen Judentum wird Tischri als erster Monat gezählt, mit dem auch ein neues Jahr beginnt. Der jüdische Jahresfestkreis umfasst u. a. folgende Feiern:

Tischri (rel. 7. Monat; Sept./Okt.)
- 1. Tischri: Neujahrstag (Rosch ha-Schanah; vgl. Lev 23,23–25; ursprünglich «Tag des Lärmblasens; vgl. Num 29,1–6)
- 10. Tischri: Grosser Versöhnungstag (Jom Kippur; vgl. Lev 16; 23,26–32)
- 15.–22. Tischri: Laubhüttenfest (Sukkot; vgl. Lev 23,33–36)
- 23. Tischri: Freude über die Tora/Gesetzesfeude (Simchat Torah)

Cheschwan (rel. 8. Monat; Okt./Nov.)

Kislew (rel. 9. Monat; Nov./Dez.)
- ab 25. Kislev: Neueinweihung des Tempels 164 v. Chr. (Chanukka; vgl. 1 Makk 4,52–59; 2 Makk 10,1–8)

Tevet (rel. 10. Monat; Dez./Jan.)

Schevat (rel. 11. Monat; Jan./Febr.)

Adar (rel. 12. Monat; Febr./März)
- 14. Adar: Purim, Rettung in persischer Zeit (vgl. Esterbuch)

Nissan (rel. 1. Monat; März/Apr.)
- 15.–22. Nissan: Pessach, Auszug aus Ägypten (vgl. Ex 12; Lev 23,4–8; Dtn 16,1–8), damit verbunden wurde das Fest Mazzot

Ijjar (rel. 2. Monat; Apr./Mai)

Siwan (rel. 3. Monat; Mai/Juni)
- 6./7. Siwan, 50 Tage nach Pessach: Wochenfest (Schawuot) und Offenbarung der Tora (vgl. Ex 19–20; Lev 23,15–21; Dtn 16,9–12)

Timmuz (rel. 4. Monat; Juni/Juli)

Av (rel. 5. Monat; Juli/Aug.)
- 9. Av: Trauertag betr. Tempelzerstörung (Tischa be-Av; vgl. Jer 52)

Elul (rel. 6. Monat; Aug./Sept.)

6.8 Die Meerwundererzählung (Ex 14–15)

Wie schon bei der Suche nach einem historischen Mose und einer historischen Zeit für den Auszug aus Ägypten,[65] lassen die biblischen Texte auch bei der Meerwundererzählung erkennen, dass sie nicht als historische Quellen verwendbar sind. Zu unterschiedlich sind die biblischen Aussagen betref-

65 Siehe Abschnitt 6.3.

fend Ort und Geschehen des wundersamen Durchzugs der fliehenden Israelit*innen durch ein Meer.

Manche biblischen Texte sprechen von einem «Meer» (hebr. *jam;* Ex 14,9.21.27.30), andere von einem «Schilfmeer» (hebr. *jam suf;* Ex 13,18; 15,22), in Ex 15,4 finden sich beide Ausdrücke nebeneinander. Es ist umstritten, welche Bezeichnung die ältere ist. Aufgrund dieser unterschiedlichen Bezeichnungen und einiger Ortsangaben lassen die biblischen Texte an verschiedene Orte für das Meerwunder denken:[66] (1) Gemäss Ex 13,17–18 sollen die Israelit*innen nicht den Weg im Norden der Sinaihalbinsel durchs Philistergebiet nehmen, sondern einen Umweg durch die Wüste zum «Schilfmeer» gehen; (2) im Gegensatz dazu nennt Ex 14,1–2.9 die Orte Pi-Hahirot, Migdol und Baal-Zefon, was klar auf die Route im Norden der Sinaihalbinsel und vielleicht auch auf den dort gelegenen Sirbonischen See hinweist; (3) 1 Kön 9,26 erwähnt ein Schilfmeer im Zusammenhang mit einem Flottenbau Salomos und lokalisiert dieses am Golf von Akaba (Ezjon-Geber); (4) aufgrund des Lagerortes Sukkot (Ex 12,37; 13,20) wird auch an den Timsa-See bzw. die Ballah-Seen («Bitterseen») gedacht, die im Bereich des heutigen Sueskanals liegen; (5) die griechischen Übersetzer des AT (LXX)[67] machten schliesslich das «Schilfmeer» zum «Roten Meer» und dachten beim Meerwunder wohl an den Golf von Sues; das NT übernahm das «Rote Meer» als Ort des Meerwunders von der LXX (vgl. Apg 7,36; Hebr 11,29).

Unterschiedlich wird auch beschrieben, wie es zum Meerwunder kam, das heisst, was die Ursache dafür war, dass die Israelit*innen trockenen Fusses durch das Meer ziehen konnten und die sie verfolgende ägyptische Streitmacht darin ertrank: Manche Verse beschreiben das Meerwunder so, dass Gott das Meer «austrocknen» lässt (Ex 14,21b; vgl. Jos 2,10), andere so, dass Mose seine Hand über das Wasser streckt und sich das Meer spaltet (Ex 14,16.21a). In Ex 14,21 f. stehen die Aussagen direkt nebeneinander bzw. sind miteinander verbunden worden:

---

66 Vgl. *Zwickel, Wolfgang u.a.,* Bibelatlas 100–103; *Michel, Andreas:* Art. Meerwundererzählung/WiBiLex.

67 Zur Septuaginta siehe Abschnitt 1.2.

> «[21a] Mose aber streckte seine Hand aus über das Meer, und GOTT trieb das Meer während der ganzen Nacht durch einen starken Ostwind zurück und legte das Meer trocken, [21b] und das Wasser spaltete sich. [22a] Und auf trockenem Boden gingen die Israeliten mitten ins Meer hinein, [22b] während das Wasser ihnen zur Rechten und zur Linken eine Mauer bildete.» (Ex 14,21 f.)

Wenn das Meer aber ausgetrocknet ist (V. 21a), kann sich das Wasser kaum «spalten» (V. 21b), jedenfalls kann das ausgetrocknete Wasser keine «Mauer zur Rechten und zur Linken» bilden (V. 22b). Ein ausgetrocknetes Wasser kann später auch nicht die ägyptische Streitmacht überfluten. Lange Zeit nahm man an, dass hier zwei ursprünglich voneinander unabhängige Erzählungen kombiniert worden sind: eine ältere Erzählung (Quelle J) mit einer jüngeren (Quelle P).[68] Heute wird mehrheitlich angenommen, dass die Texte mehrfach redigiert (ergänzt, gekürzt) wurden, so dass unterschiedliche Aussagen und Meinungen nebeneinanderstehen.

Die geglückte Flucht und Errettung sowie die Vernichtung der ägyptischen Streitmacht mitsamt ihrem Pharao werden in Ex 15 besungen: Zunächst singt «Mose mit den Israeliten» ein Triumphlied (Ex 15,1–19). Darin wird GOTT als ein Krieger gepriesen («GOTT ist ein Krieger» V. 3), der «schnaubt vor Zorn» (V. 8) und der «Pharaos Wagen und seine Streitmacht ins Meer warf» (V. 4 u. ö.).[69] Andere Völker werden aufgrund dessen von «Schrecken und Furcht» (V. 16) erfasst. Das Volk jedoch, das GOTT erlöst hat, führt er machtvoll zu seiner «heiligen Wohnung» (V. 13), d. h. zum (späteren) Tempel von Jerusalem (vgl. V. 17), wo GOTT «König für immer und ewig» (V. 18) ist. Unvermittelt anschliessend an Moses Lied wird auch ein Lied der Mirjam erzählt. Entstehungsgeschichtlich wird das Mirjamlied von vielen als älter erachtet als das Moselied, zumal hier Mirjam ausschliesslich als Schwester des Aarons genannt wird:

> «[20] Da nahm die Prophetin Mirjam, die Schwester Aarons, die Trommel in ihre Hand, und alle Frauen zogen hinter ihr hinaus mit Trommeln

68 Siehe Kap. 3.

69 Vgl. zu Krieg und Gottesbild *Obermayer, Bernd:* Art. Krieg (AT)/WiBiLex.

> und in Reigentänzen. [21] Und Mirjam sang ihnen vor:
> Singt GOTT,
> denn hoch hat er sich erhoben,
> Pferd und Reiter hat er ins Meer geschleudert.» (Ex 15,21 f.)

Inhaltlich stellen sich bei der Meerwundererzählung die ähnlichen Fragen wie bei der Plagenerzählung. Auch die Meerwunder-Erzählung verarbeitet möglicherweise Kriegstraumata, und auch sie ist meines Erachtens höchstens metaphorisch sinnvoll zu lesen, als symbolischer Kampf zwischen Tod und Leben: der Tod symbolisiert durch den Pharao und seine Streitmacht, das Leben durch GOTT. – In der christlichen Liturgie der Osternacht, in der Ex 14 jeweils gelesen wird, prägt denn auch die alte lateinische Ostersequenz «Victimae paschali laudes» die Formel: «mors et vita duello» («Tod und Leben im Zweikampf»). – Doch auch bei einer solch metaphorischen bzw. mythologischen Lesart muss kritisch gefragt werden, ob GOTT nicht andere Mittel zugetraut werden sollten, als Gewalt mit Gegengewalt, Tod mit Tod zu bekämpfen. Natürlich waren in allen Religionen und Zeiten auch kriegerische Götter und Gottesbilder vorhanden. Das Gottesbild von Ex 14 f. ist nicht brutaler als jenes in vergleichbaren Texten aus der Umwelt des AT. Andererseits gibt es im AT, wie bereits betont, deutlich andere, gewaltkritische und friedfertige Gottesbilder.[70] Die Mühe mit gewalttätigen Gottesbildern ist nicht erst heute verbreitet, wie beispielsweise eine Stelle aus dem babylonischen Talmud zeigt. Darin verhandeln verschiedene Rabbis (Abk. «R.») mittels über die Bibel verstreuter Verse die Frage, ob sich Gott an dem Tod der Ägypter überhaupt freuen konnte:

> «Freut sich denn der Heilige, gepriesen sei er, über das Unglück der Gottlosen, es heißt ja (2 Chr 20,21): *während sie vor den Kampfgerüsteten einherzogen, sprachen sie: Danket dem Herrn, denn ewig währt seine Gnade,* und hierzu sagte R. Jonathan: Weshalb stehen in diesem Dankspruch nicht (die Worte:) *denn er ist gütig* (vgl. Ps 136,1)? Weil der Heilige, gepriesen sei er, sich nicht über das Unglück der Gottlosen freut!?

70 Siehe den Exkurs «Kriegerische Gottesbilder – und deren Überwindung» in Abschnitt 2.2.2.3 sowie die Abschnitte 4.1.5.3 und 4.1.5.4.

> R. Semuel b. Nachman sagte nämlich im Namen R. Jonathans: Es heißt (Ex 14,20): *und sie kamen sich die ganze Nacht nicht nahe;* die Dienstengel wollten dann vor dem Heiligen, gepriesen sei er, das Lied anstimmen; da sprach der Heilige, gepriesen sei er, zu ihnen: Mein Händewerk [d. h. die Ägypter] ertrinkt im Meere, und ihr wollt vor mir das Lied anstimmen!? R. Jose b. Chanina erklärte: Er selbst freut sich darüber nicht, wohl aber lässt er andere sich freuen. Dies ist auch zu beweisen: es heißt (Dtn 28,63): *sich freuen lassen,* nicht aber: sich freuen.»[71]

Auch in bestimmten Ausgaben der Haggadah bekennen heutige jüdische Gemeinden in der Pessachfeier gemischte Gefühle über die Schilderungen der Gewalt gegen die Ägypter:

> «Ja, Nachkommen derer sind wir, die gerettet wurden vom grausamen Mizrajim [d. h. Ägypten], ja, wir jubelten, als wir Bezwinger bezwungen sah'n. Doch das Triumphgefühl vermindert sich beim Anblick des furchtbaren Sterbens – so wie der Wein im Becher, wenn wir zehn Tropfen versprengen für die Plagen über Mizrajim.»[72]

6.9 Am Gottesberg (Sinaiperikope Ex 19–Num 10)

Nach der Rettung aus der Sklaverei in Ägypten folgt im Pentateuch der Aufenthalt Israels am Gottesberg. Die sogenannte Sinaiperikope – wobei die Bezeichnung des Gottesberges als Sinai wohl relativ spät zu den Texten hinzukam – nimmt mit 58 Kapiteln sehr breiten Raum ein (Ex 19,1–Num 10,10). Sie enthält im Unterschied zu Gen und Ex 1–18 nur wenige Erzählungen, dafür aber gewichtige Gesetzessammlungen und Anweisungen für den Bau des Zeltheiligtums sowie den Kult und sein Personal. Zu Beginn stehen eine Theophanie und die Verkündigung der Zehn Worte. Die Sinai-Perikope kann wie folgt gegliedert werden:

71 Traktat Sanhedrin 39b, zit. nach Talmud, babylonischer, Bd. 8, 615 (Schriftweise der Namen der Rabbinen von mir vereinfacht; Stellenangaben von Fussnoten in den Text genommen).

72 New Union Haggadah, zit. nach *Plaut, W. Gunther,* Tora, Bd. 2, 155.

Ex 19	Gottes Erscheinen auf dem Sinai (Theophanie)
Ex 20,1–21	Die Zehn Worte/Gebote
Ex 20,22–23,19	Das Bundesbuch (Gesetzessammlung)
Ex 24	Der Bundesschluss
Ex 25–31	Anweisungen zum Bau des Zeltheiligtums («Stiftshütte»)
Ex 32–34	Bundesbruch («Goldenes Kalb») und Bundeserneuerung
Ex 35–40	Bau und Einweihung des Zeltheiligtums
Lev 1–7	Anweisungen für die Darbringung von Opfern
Lev 8–10	Die Weihe Aarons und seiner Söhne, die ersten Kultfeiern
Lev 11–16	Reinheits- und Kultvorschriften
Lev 17–26	Das Heiligkeitsgesetz (Gesetzessammlung)
Num 1,1–10,10	Volkszählung, Lagerordnung und verschiedene Anweisungen

Manche gehen davon aus, dass die Sinaiperikope mit den darin überlieferten Gesetzessammlungen erst im Lauf der Zeit zwischen die Erzählung vom Auszug aus Ägypten und die Landnahmeerzählungen eingefügt wurde.[73] Hintergrund für das Einfügen der Gesetzessammlungen könnte der Verlust des Königtums in Israel/Juda gewesen sein: Im Alten Orient war der König der Vermittler der als göttlich angesehenen Gesetze an das Volk und zugleich der Regent, welcher die Durchsetzung der Rechtsordnung garantierte. Gleichzeitig war der König oberster Richter und oberster Priester. Diese Machtkumulation war auch bei den Königen Israels und Judas vorhanden, wie z. B. Ps 72 erkennen lässt (vgl. auch die Erzählung zur Auffindung eines alten Gesetzbuches im Tempel von Jerusalem unter König Joschija in 2 Kön 22 f.).[74]

Mit dem Verlust des Königtums in Israel (722 v. Chr.) und Juda (597 v. Chr.) entstand eine einschneidende, empfindliche

73 Vgl. *Kratz, Reinhard G.*, Komposition 289–295; *Oswald, Wolfgang*, Staatstheorie 102–113.

74 Siehe Abschnitt 2.4.

Lücke in dieser Auffassung von staatlicher, göttlich legitimierter Ordnung: Wer sollte nun Gesetze erlassen? Wer Recht sprechen? Wer im religiösen Kult zwischen Gott und Mensch vermitteln? In diese Lücke tritt auf literarischer Ebene der nicht-königliche Mose: Er wird in Ex 2,1 seiner Abstammung nach auf das wohl ländliche Priestertum der Leviten zurückgeführt,[75] also gerade nicht auf ein Priestergeschlecht an einem königlichen Tempel, und sein «Herrschaftsbereich» umfasst kein Land, sondern beschränkt sich auf die Tora und deren Verwirklichung – Mose durfte das Land nicht einmal betreten (Num 20,12), sondern starb jenseits des Jordans in Moab (Dtn 34). In Ex 18 werden dem Mose richterliche Funktionen zugeschrieben (zusammen mit den von ihm eingesetzten Ältesten), in Ex 19 ff. übernimmt Mose die königliche Aufgabe, Gottes Gesetze dem Volk zu übermitteln.

Mose tritt zusammen mit seiner «Schwester» Mirjam und seinem «Bruder» Aaron auf: Die Prophetin Mirjam repräsentiert hier wahrscheinlich eine prophetische Linie von Frauen (Ex 15,20; vgl. Debora in Ri 4; Hulda in 2 Kön 22); Aaron vertritt das Priestergeschlecht der Aaroniden, das wahrscheinlich bis 722 v. Chr. die Priesterschaft am Nordreich-Tempel Bet-El stellte.[76] Auch von Mirjam (Num 20,1) und Aaron (Num 20,12; Dtn 10,6) wird erzählt, dass sie starben, bevor die Israelit*innen das Gelobte Land erreichten.

Nicht zu unterschätzen ist die neue Rolle des Volkes aufgrund der fehlenden Königsherrschaft: Das Volk nimmt die Gesetze Gottes in der Theophanie von Ex 19 in für altorientalische Zeit aussergewöhnlicher Unmittelbarkeit wahr und bejaht die Gesetze in Ex 19,8; 24,3 einstimmig. Ex 19 ff. stellt damit eine gewisse Demokratisierung in religiöser und staatlicher Hinsicht dar. So findet sich im Bundesbuch denn auch ein Altargesetz (Ex 20,24–26), das keine Priester und keinen Tempel, sondern nur Altäre aus Erde oder unbehauenen Steinen und ohne Stufen nennt. Wenn mit dem «Du» im ursprünglichen Text dieses Altargesetztes jeder Israelit angesprochen war, kann davon ausgegangen werden, dass auch jeder Opfer darbringen konnte und somit kleine Kulte an verschiedenen

75 Vgl. *Labahn, Antje:* Art. Levi/Leviten/WiBiLex.

76 Vgl. *Koenen, Klaus:* Art. Aaron/Aaroniden/WiBiLex.

Orten nach Bedarf eingerichtet wurden.[77] Gewiss kommen in Ex 19–Num 10 unterschiedliche Stimmen zum Ausdruck, die mal mehr, mal weniger für die unmittelbare Beziehung des Volkes zu Gott plädieren – auch die Sinaiperikope ist ein Kompromiss-Text unterschiedlicher Sichtweisen und Interessengruppen.[78] Auf jeden Fall aber erhält die Verbindung des Volkes mit Gott grosses Gewicht, indem die Exoduserzählung sowie die Sinaiperikope die Vorstellung von Israel als «Volk JHWHs» (*am-jhwh*)[79] mit der Befreiung aus Ägypten zusammenbringt: Auf synchroner Ebene (auf der Textebene, nicht in historischer Hinsicht) wird Israel in der Bibel erstmals in Ex 3,7.10 von JHWH als «mein Volk» bezeichnet. In Ex 6,7 wird die sogenannte Bundesformel («Israel, Volk JHWHs – JHWH, Gott Israels») vollständig wiedergegeben:

> «Ich werde euch annehmen als mein Volk und euer Gott sein, und ihr sollt erkennen, dass ich JHWH bin, euer Gott, der euch herausführt aus dem Frondienst Ägyptens.» (Ex 6,7; vgl. Ex 29,45)

Theologie- und religionsgeschichtlich kommt der Sinaiperikope mit alledem eine bahnbrechende Rolle im Alten Orient zu, aus der die biblische Tradition ihre Skepsis und Kritik an von Menschen ausgeübter Macht über andere Menschen schöpft: Die Sinaiperikope löst die politische Organisation, den Kult, das Recht und die Ethik aus allen staatlichen Institutionen und Bindungen und unterstellt dies alles ohne jegliche Vermittlung durch König oder Tempelhierarchie dem Willen Gottes – gutgeheissen vom Volk Gottes.

Die «Zehn Gebote» (Ex 20 par. Dtn 5) 6.10

Kaum ein Text der Menschheitsgeschichte übte einen derart grossen Einfluss auf das ethische Denken und Handeln der Menschen aus wie die sogenannten Zehn Gebote. Im Folgenden soll zunächst mit dem Codex Hammurapi ein berühmter Gesetzestext aus dem Alten Orient den damaligen Kontext von

77 Vgl. *Oswald, Wolfgang,* Staatstheorie 86–95.
78 Vgl. *Blum, Erhard,* Esra 177–205.
79 Vgl. *Koch, Christoph:* Art. Gottesvolk (AT)/WiBiLex.

Gesetzgebung vor Augen führen.[80] Danach wird nach der Benennung und der Zählung der Zehn Gebote gefragt und zur vergleichenden Lektüre der beiden biblischen Dekalogfassungen (Ex 20; Dtn 5) angeregt.[81] Hierauf folgt die Frage nach der Bedeutung und Entstehung des Dekalogs sowie nach dem wichtigsten Gebot.[82] Schliesslich werden die einzelnen Gebote ausgelegt.[83]

6.10.1 Bibelverständnis: Gesetzestexte aus der Umwelt Israels

Jede Gemeinschaft von Menschen braucht Regeln, um möglichst gerecht und in Frieden zusammenzuleben. Im Alten Orient wurden die weltweit ältesten Gesetzestexte der Menschheit gefunden.[84] Besonders berühmt ist der sogenannte Codex Hammurapi. Gefunden wurde der Codex Hammurapi 1901/02 durch französische Ausgrabungen unter M. J. de Morgan in Susa (im heutigen Iran), einer der ältesten durchgängig besiedelten Städte der Welt, die vom 3. Jahrtausend v. Chr. an Hauptstadt des Reichs Elam war. Die 2.25 Meter hohe Stele aus Diorit befindet sich heute im Louvre in Paris.

Die Gesetzessammlung geht auf König Hammurapi (1792–1750 v. Chr.) zurück,[85] den fünften König der 1. Dynastie des alten babylonischen Reichs. Hammurapi unterwarf beinahe ganz Akkad, Sumer, Eçnunna, Mari und Assur und regierte damit praktisch ganz Mesopotamien. Er wird in altbabylonischen Texten als äusserst klug beschrieben und gemäss dem sumerischen Königsideal zum «guten Hirten» des Volkes stilisiert.

Die Stele zeigt im obersten Bereich den König Hammurapi, der vom Sonnengott Schamesch (sitzend) einen Ring und einen Stab erhält. Der darunter stehende Text enthält drei Teile: einen Prolog, die Gesetze und einen Epilog, der z. T. zer-

80 Siehe Abschnitt 6.10.1.
81 Siehe die Abschnitte 6.10.2 und 6.10.3.
82 Siehe die Abschnitte 6.10.4 und 6.10.5.
83 Siehe Abschnitt 6.10.6.
84 Vgl. *Grünwaldt, Klaus:* Art. Recht (AT)/WiBiLex; *Otto, Eckart,* Recht; *Crüsemann, Frank,* Tora; *Erbele-Küster, Dorothea:* Art. Ethik (AT)/WiBiLex.
85 Vgl. *Fiette, Baptiste:* Art. Hammurabi/WiBiLex.

stört ist, aber durch diverse Abschriften und Duplikate rekonstruiert werden kann.[86]

Der Prolog dient der göttlichen Legitimation Hammurapis, auch mittels der Erhöhung des babylonischen Stadtgottes Marduk: Die sumerisch-akkadischen Hauptgötter Anu (Himmelsgott) und Enlil (Gott der Luft und der Erde), so erzählt Hammurapi im Ich-Stil, hätten dem babylonischen Gott Marduk die «Enlil-Würde» gegeben (d. h. Marduk sei auf die gleiche Stufe wie Enlil gestellt) und ihn zur Herrschaft über die Menschheit berufen. Hammurapi seinerseits sei zur Königsherrschaft über die Menschen berufen, auf dass eine gerechte Ordnung im Land bestehe, es den Menschen gutgehe, die Übeltäter vernichtet sowie die Schwachen von den Starken geschützt würden. Hammurapi bezeichnet sich als den «von Enlil berufenen Hirten» und preist seine Frömmigkeit und seine guten Werke ganz nach dem altorientalischen Königsideal überschwänglich und in jeder Hinsicht.

Abb. 32: Codex Hammurapi, ca. 1792–1715 v. Chr., Louvre, Paris

Die Gesetze werden von der Forschung in 282 Paragrafen eingeteilt. Es war bei der Entdeckung des Codex Hammurapi eine Sensation, dass die Gesetze Parallelen (Ähnlichkeiten/Übereinstimmungen) zu den Gesetzen des Pentateuchs aufweisen. So finden sich unter anderem sehr ähnliche Talionsgesetze wie in Ex 21,23–25.29 (s. u.), zudem Gesetze, die manche Verhaltensweisen in den Erzelternüberlieferungen verständlich machen, wie etwa das Zeugen von Kindern mit einer Magd der Frau (Gen 16,2; 30,3; vgl. CH §§ 144–147) oder die Ausstossung der Hagar und des Ismael (Gen 21,9–14; vgl. CH §§ 170 f.). Es liegt die Vermutung nahe, dass der Codex Hammurapi – oder ähnliche Gesetzessammlungen – jenen, die die Gesetze der Tora verfassten, bekannt war.

Die Gesetze des Codex Hammurapi sind ihrer Form nach kasuistisch: Sie beschreiben einen bestimmten Tatbestand, einen «Fall» (lat. *casus*), und legen fest, was er für Folgen nach sich zu ziehen hat («Wenn … – dann …»). Zwei Beispiele sollen dies veranschaulichen:

> § 229 [64] Wenn ein Baumeister [65] einem Bürger [66] ein Haus baut, [67] aber seine Arbeit [68] nicht auf solide Weise ausführt, [69] so daß das Haus, das er

86 Der deutsche Text wird aus TUAT 1, 39–80 zitiert.

> gebaut hat, [70] einstürzt [71] und er den Tod des Eigentümers des Hauses herbeiführt, [72] so wird dieser Baumeister getötet.

Die Strafmasse im Codex Hammurapi sind drastisch und selbstverständlich abzulehnen. Wenn man vom Strafmass einmal absieht, so lässt dieses Gesetz ein Interesse am Konsumentenschutz erkennen. Ähnliches gilt auch für ein Gesetz aus der Medizin, die ein erstaunlich hohes Niveau gehabt haben muss:

> § 215 [55] Wenn ein Arzt [56] einem Bürger eine schwere Wunde [57] mit einem Operationsmesser [58] beibringt [59] und den Bürger heilt, [60] oder eine Schläfe eines Bürgers [61] mit einem Operationsmesser [62] öffnet [63] und das Auge des Bürgers [64] rettet, [66] bekommt er [65] zehn Scheqel Silber.
> § 216 [67] Wenn es sich um einen Palasthörigen handelt, [69] bekommt er [68] fünf Scheqel Silber.
> § 217 [70] Wenn es sich um einen Sklaven eines Bürgers handelt, [71] soll der Eigentümer des Sklaven dem Arzt [72] zwei Scheqel Silber [73] geben.
> § 218 [74] Wenn ein Arzt einem Bürger [75] eine schwere Wunde [76] mit einem Operationsmesser [77] beibringt [78] und den Tod des Bürgers herbeiführt, [79] oder wenn er eine Schläfe eines Bürgers [80] mit einem Operationsmesser [81] öffnet und das Auge des Bürgers [82] zerstört, [83] so soll man ihm eine Hand abschneiden.

Natürlich ist das Strafmass auch hier entschieden abzulehnen. Abgesehen davon ist bei diesen gesetzlichen Vorgaben für Operationen aber erstaunlich, dass für dieselbe Operation unterschiedliche Kosten verlangt werden: Die Kosten richten sich nach den Möglichkeiten der Patienten – was in Richtung einer sozialen Gesetzgebung im Gesundheitswesen geht.

Für das Verständnis der biblischen Gesetzestexte sind solche ausserbiblischen Gesetze von grösstem Wert. Sie ermöglichen es, die sozial- und rechtsgeschichtlichen Hintergründe besser zu verstehen und die biblischen Gebote und Gesetze richtig einzuordnen. So wird beispielsweise die Absicht des heute meist völlig falsch verstandenen Talionsrechts im Vergleich mit dem Codex Hammurapi klar ersichtlich. In Ex 21,23–25 heisst es:

> «[23] Falls aber ein [weiterer] Schaden entsteht, so sollst du geben Leben um Leben, [24] Auge um Auge, Zahn um Zahn, Hand um Hand, Fuss um

> Fuss, [25] Brandmal um Brandmal, Wunde um Wunde, Strieme um Strieme.»

Dieses «Auge um Auge, Zahn um Zahn» wird heute meist als eine Legitimation von grausamer Vergeltung und Rache verstanden. Dabei war die Absicht des Gesetzestextes das genaue Gegenteil! Es ging darum, das Strafmass einzuschränken. Im Codex Hammurapi, der wie gesagt deutlich älter ist als Ex 21, findet sich ein fast identisches Gesetz:

> § 196 [45] Wenn ein Bürger [46] ein Auge eines (anderen) Bürgers [47] zerstört, [48] so soll man ihm ein Auge [49] zerstören.
> § 197 [50] Wenn er einen Knochen eines Bürgers [51] bricht, [52] so soll man ihm einen Knochen [53] brechen.

Der gesamte Codex Hammurapi zeigt deutlich, dass das Talionsrecht keinesfalls die Rache legitimieren, sondern vielmehr die Gewaltspirale unterbinden will: Der sich stetig steigernden Gegengewalt soll Einhalt geboten werden. Wenn beispielsweise jemand einem anderen ein Auge aussticht, soll der Täter dafür nicht getötet werden und auch seine Sippe soll nicht verfolgt werden. Die Strafe soll vielmehr in geregelte Bahnen gelenkt werden, sie soll nach rechtlich festgesetzten Strafverfahren und Strafmassen erfolgen. In diesem Sinne ist auch «Auge um Auge, Zahn um Zahn» aus Ex 21 zu verstehen. Als gerecht wurde im Alten Orient zumeist empfunden, wenn der Täter denselben Schaden als Strafe erfährt, den er selbst verschuldet hatte. Verbunden damit ist die Vorstellung, dass die schlechte Tat selbst auf den Täter zurückwirkt. Diese im Alten Orient und im AT allgemein als gerecht empfundene Wechselwirkung wird, wie gesehen, Tun-Ergehen-Zusammenhang genannt.[87]

Für die biblischen Texte bzw. die Geschichte Israels/Judas gehen heute zudem viele davon aus, dass keine Verstümmelungsstrafen angewandt wurden, denn solche werden in der Bibel mit Ausnahme von Dtn 25,11 f. nie gefordert, und es wird von keiner einzigen Durchführung einer solchen Strafe

87 Vgl. *Freuling, Georg:* Art. Tun-Ergehen-Zusammenhang/WiBiLex, mit weiterführender Lit.

berichtet.[88] Die Absicht der Talions-Formeln war zudem wohl nicht, dass diese tatsächlich rechtspraktisch umgesetzt wurden, sondern dass sie abschreckend wirken und für einen angemessenen Ausgleich des Schadens sorgen sollten.

6.10.2 Die «Zehn Worte» – der Dekalog

In der Bibel findet sich nirgends die Bezeichnung «Zehn Gebote». Dtn 4,13 spricht jedoch von «zehn Worten» (vgl. Ex 34,28; Dtn 10,4). Daher werden diese Zehn Worte auch *Dekalog* (gr. für Zehnwort) genannt.[89] Der Dekalog ist zwei Mal überliefert: in Ex 20,2–21 und in Dtn 5,6–21. Die beiden Fassungen stimmen im Wesentlichen überein, weisen aber auch beachtliche Unterschiede auf. Beiden Dekalogen folgen jeweils umfangreiche Gesetzessammlungen: mit Ex 20,22–23,19 das sogenannte Bundesbuch,[90] mit Dtn 12–26 das deuteronomische Gesetz. Diese Sammlungen sind zusammen mit dem Heiligkeitsgesetz in Lev 12–26 die drei grossen Gesetzessammlungen des AT.[91]

Der Dekalog unterscheidet sich deutlich von diesen Gesetzessammlungen: Nur der Dekalog ist als direkte Rede JHWHs an sein Volk formuliert. Die anderen Gesetze werden als durch Mose vermittelte Gesetze formuliert. Dadurch ist der Dekalog als besonders bedeutsam gekennzeichnet und kann als eine Art Grundgesetz angesehen werden.[92] Dafür spricht auch, dass der Dekalog nicht als Rechtstext formuliert ist, er nennt z. B. kein Strafmass wie der Codex Hammurapi oder viele biblische Gesetze. Der Dekalog liegt allem Recht voraus. Er ist das Ethos, die Grundgesinnung, der Sinn und Geist, dem alle Gesetzgebung folgen und dienen soll. Diese ausserordentliche Bedeutung des Dekalogs wird auf erzähle-

88 Vgl. *Freuling, Georg:* Art. Strafe/WiBiLex.

89 Vgl. zum Dekalog insgesamt *Köckert, Matthias:* Art. Dekalog/Zehn Gebote (AT)/WiBiLex; *Dohmen, Christoph,* Exodus 1–18, 82–137; *Crüsemann, Frank*, Bewahrung; *Markl, Dominik,* Dekalog.

90 Siehe Abschnitt 6.11.

91 Vgl. *Rüterswörden, Udo:* Art. Deuteronomium/WiBiLex; *Seidl, Theodor:* Art. Heiligkeitsgesetz/WiBiLex; *Crüsemann, Frank,* Tora; *Grünwaldt, Klaus:* Art. Recht (AT)/WiBiLex, mit weiterer Lit.

92 Vgl. *Markl, Dominik,* Dekalog.

rische Weise vielfach betont: Der Dekalog in Ex 20 ist das erste Gotteswort am Sinai. Dtn 4,13 verbindet die Zehn Worte mit dem Bund Gottes mit seinem Volk und besagt, GOTT habe die Zehn Worte auf zwei Steintafeln geschrieben (vgl. Dtn 5,22). So ist der Dekalog überhaupt der einzige Text in der Bibel, von dem es heisst, Gott habe ihn selbst geschrieben (vgl. Ex 24,12; 31,18; 34,28). In Ex 34,28 werden die «Worte des Bundes» mit dem auf die Tafeln geschriebenen Dekalog gleichgesetzt. In verschiedenen Varianten wird betont, Gott habe den Dekalog dem Volk direkt übermittelt: Beispielsweise in den Formulierungen, das Volk solle es hören, wenn GOTT mit Mose rede (Ex 19,9), oder die Israelit*innen hätten gesehen, dass GOTT vom Himmel her mit ihnen geredet habe (Ex 20,22; vgl. Ex 24,17). Auch wenn – im Widerspruch zu dieser direkten Verbindung Gottes zum Volk – in anderen Versen gesagt wird, das Volk habe Angst vor der direkten Rede Gottes und bitte Mose um Vermittlung (Ex 20,18 f.; vgl. Ex 19,23 f.), so will dies ebenfalls die enorme Bedeutung der Zehn Worte betonen.

Die Zehn Worte/Gebote sind weder in Ex 20 noch in Dtn 5 nummeriert. Daher gibt es in den jüdischen und christlichen Traditionen unterschiedliche Zählweisen, die teilweise schon in den beiden Fassungen der Texte begründet sind: Wenn man formal die unverbundenen Sätze zählt, die mit «du sollst» oder «du sollst nicht» beginnen, kommt man auf 13 solcher Ver-/Gebote, bei allen Ge-/Verboten auf 16. Hinzu kommt noch die Präambel (Einleitung: «Ich bin JHWH …»), die in jüdischer Zählweise als erstes, grundsätzliches Gebot zählt. In der jüdischen Tradition, die in der Tora insgesamt 613 Gebote Gottes zählt, ist der Dekalog mit 14 Geboten (*mizwot*) enthalten. Auch in den Dekalogtexten selbst sind im Textbereich bis vor dem Schabbatgebot und beim Begehrensgebot unterschiedliche Zuordnungen möglich. Der jüdische Philosoph Philo von Alexandria (ca. 20 v. – ca. 50 n.) orientierte sich bei der Zählweise am Exodusbuch. Ihm folgten christlicherseits die orthodoxen, reformierten und anglikanischen Kirchen. Der christliche Theologe und Bischof Augustinus (354–430 n. Chr.) folgte hingegen der Zählweise, die das Deuteronomium nahelegt. Dies wurde von der katholischen und lutherischen Kirche übernommen. Somit ergeben sich folgende drei Zählweisen der Zehn Gebote.

Talmud (jüd. Tradition) ≙ Ex und Dtn	Philo (orthod., ref., anglikan.) ≙ Ex	Augustinus (kath., luth.) ≙ Dtn
1. JHWHs ist König über Israel		
2. Fremdgötterverbot und Kultbilder-Verbot	1. Fremdgötterverbot	1. Fremdgötterverbot
	2. Kultbilder-Verbot	
3. Verbot, JHWHs Namen zu missbrauchen	3. Verbot, JHWHs Namen zu missbrauchen	2. Verbot, JHWHs Namen zu missbrauchen
4. Schabbatgebot	4. Schabbatgebot	3. Schabbatgebot
5. Elterngebot	5. Elterngebot	4. Elterngebot
6. Tötungsverbot	6. Tötungsverbot	5. Tötungsverbot
7. Ehebruchsverbot	7. Ehebruchsverbot	6. Ehebruchsverbot
8. Diebstahlsverbot	8. Diebstahlsverbot	7. Diebstahlsverbot
9. Falschzeugnisverbot	9. Falschzeugnisverbot	8. Falschzeugnisverbot
10. Begehrensverbot	10. Begehrensverbot	9. Begehrensverbot (Frau)
		10. Begehrensverbot (Besitztümer)

Es wird in der Bibel nirgends gesagt, welche Gebote auf der ersten und welche auf der zweiten Tafel stehen. Infolgedessen gibt es auch dazu verschiedene Vorschläge und Traditionen. Am einflussreichsten ist christlicherseits Augustinus Vorschlag gewesen, die Zehn Worte in Anlehnung an das Doppelgebot der Liebe (Mk 12,29–31) zu ordnen: Im 1.–3. Gebot (Anbetung – Schabbat) gehe es um die Liebe zu Gott, im 4.–10. Gebot (Elterngebot – Begehrensverbot) um die Liebe zum Nächsten (vgl. bereits Paulus in Röm 13,9).

6.10.3 Lektüre und Methode: Innerbiblischer Vergleich

Die Zehn Worte sind in zwei Büchern des Pentateuchs überliefert. Der Vergleich der beiden Dekalog-Fassungen zeigt mehrheitlich Übereinstimmungen, aber auch gewichtige Unterschiede.

Lektüre und Methode: Im Folgenden werden die Dekalog-Fassungen einander recht wörtlich übersetzt gegenübergestellt

(Seite 326 f.). Starke Abweichungen der beiden Fassungen sind bereits **fett** gedruckt, Umstellungen *kursiv*. Machen Sie sich die Unterschiede der beiden Fassungen (z. B. mittels farblicher Kennzeichnung) klar und überlegen Sie, was diese Unterschiede zu bedeuten haben.[93]

Zur Bedeutung und Entstehung des Dekalogs 6.10.4

Der Dekalog verbindet wahrscheinlich wie kein anderes Dokument der Menschheitsgeschichte die Welt des Alten Orients mit unserer heutigen Welt.[94] Im Judentum sind die «Tafeln des Bundes» über die Jahrhunderte zu einem der zentralen Symbole geworden, das in unzähligen Darstellungen verbreitet ist (Toraschreine, -mäntel usw.), und die Zehn Worte wurden zusammen mit den Geboten der gesamten Tora getreu von Generation zu Generation weitergegeben bis in unsere Zeit (vgl. Neh 8; Ex 13,14).

Auch in der christlichen Tradition gilt der Dekalog schon im NT als Grundlage gottgewollten Lebens (Mk 10,17–27 par.), er dient der Reflexion christlicher Ethik (Mt 5,21–48; Röm 13,9) und wird ausserhalb des NT schon früh zitiert.[95] Der Dekalog prägte die Rechtssprechung im christlichen Abendland bis ins frühe 18. Jahrhundert n. Chr., er war – in einer stark verkürzten Version – ab dem 13. Jahrhundert als Beichtspiegel verbreitet und fand in der Katechese – prägend in Luthers kleinem Katechismus – breite Verwendung. Sowohl in der frühen jüdischen wie später dann in der christlichen Tradition waren die Zehn Gebote lange Zeit ein Erziehungs- und, so muss wohl konstatiert werden, häufig auch ein Disziplinierungsinstrument gegenüber Kindern. Dabei richtet sich der Dekalog in seiner Entstehungszeit keineswegs an Kinder: Natürlich soll auch ein Kind nicht stehlen, lügen oder töten. In Zeiten, in denen Kinder im elterlichen Betrieb mitarbeiteten oder auch als Arbeitskräfte ausgenutzt wurden, konnte das

93 Auf die Unterschiede und ihre Bedeutungen wird in den Abschnitten unter 6.10.6 eingegangen.

94 Vgl. hierzu und zum Folgenden *de Vos, J. Cornelis,* Rezeption; *Mielke, Jörg,* Dekalog; *Tonelli, Debora,* Dekalog.

95 Vgl. Barnabasbrief 15,1; Brief des Ptolemäus an Flora 3,2.

Ex 20,2–17	
2 Ich bin JHWH, dein Gott, der ich dich herausgeführt habe aus dem Land Ägypten, aus dem Sklavenhaus.	
3 Du sollst keine anderen Götter haben neben mir.	1. Gebot
4 Du sollst dir kein Kultbild **und** irgendein Abbild von etwas am Himmel droben und etwas auf der Erde unten und etwas im Wasser unterhalb der Erde machen. 5 Du sollst dich nicht niederwerfen vor ihnen und ihnen nicht dienen, denn ich, JHWH, dein Gott, bin ein eifersüchtiger Gott, der die Schuld der Vorfahren heimsucht an den Nachkommen bis in die dritte und vierte Generation, bei denen, die mich hassen, 6 der aber Gnade erweist tausenden, bei denen, die mich lieben und **meine** Gebote halten.	2. Gebot
7 Du sollst den Namen JHWHs, deines Gottes, nicht missbrauchen, denn JHWH wird den nicht ungestraft lassen, der seinen Namen missbraucht.	3. Gebot
8 **Gedenke** des Schabbattages um ihn zu heiligen. 9 Sechs Tage sollst du arbeiten und all deine Arbeit tun; 10 der siebte Tag aber ist Schabbat für JHWH, deinen Gott. Da darfst du keinerlei Arbeit tun, weder du selbst noch dein Sohn oder deine Tochter, dein Sklave oder deine Sklavin oder dein Vieh oder der Fremde bei dir in deinen Toren. 11 **Denn in sechs Tagen hat JHWH den Himmel und die Erde gemacht,** **das Meer und alles, was in ihnen ist, dann aber ruhte er am siebten Tag.** **Darum hat JHWH den Schabbattag gesegnet und ihn geheiligt.**	4. Gebot
12 Ehre deinen Vater und deine Mutter, damit du lange lebst auf dem Boden, den JHWH, dein Gott, dir gibt.	5. Gebot
13 Du sollst nicht töten.	6. Gebot
14 Du sollst nicht ehebrechen.	7. Gebot
15 Du sollst nicht stehlen.	8. Gebot
16 Du sollst nicht als falscher Zeuge aussagen gegen deinen Nächsten.	9. Gebot
17 *Du sollst nicht das Haus deines Nächsten* *begehren;*	10. Gebot
du sollst nicht die Frau deines Nächsten begehren oder seinen Knecht oder seine Magd oder sein Rind oder seinen Esel oder irgendetwas, das deinem Nächsten gehört.	

Dtn 5,6–21

6 Ich bin JHWH, dein Gott, der ich dich herausgeführt habe
aus dem Land Ägypten, aus dem Sklavenhaus.

---

7 Du sollst keine anderen Götter haben neben mir. — 1. Gebot

8 Du sollst dir kein Kultbild,
irgendein Abbild von etwas am Himmel droben
und etwas auf der Erde unten
und etwas im Wasser unterhalb der Erde machen.
9 Du sollst dich nicht niederwerfen vor ihnen und ihnen nicht dienen, denn ich, JHWH, dein Gott, bin ein eifersüchtiger Gott, der die Schuld der Vorfahren heimsucht an den Nachkommen bis in die dritte und vierte Generation, bei denen, die mich hassen,
10 der aber Gnade erweist tausenden, bei denen, die mich lieben und **seine** Gebote halten.

---

11 Du sollst den Namen JHWHs, deines Gottes, — 2. Gebot
nicht missbrauchen, denn JHWH wird den nicht ungestraft lassen,
der seinen Namen missbraucht.

---

12 **Bewahre** den Schabbattag, um ihn zu heiligen, — 3. Gebot
wie JHWH, dein Gott, es dir geboten hat.
13 Sechs Tage sollst du arbeiten und all deine Arbeit tun;
14 der siebte Tag aber ist Schabbat für JHWH, deinen Gott.
Da darfst du keinerlei Arbeit tun, weder du selbst noch dein Sohn oder deine Tochter
oder dein Sklave oder deine Sklavin
oder dein Rind oder dein Esel
oder dein **ganzes** Vieh oder der Fremde bei dir in deinen Toren,
damit dein Sklave und deine Sklavin ruhen können wie du.
15 **Und denke daran, dass du Sklave gewesen bist im Land Ägypten und dass JHWH, dein Gott, dich von dort herausgeführt hat mit starker Hand und ausgestrecktem Arm. Darum hat dir JHWH, dein Gott, geboten, den Schabbattag zu halten.**

---

16 Ehre deinen Vater und deine Mutter, — 4. Gebot
wie JHWH, dein Gott, es dir geboten hat,
damit du lange lebst **und damit es dir gut geht** auf dem Boden,
den JHWH, dein Gott, dir gibt.

---

17 Du sollst nicht töten. — 5. Gebot

---

18 Und du sollst nicht ehebrechen. — 6. Gebot

---

19 Und du sollst nicht stehlen. — 7. Gebot

---

20 Und du sollst nicht als falscher Zeuge — 8. Gebot
aussagen gegen deinen Nächsten.

---

21 Und du sollst nicht die Frau — 9. Gebot
deines Nächsten begehren

---

und sollst nicht verlangen nach dem Haus — 10. Gebot
deines Nächsten, nach seinem Acker oder seinem Knecht oder seiner Magd,
nach seinem Rind oder seinem Esel oder nach irgendetwas, das deinem Nächsten gehört.

Schabbatgebot auch ihnen einen gewissen Schutz bieten. Doch der Dekalog richtete sich in seiner Ursprungszeit an erwachsene Israeliten, besonders an Männer:[96] Es sind Leute angesprochen, die Kinder und Eltern haben (Ex 20,10.12), die Frauen begehren können (VV. 14.17), die Sklavinnen und Sklaven besitzen (V. 10), die Vieh haben (VV. 10.12), die andere Götter kultisch verehren können (VV. 3.5), die Götterbilder herstellen oder zumindest aufstellen können (VV. 4 f.), die den Namen JHWH durch einen Eid missbrauchen können (V. 7) und die in einem Rechtsprozess als Zeugen bzw. Ankläger auftreten können (V. 16). Ihnen gegenüber stehen Nachbarn («Nächste»), die ebenfalls Frauen, Sklavinnen und Sklaven, Häuser und Tiere haben (V. 17) und für die der Dekalog genauso gilt.

Der Dekalog enthält dabei längst nicht alle Gesetze, die ein Gemeinwesen bzw. ein Staat braucht. Es fehlen u. a. die im alten Israel wichtigen Taburegeln wie z. B. die Speisegebote (Gen 9,4 ff.; Lev 7; 11; vgl. Apg 15.30.29; 21,25), es fehlen aber auch Gesetze zur Ökonomie, zum Gerichts- und zum Kriegswesen sowie zum gesamten Bereich des Kults. Es fehlen vor allem auch die im übrigen Pentateuch und in der Prophetie stark betonten und verbreiteten Vorschriften zum Schutz von Personen, die minderen Rechts oder von geringerem sozialem Status sind: Arme, Witwen und Waisen, Fremde u. a. Die Rechte und die Würde solcher Unterprivilegierten und Randgruppen werden andernorts oft mit Bezug auf das Exodusgeschehen eingefordert (vgl. u. a. Ex 22,20–26; 23,9; Dtn 16,11 f.; 24,17 f.21 f.; Lev 19,10.33 f.). In den Zehn Worten findet sich diesbezüglich jedoch lediglich die Forderung, auch den Sklavinnen und Sklaven sowie den Fremden die Schabbatruhe zuzugestehen (Ex 20,10; Dtn 5,14 f.). Der Grund dafür liegt möglicherweise in der späten Entstehung des Dekalogs (s. u.): Wenn im früher entstandenen Bundesbuch die Sozialgebote bereits enthalten sind, müssen diese im Dekalog nicht wiederholt werden.

Der Dekalog ist eine Konzentration auf die wichtigsten Gebote, die in Israel/Juda ca. ab dem 7. Jahrhundert v. Chr. zu gelten haben, es ist eine Einigung auf jene Regeln und Gesin-

96 Vgl. *Crüsemann, Frank*, Bewahrung 28–35.36–40.

nung, die für jeden Einzelnen unbedingt gelten sollen. Da die Gebote – besonders die sozialethischen – sehr allgemein formuliert sind, eigneten sie sich gut für weitere Universalisierungen: Schon die Septuaginta hat eine klare Tendenz zur Verallgemeinerung und Ausweitung des Dekalogs. Philo und Josephus betonen die universale Gültigkeit der sozialen Gebote des Dekalogs. Philo sieht im Dekalog zudem die Summe, aus der alle anderen Gesetze abgeleitet werden können. Die Zehn Worte sind mit ihrem universalisierten Geltungsanspruch vergleichbar mit den Menschenrechten, die im 20. Jahrhundert n. Chr. formuliert wurden.

Wie verhalten sich die beiden Dekalogfassungen in Ex 20 und Dtn 5 in ihrer Entstehung zueinander? Es spricht m. E. einiges dafür, dass die Fassung im Deuteronomium die ältere ist.[97] Unter anderem weil Dtn 5,7 f. das Verbot, andere Götter zu haben und Gottesbilder herzustellen, noch als eins sieht (s. u.), weil beim Schabbatgebot in Ex 20,11 bereits die Schöpfungserzählung von Gen 1,1–2,4a vorausgesetzt wird und weil Ex 20,18 ff. sehr gut auch ohne Zehn Worte an Ex 19,16–19 anschliessen würde. Möglicherweise ist beim Zusammenstellen des Pentateuchs der Dekalog von Dtn 5 mit leichten Veränderungen in Ex 20,2–17 übernommen und als einleitendes «Grundgesetz» an den Anfang aller weiterer Gesetze vom Sinai gestellt worden. Natürlich können die Fassungen auch noch nach der Zusammenstellung des Pentateuchs überarbeitet worden sein.

In welchem Zeitraum aber entstand der Dekalog? Auffällig ist, dass die prophetischen Bücher mit ihrer starken Sozial- und Herrschaftskritik nicht auf den Dekalog Bezug nehmen. Dabei wäre der Dekalog – wenn es ihn dann schon gegeben hätte – für sie ein starkes Argument für ihre Forderungen gewesen. So beispielsweise für das Hoseabuch:

> «[1] Hört das Wort JHWHs, ihr Israeliten! Gott hat einen Rechtsstreit mit den Bewohnern des Landes, denn es gibt keine Wahrhaftigkeit und keine Treue und keine Gotteserkenntnis im Land! [2] Verfluchen und

---

97 Vgl. grundlegend *Hossfeld, Frank-Lothar,* Dekalog; jetzt *Dohmen, Christoph,* Exodus 19–40, 82–137; demgegenüber halten Ex 20 für älter u. a. *Graupner, Axel,* Verhältnis; *Köckert, Matthias:* Art. Dekalog/WiBiLex.

> Lügen und Töten und Stehlen und Ehebrechen haben sich ausgebreitet, und Blutschuld reiht sich an Blutschuld!» (Hos 4,1 f.)

Für «Töten», «Stehlen» und «Ehebrechen» stehen hier dieselben hebräischen Wörter wie in Ex 20 und Dtn 5, aber Hos 4 nimmt keinen Bezug auf den Dekalog. Wenn der Dekalog zur Zeit Hoseas aber in Israel bekannt gewesen wäre – v. a. als so zentral und bedeutsam bekannt, wie er es im schliesslichen Exodus- und Deuteronomiumbuch ist –, so wäre anzunehmen, dass in Hos 4 explizit auf den Dekalog hingewiesen würde. Hinzu kommen verschiedene Beobachtungen zum Sprachgebrauch: So sind z. B. die Formel «dein Gott» und die Bezeichnung Ägyptens als «Sklavenhaus» (Ex 20,2 par. Dtn 5,6) zwar im Dtn gebräuchlich, ausserhalb des Deuteronomiums und vor seiner Entstehung jedoch nicht. Umgekehrt spielt der Schabbat, der im Dekalog so wichtig ist, im übrigen Dtn gar keine Rolle. Aufgrund solcher Beobachtungen ist anzunehmen, dass der Dekalog wohl erst kurz vor dem babylonischen Exil entstanden ist. Ob es einen Zusammenhang zwischen dem Dtn bzw. dem Dekalog und dem gemäss 2 Kön 22 f. im Jerusalemer Tempel zur Zeit Joschijas gefundenen «Buch der Weisung» gibt, wird unterschiedlich beurteilt.[98]

6.10.5 Die Frage nach dem ersten Gebot

Was ist der Sinn und Geist der Zehn Gebote? Wie sollen sie verstanden werden? Was ist ihre Grundintention? Diese Fragen sind zentral für das Verständnis des Dekalogs. Man kann sie auch zuspitzen auf die Frage: Was ist das wichtigste Gebot? Wie gesagt, wird in den Bibeltexten keine Nummerierung der einzelnen Gebote vorgenommen, es findet sich auch keine explizite Gewichtung der Gebote. Die christlichen Traditionen sehen in der Anbetung des einen Gottes, im Fremdgötterverbot, das erste Gebot: «Du sollst keine anderen Götter neben mir haben» (Ex 20,2 par. Dtn 5,7–10).

Die jüdische Tradition kennt jedoch die Sichtweise, dass die Präambel («Einleitung») das erste und wichtigste Gebot ist:

98 Siehe Abschnitt 2.4.3.

> «Ich bin Gott, dein Gott, der ich dich herausgeführt habe aus dem Land Ägypten, aus dem Sklavenhaus.» (Ex 20,2 par. Dtn 5,6)

Diese Präambel als erstes Gebot zu sehen, hat weitreichende Konsequenzen für das Verständnis des ganzen Dekalogs: In dieser Sichtweise wird betont, dass der Dekalog und die nachfolgenden Gesetze von dem Gott der Befreiung kommen. Damit stehen sie im Zusammenhang mit der Befreiungsgeschichte Ex 1–17. Folglich sollen der Dekalog und die nachfolgenden Gesetze der Bewahrung dieser Freiheit dienen. Diese Erkenntnis, dass die Gebote Gottes der Befreiung aus jeder Sklaverei dienen wollen und müssen, wurde christlicherseits erst in den letzten Jahrzehnten wiederentdeckt.[99] Jüdischerseits wurde dieser Sinn und Geist der Gebote und Gesetze Gottes schon in der Mischnah (ca. 2. Jahrhundert n. Chr.)[100] formuliert:

> «Die Tafeln waren ein Werk Gottes, und die Schrift – eine Schrift Gottes war sie, gegraben (hebr. *charut*) auf die Tafeln (Ex 32,16). Lies nicht *charut* (gegraben), sondern *cherut* (Freiheit), denn du findest keinen wahrhaft Freien als den, der sich mit dem Erlernen der Torah befasst.»[101]

Es soll in diesem Zusammenhang noch einmal betont werden, dass das Exodusbuch ganz und gar ohne irdisches Königtum auskommt. Das ist für die altorientalische Zeit aussergewöhnlich. Zu Recht kann man daher im Exodusbuch wie auch schon im Genesisbuch und dem Pentateuch überhaupt eine grundlegend kritische bis ablehnende Haltung gegenüber irdischen Königen und Herrschern sehen.[102] Nicht ein Mensch ist «König», «Hirte», «Richter» und «Gesetzgeber», sondern Gott ist dies für sein Volk: «JHWH ist König für immer und ewig» (Ex 15,18; vgl. Ri 8,22 f.). Irdische Könige sind im Pentateuch Negativbeispiele, allen voran der «König von Ägypten» in Ex 1–14 (einzige Ausnahme ist der mythologische Melchisedek, Hohepriester und König von Salem; vgl. Gen 14). Dtn 17 sieht in einem König für Israel/Juda lediglich ein Zugeständnis an das Volk, da dieses

---

99 Vgl. grundlegend *Crüsemann, Frank*, Bewahrung.

100 Vgl. *Dubrau, Alexander:* Art. Mischna/WiBiLex.

101 Mischnah, Abot: mAv 6,2; vgl. bTan 115a.

102 Vgl. ebenfalls grundlegend *Crüsemann, Frank*, Widerstand; vgl. die aktuelle Diskussion bei *Gerstenberger, Erhard:* Art. Königskritik/WiBiLex, mit Lit.

so sein will, wie die anderen Nationen, und betont, dass die Macht eines Königs stark einzuschränken sei (Dtn 17,14–20): Die wichtigste Aufgabe des Königs sei es, die Weisungen GOTTES zu lesen und zu befolgen (Dtn 17,19) und sich nicht über das Volk – «seine Brüder» – zu erheben (Dtn 17,20).

Die Befreiung aus der Sklaverei durch Gott hat deshalb ein so starkes Gewicht im Exodusbuch und im Ersten Testament überhaupt, weil es auch innerhalb des Landes Israel/Juda immer wieder zu Unfreiheit, Unterdrückung und Sklaverei kam. Besonders bedeutend war die Schuldsklaverei ab dem 8. Jahrhundert v. Chr. Vor diesem Hintergrund im Land Israel/Juda war die Exoduserzählung eine permanente Befreiungsbotschaft und die Zehn Worte, aber auch weitere Gesetze der Tora, dienten dem Schutz dieser Freiheit.

Es ist davon auszugehen, dass neben einer teilweise nomadischen Vorgeschichte, neben relativ starken Stammestraditionen, die im späteren Israel nachwirken, und neben prophetischer Kritik an Unrecht auch das Exodusgeschehen einen grossen Einfluss auf die königs- und herrschaftskritische Grundauffassung des Pentateuchs hatten. JHWH wurde der Gott Israels, weil JHWH Israel aus der Sklaverei befreit hatte. Mit Recht betont dies eine jüdische Auslegung in Bezug auf die Gebote der Tora und das Königtum GOTTES:

> «Warum wurden die Gebote nicht bereits am Anfang der Torah gesprochen? Die Antwort auf diese Frage läßt sich durch ein Gleichnis geben: Es kam einmal ein Mann in eine Provinz und sagte zu den Einwohnern: ‹Ich will euer König sein.› Da antworteten die Einwohner: ‹Hast du denn etwas Gutes getan, das dich berechtigen würde, unser König zu sein?› Was tat er? Er baute ihnen eine Mauer. Er errichtete ihnen eine Wasserleitung. Auch führte er Kriege für sie. Dann sprach er wieder: ‹Ich will euer König sein.› Jetzt antworteten die Einwohner: ‹Ja, ja!› So tat auch der Allgegenwärtige. Er führte Israel aus Ägypten, spaltete für sie das Schilfmeer, ließ Manna vom Himmel fallen, ließ den Brunnen in der Wüste aufsprudeln, führte ihnen die Wachteln zu und Er stritt für sie wider Amalek. Erst danach sprach Er zu ihnen: ‹Ich will euer König sein.› Und darauf antworteten sie: ‹Ja, ja!›»[103]

103 Midrasch Mechilta, Traktat Bachódesch 5, zit. nach *Petuchowski, Jakob J.*, Stimme 37 f.

In dieser Perspektive sind die einzelnen Gebote und alle Gebote der Tora auszulegen.

Die einzelnen Gebote 6.10.6

Im Folgenden soll kurz nach der Bedeutung der einzelnen Gebote gefragt werden. Die Zählweise folgt dem Exodus-Dekalog (also christlicherseits der orthodoxen, reformierten und anglikanischen Tradition), wobei der Deuteronomium-Dekalog in die Auslegung einbezogen wird, insbesondere da, wo sich die beiden Fassungen stark unterscheiden.

Fremdgötterverbot/Anbetung des einen Gottes 6.10.6.1

Mit dem ersten Gebot wird die Alleinverehrung JHWHs durch Israel gefordert:

> «Du sollst keine anderen Götter haben neben mir.» (Ex 20,3 par. Dtn 5,7)

Das Gebot ist bewusst allgemein und damit umfassend formuliert. Es schliesst auch ältere, manchmal konkreter formulierte Verbote mit ein, z. B. einem anderen Gott zu «opfern» (Ex 22,19), andere Götter «anzurufen» (Ex 23,13) oder vor ihnen «niederzufallen» (Ex 34,14). Wichtig zu beachten ist Folgendes: Es wird im ersten Gebot nicht gesagt, dass es keine anderen Götter gibt, sondern nur, dass Israel («du») keine anderen Götter neben JHWH haben soll. Wenn dieses Gebot von der Präambel her gelesen wird, so meint es auch: Du sollst nur den Gott als Gott haben, der dich aus dem Sklavenhaus Ägyptens – und aus jedem Sklavenhaus – befreit. Andere Götter dienen in dieser Lesart nicht der Freiheit, sich anderen Göttern zuzuwenden hiesse vielmehr, den Grund der eigenen Freiheit aufzugeben.

Monolatrie – Monotheismus Exkurs

Bei den Gottesvorstellungen ist neben dem Polytheismus (Glaube an mehrere Götter) auch zwischen Monolatrie (Alleinverehrung) und Monotheismus (Ein-Gott-Glaube) zu unterscheiden.[104] Monolatrie meint: Es wird (von einem Volk,

104 Vgl. hierzu und zum Folgenden *Bauks, Michaela:* Art. Monotheismus (AT)/WiBiLex; *Kratz, Reinhard G./Spieckermann, Hermann,* Götterbilder.

einer Sippe etc.) nur ein einziger Gott verehrt. Es wird dabei aber nicht gesagt, es gebe keine anderen Götter. Monotheismus hingegen besagt: Es wird geglaubt, dass es überhaupt nur einen einzigen, universalen Gott gibt – und zwar für alle Menschen und Völker.

Heute geht man davon aus, dass sich der Übergang von der Monolatrie zum Monotheismus zur Zeit des AT über Jahrhunderte hin vollzogen hatte, wobei unterschiedliche Gottesverehrungen auch in derselben Zeit verbreitet sein konnten. Einzelne Bibelstellen lassen erkennen, dass in Israel auch polytheistischer Glaube verbreitet war: Dtn 32,8–9; Ps 82 und Ps 89,6–8 lassen JHWH als einen von vielen Göttern im Pantheon (der Götterversammlung) erscheinen. Gen 31,53 nennt neben dem «Gott Jakobs» auch den «Gott Nahors». Es kann davon ausgegangen werden, dass zumindest in früher Zeit – aber womöglich noch bis in persische Zeit hinein – die Familien beziehungsweise Sippen ihre eigenen Schutzgötter usw. hatten und zudem an regionalen Kultorten je eigene Gottheiten verehrt wurden. Wahrscheinlich gewann mit der Königszeit – und dem entsprechenden Staatskult am Tempel – die Forderung nach Alleinverehrung an Bedeutung. Im 9. Jahrhundert v. Chr. spielten die Propheten Elija und Elischa wohl eine wichtige Rolle mit der Forderung, nicht mehr Baal,[105] sondern ausschliesslich JHWH zu verehren (vgl. 1 Kön 17 f.; 2 Kön 9 f.). In der Zeit ab der Mitte des 8. Jahrhunderts wurden dann jedoch manche religiösen Vorstellungen der Assyrer übernommen bzw. es lebten solche Vorstellungen neu auf: Beispielsweise die Verehrung des Sonnengottes Schamesch oder des Mondgottes von Haran oder von Gestirnen insgesamt (Jer 8,2), aber auch die Verehrung der «Himmelskönigin» (Jer 7,18; 44,17–25),[106] die an den babylonisch-assyrischen Ischtar-Kult erinnert. Ikonografische Funde belegen für Israel im 8. Jahrhundert starke synkretistische – andere religiöse Traditionen integrierende – Vorgänge.[107] Gleichzeitig tritt eine Gegenbewegung auf, die «JHWH-allein-Bewegung». Diese sieht in der assyrischen Besetzung Israels eine Folge der Untreue Israels zu JHWH. Nach biblischer Darstellung verhalfen die judäischen Könige Hiskija (2 Kön 18) und Joschija (2 Kön 22) durch zwei Kultreformen der deuteronomischen/deuteronomistischen Forderung nach Alleinverehrung JHWHs zum Durchbruch, wobei sehr umstritten ist, inwieweit die biblischen Berichte Historisches wiedergeben.[108] In der Exilszeit fand dann der ausformulierte Monotheismus bei Deuterojesaja (Jes 40–55) seine die fortlaufende Glaubensgeschichte prägende Form.

105 Vgl. *Otto, Susanne:* Art. Elia (AT)/WiBiLex; *Lehnart, Bernhard:* Art. Elisa/WiBiLex; *Grätz, Sebastian:* Art. Baal/WiBiLex.

106 Vgl. *Maier, Christl:* Art. Himmelskönigin/WiBiLex.

107 Vgl. *Keel, Othmar/Uehlinger, Christoph,* Göttinnen 322–429.

108 Siehe Abschnitt 2.4.3.

Aufgrund dieser religionsgeschichtlichen Entwicklungen finden sich unterschiedliche Gottesvorstellungen in der Bibel, oft innerhalb derselben Bücher oder sogar Kapitel: Viele biblische Aussagen sind klar monolatrisch zu verstehen, z. B. die Aussage: «Ihr sollt nicht anderen Göttern folgen von den Göttern der Völker rings um euch her» (Dtn 6,14). Dieser Ausschliesslichkeitsanspruch – die Forderung an Juda/Israel, allein JHWH zu verehren – findet sich im AT vielfach (z. B. Ex 22,19; 23,13; 34,14; Dtn 11,16; Jer 25,6). Auch das erste der Zehn Gebote: «Du sollst keine anderen Götter haben neben mir» (Ex 20,3), fordert mit dem «Du» lediglich, dass Israel keine anderen Götter verehren soll – andere Völker mögen zu ihren eigenen Göttern beten.

Einen Schritt weiter gehen Aussagen, welche die Überlegenheit JHWHs über andere Götter betonen, deren Existenz jedoch klar vorausgesetzt wird, z. B.: «Auch an allen Göttern Ägyptens werde ich ein Strafgericht vollstrecken, ich, GOTT» (Ex 12,12). Mit einem expliziten Monotheismus in Israel/Juda ist insgesamt aber erst ab der Zeit des babylonischen Exils zu rechnen. Wie gesagt, spielt Deuterojesaja (Jes 40–55)[109] eine bedeutende Rolle bei der Entwicklung des monotheistischen Glaubens und weist die prägnantesten Formulierungen auf: «So spricht GOTT, der König Israels und sein Erlöser, GOTT der Heerscharen: Ich bin der Erste und bin der Letzte, und ausser mir gibt es keinen Gott» (Jes 44,6). Andererseits findet sich auch noch bei Deuterojesaja die Formulierung, dass andere Götter erwählt werden können, wobei diese Götter massiv abgewertet werden: «Seht, ihr seid nichts, und wertlos ist euer Tun. Abscheulich, wer euch erwählt!» (Jes 41,24) Im Pentateuch finden sich monotheistische Aussagen besonders im Deuteronomium: «Du hast es zu sehen bekommen, damit du erkennst, dass JHWH allein Gott ist und sonst keiner.» (Dtn 4,35) Aber auch im Dtn findet sich daneben die Vorstellung, dass man anderen Göttern dienen kann: «Ihr sollt nicht anderen Göttern, von den Göttern der Völker, die rings um euch her sind, nachlaufen.» (Dtn 6,14)

Die letzten Jahrzehnte war die Forschung zum biblischen Monotheismus geprägt durch die Diskussion um die von Jan Assmann eingebrachte «mosaische Unterscheidung».[110] Gemäss Assmann habe die Tora mit dieser «Unterscheidung» die eigene Religion als «wahr», die anderen Religionen jedoch als «falsch» behauptet. In der Diskussion wurde oft die falsche Annahme getroffen, Monotheismus führe logischerweise zu Intoleranz und Gewalt, der (polytheistische) Verzicht auf

109 Vgl. *Bauer, Dieter,* Überlieferungen 132–144; *Hermisson, Hans-Jürgen:* Art. Deuterojesaja/WiBiLex.

110 Vgl. *Assmann, Jan,* Mose.

eine Unterscheidung zwischen «wahr» und «falsch» in Bezug auf die Religion fördere hingegen Toleranz und Frieden. Die Intention des biblischen Monotheismus war in seinen Ursprüngen m.E. jedoch ebenso die Förderung von Toleranz und Frieden: Wenn ein einziger Gott Schöpfer der Welt und damit aller Menschen ist und wenn unterschiedslos alle Menschen Ebenbilder dieses einen Gottes sind (Gen 1,1–2,4a), dann besteht kein Grund, dass verschiedene Völker mit ihren eigenen Göttern gegen andere Völker mit deren Göttern in den Krieg ziehen, dann dient die Vorstellung des einen universalen Gottes vielmehr dem Ziel: «Keine Nation wird gegen eine andere das Schwert erheben, und das Kriegshandwerk werden sie nicht mehr lernen» (Mi 4,3; Jes 2,4).

Inzwischen hat Jan Assmann selbst Abstand genommen von seiner These und einen adäquateren Zugang zum Ersten Testament gefunden:

«Die Unterscheidung zwischen wahr und falsch, das war die These, sei mit dem biblischen Monotheismus erstmals in den Raum des Religiösen hineingetragen und anhand der Gegenüberstellung von Israel = wahr und Ägypten = falsch narrativ entfaltet worden. In der Traditionslinie um Mose als Ägypter sei es darum gegangen, die ‹mosaische Unterscheidung› zwischen wahrer und falscher Religion, wahrem Gott und falschen Göttern aufzuheben und dadurch den interreligiösen Streit um Wahrheitsfragen zu entschärfen. Inzwischen ist mir klar geworden, dass eine derartige Konzentration oder Reduktion der Religion auf die Wahrheitsfrage in Bezug auf das vorexilische Israel ein Anachronismus ist. Hier geht es um etwas ganz Anderes, das als höchster Wert ins Zentrum der Religion gestellt wird: Treue. Nicht zwischen wahr und falsch gilt es sich zu entscheiden, sondern zwischen Treue und Verrat, und zwar in Bezug auf den Bund, den Gott mit den Kindern Israels schließt, die er aus ägyptischer Knechtschaft befreit und als sein Volk erwählt hat. Mit der Konzeption dieses Bundes kommt der ‹Glaube› (*'æmunah*) in die Welt, der die eigentliche, revolutionäre Neuerung des biblischen – alttestamentlichen, neutestamentlichen und islamischen – Monotheismus darstellt. ‹Glaube› heißt im Alten Testament dasselbe wie ‹Treue›, nämlich Vertrauen in den Bund, in die Verheißungen Gottes, in den Eid, den er den Vätern geschworen hat, und in die versöhnende und rechtfertigende Kraft der Gesetze. Das ist etwas völlig Neues in der damaligen Welt, das nicht in die Ordnung des Seienden, Evidenten, ‹Unverborgenen› (wie Heidegger das griechische Wort *a-letheia*, ‹Wahrheit›, deutet) gehört, sondern in die Ordnung des zu Verwirklichenden, im Tun in der Welt und an den Tag zu Bringenden, in die schon Lessing mit seiner Fassung der alten Ringparabel die Wahrheitsfrage verlagert hatte. Diese Traditionslinie fängt nicht bei Echnaton an, dessen monotheistischer Umsturz viel mit Wahrheit, aber nichts mit Treue zu tun hat, sondern mit dem Auszug aus Ägypten als dem großen, gründenden Heilsereignis, das die Befreiten zu ewiger Dankbarkeit und Treue gegenüber dem Befreier verpflichtet. Der

‹Monotheismus der Treue› ist das weltverändernd Neue, das mit der biblischen Religion in die Welt kommt.»[111]

Kultbilder-Verbot 6.10.6.2

Das zweite Verbot wendet sich gegen die Herstellung und vor allem gegen die Verehrung von Kultbildern, im Besonderen gegen die figürlich-bildliche Darstellung JHWHs. Zu beachten ist, dass das deutsche Wort «Bild» verschiedene Bedeutungen hat: Einerseits kann «Bild» ein «Sprachbild», «Denkbild» – und in diesem Sinne ein «Gottesbild» – bezeichnen, andererseits auch ein Gemälde, eine Zeichnung, eine Fotografie etc. Die im Hebräischen gebrauchten Wörter beim «Bilderverbot» bezeichnen ausschliesslich die zweite Art: Götter, die dargestellt werden in gegossenen oder geschnitzten Figuren, Skulpturen, Zeichnungen und Malereien usw. Entsprechend der grossen Verbreitung solcher Götterdarstellungen gibt es auch ein differenziertes Vokabular: Im Dekalog steht für das verbotene Kultbild der Ausdruck פסל (*päsäl,* Götter-Kultbild), andernorts findet sich das Bilderverbot u. a. mit den hebräische Ausdrücken צלם (*zäläm,* Götterstatue/-skulptur), סמל (*sämäl,* beigestelltes Kultobjekt), עצב (*ozäb,* Fremdgötterbild), נסך (*näsäch,* Gussbild, Goldschmiedebild eines Gottes / edelmetallenes Kultbild) und אלהי זהב (*älohä sahab,* goldene Götter).

Die Religionen im Alten Orient und der Antike waren äusserst stark von solchen materialen Götterbildern geprägt:[112] von konkreten Abbildungen, Darstellungen von Gottheiten. Mit dem hebräischen Ausdruck *päsäl* («Götter-Kultbild») in Ex 20,4 par. Dtn 5,8 sind solche Götterdarstellungen gemeint. Gottesfigürchen (Gottesfigurinen) waren im Alten Orient äusserst verbreitet. Sie wurden aus ganz unterschiedlichen Materialen hergestellt und konnten geschnitzte Bilder, behauene Steinbilder oder Gussbilder sein. Die Götter wurden als Menschen, Tiere oder Mischwesen dargestellt, zudem auch als aufgerichtete Steine, Stelen, Mazzeben, die in gewisser Weise

---

111 *Assmann, Jan,* Exodus 11 f.; zur Diskussion auf dieser Grundlage: *Tück, Jan-Heiner,* Monotheismus.

112 Vgl. *Nunn, Astrid:* Art. Götterbild/WiBiLex; *Bauks, Michaela:* Art. Bilderverbot (AT)/WiBiLex; *Schmitt, Rüdiger:* Art. Hausgott/Terafim/WiBiLex.

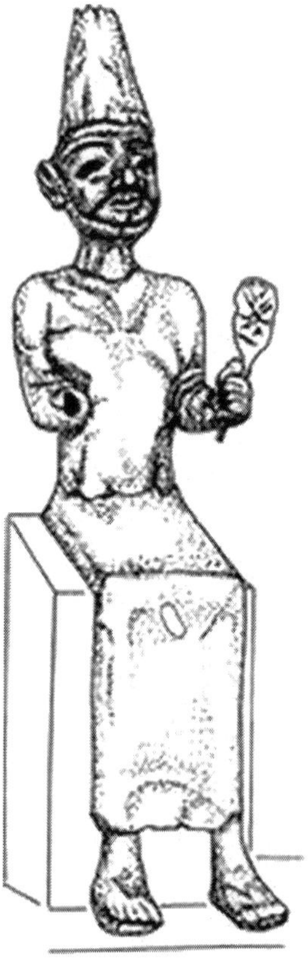

Abb. 33: Thronender jugendlicher Gott (Tempel in Megiddo; späte Bronzezeit)

bildlos sein konnten. Im familiären Bereich waren viele Götterbilder vorhanden, denen man Schutz und Segen spendenden Charakter zumass: In Amuletten, kleinen Statuetten oder als Terafim gilt die Gottheit als gegenwärtig und begleitet die Menschen von der Geburt bis ins Grab.

Ein eigentliches Kultbild, das in einem Tempel aufgestellt wird, wurde teilweise von Spezialisten hergestellt, die dieses Götterbild durch Mundöffnung und Mundwaschung «belebten». Ein Kultbild war die Inkarnation des Gottes: Die Kulthandlungen waren auf das Kultbild gerichtet, vor ihm wurden Opfer dargebracht, das Kultbild wurde in feierlichen Prozessionen aus dem Tempel hinaus und wieder in ihn hinein geführt usw.

Das zweite Gebot steht dieser gängigen religiösen Anschauung und Praxis komplett entgegen: Ex 20,4 par. Dtn 5,8 verbieten, Gott/JHWH als Götterfigur und Kultbild darzustellen, da JHWH durch nichts im Himmel, auf Erden, im Wasser oder unterhalb der Erde dargestellt werden kann. Dtn 4,12–20 – ein wohl spätnachexilischer Text – kommentiert und präzisiert das Bilderverbot: Gott ist innerweltlich nicht darstellbar, hat keinerlei Gestalt (*temunah*; Dtn 4,12) und ist weder durch irgendein Bildnis noch als männliches, weibliches oder tierisches Abbild, noch als Gestirn darstellbar. In Ex 33,18–23 wird zudem die Überzeugung formuliert, dass Gott von einem Menschen nicht gesehen werden kann – selbst von Mose nicht –, wenn ihn ein Mensch sähe, wäre er des Todes (anders hingegen Ex 24,9–11). Ob der JHWH-Glauben in seinem Ursprung bildlos oder wenigstens bildarm war oder ob es auch für JHWHs schon früh Darstellungen entsprechend den anderen Religionen im Kult gab – und somit das Bilderverbot für den JHWH-Kult hier etwas Neues einführt –, wird derzeit unterschiedlich beurteilt. Prominent ist die Erzählung vom «goldenen Kalb» in Ex 32, nach der bereits kurz nach der ersten Vermittlung der Zehn Worte (Ex 20) das Volk durch Aaron einen goldenen Stier als Götterbild herstellen liess und verehrte.[113] Mose zerstört dieses Götterbild ebenso wie die beiden Tafeln des Bundes. Ex 32 spielt auf die beiden Götterbil-

113 Vgl. *Koenen, Klaus:* Art. Goldenes Kalb/WiBiLex; *Nunn, Astrid:* Art. Götterbild/WiBiLex.

der an, die Jerobeam als erster König des Nordreichs Israel gemäss 1 Kön 12,26–33 in Bet-El und Dan je ein Stierbild für Gott hat aufstellen lassen.[114] Ex 32 stellt diesen Kult an den Anfang der Geschichte des israelitischen Volkes.

Im Vergleich zur altorientalischen Umwelt, die vereinzelt zwar auch bildlose Kulte kennt, stellt das umfassende Götterbilder-Verbot im AT auf jeden Fall eine Besonderheit dar. In späterer Zeit der jüdischen Geschichte wurde das Götterbilderverbot teilweise auf figürliche Darstellungen überhaupt ausgeweitet. Trotzdem gibt es auch frühe figürliche Darstellungen in der jüdischen Tradition, etwa die Tierkreiszeichen in den Synagogen von Tiberias (4. Jahrhundert n. Chr.) oder von Beit Alfa (6. Jahrhundert n. Chr.) sowie das grossartige biblische Bildprogramm in der Synagoge von Dura Europos (3. Jahrhundert n. Chr.).

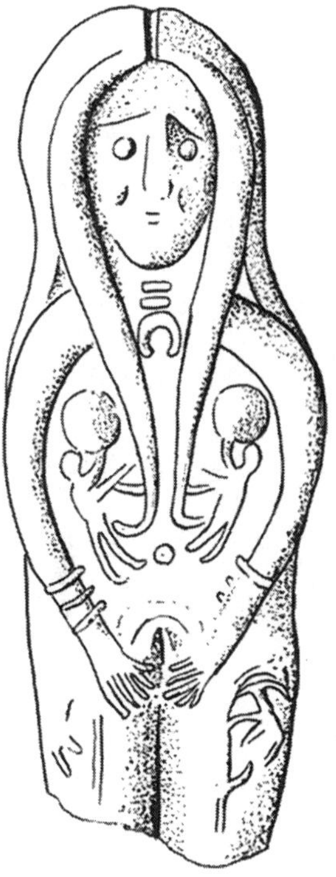

Abb. 34: Muttergöttin (Revadim; Späte Bronzezeit)

Beim zweiten Gebot zeigt sich eine erste wesentliche Differenz zwischen der Exodus- und der Deuteronomiumfassung des Dekalogs: Im Deuteronomium wird das erste Gebot: «Du sollst keine anderen Götter neben mir haben» (Dtn 5,7 par. Ex 20,3) mit Dtn 5,8–10 sozusagen erläutert durch das Götterbilderverbot und das Verbot, sich vor ihnen niederzuwerfen. Die fremden «Götter» werden im Dtn mit den «Götterbildern» identifiziert, das heisst, die Götter werden als in den Bildern ganz und gar präsent gedacht. Und wer sich vor einem solchen Bild niederwirft, wirft sich vor der in dem Bild anwesenden Gottheit nieder.

Im Exodusbuch wird durch die Einfügung des Wortes «und» eine gewisse Differenz zwischen Gottheit und der Abbildung der Gottheit gemacht: «Du sollst dir kein Gottesbild *und* irgendeine Darstellung [...] machen. Du sollst dich nicht vor ihnen niederwerfen [...]» (Ex 20,4 f.). Hierdurch wird eine etwas «modernere» Auffassung bezüglich der Bilder vertreten: Das eine ist, keine anderen Götter zu haben (Ex 20,3), etwas anderes ist es, Götterbilder zu haben und sich vor ihnen niederzuwerfen (Ex 20,4 f.). Die Abbildungen der Götter sind im Verständnis des Exodusdekalogs nicht mehr identisch mit den Göttern.

114 Siehe Abschnitt 2.2.2.1 mit dem Exkurs «Stiere als Götterbilder».

Doch was ist der Sinn des Götterbilderverbotes? Hinter dem Verbot stehen meines Erachtens folgende theologische Erkenntnisse und Überzeugungen: Gott ist nicht dingfest zu machen, Gott ist vielmehr unverfügbar: Wie sich gemäss Ex 3,14 JHWH geweigert hatte, sich dem Mose mit Namen «auszuliefern» und sich lediglich als der «Ich bin, der ich bin», bezeichnen liess, so soll Gott auch nicht durch ein Götterbild instrumentalisierbar gemacht werden. Gott soll nicht materialisiert und instrumentalisiert werden, indem ein Götterbild beispielsweise gekauft und verkauft oder in den Krieg mitgetragen wird gegen andere Menschen, die wiederum ihre Götterbilder mittragen. Gott soll nicht im Besitz von Menschen sein – und sei es nur als Götterfigur. Zudem ist immer wieder zu beobachten, dass das Äusserliche, in diesem Fall die Götterfigur, mit Gott selbst verwechselt bzw. als mit Gottes Macht und Kraft «erfüllt» angesehen wird. Dagegen wendet sich die prophetische Götterbilder-Polemik (z. B. Jes 44,12–19; Jer 10,3–9). Gott ist immer mehr, als wir es uns vorstellen können. Dieses Aufrechterhalten des «Mehr» kann auch als Liebe zu Gott verstanden werden: Gottesliebe, wie sie in Ex 20,6 par. Dtn 5,10 erwähnt und im «Höre Israel» (Dtn 6,4 ff.) betont wird, zielt nicht auf den Besitz der Gottheit, sondern auf die Beziehung, die Verbundenheit, das Hingewiesensein auf das je Grössere und Unfassbare.

Der Schriftsteller Max Frisch hat das «Bilderverbot» einmal in einen Zusammenhang gebracht mit der Liebe zwischen Menschen:

> «Es ist bemerkenswert, dass wir gerade von dem Menschen, den wir lieben, am mindesten aussagen können, wie er sei. Wir lieben ihn einfach. Eben darin besteht ja die Liebe, das Wunderbare an der Liebe, dass sie uns in der Schwebe des Lebendigen hält, in der Bereitschaft, einem Menschen zu folgen in allen seinen möglichen Entfaltungen. Wir wissen, dass jeder Mensch, wenn man ihn liebt, sich wie verwandelt fühlt, wie entfaltet, und dass auch dem Liebenden sich alles entfaltet, das Nächste, das lange Bekannte. Vieles sieht er wie zum ersten Male. Die Liebe befreit es aus jeglichem Bildnis. Das ist das Erregende, das Abenteuerliche, das eigentlich Spannende, dass wir mit den Menschen, die wir lieben, nicht fertigwerden: weil wir sie lieben; solang wir sie lieben […]»[115]

115 *Frisch, Max,* Tagebuch 27.

Max Frischs Aussagen können in analoger Weise auch für die Liebe zu Gott formuliert werden: Wenn wir meinen, jetzt wüssten wir ganz genau, wie Gott ist, wenn wir z. B. meinen, Gott oder Gottes Existenz «beweisen» zu können, dann wäre das nicht Gott, und unser Verhalten gegenüber Gott wäre keine Liebe. Auch die Liebe zu Gott «befreit aus jeglichem Bildnis». Deshalb bezeugt die jüdische Tradition, dass ein Mensch Gott nicht sehen kann (Ex 33,18–23; anders Ex 24,9–11).

Das zweite Gebot wird begründet mit der «Eifersucht» JHWHs (Ex 20,5 par. Dtn 5,9; vgl. Ex 34,14):[116] Die Vorstellung eines «eifersüchtigen Gottes» bereitet zumindest heute Mühe. Ist dies nicht allzu menschlich von Gott gedacht? Natürlich kann man diese Aussage über Gott auch verteidigen, indem man die Eifersucht als die leidenschaftliche Seite der Heiligkeit bzw. der Liebe Gottes oder als eine Folge von Gottes Gerechtigkeit ansieht. Ebenso kann man betonen, dass Gottes Gnade im Dekalog und in Ex 34,6 f.14, woher der Dekalog wahrscheinlich Formulierungen übernimmt, als sehr viel grösser beschrieben wird als Gottes Strafe («Tausende» bzw. «tausend Generationen» erfahren Gnade – die «dritte bis vierte Generation» wird heimgesucht). Ins israelitische Gottesbild ist die Rede von der «Eifersucht» deutlich dort eingedrungen, wo Gottes Bund mit Jerusalem/Israel mit einem Ehe-Bund samt der da anzutreffenden Eifersucht verglichen wird (vgl. Hos 1–3; Jer 2–3; Jes 1,21; 50,1; 54,6–7; Ez 16). Damit aber wird ein menschliches Verhalten auf Gott übertragen.

Besonders die Vorstellung, dass Gott die «Schuld heimsuchen» wird bei nachfolgenden Generationen, ist m. E. zurückzuweisen. Diese Vorstellung ist keine Besonderheit des AT, sondern im Alten Orient verbreitet und mit der Sippenhaftung und der Kollektivschuld verbunden. Plastisch beschrieben wird dieses Prinzip zum Beispiel in Vorschriften für das Tempelpersonal bei den Hethitern, einer Weltmacht von ca. 1700–1200 v. Chr., nördlich von Israel mit Zentrum in der heutigen Türkei gelegen:

116 Vgl. *Sedlmeier, Franz:* Art. Eifersucht JHWHs/WiBiLex.

> «Wenn ein Diener seinen Herrn irgend erzürnt, so wird man ihn entweder hinrichten oder seine Nase, seine Augen, seine Ohren verderben oder [man wird] ihn, seine Frau, seine Kinder, seinen Bruder, seine Schwester, seine angeheirateten Verwandten, seine Sippe [... ergreifen ...] Wenn er stirbt, stirbt er nicht allein, sondern seine Sippe geh[t] mit ihm. Wenn [jemand] aber das Gemüt eines Gottes erzürnt, s[ucht] der Gott das etwa an jenem [all]ein heim? [Su]cht er es nicht auch an seiner Frau, [seinen Kindern], seiner [Nachko]mmenschaft, seiner Sippe, seinen Sklaven und Mägden, seinem Vieh, seinen Schafen und an seinen Feldfrüchten he[im], um ihn auf diese Weise gänzlich zu richten?»[117]

Solche Gottesbilder sind extremistisch und machen krank.[118] Schon im Alten Testament wird dagegen das Wort ergriffen: Im Deuteronomium wendet sich – nur zwei Kapitel nach dem Dekalog – Dtn 7,9 f. gegen die Vorstellung, dass nachfolgende Generationen für das Verhalten der Vorfahren gebüsst werden. Selbstverständlich gibt es die Erfahrung, dass Menschen aufgrund der Fehler und Schuld ihrer Vorfahren grosse Belastungen und Nachteile tragen müssen (soziale Belastungen; Kriegsfolgen; ökologische Folgen; Suchtproblematik usw.). Aber dass «Gott» die Nachfahren «heimsucht», ist doch eine andere Vorstellung.

Breit argumentativ ausgefaltet betont Ez 18, dass solche Sippenhaftung nicht JHWH-Willen sein kann:[119]

> «[1] Und das Wort JHWHs erging an mich: [2] Was soll das bei euch, dass ihr diese Redensart braucht auf Israels Boden: Die Vorfahren essen unreife Früchte, den Kindern aber werden die Zähne stumpf! [3] So wahr ich lebe, Spruch des Gottes JHWH, diese Redensart werdet ihr nicht mehr verwenden in Israel!» (Ez 18,1–3)

Ez 18 argumentiert anschliessend anhand verschiedener Beispiele, dass nur der bestraft werden darf, der selber Unrecht tat. Für die damalige Zeit war dies wahrscheinlich ein revolu-

---

117 Zit. nach *Beyerlin, Walter,* Religionsgeschichtliches Textbuch zum Alten Testament (GAT 1), Göttingen ²1985. 201 f.; im hethitischen Text gibt es einige Lücken, die im Zitat durch Beyerlin in eckigen Klammern ergänzt sind.

118 Vgl. z. B. *Moser, Tilmann,* Gottesvergiftung.

119 Vgl. *Greenberg, Moshe*, Ez I, 370–394; *Flury, André,* Ezechiel 1668–1672.

tionärer Fortschritt im Rechtsempfinden und wohl auch in der nachfolgenden Rechtspraxis. Dass Ez 18 damit dem Dekalog widerspricht, wurde schon früh gesehen. So ist von Rabbi Jose bar Chanina (3. Jahrhundert n. Chr.) die Aussage überliefert:

> «Moses sagte: ‹der heimsucht die Schuld der Väter bei den Söhnen›, aber Ezechiel kam und annulierte dies: ‹Die Person, die sündigt, muss sterben.›»[120]

Verbot, JHWHs Namen zu missbrauchen 6.10.6.3

Das Verbot, Gottes Namen «zu Nichtigem zu erheben», findet sich ausser im Dekalog (Ex 20,7 par. Dtn 5,11) nirgends in der Bibel. Es wird hier nicht verboten, den Namen JHWH auszusprechen. Der entsprechende jüdische Brauch setzt erst später ein und wird nicht mit dem Dekalog begründet. Die Formulierung «den Namen erheben» bezieht sich wahrscheinlich auf den Schwurgestus (vgl. Gen 14,22; Dtn 32,40; Ez 20,6.15). Da weder das Alte Testament noch die talmudische Tradition einen Zeugeneid vor Gericht kennen, ist im Dekalog wohl der sogenannte Reinigungseid im Blick:[121] Wenn Zeugen und Beweise fehlen, kann ein Angeschuldigter seine Unschuld mit einem Schwur beteuern (vgl. Ex 22,9 f.). Ein Meineid gilt als Verbrechen an der Solidargemeinschaft des Volkes und muss entsprechend vergolten und gesühnt werden (Lev 5,21–26). In Lev 19,12 wird ausdrücklich vor dem Meineid unter Verwendung des Gottesnamens gewarnt:

> «Und ihr sollt nicht schwören zum Lug [שֶׁקֶר, *schäqär*] bei meinem Namen und so den Namen deines Gottes entweihen. Ich bin JHWH.» (Lev 19,12)

Hier wird allerdings mit «schwören» und mit שקר «Lug» formuliert. Im Dekalog findet sich hingegen das allgemeinere Verbot, den Namen JHWHs «zu Nichtigem» (שׁוא, *schaw*) zu «erheben». Damit wird das Verbot über den Reinigungseid hinaus ausgeweitet: Der Name JHWH soll in keiner Art und

---

120 bMakkot 24a, zit. nach *Greenberg, Moshe*, Ez I, 379.

121 Vgl. *Flury, André:* Art. Eid/Schwur (AT)/WiBiLex; zum Reinigungseid *Köhlmoos, Melanie:* Art. Reinigungseid/WiBiLex.

Weise missbraucht werden. Verboten wird damit, den Namen Gottes zu irgendeinem bösen, lügnerischen, schädlichen, trügerischen Zweck zu verwenden.

Abschliessend noch eine Beobachtung zur Formulierung des dritten Gebots: Bisher war der Dekalog als Rede Gottes in der Ich-Form formuliert. Ab dem dritten Gebot wird jedoch für Gott in der dritten Person formuliert. Im Dtn erfolgt der Wechsel von der Ich- in die Er-Form bereits am Ende des Fremdgötterverbots: «die mich lieben und *seine* Gebote bewahren» (Dtn 5,11; anders in Ex 20,6: «die mich lieben und *meine* Gebote bewahren»). Ab dem Verbot, den Namen JHWHs zu missbrauchen, wird in beiden Dekalogfassungen für Gott in der Er-Form formuliert. Die Gründe für diesen Wechsel von der Ich-Form in die Er-Form werden in der Entstehungsgeschichte der Dekalogtexte liegen.

6.10.6.4 Schabbatgebot

Das Gebot, den Tag des Schabbats (gr. *Sabbat*) zu «bewahren» (Dtn) bzw. seiner zu «gedenken» (Ex), ist neben dem folgenden Elterngebot das einzige Gebot, das nicht etwas verbietet, sondern etwas gebietet. Es ist zudem aufgrund der ausführlichen Begründung das umfangreichste Gebot des Dekalogs, wobei die Begründungen in Ex und Dtn stark voneinander abweichen: Ex 20 argumentiert schöpfungstheologisch, Dtn 5 sozialethisch. Das Schabbat-Gebot hat im Dekalog eine zentrale Mittelstellung, indem es zwischen den Geboten steht, die sich auf das Verhältnis des Menschen zu Gott beziehen und jenen, die primär das Handeln eines Menschen an anderen Menschen betreffen.

Die geschichtliche Entwicklung hin zum Schabbat als wöchentlichem Ruhe- und Feiertag lässt sich wie folgt kurz nachzeichnen:[122] In früherer Zeit hatte der Schabbat eine andere Bedeutung als im Dekalog. Der Schabbat war ein Vollmondfest am Heiligtum (2 Kön 4,23; Jes 1,13; Am 8,5), manche gehen auch von einem Leermondfest aus. Solche Feiern zum Voll- und Leermond (Neumond) waren in vielen Nachbarkulturen Israels bekannt, auch der babylonische Kalender kennt ein Vollmondfest namens *schabattum/schapattum.*

122 Vgl. *Körting, Corinna:* Art. Sabbat (AT)/WiBiLex.

Möglicherweise ist der biblische Ausdruck «Schabbat» vom babylonischen *schabattum* übernommen worden und nicht vom hebräischen Verb *schabbat* «aufhören».

Unabhängig vom Schabbat als Vollmondfeier gab es vorexilisch in Israel schon den Rhythmus von 6:1. Im Bundesbuch, der wohl ältesten Gesetzessammlung der Tora,[123] wird gefordert, einen hebräischen Sklaven im «siebten Jahr ohne Entgelt als freien Mann» zu entlassen (Ex 21,2). Weiter wird in Ex 23 das siebte Jahr als Brachjahr für das Land geboten, das den Armen zugutekommen soll und auch den Tieren:

> «[10] Sechs Jahre kannst du in deinem Land säen und die Ernte einbringen; [11] im siebten sollst du es brachliegen lassen und nicht bestellen. Die Armen in deinem Volk sollen davon essen, den Rest mögen die Tiere des Feldes fressen. Das Gleiche sollst du mit deinem Weinberg und deinen Ölbäumen tun.» (Ex 23,10 f.)

Gleich anschliessend werden sechs Tage der Arbeit und ein Tag des Ausruhens gefordert:

> «[12] Sechs Tage kannst du deine Arbeit verrichten, am siebten Tag aber sollst du ruhen, damit dein Rind und dein Esel ausruhen und der Sohn deiner Sklavin und der Fremde zu Atem kommen.» (Ex 23,12; vgl. Ex 34,21)

Auch hier ist ein starkes sozialethisches Interesse ersichtlich: Auch die Sklav*innen und Fremden sollen «zu Atem kommen». Interessanterweise wird hier jedoch noch nicht vom Schabbat geredet. Dies eben deshalb, weil der Schabbat in früher Zeit (frühvorexilisch/vorexilisch) noch kein wöchentlicher Ruhetag, sondern ein monatlicher Mondfesttag war. Wahrscheinlich erst in exilisch-nachexilischer Zeit wird der Schabbat mit dem siebten Tag der Arbeitsruhe verbunden. Dieser inhaltlich neu definierte Schabbat wird mit Lev 23 in den Festkalender Israels aufgenommen und den jährlichen Festen sogar vorangestellt, womit der Schabbat als höchster Festtag ausgezeichnet wird. Das Gebot des Ausruhens wird schon in der Tora mit verschiedenen Konkretionen erweitert: Ex 35,1–3 verbietet das Entzünden von Feuer; Num 15,32–36 das Sammeln von Holz; Jer 17,19 ff. konkretisiert das Arbeits-

123 Siehe Abschnitt 6.11.

verbot mit einem Lastentragverbot, und Jes 58,13 fordert den Verzicht auf Geschäfte und das «Zurückhalten des Fusses».

Mit der hervorragenden Bedeutung des Schabbats stimmt auch dessen Aufnahme in den Dekalog überein: Der Schabbat ist der einzige religiöse Feiertag, der im Dekalog aufgenommen ist, wobei das Religiöse im Zehnwort nicht im Vordergrund steht (es wir lediglich im Wort «heiligen» angedeutet). Im Vordergrund des Gebots ist vielmehr die sozialethische Forderung, dass ausnahmslos alle von der Arbeit ausruhen können sollen. In Ex 20,6–11 wird der Schabbat mit der Schöpfung begründet:

> «Und Gott segnete den siebten Tag und heiligte ihn, denn an ihm ruhte Gott von all seinem Werk, das er durch sein Tun geschaffen hatte.» (Gen 2,3).

Mit dieser theologischen Aussage wird die Strukturierung der Zeit in sechs Arbeitstage und einen Ruhetag in die Urgeschichte verlegt. Damit wird die 7-Tage-Einteilung, die sich gar nicht aus den naturmässigen Zeitstrukturen des Jahreskreises und des Mondverlaufs ergibt, in Gen 2,3 f. gleichsam als der Schöpfung eingeschrieben gekennzeichnet: das Ausruhen/Aufhören gehört unabdingbar zum Schaffen, zur Schöpfung.

Die – m. E. ältere – Fassung des Dekalogs in Dtn 5,12–15 begründet den Schabbat als Ruhetag deutlich anders als Ex 20: nämlich sozialethisch mit der Befreiung aus der Sklaverei. In der Begründung (Dtn 5,15) wird die Präambel, das nach jüdischer Zählweise erste Gebot, aufgenommen:

> «Ich bin Gott, dein Gott, der ich dich herausgeführt habe aus dem Land Ägypten, aus dem Haus der Sklaverei [hebr. *äbäd*].» (Ex 20,2 par. Dtn 5,6)
>
> «Gedenke, dass du Sklave [hebr. *äbäd*] warst im Land Ägypten und dass dich Gott, dein Gott, mit starker Hand und ausgestrecktem Arm von dort herausgeführt hat. Darum hat es dir Gott, dein Gott, geboten, den Schabbat zu begehen.» (Dtn 5,15)

Weil Gott Israel aus dem Haus der Sklaverei (hebr. *äbäd*) befreite, sollen Sklav*innen in gleicher Weise wie die freie Israelitin und der freie Israelit von der Arbeit ausruhen können. Der soziale Unterschied zwischen Freien und Unfreien, Bürger*innen und Sklav*innen, Einheimischen und Fremden,

Eltern und Kindern, Mensch und Tier soll am Schabbat in einer Hinsicht aufgehoben werden: Ausnahmslos alle sollen die Befreiung von der Mühsal der Arbeit jeden siebten Tag geniessen dürfen, sie sollen «ruhen können wie du» (Dtn 5,14). Mit dem «Du» ist der freie Israelit und die freie Israelitin angesprochen. Anschliessend werden alle Mitglieder der Gesellschaft genannt. Zudem wird – und das ist für die Beziehung zur Schöpfung und den Mitgeschöpfen doch eine ganz starke Aussage – auch den Tieren Ruhe von ihrer «Arbeit», ihrem Genutztwerden durch den Menschen, zugesprochen: Ex 20,10 nennt «dein Vieh», Dtn 5,14 sogar «dein ganzes Vieh» und betont, dass die Schabbatruhe auch für die sehr stark als Nutztiere gehaltenen «Rind und Esel» gilt. Davon kann Tierhaltung und -ethik auch heute noch manchenorts lernen.

So wie in Dtn 5,15 durch Bezugnahme auf die Befreiung aus der Sklaverei in Ägypten das Schabbatgebot begründet wird, so wird andernorts mit der Ägypten- und Befreiungserfahrung Israels die Liebe zum Fremden gefordert:

> «[33] Und wenn ein Fremder bei dir lebt in eurem Land, sollt ihr ihn nicht bedrängen. [34] Wie ein Einheimischer soll euch der Fremde gelten, der bei euch lebt. Und du sollst ihn lieben wie dich selbst, denn ihr seid selbst Fremde gewesen im Land Ägypten. Ich bin GOTT, euer Gott.» (Lev 19,33 f.; vgl. Dtn 10,19)

Noch ein Wort zu den Arbeitstagen: Die meisten deutschen Übersetzungen geben Ex 20,9 par. Dtn 5,13 derart wieder, dass die Arbeit an sechs Tagen als ein Gebot, als ein «Soll» erscheint: «Sechs Tage sollst du arbeiten und all deine Arbeit tun» (Zü. 07). «Sechs Tage sollst du arbeiten und all deine Werke tun» (Luth. 17). Doch im antiken Israel war die Arbeit überlebensnotwendig und musste wohl nicht geboten werden. So wird die Imperfekt-Formulierung im hebräischen Text kaum eine fordernde, sondern vielmehr eine modale Bedeutung haben: «sechs Tage kannst/magst/darfst du arbeiten». Dies wird in der Einheitsübersetzung richtig erkannt: «Sechs Tage darfst du schaffen und all deine Arbeit tun» (Ex 20,9 par. Dtn 5,13, EÜ 80; EÜ 16).

Der siebte Tag als Arbeitsunterbrechung, als Ruhetag für ausnahmslos alle, ist möglicherweise ein einzigartiges Gebot im Alten Orient. Zwar sind bei Arbeitsverträgen in anderen

Kulturen Regelungen bekannt, dass der zehnte Tag arbeitsfrei bleiben soll. Doch das gilt, wie gesagt, lediglich in einigen Arbeitsverträgen und keineswegs für alle Menschen – und auch nicht für das Vieh. Die sozialethische und gesellschaftliche Bedeutung des Schabbatgebots in der Menschheitsgeschichte sollte auch heute wieder neu erkannt werden, in einer Zeit, in der das «Geldmachen» bzw. die Wirtschaftsinteressen zunehmend als wichtiger angesehen werden als das Ausruhen und Zeithaben – Zeithaben für Mitmenschen und Gott.

6.10.6.5 Elterngebot

Das Elterngebot ist sehr allgemein formuliert.[124] Es schliesst damit andere Gebote bezüglich der Eltern mit ein: z.B. das Verbot, Eltern zu verfluchen (Ex 21,17; Lev 20,9), zu schlagen (Ex 21,15) oder zu verachten (Dtn 27,16; Mi 7,6). Wie gesagt ist das Elterngebot neben dem Schabbatgebot das einzige, das positiv formuliert ist: als Gebot, nicht als Verbot. Was aber ist mit «Ehre deinen Vater und deine Mutter» gemeint? Es besteht Konsens, dass es bei diesem Gebot nicht um ein Art Unterwürfigkeit oder um ein Gehorsamsgelübde gegenüber den Eltern geht, sondern vielmehr um die Verpflichtung, die Altersversorgung seiner Eltern zu übernehmen. Es sind also mit dem Gebot Erwachsene angesprochen, die für ihre betagten Eltern sorgen sollen. Eine anschauliche Beschreibung dieser Aufgabe findet sich in der Lehre des Ani, einem neuägyptischen Weisheitstext aus der späten 18. bzw. frühen 19. Dynastie (ca. 13. Jahrhundert v. Chr.):[125]

> «Erstatte vielfach das Brot, das dir deine Mutter gegeben hat.
> Trag sie, wie sie dich getragen hat.
> Sie mühte sich ab, beladen mit dir,
> Ohne daß sie sagte: ‹*Hör mir auf!*›
> Du wurdest nach deinen Monaten geboren.
> Sie unterjochte sich erneut.
> Drei Jahre war ihre Brust in deinem Mund,
> Indem sie ausharrte.
> Dein Kot war ekelhaft, aber das Herz ekelte sich nicht,

124 Vgl. *Jungbauer, Harry:* Art. Eltern/Elterngebot (AT)/WiBiLex.
125 Vgl. *Quack, Joachim F.,* Lehren 61 f.

> Sagend: ‹Was soll ich machen?›.
> Sie gab dich in die Schreiberschule,
> Als du in den Schriften unterrichtet wurdest,
> Indem sie täglich über dich wachte
> Mit Brot und Bier aus ihrem Haus.»[126]

Die Begründung des Elterngebots – «damit du lange lebst (und damit es dir gut geht) auf dem Boden, den GOTT, dein Gott, dir gibt» – verlängert das Gebot an die erwachsenen Kinder vermutlich auf deren eigenes Altwerden: Wenn sie für ihre betagten Eltern gut sorgen, wird einmal – so die Hoffnung – auch für sie gut gesorgt werden, wenn sie selbst alt sind.

Tötungsverbot 6.10.6.6

Mit dem Tötungsverbot beginnen im Dekalog ganz kurze Verbote, die sehr allgemein formuliert sind. Das hebräische *lo* + Indikativ/Imperfekt («du sollst nicht …!») stellt eine starke Verneinung dar. Die Formulierung verbietet etwas, das auf gar keinen Fall sein darf. Daher entspricht die manchenorts anzutreffende deutsche Übersetzungen mit: «du wirst nicht …», nicht der Aussageabsicht des hebräischen Textes, auch wenn sie eine sympathische Aktualisierung darstellt. Die kurzen Verbote stehen als solche für sich, ohne dass im Dekalog mit strafrechtlichen Konsequenzen gedroht würde.

Mit dem Gebot: «Du sollst nicht töten!» (Ex 20,13 par. Dtn 5,17), wird das elementarste Gut geschützt: das Leben selbst.[127] Manche Bibelübersetzungen und -wissenschafter*innen schränken das Tötungsverbot auf das Morden ein («du sollst nicht morden»). Doch das ist m. E. eine Engführung: Das Hebräische kennt verschiedene Worte für «töten», besonders הרג (*harag*, 172-mal im AT), מות (*mot* im Hifil, 138-mal), קטל (*qatal*, 11-mal) und das im Dekalog gebrauchte רצח (*razach*): *razach* kommt insgesamt 47-mal im AT vor, davon 33-mal im Zusammenhang mit Asylstädten (Num 35; Dtn 4;

126 Zit. nach a. a. O. 109–111.

127 Vgl. *Crüsemann, Frank*, Bewahrung 65–69; *Albertz, Rainer*, Exodus II, 66 f.; *Dohmen, Christoph*, Exodus 19–40, 122 f.

19; Jos 20 f.):[128] Dies waren besondere Städte in Israel, die einem Menschen, der unabsichtlich am Tod eines anderen Menschen beteiligt war (z. B. bei einem Unfall), Schutz vor der Blutrache bieten sollen. Die Asylstadt soll dem Asylsuchenden ein Gerichtsverfahren bieten und im Falle seiner Unschuld dauerhaftes Asyl gewähren. In Dtn 4,41 f. werden Asylstädte auf Mose zurückgeführt:

> «[41] Damals sonderte Mose jenseits des Jordan im Osten drei Städte aus, [42] damit dorthin ein Totschläger [formuliert mit *razach*] fliehen kann, der seinen Nächsten ohne Vorsatz totgeschlagen [*razach*] hat, ohne dass er ihm feind war, und damit er durch die Flucht in eine dieser Städte sein Leben retten kann.»

Schon diese Verwendung zeigt, dass *razach* nicht auf den Mord eingeschränkt werden darf. Insgesamt wird *razach* im AT nie in Bezug auf Tiere oder im Kriegsgeschehen oder mit Gott als Subjekt verwendet. An einer Stelle wird *razach* in der Formulierung einer Todesstrafe gebraucht (Num 35,30) und an einer für Blutrache (Num 35,27). Auch für die Tötung des Nabot durch König Ahab wird in 1 Kön 21,19 die Kritik am König mit *razach* formuliert: Um Nabots Weinberg in ihren Besitz zu bringen, hatte der König bzw. die Königin gemäss 1 Kön 21 niederträchtige Zeugen aufgeboten, die eine falsche Anschuldigung gegen Nabot erhoben, was zu dessen Tötung führte. Weiter wird mit *razach* in Bezug auf das Töten von Waisen (Ps 94,6), von Armen und Elenden (Ijob 24,14) und bei der Vergewaltigung eines Mädchens (Dtn 22,26) formuliert. Damit ist mit *razach* auch jenes Töten im Blick, das kein direkter Totschlag oder Mord ist, sondern auf andere Weise den betroffenen Menschen die Lebensgrundlage nimmt, sie in den sozialen Tod treibt. Auch diese Art des Tötens wird im Dekalog verboten.

Vom Wortgebrauch her ist bei *razach* also an der allgemeinen Formulierung mit «töten» festzuhalten. Dies auch und gerade, wenn der Dekalog damit anderen biblischen Aus-

128 Vgl. *Wagner, Volker:* Art. Asyl/Asylrecht (AT)/WiBiLex; *Brandscheidt, Renate:* Art. Blutrache/WiBiLex.

sagen widerspricht – zum Beispiel der Todesstrafe[129] oder dem Töten bei Notwehr oder im Krieg, das andernorts im AT erlaubt oder gefordert wird. Es gibt in der Bibel immer wieder Stellen, die einander bewusst widersprechen, wie z. B. beim Heimsuchen der Schuld an Nachfahren im zweiten Gebot, dem Ez 18 widerspricht.[130] Das Gebot: «Du sollst nicht töten!», ist ein bleibender Anspruch an den Einzelnen und die Gesellschaft, an ihr Verhalten und ihre Rechtssprechung –, und dieser Anspruch wird im Dekalog durch nichts eingeschränkt.

Ehebruchsverbot 6.10.6.7

Auch das Ehebruchsverbot ist kurz und ohne Erläuterungen gehalten: «Du sollst nicht ehebrechen!» (Ex 20,14 par. Dtn 5,18) Zum richtigen Verständnis des Gebots muss die rechtliche und soziale Bedeutung der Ehe in der patriarchalen alttestamentlichen bzw. altorientalischen Zeit beachtet werden:[131] Die Ehe war damals ein Rechtsgeschäft zwischen Männern, meist zwischen den Vätern der zu Verheiratenden, die teils noch Kinder waren, oder auch zwischen dem Vater einer Frau und dem Mann, der diese Frau heiraten wollte. Die Ehe war nicht gleichberechtigt für Mann und Frau, was schon in den Bezeichnungen der Eheleute ersichtlich wird: Der Ehemann wird *baal* («Herr») genannt, die Ehefrau *b^{e}ulah* (eine «im Besitz Befindliche») bzw. *b^{e}ulat-baal* («im Besitz des Herrn Befindliche»). Der Ehemann war Vorsteher der Familie, die dementsprechend «Vaterhaus» (hebr. *beit-aw*) oder auch einfach «sein Haus» genannt wird. Die Ehe wurde in zwei Schritten geschlossen: Im ersten Schritt wurde das Brautgeld bezahlt, im zweiten Schritt wechselte die Frau vom «Haus» ihres Vaters in das «Haus» ihres Mannes. Ein solches «Haus» war ökonomisch die Lebensgrundlage aller, die dazugehörten: Es musste genügend Nahrungsmittel für alle beschaffen, den Erbbesitz – z. B. gegen illegitime Nachkommen – verteidigen, damit die legitimen Nachkommen mittels dieses Besitzes die Altersversorgung ihrer Eltern sowie die Versorgung von sich und ihren Kindern

129 Vgl. *Schnocks, Johannes:* Art. Todesstrafe (AT)/WiBiLex.
130 Siehe Abschnitt 6.10.6.2.
131 Vgl. *Dyma, Oliver:* Art. Ehe (AT)/WiBiLex.

sicherstellen konnten. Diese ökonomische Bedeutung der Ehe darf nicht unterschätzt werden. Wer eine Familie, ein «Haus», bedrohte, bedrohte das Leben aller Menschen, die zu diesem «Haus» gehörten.

Das Verbot des Ehebrechens diente somit dem Schutz dieser Lebensgrundlage. Ein Mann konnte allerdings seine eigene Ehe nicht brechen: Er durfte mit mehreren Frauen verheiratet sein und auch sexuelle Beziehungen ausserhalb seiner Ehe zu unverheirateten Frauen oder zu Prostituierten haben. Wenn er jedoch eine sexuelle Beziehung zu der Verlobten oder der Ehefrau eines anderen Mannes hatte, so brach er dessen Ehe, «brach» quasi in dessen Ehe «ein». Eine Ehefrau brach hingegen ihre eigene Ehe, indem sie sexuellen Kontakt mit irgendeinem anderen Mann hatte. Bei diesem im Alten Orient üblichen Eheverständnis ist deutlich zu erkennen, dass die Ehefrau als «Besitz» des Mannes angesehen wurde, der ihm nicht weggenommen werden durfte. Die Unterschiede zu einer emanzipierten, gleichberechtigten Ehe in unserer Zeit sind damit offensichtlich.

Mit dem Verbot des Ehebrechens im Dekalog ist bei alledem nicht die Ehescheidung angesprochen. Scheidungsurkunden sind biblisch seit der späteren Königszeit belegt (Dtn 24,1 ff.; Jer 3,8; Jes 50,1). Zumeist wird die Scheidung als ein Recht des Mannes angesehen, in Elephantine, einer Nilinsel mit einer jüdischen Militärkolonie ab dem 5. Jahrhundert v. Chr., ist die Scheidung jedoch auch als ein Recht der Frau in Eheverträgen festgehalten.

6.10.6.8 Diebstahlsverbot

Auch das achte Gebot ist sehr allgemein formuliert: «Du sollst nicht stehlen!» (Ex 20,16 par. Dtn 5,19) Was man nicht stehlen darf, wird hier nicht näher bestimmt. Wahrscheinlich ist ganz bewusst eine solch offene Formulierung gewählt, ähnlich wie beim Gebot «Du sollst nicht töten!» Die alte These, es handle sich beim Diebstahlsverbot ausschliesslich um ein Verbot, Menschen zu rauben und in die Sklaverei zu verkaufen, lässt sich aufgrund der allgemeinen Formulierung im Dekalog nicht halten. Dort, wo das Verbot des Menschenraubs gemeint ist, wird dies zudem jeweils explizit gesagt (Ex 21,16; Dtn 24,7). Im Dekalog wird ganz allgemein der Schutz des persönlichen

Eigentums gefordert bzw. das Verbot des Übergriffs auf das Eigentum anderer formuliert.[132]

Andernorts in der Bibel wird das Diebstahlsverbot spezifischer formuliert:[133] So gibt es genauere Vorschriften bezüglich ausgeliehener oder zur Aufbewahrung gegebener Dinge bzw. Tiere, die verschwinden (Ex 22,6 f.9–12), oder es werden die Konsequenzen bei einem Diebstahl in der Nacht oder am Tage festgeschrieben (Ex 22,1 f.). Nicht zuletzt wird auch eine gewisse Relativierung des Diebstahlverbots vorgenommen: So erlaubt beispielsweise Dtn 23,25 f. den Mundraub, d.h. den Diebstahl von Esswaren, wenn ein Hungernder sie zum Überleben braucht, wobei festgelegt wird, was noch als Mundraub gilt und was nicht:

> «[25] Wenn du in den Weinberg deines Nächsten kommst, darfst du Trauben essen nach Herzenslust, bis du satt bist, aber in dein Geschirr darfst du nichts tun. [26] Wenn du in das Kornfeld deines Nächsten kommst, darfst du mit der Hand Ähren abreissen, aber die Sichel darfst du nicht schwingen im Korn deines Nächsten.» (Dtn 23,25 f.; vgl. Mk 2,23–28)

Falschzeugnisverbot 6.10.6.9

In den letzten Geboten wird vier Mal gesagt, wer geschützt werden soll bzw. um welche Beziehung es geht: Es geht um «deinen Nächsten» (hebr. *rea*). Der Nächste darf nicht geschädigt werden. Andernorts in der Tora wird gefordert, den Nächsten wie auch den Fremden zu lieben wie sich selbst (Lev 19,18.33 f.; Dtn 10,18).

Das neunte Gebot verbietet, vor Gericht als falscher Zeuge aufzutreten:[134] Ein Lügenzeuge ist jemand, der falsch aussagt (Ex 23,1 f.7; Dtn 19,18). Ein Zeuge kann zur Entlastung oder zur Belastung von Angeklagten auftreten. Im strafrechtlichen Verfahren in alttestamentlicher Zeit lag die Beweislast oft bei den Angeschuldigten. Von daher hatte die Aussage von Zeugen ein sehr grosses Gewicht. Prophetische Stimmen klagen

132 Vgl. *Kessler, Rainer:* Art. Besitz (AT)/WiBiLex.

133 Vgl. *Cuffari, Anton:* Art. Diebstahl/Stehlen (AT)/WiBiLex; zum mit Gewalt verbundenen Raub *Schart, Aaron:* Art. Raub/Räuber/WiBiLex.

134 Vgl. *Staszak, Martin:* Art. Gericht/Gerichtswesen (AT)/WiBiLex, bes. Kap. 2.2; *Schart, Aaron:* Art. Gerichtsszene/Gerichtsrede/WiBiLex, bes. Kap. 2.

die Zerrüttung der Rechtsinstitutionen seit dem 8. Jahrhundert v. Chr. in Israel scharf an, z. B.:

> «[1] Wehe denen, die Satzungen des Unrechts setzen, und den Schreibern, die die Qual festschreiben, [2] um die Machtlosen aus dem Gericht zu drängen und die Elenden meines Volks um das Recht zu bringen, damit die Witwen ihre Beute werden und sie die Waisen berauben.» (Jes 10,1f.)
> «Die aus einem Schuldigen einen Gerechten machen gegen Bestechung und Gerechten ihre Gerechtigkeit absprechen!» (Jes 5,23; vgl. Am 5,7.10.12)

Der Dekalog verbietet vor diesem Hintergrund, dass jemand als «Zeuge der Lüge» (Ex 20,16) bzw. als «Zeuge der Nichtigkeit / des Trugs» (Dtn 5,20) vor Gericht auftritt und damit seinen «Nächsten» schädigt. Es geht bei dem Gebot also nicht um eine «private» Lüge oder darum, immer die Wahrheit zu sagen usw.,[135] sondern um die Aussage vor Gericht. Bei Kapitalverbrechen konnte die Zeugenaussage zwischen Tod und Leben des Beschuldigten entscheiden. Dementsprechend wird versucht, falsche Zeugenaussagen zu verhindern: im AT durch die Zwei-Zeugen-Regel (Dtn 17,2–7; 19,15–18; Num 35,30) oder durch die Beteiligung der Zeugen an der Hinrichtung (Dtn 17,7); im Codex Hammurapi,[136] indem für einen Lügenzeugen die Todesstrafe gefordert wird:

> «§ 3 [57] Wenn ein Bürger [58] vor Gericht [59] zu [60] falschem Zeugnis [61] auftritt [62] und seine Aussage [63] nicht beweist, [64] wird, wenn dieses Gericht [65] ein Halsgericht ist, [66] dieser Bürger [67] getötet.»

6.10.6.10 Begehrensverbot

Beim zehnten Gebot handelt es sich formal gesehen um zwei Verbote (zweimal: «Du sollst nicht …»). Im Vergleich zu Dtn 5 hat jedoch Ex 20 das erste Gebot des Dekalogs in zwei Gebote aufgeteilt, daher müssen nun am Ende des Dekalogs zwei Gebote zusammengenommen werden, damit die Zehnzahl besser aufgeht. In Dtn 5,21 werden hingegen die «Begehrensverbote» auch durch zwei unterschiedliche Verben aus-

135 Vgl. *Wilke, Alexa:* Art. Lüge/Lügen/WiBiLex.
136 Siehe Abschnitt 6.10.1.

einandergehalten (*chamad* und *hitawah*), wobei sich die Bedeutung der beiden Verben nicht unterscheidet: Sie bedeuten «auf etwas aus sein», «trachten nach», «verlangen nach», und sie sind nicht reduziert auf ein inneres Begehren, sondern beziehen den Willen zur Tat mitein, etwas in seinen Besitz zu bringen.[137]

In Dtn 5,21 wird zunächst «die Frau deines Nächsten» und danach «das Haus des Nächsten» genannt, in Ex 20,17 gerade umgekehrt zuerst das «Haus» und danach die Frau. Diese Umstellung im Exodusbuch macht Sinn, wenn die Exodus-Variante unter «Haus» nicht mehr ein Gebäude, sondern die gesamte Hausgemeinschaft versteht. Dafür könnte sprechen, dass in nachexilischer Zeit die Einteilung der Gesellschaft in *bet-ab* («Haus des Vaters»/«Vaterhaus») die Gliederung nach Sippen verdrängt haben dürfte.[138] Mit «Haus» sind in Ex 20,17 also alle Personen gemeint, die hier ein und aus gehen, namentlich die Frau sowie die Sklavin und der Sklave. Zusätzlich sind auch Rind und Esel – als besonders wichtige Lasttiere stellvertretend für alle Tiere – genannt. Dass das Gebot umfassend zu verstehen ist, wird abschliessend explizit gesagt: «und alles, was deinem Nächsten gehört».

Der Mitmensch darf weder mit illegalen noch mit legalen Mitteln noch mit Machenschaften, die ein Gesetz nicht erfasst, um sein Eigentum und das ihm Zugehörige gebracht werden, da dies seine Lebensgrundlage ausmacht. Im Hintergrund des Verbots stehen wiederum konkrete Missstände und soziales Unrecht, die von den Propheten kritisiert werden. Zwei Beispiele, in denen neben dem «Haus» auch das «Feld», das nur in Dtn 5,21 genannt ist, Objekte des Begehrens sind, können verdeutlichen, wie konkret sich das zehnte Gebot gegen die Gefährdung der Menschen richtet:

> «Sie begehren Felder und reissen sie an sich, Häuser, und nehmen sie. Sie unterdrücken den Mann und sein Haus, den Menschen und seinen Erbbesitz.» (Mi 2,2)

137 Vgl. *Cuffari, Anton:* Art. Begehren (AT)/WiBiLex.

138 Vgl. *Fechter, Friedrich,* Familie 211–217; zudem *Kunz-Lübcke, Andreas:* Art. Familie (AT)/WiBiLex, Kap. 1.4.

> «Wehe denen, die Haus an Haus reihen, die Feld an Feld rücken, bis kein Platz mehr ist und bis ihr allein noch im Herzen des Landes wohnt.» (Jes 5,8)

Angesichts der Beschreibung solcher Missstände ist man auch heutzutage versucht zu sagen: «Es gibt nichts Neues unter der Sonne» (Koh 1,9). Immerhin wendet sich der Dekalog in wünschenswerter Klarheit gegen solches Unrecht.

6.11 Das Bundesbuch (Ex 21,1–23,33)

6.11.1 Bibelverständnis: Religion – Ethik – Recht

Religion muss immer auch das Ethos umfassen bzw. beinhalten. Ethos wird hier als gelebte Ethik verstanden. Religion muss also immer zu einem ethischen Handeln ermutigen und ein solches einfordern. Zudem muss Religion neue ethische Fragen in offener, theologisch und philosophisch reflektierter Weise diskutierten. Selbstverständlich sind nichtreligiöse Menschen ebenso zum Ethos und zur Reflexion der Ethik aufgefordert und befähigt. Ich betone die unabdingbare Zugehörigkeit der Ethik zur Religion nicht, weil Ethik und Ethos nicht auch andernorts zu finden wäre, sondern weil keine ernsthafte Religion das Ethos / die Ethik von sich abtrennen darf: denn Religion ohne Ethik ist weltfremd, abgehoben und kann zur Ideologie verkommen.

Wenn man die Entstehung der ernsthaften Religionen anschaut, so kann man wohl kaum – wie so oft behauptet – nachweisen, dass zuerst der religiöse Kult entstanden wäre und erst später die Frage und Forderung nach ethischem Handeln. Die Suche und die Forderung nach ethischem Leben gehören vielmehr von Anfang an zur Religion. So sind beispielsweise die Forderungen, nicht zu stehlen oder nicht zu lügen, bestimmt nicht weniger alt als die Frage, welche Gottheit wie zu verehren sei, und sind gleichwohl von Anfang an verbunden mit den religiösen Überzeugungen.

Gerade die jüdische Tradition zeigt, wie sehr das Erste Testament und dessen Auslegung den Schwerpunkt auf das konkrete richtige Tun legen:[139] Die Halacha – die Auslegung und Aktualisierung von rechtlichen, ethischen und religiösen Vorschriften der Tora[140] – spielt von Beginn weg eine tragende Rolle, und auch in der Tora selbst nehmen diese Gebote und Gesetze – besonders mit den Büchern Levitikus, Numeri und Deuteronomium – mehr Raum ein als die Erzählungen in den Büchern Genesis und Exodus (Gen 1–Ex 19). Zudem ist auch in diesen Erzählungen die Frage nach Ethik immer wieder präsent – vgl. u. a. «Erkenntnis von Gut und Böse» (Gen 3); Totschlag/Mord als Sünde (Gen 4); das Verhalten der Erzeltern gegenüber andern Völkern (Gen 12,10–20; 16); die Befreiung aus Sklaverei (Ex 1 ff.) usw.

Hilfreich ist die Unterscheidung der literarischen Gattungen, in denen im Alten Testament Ethik reflektiert bzw. eingefordert wird:[141] Erzählungen (Narrative) laden zur Reflexion ethischer Handlungsmuster ein; Gesetzesüberlieferungen (legislative Texte), konstruieren und konstatieren ethische Normen und die Konsequenzen bei ihrer Nichteinhaltung; lyrische Texte entfalten in einer ästhetischen Form ethische Werte wie Gerechtigkeit und Frieden; prophetische Texte klagen falsche Handlungen und Unrecht in Gesellschaft, Politik und Religion an; weisheitliche Texte fassen Erfahrungswissen in Weisheitssprüche, Lehrgedichte oder Lehrerzählungen und werben damit für das gute Handeln.

Im Unterschied zum Neuen Testament[142] enthält das Alte Testament auch umfangreiche Gesetzessammlungen. Dies liegt daran, dass Juda/Israel in alttestamentlicher Zeit staatliche Gebilde sind (Stämmeverbünde; Stadtstaaten; Territorialstaaten). Jedes Gemeinwesen und jeder Staat braucht aber Gesetze und eine entsprechende Rechtssprechung. Die Qualität der Gesetze bzw. der Gesetzgebung sowie der Rechtssprechung hängt von vorausliegenden Fragen und Entscheidungen ab: Wer erlässt die Gesetze? Wem dienen die Gesetzte,

139 Vgl. *Erbele-Küster, Dorothea:* Art. Ethik (AT)/WiBiLex.

140 Vgl. *Martini, Annett/Talabardon, Susanne:* Art. Bibelauslegung, jüdische/WiBiLex; zudem Methoden der Bibelauslegung unter URL: http://www.bibel-verstehen.ch.

141 Vgl. *Erbele-Küster, Dorothea:* Art. Ethik (AT)/WiBiLex, Kap. 3, mit weiterer Lit.

142 Vgl. *Horn, Friedrich-Wilhelm:* Art. Ethik (NT)/WiBiLex.

d. h., wen und wessen Interessen schützen sie? Welches Verständnis von Gemeinwohl und Staatswesen steht hinter den Gesetzen? Welches Menschenbild, welches Verständnis der Natur/Umwelt bzw. Mitwelt – welche Ethik prägt die Gesetze? Diese Fragen sind entscheidend, denn auch ein Unrechtssystem und eine Diktatur können auf Gesetzen beruhen – wie schon die biblisch-prophetische Kritik seit dem 8. Jahrhundert v. Chr. erkannte:

> «[1] Weh denen, die unheilvolle Gesetze erlassen und unerträgliche Vorschriften machen, [2] um die Schwachen vom Gericht fern zu halten und den Armen meines Volkes ihr Recht zu rauben, um die Witwen auszubeuten und die Waisen auszuplündern.» (Jes 10,1 f.; vgl. Jes 1,17; 59,3 f.14; Jer 22,3; Mi 7,3; Am 2,6 f.; 5,7.10; 6,12 u. ö.)

Die drei grossen Gesetzessammlungen im AT sind, wie bereits erwähnt, das Bundesbuch (Ex 20,22 bzw. 21,1–23,33), das deuteronomische Gesetz (Dtn 12–26) sowie das Heiligkeitsgesetz (Lev 12–26).[143] Auf das Bundesbuch soll im Folgenden eingegangen werden, weil es Grundoptionen vertritt, die auch von den weiteren Gesetzgebungen und Rechtsordnungen des AT aufgenommen, aktualisiert und weitergeführt werden.[144]

6.11.2 Überblick zum Bundesbuch

Das sogenannte Bundesbuch ist sehr wahrscheinlich die älteste der drei grossen Gesetzessammlungen in der Tora.[145] Sein Umfang wird meist in Ex 20,22–23,33 gesehen, manchmal auch nur in Ex 21,1–23,19. Den Namen erhielt das Bundesbuch von einem Text, der erst im Anschluss an die Gesetzessammlung folgt:

---

143 Vgl. *Rüterswörden, Udo:* Art. Deuteronomium/WiBiLex; *Seidl, Theodor:* Art. Heiligkeitsgesetz/WiBiLex; *Crüsemann, Frank,* Tora; *Grünwaldt, Klaus:* Art. Recht (AT)/WiBiLex, mit weiterer Lit.

144 Vgl. *Otto, Eckart,* Ethik; *ders.,* Begründungen; *Crüsemann, Frank,* Maßstab; *Köckert, Matthias,* Leben.

145 Vgl. hierzu und zum Folgenden *Schwienhorst-Schönberger, Ludger,* Verhältnis; *Crüsemann, Frank,* Tora 132–234; *Albertz, Rainer,* Religionsgeschichte II, 280–290; *ders.,* Exodus II, 74–130; *Rothenbusch, Ralf,* Rechtssammlung; *Oswald, Wolfgang:* Art. Bundesbuch/WiBiLex, mit weiterer Lit.

> «Darauf nahm er [Mose] das Buch des Bundes [hebr. *sefer ha-berit*] und verlas es vor dem Volk. Sie antworteten: Alles, was GOTT gesagt hat, wollen wir tun, und wir wollen es/darauf hören.» (Ex 24,7)

Im Unterschied zur altorientalischen Vorstellung, dass eine Gottheit dem König das Recht gibt und dieser König es verkündet und durchsetzt, ohne dass dabei das Volk irgendetwas zu sagen hätte, findet sich hier eine deutlich andere Vorstellung: Das Bundesbuch kommt ohne König aus, und es erachtet die Zustimmung des Volkes als zentral! Es stellt damit eine Besonderheit für den altorientalischen Raum dar. Wenn man das Bundesbuch im Zusammenhang mit der Befreiungserzählung (Ex 1–16), der Theophanie am Gottesberg (Ex 19) sowie der Verkündigung des Dekalogs sieht (Ex 20), so kann man in Ex 1–23 eine Art revolutionäre Verfassung sehen:[146] eine Verfassung, die keinen König (mehr) braucht, eine gewisse Volkssouveränität als Grundlage anerkennt und ganz besonders den Schutz der Schwächeren in der Gesellschaft betont. Zudem wird diese Verfassung nicht nur mit «positivem Recht» (kasuistische Rechtssätze) formuliert, sondern ebenso mit Geboten/Mahnungen Gottes (apodiktisches Recht). Solche Gebote/Mahnungen wollen die Ausrichtung der Gesetze, die Prinzipien von Recht, zum Ausdruck bringen:[147] Das Recht soll sich gemäss dem Bundesbuch am geglaubten Handeln Gottes orientieren, konkret an Gottes Befreiung aus der Sklaverei (Ex 22,20; 23,9) sowie an Gottes Mitleid und Gottes Zuwendung zu den sozial Schwachen und Armen (Ex 22,26; 23,7). Der Glaube an diesen Gott wird im Bundesbuch implizit als Begründung einer sozial gerechten Rechtssprechung und Ethik eingeführt.

Der Inhalt des Bundesbuches ist vielfältig und lässt auf eine längere Entstehungsgeschichte schliessen, die nach wie vor Gegenstand der Forschung ist: Manche nehmen an, Teile des Bundesbuches seien als «profanes Recht» schon im 9. Jahrhundert v. Chr. entstanden; andere sehen unter Hiskija oder Joschija («Volk des Landes»?) eine erste Rechtsgebung im Sinne des Bundesbuches; wieder andere erst in nachköngli-

146 Vgl. *Oswald, Wolfgang,* Staatstheorie 86–95.

147 Vgl. *Crüsemann, Frank,* Tora 224–228.

cher Zeit ab der Zeit Jeremias und des Statthalters Gedalja.[148] Der schliesslich vorliegende Text kann wie folgt gegliedert werden:

Ex 20,22–21,11	**Vorderer Rahmen**
Ex *20,22f.*	*Rückblick auf die Gebote: keine Götterbilder*
Ex 20,24–26	Kultort: Bau eines einfachen Altars
Ex 21,1–11	Rechte für Sklav*innen; Freilassung von Sklav*innen
Ex 21,12–22,19	**Sammlung von Rechtssätzen**
Ex 21,12–17	Verbrechen mit Todestrafe
Ex 21,18–32	Verletzung der körperlichen Unversehrtheit
Ex 21,33–22,14	Verschiedene weitere Schadensfälle, Regelung von Haftung
Ex 22,15f.	Verletzung der körperlichen Integrität einer unverheirateten Frau
Ex 22,17–19	Verbrechen mit Todesstrafe
Ex 22,20–23,9	**Sammlung von Mahnungen**
Ex 22,20	Schutz der Fremden vor Ausbeutung
Ex 22,21–26	Soziale Mahnungen 1: Schutz von Schwächeren in der Gesellschaft
Ex 22,27–30	Ermahnungen im Verhältnis zu Gott
Ex 23,1–8	Soziale Mahnungen 2: Gerechtes Verhalten im Rechtsfall
Ex 23,9	Schutz der Fremden vor Ausbeutung
Ex 23,10–33	**Hinterer Rahmen**
Ex 23,10–12	Schabbatjahr und Schabbattag
Ex 23,13–19	Kultort: Festordnung, Schlachtopfer und Abgaben
Ex *23,20–33*	*Vorausblick auf Landnahme*

Auf einige der Gebote, Rechtssätze und Mahnungen des Bundesbuches soll im Folgenden exemplarisch eingegangen werden: Ex 20,22 f. verknüpft den Dekalog mit dem Bundesbuch und stellt sicher, dass nicht nur von anderen Göttern kein Götterbild hergestellt wird, sondern auch nicht von JHWH.[149] Das sogenannte Altargesetz (Ex 20,24–26) fordert, wie bereits erwähnt, einen ganz einfachen Opferkult, der ohne Tempel und Priesterschaft auskommt.[150] Womöglich wird damit eine bewusste Distanzierung zum Jerusalemer Tempel oder ande-

148 Siehe Abschnitt 2.5.

149 Siehe Abschnitt 6.10.6.2.

150 Siehe Abschnitt 6.9.

ren Stadtstaaten und -tempel vollzogen, da diese ja immer mit Königtum und Priesterhierarchien verbunden waren. Ein einfacher Altar aus «Acker-Erde» (hebr. *adamah*) widerspricht auf jeden Fall dem für Jerusalem beschriebenen bronzenen Altar der Königszeit (1 Kön 8,64; 2 Kön 16,14–16). Verstärkt wird die Distanzierung, falls mit dem «Du» ab Ex 20,4 im ursprünglichen Altargesetz nicht Mose, sondern alle Israeliten angesprochen wurden und demzufolge alle opfern konnten.[151]

Rechte für Sklav*innen 6.11.3

An erster Stelle der eigentlichen Gesetzessammlung stehen Sklavenrechte, genauerhin die Vorschriften zur Freilassung von hebräischen Sklav*innen (Ex 21,1–11).[152] Natürlich kann aus heutiger Sicht kritisiert werden, dass in der Bibel – im Alten wie im Neuen Testament – die Sklaverei nicht insgesamt abgeschafft wurde. Doch die Menschen damals lebten, wie wir heute auch, in ihren Kontexten und Selbstverständlichkeiten (zudem müsste selbstkritisch die Sklaverei der Kolonialzeit gesehen sowie neue Sklaverei in unserer Zeit bekämpft werden[153]).

Wenn wir den Umgang mit Sklav*innen im Alten Orient – und weiter auch in griechischer und römischer Zeit, auf die wir unser Recht so gerne zurückführen – in Rechnung stellen, so fordert das Bundesbuch einen deutlich besseren Schutz von Sklav*innen, als es damals sonst grösstenteils üblich war. Denn noch in griechisch-römischer Zeit, in der das NT entstand, gilt, dass

> «Sklavinnen und Sklaven kein Recht auf die eigene Person haben. Konkret bedeutet das: Sie können von ihren Herren willkürlich und straffrei sexuell misshandelt, körperlich gezüchtigt, gefoltert und sogar getötet werden. Für ihre Dienste werden sie nicht entlohnt, sondern mit Unter-

151 So u.a. *Oswald, Wolfgang,* Staatstheorie 91; abwägend *Dohmen, Christoph,* Exodus 19–40, 157f.

152 Vgl. *Albertz, Rainer,* Exodus II, 86–89; *Dohmen, Christoph,* Exodus 19–40, 158–163; kritisch zu den Sklavenbestimmungen im Bundesbuch *Crüsemann, Frank,* Tora 179–188.

153 Vgl. zu Letzterem z.B. *O'Connell Davidson, Julia,* Slavery; *Baur-Mettler, Caroline,* Menschenhandel.

> kunft und Essen versorgt. Die Nachkommenschaft einer Sklavin bzw. eines Sklaven gilt ebenfalls als unfrei.»[154]

Vor diesem Hintergrund sind die Sklavenrechte in Ex 21 eher positiv zu werten: Aufgrund des antiken Schuldrechts – wenn man dabei überhaupt von «Recht» sprechen will – gerieten ursprünglich freie Israelit*innen in die Sklaverei, wenn sie ihre Schulden nicht bezahlen konnten (vgl. Am 2,6; 5,11; 8,6; Mi 2,2.9). Solche hebräischen Schuldsklaven sollen nun gemäss dem Bundesbuch jedes siebte Jahr freigelassen werden (Ex 21,2–6). Der Codex Hammurapi fordert bereits im vierten Jahr die Freilassung von Schuldsklaven (§ 117). Auch hinsichtlich der verbreiteten Praxis, Sklavinnen als Gebärerinnen für Nachwuchs zu missbrauchen, wird im Bundesbuch wenigstens ein gewisser Schutz für die Sklavinnen eingeführt (Ex 21,7–11; vgl. Codex Hammurapi § 170f).

Weiter werden Sklav*innen gegen gewisse Körperverletzungen geschützt, wobei hier das Bundesbuch weiter geht als der Codex Hammurapi: Während Ex 21,20 für jemanden, der eine Sklavin oder einen Sklaven mit dem Stock zu Tode schlägt, den Tod verlangt (das Unrecht soll «gerächt werden»), so verlangt der Codex Hammurapi lediglich eine Geldstrafe von einer drittel Mine Silber (§ 116). Weiter verlangt Ex 21,26 die Freilassung einer Sklavin oder eines Sklaven, wenn ihnen ein Auge ausgeschlagen wurde. Der Codex Hammurapi verlangt beim gleichen Tatbestand lediglich eine Geldstrafe für den Täter (§ 199). Wenigstens erwähnt sei hier, dass das deuteronomische Gesetz für den freigelassenen Schuldsklaven ein Startkapital vorschreibt, das ihm sein Herr geben muss (Dtn 15,13–15), und dass das Heiligkeitsgesetz versucht, Schuldsklaverei unter Israelit*innen generell umzuwandeln in eine Form von Arbeitsabhängigkeit (Lev 25,39–43).[155]

---

154 *Roose, Hanna:* Art. Sklaverei (NT)/WiBiLex, mit weiterführender Lit.

155 Vgl. zu Heiligkeitsgesetz und dtn Gesetz *Seidl, Theodor:* Art. Heiligkeitsgesetz/WiBiLex; *Rüterswörden, Udo:* Art. Deuteronomium/WiBiLex; *Grünwaldt, Klaus:* Art. Recht (AT)/WiBiLex, jeweils mit weiterführender Lit.

Schutz von sozial «Schwachen» bzw. Benachteiligten 6.11.4

Neben den Bestimmungen zur Freilassung von Sklav*innen sind die Gebote zum Schutz von sozial «Schwachen», das heisst Benachteiligten in der Gesellschaft, in Ex 22,20–26 überaus beachtenswert:[156]

> «[20] Einen Fremden sollst du nicht ausnützen oder ausbeuten, denn ihr selbst seid im Land Ägypten Fremde gewesen. [21] Ihr sollt keine Witwe oder Waise ausnützen. [22] Wenn du sie ausnützt und sie zu mir schreit, werde ich auf ihren Klageschrei hören. [23] Mein Zorn wird entbrennen und ich werde euch mit dem Schwert umbringen, sodass eure Frauen zu Witwen und eure Söhne zu Waisen werden. [24] Leihst du einem aus meinem Volk, einem Armen, der neben dir wohnt, Geld, dann sollst du dich gegen ihn nicht wie ein Gläubiger benehmen. Ihr sollt von ihm keinen Zins fordern. [25] Nimmst du von einem Mitbürger den Mantel zum Pfand, dann sollst du ihn bis Sonnenuntergang zurückgeben; [26] denn es ist seine einzige Decke, der Mantel, mit dem er seinen blossen Leib bedeckt. Worin soll er sonst schlafen? Wenn er zu mir schreit, höre ich es, denn ich habe Mitleid.» (Ex 22,20–26)

An erster Stelle wird in Ex 22,20 der Schutz von «Fremden» (hebr. hier *ger*) gefordert, was am Ende der Sozialgebote in Ex 23,9 beinahe wörtlich wiederholt wird.[157] Als Fremde werden Menschen bezeichnet, die dauerhaft an einem Ort wohnen, wo ihre verwandtschaftlichen Wurzeln nicht liegen und wo sie daher keinen Grundbesitz haben, arbeitsmässig in Abhängigkeit von Ortsansässigen stehen und nicht rechtsfähig sind. Es geht dem Bundesbuch um das Recht von sonst Rechtlosen. Zu Fremden werden Menschen hauptsächlich durch Hungersnöte (u. a. Gen 12,10; 26,3; 41,57; Rut 1,1; 2 Kön 8,8) und Kriege (2 Sam 4,3; Jes 16,4). Fremde können Israelit*innen sein, die sich bei einem anderen Stamm aufhalten (Ri 17,7), oder Menschen aus anderen Völkern und Religionen (Jes 14,1). Die Erfahrung des eigenen Fremdseins ist tief in der israelitischen Geschichte verwurzelt: Alle Erzeltern werden als Fremde bezeichnet (Gen 20,1; 26,3; 47,4; Dtn 26,5), ebenso wie das

---

156 Vgl. *Albertz, Rainer,* Exodus II, 104–118; *Dohmen, Christoph,* Exodus 19–40, 172–178; *Crüsemann, Frank,* Tora 213–223.

157 Vgl. *Zehnder, Markus:* Art. Fremder (AT)/WiBiLex.

israelitische Volk «als Ganzes» in Ägypten. Aus der eigenen Erfahrung des Fremdseins wird der Schutz von Fremden gefordert, die bei den Israeliten leben. Aus Empathie erwächst der Schutz des Mitmenschen.

An zweiter Stelle wird gefordert, Witwen und Waise zu schützen, d. h. hier nicht auszunützen.[158] Auch sie sind ökonomisch schwach und können ihr Recht in Rechtsprozessen nicht selbst wahrnehmen, da dies in der damaligen Zeit freien Männern vorbehalten war.[159] Witwen und Waisen fehlt oft ein Mann, der ihre Interessen in einem Rechtsprozess vertreten könnte, es sei denn, ein Bruder oder Onkel nimmt diese Rolle wahr. In Ex 22,21–23 übernimmt Gott die «Rechtsvertretung» für Witwen und Waisen, die ausgenutzt werden – wenn auch in einer als gewalttätig beschriebenen Weise. Diese Gewalttätigkeit ist heute anstössig, aber in der damaligen Zeit nicht aussergewöhnlich. Sie folgt dem Tun-Ergehen-Zusammenhang (wer Witwen und Waisen ausnützt, dessen Frauen und Kinder werden selbst zu Witwen und Waisen) und will vor allem den Ernst des Schutzes von Witwen und Waisen betonen.

Während der Schutz von Witwen und Waisen auch in anderen altorientalischen Gesetzen verbreitet ist, so ist der Schutz des Fremden in dieser ausgeprägten Art des Bundesbuches eine Besonderheit für den Alten Orient. Das deuteronomische Gesetz wird später noch weiter gehen: Die Fremden erhalten durch den Drittjahreszehnt ein gesichertes ökonomisches Auskommen (Dtn 14,28 f.; 26,12 f.) und stehen immer zusammen mit Witwen, Waisen und Leviten unter besonderem Schutz (Dtn 16,11.14; 24,17–21; 27,19). Theologisch wird der Schutz der Fremden im Deuteronomium mit der Liebe Gottes zu den Fremden begründet und daraus gefolgert, dass auch die Israelit*innen die Fremden bei ihnen lieben sollen:[160]

> «17 Denn Gott, euer Gott, ist der Gott der Götter und der Herr der Herren, der grosse, starke und furchtbare Gott, der kein Ansehen der Person kennt und keine Bestechung annimmt, 18 der der Waise und der Witwe

158 Vgl. *Molnar-Hidvegi, Nora:* Art. Witwe und Waise (AT)/WiBiLex.
159 Vgl. *Finsterbusch, Karin,* Frauen; *Grünwaldt, Klaus:* Art. Recht (AT)/WiBiLex; *Staszak, Martin:* Art. Gericht/Gerichtswesen (AT)/WiBiLex.
160 Vgl. *Moenikes, Ansgar:* Art. Liebe/Liebesgebot (AT)/WiBiLex.

> Recht verschafft und den Fremden liebt, so dass er ihm Brot und Kleidung gibt. [19] Auch ihr sollt den Fremden lieben; denn ihr seid selbst Fremde gewesen im Land Ägypten.» (Dtn 10,17–19, Zü. 07; vgl. Lev 19,33 f.)

Im Heiligkeitsgesetz wird sodann die Nächstenliebe mit dem Gebot der Liebe zum Fremden ergänzt – womit auch der persönliche Feind gemeint sein kann (Lev 19,18.33 f.) –[161] sowie für den Fremden das gleiche Recht wie für Israelit*innen gefordert (Lev 24,16.22; vgl. Num 15,14–16). Mit diesen Mahnungen und Geboten zum Schutz von Fremden wird gegen nationalistische, fremdenfeindliche Stimmen, die es in allen Völkern und allen Zeiten leider immer wieder gibt – so auch in der Bibel (vgl. z. B. Ex 34,11–16; Esra 9 f.; Neh 13) –, Partei ergriffen zugunsten von Fremden und für eine Gesellschaft, in der alle Menschen Rechte und Würde haben. Das hebräische Wort für Lieben (hebr. *ahab*) meint im Zusammenhang der Nächstenliebe nicht ein Liebesgefühl, sondern vielmehr die Gesinnung und die Tat:[162] Durch die Liebe zum Nächsten soll dieser Wohlwollen und tatkräftige Hilfe erfahren. Solche Liebe gehört auch in den politischen Bereich und verlangt nach entsprechenden Rechten für alle.

Recht und Würde wird drittens auch für materiell Arme eingefordert (Ex 22,24–26):[163] Der Schutz der Armen setzt hier beim Schuldwesen an. Dieses war, wie bereits erwähnt, im Alten Orient durch die Personenhaftung gekennzeichnet. Spr 22,7 bringt dies auf den Punkt: «Zum Sklaven gegenüber dem Gläubiger wird, wer eine Anleihe macht.» So werden freie Menschen im Alten Orient zu Sklav*innen, wenn sie aus Not – um nicht zu hungern oder um Saatgut zu erwerben – Geld leihen und dafür hohe Zinsen zahlen müssen. Wenn sie die Zinsen nicht bezahlen können, müssen sie Familienmitglieder und schliesslich sich selbst als Sklav*innen verkaufen (vgl. 2 Kön 4,1–7). Dagegen erhebt das Bundesbuch Einspruch: Es darf bei Geldleihen an Arme kein Zins verlangt

161 Vgl. *Köckert, Matthias,* Nächstenliebe.

162 Vgl. hierzu und zum Folgenden *Köckert, Matthias,* Nächstenliebe 34–36.

163 Vgl. *Kessler, Rainer:* Art. Armut/Arme (AT)/WiBiLex.

werden (Ex 22,24).[164] In Dtn 23,20 und Lev 25,37 wird das Zinsnehmen gegenüber einem «Bruder», d.h. gegenüber Israelit*innen, insgesamt verboten. Wenn in Dtn 23,21 Zinsnehmen von Leuten anderer Völker («Ausländern») erlaubt wird, so handelt es sich dabei nicht um eine Doppelmoral, eine Moral nach innen und eine andere nach aussen.[165] Vielmehr sind hier zwei Arten von Krediten angesprochen: zuerst der Kredit für einen Menschen in einer Notsituation, die nicht ausgenützt werden darf und in der keine Zinsen erhoben werden dürfen; dann das übliche Wirtschafts- und Handelsverhalten im Alten Orient, bei dem Zinsen erhoben werden. Diese zwei unterschiedlichen Situationen macht ein Vergleich mit Lev 25,35–38 deutlich, wo auch das Zinsnehmen bei einem Fremden oder Beisassen (Zugezogenen/Halbbürger), verboten wird, wenn dieser in Not ist:

> «35 Wenn dein Bruder verarmt und sich neben dir nicht halten kann, sollst du ihn, auch einen Fremden oder Beisassen, unterstützen, damit er neben dir leben kann. 36 Nimm von ihm keinen Zins [hebr. *näschäq*] oder Profit [hebr. *tarbit*]! Fürchte deinen Gott und dein Bruder soll neben dir leben können. 37 Du sollst ihm weder dein Geld noch deine Nahrung gegen Zins und Profit geben. 38 Ich bin Gott, euer Gott, der euch aus Ägypten herausgeführt hat, um euch Kanaan zu geben und euer Gott zu sein.» (Lev 25, 35–38)

Auch hier wird das Gebot theologisch begründet: mit dem Glauben an Gott, der aus der Sklaverei herausführt, ein Gott, der Partei ergreift für die Unterdrückten, Rechtlosen und Armen. Was Armsein konkret bedeuten kann, zeigt Ex 22,25f.: wenn jemand nur ein einziges Kleid (Mantel) hat. Dieses Kleidungsstück soll – wenn es denn überhaupt gepfändet wird – der Person zurückgegeben werden für die Nacht, da sie sonst keine Decke hat. Und wie schon bei der Witwe und der Waisen wird Gott das Schreien des Armen hören: «Wenn er zu mir schreit, höre ich es, denn ich habe Mitleid» (Ex 22,26). Dies ist die zentrale Glaubensaussage, welche die Rechtssätze und Gebote im Bundesbuch begründet: Gott hört

164 Vgl. *Kessler, Rainer:* Art. Zins/Zinsverbot/WiBiLex.

165 Dies vermutete *Weber, Max,* Aufsätze III, 357f.; vgl. zu den damit einhergehenden antijüdischen Stereotypen *Leutzsch, Martin,* Zinsverbot 125–127.

bzw. sieht das Leiden von Menschen, Gott ist sym-pathisch (mit-leidend) und nimmt sich dieser Menschen an. Die Befreiungstheologie benennt diesen Glauben zu Recht als «Option (Parteinahme) Gottes für die Armen».[166] Gemäss biblischer Überzeugung muss aus dem Glauben an einen solchen Gott, ein entsprechendes menschliches Handeln folgen, die konkrete Zuwendung an Arme und Schwache.

Die Gesetzgebungen im Bundesbuch und darüber hinaus wollen dem «Recht der Armen» (Ex 23,6; Dtn 27,19; Jes 10,2) dienen: Sie erhalten das Recht auf den Ertrag dessen, was in einem Brachjahr wächst (Ex 23,11), das Recht auf Nachlese auf den abgeernteten Feldern (Lev 19,9 f.; 23,22; Dtn 24,19–22), der Zehnte soll ihnen alle drei Jahre als Armensteuer zukommen (Dtn 14,28 f.; 26,12–15), das Zinsverbot (Ex 22,24; Lev 25,35–38; Dtn 23,20 f.) und die Beschränkungen bei der Pfandnahme (Ex 22,25 f.; Dtn 24,6.10–13.17) sollen sie vor Ausbeutung schützen, ein allgemeiner Schuldenerlass alle sieben Jahre (Dtn 15,1–11) sowie die Freilassung aus der Schuldsklaverei im siebten Jahr (Ex 21,2–6; Dtn 15,12–18) sollen ihnen wieder das Leben in Freiheit ermöglichen.

Dass das Recht von Menschen, insbesondere von Armen, immer wieder missachtet wird, ist bereits von prophetischen Stimmen vielfach kritisiert worden (Am 2,7; 5,10; Jes 1,23; 10,1 f. u. a.) und wird auch im Bundesbuch beschrieben. Ex 23,1–8 nennt wesentliche Missstände in Gerichtsprozessen beim Namen und will mit einigen Geboten für eine gerechte Rechtssprechung sorgen:[167]

> «[1] Du sollst kein leeres Gerücht verbreiten. Biete deine Hand nicht dem, der Unrecht hat, indem du als falscher Zeuge auftrittst. [2] Du sollst dich nicht der Mehrheit anschließen, wenn sie im Unrecht ist, und sollst in einem Rechtsverfahren nicht so aussagen, dass du dich der Mehrheit fügst und das Recht beugst. [3] Du sollst auch den Geringen in seinem Rechtsstreit nicht begünstigen. […] [6] Du sollst das Recht des Armen in

166 Vgl. u. a. *Gutiérrez, Gustavo,* Theologie der Befreiung, Mainz [10]1992; *ders.:* Nachfolge Jesu und Option für die Armen. Beiträge zur Theologie der Befreiung im Zeitalter der Globalisierung, Freiburg i. Üe./Stuttgart 2009; *Boff, Leonardo:* Jesus Christus, der Befreier, Freiburg i. Br. u. a. 1986.

167 Vgl. *Albertz, Rainer,* Exodus II, 120–123; *Dohmen, Christoph,* Exodus 19–40, 181–186; *Crüsemann, Frank,* Tora 219–223.

> seinem Rechtsstreit nicht beugen. [7] Von einem unlauteren Verfahren sollst du dich fernhalten. Wer unschuldig und im Recht ist, den bring nicht um sein Leben; denn ich spreche den Schuldigen nicht frei. [8] Du sollst dich nicht bestechen lassen; denn Bestechung macht Sehende blind und verkehrt die Sache derer, die im Recht sind.» (Ex 23,1–3.6–8, EÜ 16)

Inmitten dieses Plädoyers für gerechte Rechtssprechung findet sich auch die Forderung nach praktischer Feindesliebe, etwas, das sich nicht rechtlich regeln lässt, das aber hier als Anspruch formuliert wird:

> «[4] Wenn du dem verirrten Rind oder Esel deines Feindes begegnest, sollst du das Tier sogleich zu ihm zurückführen. [5] Wenn du siehst, dass der Esel deines Feindes/Hassers unter seiner Last zusammengebrochen ist, dann lass ihn nicht allein.» (Ex 23,4 f.; vgl. Dtn 22,1–4; Spr 25,21; 24,17; 10,12; Mt 5,43–48; Lk 6,27 f.; 23,34; Röm 12,9–21)[168]

Den Abschluss des Bundesbuches bilden die bereits erwähnten Gebote zum Schabbatjahr und zum Schabbattag als Ruhe für Menschen, Tiere und Ackerboden (Ex 23,10–13),[169] ein Fremdgötterverbot (Ex 23,13)[170] sowie die Gebote für drei grosse Wallfahrtsfeste (Ex 23,14–19).[171]

6.11.5 Deutung und Bedeutung

Gewiss gab es schon immer Kritiker an dieser biblischen Ethik und Gesetzgebung, welche die Schwächsten besonders schützt. Prominent ist Friedrich Nietzsches Aussage zur «Umkehrung der Werte» in Bezug auf das jüdische Volk: «Mit ihm beginnt der Sklavenaufstand in der Moral.»[172] Aber schon Paulus wusste, dass die Überzeugung, Gottes Kraft sei gerade in den Schwachen mächtig, normalerweise als Torheit gilt (1 Kor 1,18.23; 2 Kor 12,10). Und dennoch: Ist es nicht

---

168 Vgl. *Köckert, Matthias,* Nächstenliebe; *Moenikes, Ansgar:* Art. Liebe/Liebesgebot (AT)/WiBiLex, Kap. 2.2.

169 Siehe Abschnitt 6.10.6.4.

170 Siehe Abschnitt 6.10.6.1.

171 Siehe Abschnitt 6.7.

172 *Nietzsche, Friedrich:* Jenseits von Gut und Böse. Vorspiel einer Philosophie der Zukunft, Nr. 195, Leipzig 1886, siehe URL: http://www.nietzschesource.org/#eKGWB/JGB-195.

genau diese Gesinnung und diese Rechtsgebung, die beim Schwächsten in der Gesellschaft einsetzt – im Bundesbuch bei Sklav*innen, Witwen und Waisen, beim Armen und beim Fremden –, aus der sich die Würde eines jeden Menschen proklamieren lässt? Und wurzeln nicht die Menschenrechte darin, dass ausnahmslos jeder Mensch – auch ein namenloses Sklavenbaby (Ex 2) – die gleichen Rechte und das Recht auf Unversehrtheit und Leben hat? Und dass es Aufgabe und Pflicht eines jeden Menschen und Staates ist, diese Rechte und Würde aller zu schützen? Schliesslich: Ist die unveräusserliche Würde eines jeden Menschen und sind seine Rechte letztlich anders begründbar als mit der blossen Überzeugung, dass es so ist, so sein muss? Theologisch wird dies mit der Grundüberzeugung zum Ausdruck gebracht, dass ausnahmslos jeder Mensch ein Ebenbild Gottes ist.

Meines Erachtens atmen die nach und nach entstandenen und proklamierten Menschenrechtserklärungen diesen Geist (auch wenn sich Religionen oft noch heute schwertun mit verschiedenen Menschenrechten wie Religionsfreiheit oder unterschiedlichen Geschlechtsidentifikationen sowie der Gleichberechtigung von Frauen). So formulierte die *Virginia Declaration of Rights* 1776 die Überzeugung: «Wir halten diese Wahrheiten für ausgemacht, dass alle Menschen gleich erschaffen wurden, dass sie von ihrem Schöpfer mit gewissen unveräußerlichen Rechten begabt wurden, worunter Leben, Freiheit und das Streben nach Glückseligkeit sind.» Die *Déclaration des droits de l'homme et du citoyen* von 1789 hielt in der Präambel fest, «dass die Unkenntnis, die Achtlosigkeit oder die Verachtung der Menschenrechte die einzigen Ursachen des öffentlichen Unglücks und der Verderbtheit der Regierungen sind», und beschloss, «die natürlichen, unveräußerlichen und heiligen Rechte der Menschen in einer feierlichen Erklärung darzulegen». Die französischen Frauenrechtlerin Olympe de Gouges – die 1793 unter der Schreckensherrschaft (*la Terreur*) von Robespierres umgebracht wurde – forderte in ihrer *Déclaration des droits de la femme et de la citoyenne* von 1791 die gleichen Rechte für die Frau:

> «Art. I: Die Frau wird frei geboren und bleibt dem Mann an Rechten gleich. Soziale Unterschiede können nur im allgemeinen Nutzen begründet sein.
> Art. II: Das Ziel jeder politischen Vereinigung ist die Bewahrung der natürlichen und unverjährbaren Rechte von Frau und Mann: diese Rechte sind Freiheit, Eigentum, Sicherheit und vor allem Widerstand gegen Unterdrückung.»[173]

Die Charta der Vereinten Nationen von 1945 bekräftigt in ihrer Präambel den «Glauben an die Grundrechte des Menschen, an Würde und Wert der menschlichen Persönlichkeit, an die Gleichberechtigung von Mann und Frau sowie von allen Nationen, ob groß oder klein»[174].

Die Allgemeine Erklärung der Menschenrechte vom 10. Dezember 1948 erklärte die Menschenrechte als universal gültig, und die Charta der Grundrechte der Europäischen Union von 2000 schützt die Würde und das Leben des Menschen, in dem sie in Art. 2 die Todesstrafe verbietet:

> «Artikel 1 Würde des Menschen
> Die Würde des Menschen ist unantastbar. Sie ist zu achten und zu schützen.
> Artikel 2 Recht auf Leben
> (1) Jeder Mensch hat das Recht auf Leben.
> (2) Niemand darf zur Todesstrafe verurteilt oder hingerichtet werden.»

Auch moderne rechtsstaatliche Verfassungen benennen die Würde und Rechte aller Menschen sowie den Schutz von sozial schwächer Gestellten: Das Grundgesetz für die Bundesrepublik Deutschland beginnt Art. 1 mit den Worten: «Die Würde des Menschen ist unantastbar. Sie zu achten und zu schützen ist Verpflichtung aller staatlichen Gewalt.» Das Bundes-Verfassungsgesetz Österreichs formuliert in Art. 7: «Alle Staatsbürger sind vor dem Gesetz gleich. Vorrechte der Geburt, des Geschlechtes, des Standes, der Klasse und des Bekenntnisses sind ausgeschlossen. Niemand darf wegen seiner Behinderung benachteiligt werden.» Und die Bundesver-

173 *Olympe de Gouges,* Déclaration, zit. nach *Burmeister, Karl Heinz,* Olympe de Gouges.

174 Deutscher Text bei der URL: http://dag.un.org/handle/11176/387335.

fassung der Schweizerischen Eidgenossenschaft formuliert in der Präambel die Gewissheit, «dass frei nur ist, wer seine Freiheit gebraucht, und dass die Stärke des Volkes sich misst am Wohl der Schwachen».

Das Bundesbuch – wie auch andere Gesetzestexte im AT – begründet seine auf soziale Gerechtigkeit zielenden Gebote, Mahnungen und Gesetze mit dem Glauben an einen Gott, der sich den sozial Schwächeren zuwendet, ihnen Recht verschafft und den Menschen aus jeder Art von Sklaverei befreien will. Zudem gilt die biblische Überzeugung, dass das menschliche Verhalten mit diesem Gottesglauben übereinstimmen soll:

> «Wer einen Geringen unterdrückt, schmäht seinen Schöpfer,
> aber wer Erbarmen hat mit einem Armen, ehrt ihn [Gott].» (Spr 14,31; vgl. Mt 25,31–46)

Zum Weiterlesen

Zum Exodusbuch als Ganzes:

Assmann, Jan: Exodus. Die Revolution der Alten Welt, München 2015.

Dohmen, Christoph: Exodus 1–18 (HThKAT), Freiburg i. Br. 2015; Exodus 19–40 (HThKAT), Freiburg i. Br. 2004.

Fischer, Georg/Markl, Dominik: Das Buch Exodus (NSK AT 2), Stuttgart 2009.

Krochmalnik, Daniel: Schriftauslegung – das Buch Exodus im Judentum (NSK AT 33,3), Stuttgart 2000.

Oswald, Wolfgang: Art. Exodusbuch, auf: http://www.bibelwissenschaft.de/stichwort/11553/ (10.8.2018).

Walzer, Michael: Exodus und Revolution, Frankfurt a. M. 1995.

Zu Mose, Mirjam, Aaron und Zippora:

Bachmann, Mercedes García: Mirjam als politische Führungsfigur beim Exodus, in: *Fischer, Irmtraud u. a. (Hg.):* Tora (Die Bibel und die Frauen 1,1), Stuttgart 2010, 305–346.

Gertz, Jan: Art. Mose, auf: http://www.bibelwissenschaft.de/stichwort/28069/ (12.7.2018).

Koenen, Klaus: Art. Aaron/Aaroniden, auf: http://www.bibelwissenschaft.de/stichwort/11012/ (10.8.2018).

Otto, Eckart: Mose und das Gesetz. Die Mose-Figur als Gegenentwurf Politischer Theologie zur neuassyrischen Königsideologie im 7. Jh. v. Chr, in: *ders. (Hg.):* Mose. Ägypten und das Alte Testament (SBS 189), Stuttgart 2000, 43–83.

Rapp, Ursula: Art. Mirjam, auf: http://www.bibelwissenschaft.de/stichwort/27817/ (10.8.2018).

Rapp, Ursula: Zippora. Das Verschwinden einer Ehefrau, in: *Fischer, Irmtraud u. a. (Hg.):* Tora (Die Bibel und die Frauen 1,1), Stuttgart 2010, 292–304.

Zum Exodusereignis:

Berner, Christoph: Art. Exodustradition, auf: http://www.bibelwissenschaft.de/stichwort/18041/ (12.7.2018).

Michel, Andreas: Art. Meerwundererzählung, auf: http://www.bibelwissenschaft.de/de/stichwort/26761/ (10.8.2018).

Zum Dekalog:

Crüsemann, Frank: Bewahrung der Freiheit. Das Thema des Dekalogs in sozialgeschichtlicher Perspektive, Gütersloh 1983.

de Vos, J. Cornelis: Rezeption und Wirkung des Dekalogs in jüdischen und christlichen Schriften bis 200 n. Chr. (AGJU 95), Leiden 2016.

Köckert, Matthias: Art. Dekalog/Zehn Gebote (AT), auf: http://www.bibelwissenschaft.de/stichwort/10637/ (12.7.2018).

Zum Bundesbuch und zu Recht/Ethik des AT insgesamt:

Crüsemann, Frank: Maßstab Tora. Israels Weisung und christliche Ethik, Gütersloh 2003.

Erbele-Küster, Dorothea: Art. Ethik (AT), auf: https://www.bibelwissenschaft.de/de/stichwort/17880/ (10.8.2018).

Oswald, Wolfgang: Art. Bundesbuch, auf: https://www.bibelwissenschaft.de/stichwort/11459/ (12.7.2018).

Otto, Eckart: Theologische Ethik des Alten Testaments, Stuttgart 1994.

Rückblick 7

Viele grossartige Texte sind uns im Genesis- und Exodusbuch begegnet. Tiefschürfende Fragen in Bezug auf das Menschsein und auf Gott durchdringen diese Texte. Diese Fragen und die damit verbundenen Überzeugungen werden meist auf erzählerische Weise formuliert. Das ist für uns heute gewöhnungsbedürftig. Wir müssen erst lernen, diese narrative Theologie zu verstehen. Etwas Entscheidendes dabei ist, dass wir die Erzählungen nicht wortwörtlich, das heisst nicht als historische oder naturhistorische Berichte lesen. Das wollen die Erzählungen selbst nicht sein. Wer die Erzählungen wortwörtlich liest, bekommt daher den falschen Eindruck, sie seien naiv, unkritisch, unreflektiert. Doch das Gegenteil ist der Fall! Die Menschen, welche die Bücher Genesis und Exodus schrieben, die Erzählungen weitertradierten, aktualisierten, wieder und wieder ergänzten und neu formulierten, reflektierten das Menschsein und den Glauben auf höchstem Niveau. Indem die jüdische und später die christliche Glaubensgemeinschaft über Jahrhunderte den Dialog und die Auseinandersetzung mit diesen Schriften pflegten und wagten – wagten, weil es Texte sind, die auf die positive Veränderung des Menschen und der Welt zielen, mitunter in revolutionärer Weise –, wurden diese Schriften als Gotteswort anerkannt, als Heilige Schriften, das heisst als Schriften, die unzähligen Menschen etwas vom Heiligen erahnen lassen, etwas von dem je Grösseren, das wir Gott nennen, erkennen lassen und in diesem Sinne offenbaren.

Eine besondere Stärke der biblischen Schriften ist es, dass sie unterschiedliche Menschen- und Gottesbilder nebeneinander stehenlassen, nebeneinander und auch gegeneinander stellen. Damit werden die Lesenden bis in unsere Zeit und darüber hinaus herausgefordert, selber zu überlegen: Wie verhält sich unser Menschen- und Gottesbild zu jenen in einer biblischen Erzählung? Wo entspricht ein Gottesbild meinem Glauben – und warum? Wo bin ich mit einem Gottesbild überhaupt nicht einverstanden – und warum? Welche grundlegenden Verhaltensregeln (Gebote/Werte) gelten für mein Leben? Und wie stehen diese im Verhältnis zu den Geboten der Tora? Wie sieht unsere Wirtschafts- und Gesellschaftsordnung aus und wie jene, welche in den biblischen Texten entworfen wird?

Die biblischen Texte sind zudem zumeist «offene Texte», das heisst, sie haben «Leerstellen», die geradezu danach verlangen, dass wir mit unseren eigenen Fragen und Überzeugungen in einen Dialog mit diesen Texten treten und sie wie ein «offenes Kunstwerk» (Umberto Eco) weiter entfalten mit unseren Erfahrungen. Durch diesen Dialog bleiben die biblischen Texte «lebendig» und bedeutsam auch für uns heute. Die jüdische Tradition nennt den Prozess dieses Dialogs «mündliche Tora»: «Mündliche Tora» meint im engeren Sinne die Sammlungen der Auslegungen der Tora, im weiteren Sinne aber jede ehrliche, existentielle Beschäftigung mit der Tora, die ihrem besseren Verständnis dienen will, die ihre wirksame Kraft sich entfalten lassen will, die ihr gegenüber aber durchaus auch kritisch auftreten kann. Der grosse jüdische Gelehrte und Rabbiner Abraham Joshua Heschel (1907–1972) betonte den Sinn und die Notwendigkeit dieser Art von Tora-Auslegung folgendermassen:

> «Der Vollsinn des Bibelwortes wurde nicht ein für alle Mal erschlossen. Stündlich wird ein neuer Aspekt entschleiert. Das Wort wurde einmal gegeben; die Bemühung, es zu verstehen, muß für alle Zeiten weitergehen. Es genügt nicht, die Gebote zu bejahen; es genügt nicht einmal, sie zu erfüllen. Die Tora studieren, sie prüfen, sie erforschen ist eine Form des Gottesdienstes, ist allerhöchste Pflicht. Denn die Tora ist eine Einladung zum Lernen, ein Ruf zu fortgesetzter Interpretation.»[1]

In diesem Sinne habe ich die vorliegende Einführung in die «Erzählungen von Schöpfung, Erzeltern und Exodus» geschrieben: Als «offene Auseinandersetzung» mit den grossartigen biblischen Texten, die zum Gespräch mit den je eigenen Gottesbildern und dem Glauben einladen will und damit zum «Ausblick» werden kann.

Unter «Gottesbildern» sind nicht gegenständliche Bilder (Gemälde, gegossene Figuren usw.) zu verstehen, die Gott

---

1 *Heschel, Abraham J.,* Maimonides 211.

«dingfest» machen würden – solche Bilder werden im Dekalog verboten (siehe 6.10.6.2) –, sondern unsere menschlichen Vorstellungen des Unvorstellbaren. Es ist zu unterscheiden zwischen «Gott an sich» und den – auch in den biblischen Schriften erzählten – «Gottesbildern» (siehe 4.1.2.1).

Die Geschichte Israels/Judas (siehe Kap. 2) hat einen Einblick gegeben, in welchen Zeiten, in welchem sozialgeschichtlichen und historischen Kontext die biblischen Texte entstanden sind. In und durch diese Geschichte hindurch kamen Menschen zur Überzeugung bzw. blieben der Überzeugung treu, dass der Glaube an den Gott JHWH Sinn macht, dass dieser Glaube das «Leben in Fülle», ein Leben in Gerechtigkeit und Frieden für alle Menschen, fördert und verlangt.[2] Dieser Glaube beinhaltet das Vertrauen, dass Gott sich in und durch die persönliche wie kollektive Geschichte den Menschen mitteilt beziehungsweise dass es menschliche Erfahrungen gibt, die über sich hinausweisen auf das je Grössere, das wir Gott nennen. Diese Erfahrungen und Überzeugungen haben in der Tora in einem jahrhundertelangen Prozess (siehe Kap. 3) eine Sprache gefunden.

In der ersten Erzählung der Bibel begegnet der Glaube an einen guten Schöpfergott, der «Himmel und Erde» als guten Lebensraum für Tiere und Menschen hervorrief (siehe 4.1.1). Gen 1,1–2,4a vertritt eine für die damalige Zeit aufgeklärte Sichtweise, die nicht hinter jedem Gestirn oder Blitz eine Gottheit vermutet, sondern einen einzigen Gott als Ursache für alles annimmt. Zudem wird ein äusserst positives Menschenbild bezeugt: Alle Menschen werden in der ersten Schöpfungserzählung als Ebenbild Gottes bezeichnet. Mann wie Frau – männlich*weiblich –, Israelit*innen wie Babylonier*innen, Sklav*innen wie Freie, schlichtweg jeder einzelne Mensch ist Gottes Ebenbild – und damit ein*e Stellvertreter*in des unsichtbaren, unfassbaren Gottes. Eine für die damalige Zeit, die gewöhnlich nur im jeweiligen Herrscher/König den Stellvertreter eines Gottes sah, revolutionär egalitäre Sicht. Die ganze Schöpfung, Tiere und Menschen werden als «urgut» und «urgesegnet» geglaubt. Implizit

2 Vgl. Ps 16,11; Joh 10,10 und zur «Lebensfülle» als Gottesmetapher *Miggelbrink, Ralf*, Lebensfülle.

bezeugt die erste Schöpfungserzählung damit auch den Glauben, dass Schrecken und Leid nicht von Gott kommen, dass Gott vielmehr eine Welt will, in der es keinerlei Blutvergiessen gibt, keinerlei Fressen und Gefressenwerden, nicht einmal unter den Tieren (Gen 1,29 f.).

Die zweite Schöpfungserzählung (Gen 2,4b–24) formuliert den Glauben an einen Gott, der dem Menschen ganz nahe ist, so nahe, wie ein Töpfer seinem Werk (siehe 4.1.2). Ein Gott auch, der dem Menschen die Würde gibt, Lebewesen zu benennen (Sprache) und die Sehnsucht, für sich ein echtes, gleichberechtigtes Gegenüber als Partner*in zu erhalten. Wie wenig «naiv» in einem minderen Sinne diese Erzählung ist, zeigt sich, wenn man sie beispielsweise dem Gedicht «großer gott klein» von Kurt Marti gegenüberstellt:[3]

> großer gott:
> uns näher
> als haut
> oder halsschlagader
> kleiner als herzmuskel
> zwerchfell oft:
> zu nahe
> zu klein – wozu
> dich suchen?
> wir: deine verstecke

Während die ersten beiden Schöpfungserzählungen eine Vision entwerfen, wie die Welt und der Mensch eigentlich sein sollten, so werden ab Gen 2,25 die Lebensrealitäten der Menschen, wie sie über Jahrtausende erfahren wurden, reflektiert (siehe 4.1.3–4). Das menschliche Leben spielt sich von Beginn weg «jenseits von Eden», ausserhalb eines «Paradieses» ab: Da begegnet zuerst das Bild des Menschen, der mehr sein möchte, als er ist – obwohl er doch urgut ist. Das Bild des Menschen, der nach mehr strebt, mehr sein und mehr wissen will, der – vielleicht dadurch? – aber auch grosse Mühe hat mit seinem So-Sein, mit seinem «Nackt- und Bloss-Sein» (Gen 2,25–3,24). Und gerade für dieses Nackt- und Blosssein des Menschen wird in Gen 3,21 die Hoffnung auf einen Gott formu-

3 *Marti, Kurt,* abendland 82.

liert, der sich des Menschen zärtlich-liebevoll annimmt, ihm in seiner Bedürftigkeit entgegenkommt und ihn – im Bild der Erzählung gesprochen – bekleidet: «Und Gott JHWH machte Adam und seiner Frau Leibröcke aus Fell und bekleidete sie.»

Von der dunklen Seite des Menschen berichtet erst Gen 4 (siehe 4.1.4): Soweit Menschen zurückdenken können, gab es unter Menschen auch Mord und Totschlag. Missgunst und Eifersucht sind häufige Ursachen dafür. Die Erzählung von Kain und Abel bringt dies in wenigen, dafür umso eindringlicheren Worten zum Ausdruck und formuliert die Überzeugung: Wer einen Menschen tötet, tötet seinen Bruder bzw. seine Schwester. Für dieses Töten kommt in der Bibel erstmals der Begriff Sünde vor: Sünde ist Blutvergiessen – Blutvergiessen ist Sünde. Blutvergiessen ist ein Fluch, eine Lebensminderung, die zu Rast- und Ruhelosigkeit und zur «Verbannung» aus der guten menschlichen Gemeinschaft führt. Doch auch hier überrascht das Gottesbild, indem Gott dem Mörder Kain Schutz zuspricht, damit er selbst nicht getötet werde: Selbst das Leben eines Mörders ist zu schützen. Gleiches soll nicht mit Gleichem vergolten werden. Indem Gott zu Beginn der Erzählung auf Abel blickte, der als «Windhauch»/«Nichts» dem Kain in jeder Hinsicht unterlegen ist, betont Gen 4 den Glauben an einen Gott, der sich gerade dem sozial Schwächeren – dem Aussenseiter, Unterdrückten, Habenichts – zuwendet und nicht zulässt, dass der Schwächere und seine Geschichte von den Mächtigen ausgelöscht wird: Daher folgt die biblische Genealogie – von Adam über Abraham bis Jesus – nicht Kain, sondern dem dritten Kind, dem Eva, die «Mutter aller Lebendigen», den Namen Set (Setzling/Stellvertreter) gibt und ihn damit als Nachfolger Abels bestimmt.

Erzählungen von einer grossen Flut finden sich zuerst in Texten ausserhalb der Bibel. Die Menschen, welche die Sintfluterzählung (Gen 6,5–9,17) aufschrieben, kannten diese Texte, nahmen sie teilweise auf und verbanden sie mit ihrer eigenen Gottesfrage angesichts der Gewalttätigkeit der Menschen (siehe 4.1.5): Implizit wird in der biblischen Sintfluterzählung die Frage aufgeworfen, was Gott tun könnte, wenn die Gewalttätigkeit der Menschen die ganze Erde die ganze Zeit erfüllte. Eine erste Möglichkeit wäre, dass Gott die Erschaffung der Menschen bereuen würde und die Gewalttäter von der Erde wieder verschwinden liesse. Nur die wenigen Rechtschaffenen dürften weiterleben. Doch – und das ist der Clou der biblischen Sintfluterzählung – Gott würde die Menschen damit nicht zum Besseren erziehen können. Die Gewalttätigkeit des Menschen lässt sich nicht durch Gewalttätigkeit überwinden. Die Menschen bleiben in der Erzählung auch nach der Sintflut, was und wie sie schon vorher waren. Also wird nun ein anderes Gottesbild entworfen: Bildlich gesprochen legt Gott seinen Kriegsbogen aus der Hand, hängt diesen Bogen «an den Himmel». Damit wird auf erzählerische Weise gesagt: Wir glauben nicht mehr daran, dass Gott die Gewalttätigkeit der Menschen mit eigener Gewalttätigkeit überwinden könnte. Wir glauben vielmehr an einen Gott, der auf Gewalttätigkeit verzichtet und stattdessen mit allen Menschen und allen Tieren einen Friedensbund schliesst. Wir glauben, dass die Kraft des Glaubens an einen solchen Gott viel stärker ist als alle Waffengewalt.

An dieser Überzeugung knüpft die Berufung Abrahams und Saras an (siehe 4.2.2.1). In einer Gottesrede an Abraham wird formuliert (Gen 12,1–3), worauf es im jüdischen Glauben und im später daran partizipierenden christlichen Glauben ankommt: auf das Angesprochensein durch Gott, auf das Aufbrechen zu Neuem, auf das Gesegnetwerden und auf das Segensein für andere Menschen, ja für alle Menschen/Sippen der Erde. Dies sind die grossen Verheissungen, worauf vertraut werden darf und woraufhin es sich zu leben lohnt. Diese Überzeugung steht am Anfang der Erzelternerzählungen von Abraham und Sara mit Hagar, Isaak und Rebekka, Jakob mit Lea, Rahel, Bilha und Silpa. Mittels der Erzelternerzählungen wird die Volkswerdung und Geschichte Israels reflektiert, gedeutet und in einen Sinnzusammenhang gestellt. Alles wird sich im Licht der Ouverture von Gen 12,1–3 ansehen lassen müssen: Inwiefern wird Segen empfangen und inwiefern wird Juda/Israel und werden auch die Einzelnen zu einem Segen für andere? Die Erzelternerzählungen gehen überaus selbstkritisch, offen, ehrlich und auch humorvoll mit diesen Fragen um. Schon kurz nach der Berufungserzählung Abrahams erscheint dieser in Ägypten als ängstlich Versagender, wohingegen der sonst so böse Pharao sich geradezu grossherzig und edel verhält (Gen 12,10–20; siehe 4.2.2.3). Hier werden Selbst- und Feindbilder durcheinandergewirbelt und es wird der Glaube an einen Gott formuliert, der Partei ergreift für die zahllosen stummen, wehr- und rechtlosen Opfer: Die Erzmutter Sara wird von Gott mit demselben Engagement aus der Sklaverei der Frauenfeindlichkeit errettet, wie später das ganze Volk Israel aus dessen Versklavung in Ägypten.

Sehr kritisch werden Abraham und Sara dargestellt bei der Vertreibung Hagars und Ismaels (Gen 16), die für das Volk der Ismaeliter stehen (siehe 4.2.2.4). Abraham und Sara tun Unrecht an Hagar und Ismael, so dass Hagar mit Ismael zu Recht und mit Erfolg flieht. Während der späteren Bearbeitung des Textes veränderte sich jedoch das Gottesbild: von einem Gott, der die ursprüngliche Flucht Hagars respektiert, zu einem Gott, der sie zurück unter die Herrschaft Saras schickt. In dem entsprechenden Vers hat die reaktionäre Sicht von Sklavenhaltern leider Einzug gehalten. Wie immer wieder gesehen, sind die Erzählungen und Vorstellungen der Bibel zu verstehen vor dem Hintergrund der damaligen historischen, sozialgeschichtlichen und religiösen Begebenheiten. Häufig entwerfen die biblischen Texte eine Vision einer neuen, gerechteren und solidarischeren Welt. Manchmal bleiben sie aber auch unkritisch in den Vorstellungen ihrer Zeit verhaftet. – Für Hagar und Ismael erfolgt die Befreiung aus der Unterdrückung dann immerhin in Gen 21.

In Gen 18 wird im ersten Teil der Glaube bezeugt, dass Gott ganz menschlich erscheint und dass es Gott viel wichtiger ist, Gastfreundschaft anzunehmen, als sich an religiöse Speisevorschriften zu halten (siehe 4.2.2.6). Im zweiten Teil wird die Überzeugung formuliert, dass auch Gott sich an die Massstäbe einer universalen Gerechtigkeit halten muss und Rechtschaffene nicht zusammen mit Übeltätern verurteilen darf (siehe 4.2.2.7). In Gen 22 wird ein Gottesbild gezeichnet, das zurückschrecken lässt (siehe 4.2.2.8): Es wird absoluter, blinder Glaubensgehorsam gefordert, selbst gegenüber der Forderung, den eigenen «Sohn» zu töten («schlachten»). Auch solche Gottesbilder werden leider in der Bibel formuliert. Sie stehen im Zusammenhang damit, dass im Alten Orient – und weit darüber hinaus – das Kriegerische und Grausame oft durch einzelne Götter repräsentiert wird. Biblischerseits brauchte es einen langen Weg und ein immer wieder neues Ringen darum, gewalttätige Gottesbilder bzw. religiöse Gewalttätigkeit zu überwinden. Wenn man jenen Bibeltexten, die Gewalttätigkeit legitimieren oder sogar fordern, einen Sinn abgewinnen will, so nimmt man diese Texte als Warnung und als Ermahnung: als Warnung vor Überheblichkeit gegenüber anderen Religionen oder auch nichtreligiösen Weltbildern, da es auch in der eigenen Tradition problematische, krankmachende und gewalttätige Gottes- und Glaubensvorstellungen gibt; als Ermahnung dafür, sich persönlich und als Glaubensgemeinschaften immer wieder selbstkritisch zu prüfen, inwieweit die Gottes- und Glaubensvorstellungen dem Leben aller Menschen dienen und inwieweit nicht, zu prüfen, inwieweit der gelebte Glaube ein Segen für einen selbst und für andere Menschen ist und inwieweit nicht. Gemäss Gen 12,3 muss sich der Glaube daran messen. Auch die Gebote der Gottes- und Nächstenliebe (Dtn 6,4; Lev 19,18.33 f.) sowie der Feindesliebe (Ex 23,4; Spr 25,21) weisen im Ersten/Alten Testament auf das hin, was wesentlich ist im Glauben (siehe 1.1).

In der Jakob-Lea-Rahel-Erzählung (Gen 25–36; siehe 4.2.3) wird zum einen der Glaube an einen Gott formuliert, der nicht das Althergebrachte, das «Establishment», als solches schützt und segnet: Wie schon bei Isaak/Ismael setzt sich mit Jakob der jüngere Sohn durch, was ein Tabubruch und ein Affront gegenüber dem älteren Esau bedeutet und eine Gesellschaftskritik beinhaltet. Denn nicht der Stärkere, Erstgeborene, nicht einfach das zuerst dagewesene Volk oder die mächtigere Nation etc. ist auserwählt und gesegnet. Segen bricht sich mitunter anders Bahn, durch viele Irrungen und Wirrungen, im Ringen nach Leben, in Angst und durch Fehler hindurch. Zum anderen wird in der Jakob-Esau-Erzählung von der Überzeugung erzählt, dass Gott den Jakob trotz seinem listigen, betrügerischen Verhalten begleitet und segnet – segnet, indem Gott den Jakob erfahren lässt, wie schmerzhaft betrügerisches Verhalten für den Betrogenen ist, und indem Jakob mit sich und Gott hart ringen muss, um mit Esau Versöhnung zu erlangen. Da Jakob für das Volk Israel und Esau für das Volk Edom stehen, zwei Völker, die Jahrhunderte lang verfeindet waren, ist Gen 25–36 eine überaus selbstkritische und friedensfördernde Erzählung.

Der Versöhnung hat sich auch die Josefsnovelle (Gen 37–50) verschrieben: Zentrales Thema ist das Verhältnis der zwölf Stämme zueinander und ihr langer Weg zur Versöhnung und zum Zusammenfinden als ein Volk Israel (siehe 4.2.4; zur historischen Entwicklung Kap. 2). Josefs «Brüder» (die anderen Stämme) müssen lernen, dass Feindschaft und Verrat an Josef, der für die wirtschaftlich und religiös mächtigen Stämme Efraim und Manasse steht, ihnen selber schadet. Und der zu Beginn überhebliche Josef muss durch die Erfahrung von Verrat, Verkauf und Exil lernen, dass er nicht ein «Gott» für seine Brüder ist, dass er nicht über ihnen steht und als König über sie herrschen soll. Vielmehr können «Josef und seine Brüder» durch Ehrlichkeit und gegenseitige Solidarität Stärke und Wohlergehen für alle erreichen. Von Gott wird in der Josefserzählung in einem anderen Stil als in den vorangehenden Erzelternerzählungen erzählt: Gott wird als im Hintergrund und als implizit im menschlichen Geschick wirkend beschrieben. Mit der Versöhnung der «zwölf Söhne Jakobs/Israels» vor Josefs Tod und deren Wohlergehen in Ägypten endet das Genesisbuch.

Das Exodusbuch beginnt mit der Beschreibung einer sich radikal verändernden Situation: «Ganz Israel» gerät in Ägypten in die Sklaverei. Die Exoduserzählung ist durchwegs von dem Glauben an einen Gott geprägt, der das Elend von unterdrückten Menschen sieht, ihre Schreie hört und die Unterdrückten aus der Sklaverei befreit. Der Glaube, dass Gott aus jeder Form von Sklaverei befreit, kann als Grundbekenntnis des Ersten/Alten Testaments bezeichnet werden. In Ex 1,15–2,10 wird von der Überzeugung erzählt, dass viele Frauen die Rettungsgeschichte Israels überhaupt erst ermöglichen (siehe 6.2.3): die Hebammen Schifra und Pua, die Mutter des Mose und seine Schwester, die Pharaonentochter und deren Sklavinnen. Alle diese Frauen tun das Richtige und Gottgewollte, ohne dass sie eine Offenbarung, eine Erscheinung oder ein Wort Gottes empfangen hätten: Sie widersetzen sich allen lebensfeindlichen Mächten (Pharao) und retten Leben. Dieses Verhalten wird in der Erzählung «Gottesfurcht» genannt.

Im Kontrast dazu steht die erste Handlung des erwachsenen Mose (Ex 2,11–15; siehe 6.2.4): Er will durch einen Mord/Totschlag für Recht und Gerechtigkeit sorgen – und scheitert damit total. Und einmal mehr überrascht das Gottesbild: Es wird an einen Gott geglaubt, der sich «ganz gering» macht (Dornbusch) und gerade diesen Totschläger Mose beruft, um das Volk Israel aus der Sklaverei zu befreien und um Mose schliesslich in den Zehn Worten verkünden zu lassen: «Du sollst nicht töten!» Welch starker Glaube an die Veränderungsmöglichkeiten eines Menschen und an die Barmherzigkeit Gottes. Denn zu Beginn seiner Berufung erfindet Mose alle möglichen Ausreden und will seine Berufung nicht annehmen (siehe 6.2.5). Doch Gott stellt ihm mit Mirjam und Aaron «Geschwister» zur Seite, die Mose und die Befreiung der Israelit*innen aus der Sklaverei unterstützen.

In den sogenannten Plagenerzählungen (Ex 7–12) wird ein Kampf zwischen einem namenlosen Pharao und Gott erzählt, den man als symbolischen Kampf zwischen Unterdrückung und Befreiung, Lebensfeindlichkeit und Leben, Böse und Gut auslegen kann (siehe 6.6). Problematisch ist jedoch, dass hier das Gewalttätige im Gottesbild belassen wird, indem Gott in der Erzählung Gewalttätigkeit mit Gewalttätigkeit bekämpft. Ähnlich problematisch erscheint das Gottesbild beim Meerwunder (Ex 14f.; siehe 6.8), das einerseits die Befreiung der unschuldig Verfolgten erzählt, andererseits aber auch den Untergang der Verfolger. Schon eine rabbinische Auslegung kritisiert dieses Gottesbild, indem sie bemerkt, Gott könne sich nicht freuen, wenn seiner Hände Werk (die Ägypter) unterginge.[4]

Nach erfolgter Befreiung wendet sich die Erzählung (Ex 19f.) der Gotteserscheinung am Gottesberg (siehe 6.9) und der Übermittlung der Zehn Worte/Gebote zu (siehe 6.10). Die Zehn Worte beginnen mit der Präambel: «Ich bin JHWH, dein Gott, der ich dich herausgeführt habe aus dem Land Ägypten, aus dem Sklavenhaus» (Ex 20,2 par. Dtn 5,6). Diese Einleitung macht klar, in welchem Sinn und Geist die Zehn Worte, aber auch die weiteren Gebote der Tora, verstanden werden wollen: Sie sollen der Bewahrung der von Gott geschenkten Freiheit dienen. Signifikant ist, dass in der Erzählung das ganze Volk diesen Worten zustimmt. Die Zehn

4 Vgl. Sanhedrin 39b.

Gebote können damit als eine vom Volk anerkannte Grundverfassung angesehen werden.

Die Zehn Worte werden zudem nicht, wie sonst im Alten Orient üblich, von einem König vermittelt. Die biblische Erzählung lässt vielmehr Gott selber diese Grundregeln zur Bewahrung der Freiheit auf die beiden Tafeln schreiben. Damit werden drei Überzeugungen zum Ausdruck gebracht: Erstens wird damit gesagt, dass die Zehn Worte letztlich im Glauben an den Gott der Befreiung gründen. Der Glaube an den Gott, der aus jeder Sklaverei befreit, ist die grundlegende Begründung dafür, dass Israel ethisch leben will und kann. Zweitens wird damit zum Ausdruck gebracht, dass die Zehn Worte unbedingt und für immer gelten sollen. Die einzelnen Gebote des Dekalogs verlangen die Treue zum befreienden Gott JHWH sowie den Schutz des Lebens jedes einzelnen Menschen. Drittens wird eine für damalige Zeit überaus herrschaftskritische Haltung vertreten, indem Recht und Gerechtigkeit nicht mehr von einem König erwartet wird, sondern von Gott – verbunden mit der Zustimmung des ganzen Volkes.

Die Tora enthält auch umfangreiche Gesetzessammlungen, da Juda/Israel auch das staatliche Zusammenleben durch Gesetze sowie Rechtssprechung regeln musste. Dabei legen die alttestamentlichen Gesetze bereits in der ersten Gesetzessammlung, dem sogenannten Bundesbuch (siehe 6.11), den Schwerpunkt auf die soziale Gerechtigkeit und eine solidarische Gesellschaft: Schutz erfahren durch die Gesetze des Bundesbuches sozial Schwächere bzw. Benachteiligte, konkret Slav*innen, Witwen und Waisen, Fremde und materiell Arme. Im Hintergrund dieser Gesetz steht die theologische Überzeugung, dass ausnahmslos jeder Mensch ein Ebenbild Gottes ist und damit unveräusserliche Würde und Rechte besitzt und dass Gott gerade die Benachteiligten, Unterdrückten, Schwachen und materiell Armen in besonderer Weise liebt, das heisst für ihre Rechte und Würde einsteht.

Ein diesem Glauben entsprechendes Verhalten wird in der Tora von den Menschen verlangt: Die Gottesliebe (Dtn 6,4 f.) zeigt sich in der Liebe zum Mitmenschen, auch zum Fremden (Lev 19,18.33 f.), und in der Bereitschaft, sogar einem Feind in der Not beizustehen (Ex 23,4 f.; Spr 25,21). Aus diesem im Gottesglauben begründeten Ethos bezieht die Tora ihre bleibende Bedeutung und Wirkmächtigkeit als Gotteswort, wie es der grosse jüdische Rabbiner und Gelehrte Benno Jacob (1862–1945) im Zusammenhang mit Levitikus 19,18 zum Ausdruck brachte:

> «Der Satz: ‹du sollst deinen Nächsten lieben wie dich selbst› ist wahr und verbindlich, wer immer ihn zuerst verkündet habe. Er ist wahr, nicht weil er in der Thora steht, sondern sie ist wahr, weil er in ihr steht.»[5]

5 *Jacob, Benno,* Thora 95.

Anhang 8

Abkürzungen 8.1

*	* bei Bibelstellen (z. B.: Gen 12–25*) bedeutet: Nicht jeder Text/Vers innerhalb von Gen 12–25 ist mitgemeint.
*	* bei genderrelevanten Formulierungen bedeutet: Alle Geschlechtsidentifikationen sind mitgemeint.
Art.	Artikel
BigS 06	Bibel in gerechter Sprache, Gütersloh 2006 (^{3}2007)
BuR 61	Die Schrift, verdeutscht von Martin Buber/ Franz Rosenzweig, 4 Bde., Darmstadt 1997 [Erstausgabe 1961]
Elb. 06	Elberfelder Bibel, rev. Fassung, Wuppertal 2006
EÜ 80 / 16	Einheitsübersetzung der Heiligen Schrift Die Bibel. Gesamtausgabe. Psalmen und Neues Testament: Ökumenischer Text, Stuttgart 1980 bzw. neu übersetzte Ausgabe 2016
FS	Festschrift (für)
gest.	gestorben
gr.	griechisch
GuN 97	Gute Nachricht, revidierte Fassung Stuttgart 1997
hebr.	hebräisch
lat.	lateinisch
Luth. 84 / 17	Die Bibel nach Martin Luther, revidierte Fassung, Stuttgart 1984 bzw. neu übersetzte Ausgabe 2017
par. bzw. //	parallel, d. h. ein biblischer Text findet sich sehr ähnlich auch an anderen Stellen
rel.	religiös
TUAT	Texte aus der Umwelt des Alten Testaments, hg. v. Otto Kaiser u. a., 4 Bde., Gütersloh 1982–2001. (TUAT.NF = Texte aus der Umwelt

	des Alten Testaments. Neue Folge, begr. v. Otto Kaiser, hg. v. Bernd Janowski u. a., 8 ff. Bde., Gütersloh 2004 ff.)
WiBiLex	Das wissenschaftliche Bibellexikon im Internet (Deutsche Bibelgesellschaft): http://www.bibelwissenschaft.de/wibilex/
Z.	Zeile
Zü. 07	Zürcher Bibel, neue Übersetzung, Zürich 2007 ([4]2012)
z. St.	zur Stelle

Die Abkürzungen der biblischen Bücher halten sich an die ökumenischen Richtlinien: *Deutsche Bibelgesellschaft/Katholische Bibelanstalt (Hg.):* Ökumenisches Verzeichnis der biblischen Eigennamen nach den Loccumer Richtlinien, Stuttgart [2]1981. Weitere Abkürzungen richten sich nach *Schwertner, Siegfried:* Internationales Abkürzungsverzeichnis für Theologie und Grenzgebiete: Zeitschriften, Serien, Lexika, Quellenwerke mit bibliographischen Angaben (IATG[3]), Berlin [3]2017.

8.2 Quellenverzeichnis

Abbildungen

1, 5, 11:	1000 Bilder-Bibel © Deutsche Bibelgesellschaft, Stuttgart.
2, 23:	Einheitsübersetzung der Heiligen Schrift © 1980 Katholische Bibelanstalt, Stuttgart.
3:	© *Donner, Herbert:* Geschichte des Volkes Israel und seiner Nachbarn in Grundzügen. Teil 2: Von der Königszeit bis zu Alexander dem Grossen. Mit einem Ausblick auf die Geschichte des Judentums bis Bar Kochba (ATD Erg. 4.2), Göttingen [3]2001, 314.
4, 7:	© *Carr, David M.:* Einführung in das Alte Testament. Biblische Texte – imperiale Kontexte, Stuttgart 2013, 42, 62.
6:	Foto: Reinhard Dietrich, wikicommons.
8:	© / von: BIBEL+ORIENT Datenbank Online. Stiftung BIBEL+ORIENT, Fribourg.
9:	Aus *Bittel, Kurt:* Die Hethiter, München 1976, 191 Abb. 214.
10:	Aus *Gressmann, Hugo:* Altorientalische Bilder zum Alten Testament, Berlin/Leipzig [2]1927, Tf. LIII (Walter de Gruyter).
12:	Aus *Layard, A. H.:* A Second Series of Monuments of Nineveh, London 1853, Pl. 23.
13:	Britisches Museum, London; Foto: André Flury.

14: © *Carr, David M.*: Einführung in das Alte Testament. Biblische Texte – imperiale Kontexte, Stuttgart 2013, 305.
15: Foto: Dnalor 01, CC-BY-SA 3.0, wikicommons.
16: Aus *Zenger, Erich/Frevel, Christian (Hg.)*: Einleitung in das Alte Testament, Stuttgart [8]2012, 101.
17: Aus *Zenger, Erich/Frevel, Christian (Hg.)*: Einleitung in das Alte Testament, Stuttgart [8]2012, 102.
18: Aus *Zenger, Erich/Frevel, Christian (Hg.)*: Einleitung in das Alte Testament, Stuttgart [8]2012, 103.
19: Aus *Zenger, Erich/Frevel, Christian (Hg.)*: Einleitung in das Alte Testament, Stuttgart [8]2012, 121.
20: Aus *Zenger, Erich/Frevel, Christian (Hg.)*: Einleitung in das Alte Testament, Stuttgart [8]2012, 138.
21: Aus *Keel, Othmar/Schroer, Silvia:* Schöpfung. Biblische Theologien im Kontext altorientalischer Religionen, Freiburg i. Üe./Göttingen 2002, Abb. 122; Stiftung BIBEL+ORIENT, Fribourg.
22: Aus *Keel, Othmar/Schroer, Silvia:* Schöpfung. Biblische Theologien im Kontext altorientalischer Religionen, Freiburg i. Üe./Göttingen 2002, Abb. 30; Stiftung BIBEL+ORIENT, Fribourg.
24, 26, 31: wikicommons.
25: Aus *Walther, Ingo F./Wolf, Norbert:* Codices illustres. Die schönsten illuminierten Handschriften der Welt. 400 bis 1600, Köln 2005, 159 (Taschen; Foto: André Flury) © ÖNB/Wien Cod. 2554, fol. 2r.
27: Vatikanische Museen, Rom; Foto: Marie-Lan Nguyen, wikicommons.
28, 29: Britisches Museum, London; Foto: André Flury.
30: Wikiart.org.
32: Foto: Mbzt, wikicommons.
33: Aus *Keel, Othmar/Uehlinger, Christoph:* Götter, Göttinnen und Gottessymbole (QD 134), Freiburg i. Br. [5]2001, Abb. 56; Stiftung BIBEL+ORIENT, Fribourg.
34: Aus *Keel, Othmar/Uehlinger, Christoph:* Götter, Göttinnen und Gottessymbole (QD 134), Freiburg i. Br. [5]2001, Abb. 82; Stiftung BIBEL+ORIENT, Fribourg.

Texte

Kurt Marti, großer gott klein: *Marti, Kurt:* Die Liebe geht zu Fuss © 2018 Verlag Nagel & Kimche AG, Zürich.

Kurt Marti, Gottesbefragung: *Marti, Kurt:* Gottesbefragung. Der 1. Johannesbrief heute, Stuttgart © 1982 by Radius Verlag, Stuttgart.

Joachim Quack, Die Lehren des Ani: *Quack, Joachim Friedrich:* Die Lehren des Ani: Ein neuägyptischer Weisheitstext in seinem kulturellen Umfeld. Freiburg, Switzerland/Göttingen, Germany: Universitätsverlag/Vandenhoeck & Ruprecht 1994.

8.3 Literaturverzeichnis

Bei mehreren Verlagsorten wird der erste Ort bzw. der Hauptort genannt.

Abu-Zaid, Nasr Hamid: Gottes Menschenwort. Für ein humanistisches Verständnis des Koran, ausgewählt, übers. und mit einer Einl. v. Thomas Hildebrandt, Freiburg i. Br. 2008.

Albertz, Rainer: Die Exilszeit. 6. Jahrhundert v. Chr. (BE[S] 7), Stuttgart 2001.

Albertz, Rainer: Exodus, Bd. I: Ex 1–18, Zürich 2012; Bd. II: Ex 19–40, Zürich 2015.

Albertz, Rainer: «Ihr werdet sein wie Gott». Gen 3,1–7 auf dem Hintergrund des alttestamentlichen und des sumerisch-babylonischen Menschenbildes, in: Die Welt des Orients 24 (1993) 89–111.

Albertz, Rainer: Die Josephsgeschichte im Pentateuch, in: *Naumann, Thomas/Hunziker-Rodewald, Regine (Hg.):* Diasynchron. Beiträge zur Exegese, Theologie und Rezeption der Hebräischen Bibel, FS Walter Dietrich, Stuttgart 2009, 11–36.

Albertz, Rainer: Die Kulturarbeit im Atramḫasîs-Epos im Vergleich zur biblischen Urgeschichte, in: *ders.:* Geschichte und Theologie. Studien zur Exegese des Alten Testaments und zur Religionsgeschichte Israels, hg. v. Ingo Kottsieper/Jakob Wöhrle, (BZAW 326), Berlin 2003, 1–21.

Albertz, Rainer: Religionsgeschichte Israels in alttestamentlicher Zeit. Teil 1: Von den Anfängen bis zum Ende der Königszeit (ATD Erg. 8.1), Göttingen ^{2}1996; Teil 2: Vom Exil bis zu den Makkabäern (ATD Erg. 8.2), Göttingen 1992.

Albertz, Rainer/Westermann, Claus: Art. רוח, in: THAT Bd. 2, München/Zürich ^{3}1983, 726–753.

Almog, Shmuel (Hg.): Antisemitism through the Ages, Oxford 1988.

Almog, Shmuel: Nationalism and antisemitism in modern Europe 1815–1945, Oxford 1990.

Alt, Albrecht: Der Gott der Väter (1929) = Kleine Schriften zur Geschichte des Volkes Israel, Bd. 1, München 1953, 1–78.

Angenendt, Arnold: Toleranz und Gewalt. Das Christentum zwischen Bibel und Schwert, Münster ^{5}2009.

Arneth, Martin: «Sonne der Gerechtigkeit.» Studien zur Solarisierung der Jahwe-Religion im Lichte von Psalm 72 (BZAR 1), Wiesbaden 2000.

Arneth, Martin: Ein Mann mit vielen Gesichtern. Der biblische Abraham, in: WUB 1,1 (2003) 5–7.

Arneth, Martin: Psalm 72 in seinen altorientalischen Kontexten, in: *Otto, Eckart/Zenger, Erich (Hg.):* «Mein Sohn bist du» (Ps 2,7). Studien zu den Königspsalmen (SBS 192), Stuttgart 2002, 135–172.

Assmann, Hugo: Der Glaube der Armen im Kampf gegen die Götzen, in: *Assmann, Hugo (Hg.):* Die Götzen der Unterdrückung und der befreiende Gott (Theologie und Kirche im Prozess der Befreiung 3), Münster 1984, 149–194.

Assmann, Jan: Ägypten. Eine Sinngeschichte, München 1996.

Assmann, Jan: Ägyptische Hymnen und Gebete (OBO Sonderband), Freiburg i. Üe. [2]1999.

Assmann, Jan: Exodus. Die Revolution der Alten Welt, München 2015.

Assmann, Jan: Das kulturelle Gedächtnis. Schrift, Erinnerung und politische Identität in frühen Hochkulturen, München 1992.

Assmann, Jan: Mose der Ägypter. Entzifferung einer Gedächtnisspur, München 1998.

Assmann, Jan u. a. (Hg.): Gerechtigkeit. Richten und Retten in der abendländischen Tradition und ihren altorientalischen Ursprüngen, München 1998.

Baberowski, Jörg: Verbrannte Erde. Stalins Herrschaft der Gewalt, München 2012.

Bachmann, Mercedes G.: Mirjam als politische Führungsfigur beim Exodus, in: *Fischer, Irmtraud u. a. (Hg.),* Tora 305–346.

Bammel, Christina-Maria: Aufgetane Augen – aufgedecktes Angesicht. Theologische Studien zur Scham im interdisziplinären Gespräch, Gütersloh 2005.

Baudler, Georg: Die Befreiung von einem Gott der Gewalt. Erlösung in der Religionsgeschichte von Judentum, Christentum und Islam, Düsseldorf 1999.

Baudler, Georg: Gewalt in den Weltreligionen, Darmstadt 2005.

Bauer, Dieter: Überlieferungen aus Prophetie, Weisheit und Apokalyptik. Altes Testament, Teil 2 (STh I,2), Zürich [2]2015.

Bauer, Yehuda: A History of the Holocaust, with the assistance of Nili Keren, New York 1982.

Bauer, Yehuda: Die dunkle Seite der Geschichte. Die Shoah in historischer Sicht. Interpretationen und Re-Interpretationen, aus dem Engl. von Christian Wiese, Frankfurt a. M. 2001.

Bauks, Michaela: Das Dämonische im Menschen. Einige Anmerkungen zur priesterschriftlichen Theologie (Ex 7–14), in: *Lange, Armin/Lichtenberger, Hermann (Hg.):* Die Dämonen. Die Dämonologie der israelitisch-jüdischen und frühchristlichen Literatur im Kontext ihrer Umwelt. Demons / The Demonology of Israelite-Jewish and early Christian Literature in Context of their Environment, Tübingen 2003, 239–253.

Bauks, Michaela: Jephtas Tochter. Traditions-, religions- und rezeptionsgeschichtliche Studien zu Richter 11,29–40 (FAT 71), Tübingen 2010.

Bauks, Michaela: Kinderopfer als Weihe- oder Gabeopfer. Anmerkungen zum mlk-Opfer, in: *Witte, Markus/Diehl, Johannes F. (Hg.):* Israeliten und Phönizier. Ihre Beziehungen im Spiegel der Archäologie und der Literatur des Alten Testaments und seiner Umwelt (OBO 235), Freiburg i. Üe. 2008, 233–252.

Bauks, Michaela: Nacktheit und Scham in Gen 2–3, in: *dies. u. a. (Hg.):* Zur Kulturgeschichte der Scham (Archiv für Begriffsgeschichte. Sonderheft 9), Hamburg 2011, 17–34.

Bauks, Michaela: Opfer, Kinder und mlk. Das Menschenopfer und seine Auslösung, in: *Lange, Armin/Römheld, Diethard (Hg.):* Wege zur hebräischen Bibel. Denken – Sprache – Kultur (FRLANT 228), Göttingen 2009, 215–232.

Bauks, Michaela: Die Welt am Anfang. Zum Verhältnis von Vorwelt und Weltentstehung in Gen 1 und in der altorientalischen Literatur (WMANT 74), Neukirchen-Vluyn 1997.

Baumgart, Norbert C.: Die Umkehr des Schöpfergottes. Zu Komposition und religionsgeschichtlichem Hintergrund von Gen 5–9 (HBS 22), Freiburg i. Br. 1999.

Baur-Mettler, Caroline: Menschenhandel und Zwangsprostitution in der Schweiz. Eine Analyse der Rechtsprechung und die Sicht betroffener Opfer und Prostituierter, Zürich 2014.

Bear, Mark F./Connors, Barry W./Paradiso, Michael A.: Neurowissenschaften. Ein grundlegendes Lehrbuch für Biologie, Medizin und Psychologie, Heidelberg ³2009.

Becker, Manuel: Ideologiegeleitete Diktaturen in Deutschland. Zu den weltanschaulichen Grundlagen im Dritten Reich und in der DDR, Bonn 2009.

Beestermöller, Gerhard: Thomas von Aquin und der gerechte Krieg. Friedensethik im theologischen Kontext der Summa (ThFr 4), Köln 1990.

Ben Zvi, Ehud: The Dialogue between Abraham and YHWH in Gen 18:23–32. A historical-critical Analysis, in: JSOT 53 (1992) 27–46.

Ben-Chorin, Schalom: Bruder Jesus. Der Nazarener in jüdischer Sicht, München ¹⁶1996 (= *ders.*: Werke, Bd. 4, Gütersloh 2005).

Benjamin, Walter: Kapitalismus als Religion, in: *ders.*: Fragmente verschiedenen Inhalts, autobiographische Schriften, Frankfurt a. M. 1991, 100–103 (= Gesammelte Schriften, hg. v. Rolf Tiedemann/Hermann Schweppenhäuser, Bd. 6).

Berg, Horst Klaus: Ein Wort wie Feuer. Wege lebendiger Bibelauslegung, München ⁴2000.

Berthelot, Katell: Jewish Views of human Sacrifice in the Hellenistic and Roman Period, in: *Finsterbusch, Karin/Lange, Armin (Hg.):* Human Sacrifice in Jewish and Christian Tradition (SHR 112), Leiden 2007, 151–173.

Betz, Otto (Hg.): Calwer Bibellexikon, 2 Bde., Stuttgart ⁶2003.

Beyrau, Dietrich (Hg.): Der Krieg in religiösen und nationalen Deutungen, Tübingen 2001.

Beyrau, Dietrich: Schlachtfeld der Diktatoren. Osteuropa im Schatten von Hitler und Stalin, Göttingen 2000.

Bialas, Wolfgang/Fitze, Lothar (Hg.): Ideologie und Moral im Nationalsozialismus, Göttingen 2014.

Bickel, Susanne: Die Verknüpfung von Weltbild und Staatsbild. Aspekte von Politik und Religion in Ägypten, in: *Kratz, Reinhard G./Spieckermann, Hermann (Hg.),* Götterbilder, Gottesbilder, Weltbilder Bd. 1, 79–99.

Bieberstein, Klaus: Geschichten ziehen Grenzen. Esra, Nehemia und Rut im Streit, in: *Küchler, Max/Reinl, Peter (Hg.):* Randfiguren in der Mitte, FS Hermann-Josef Venetz, Luzern 2003, 33–47.

Bieberstein, Klaus: Josua – Jordan – Jericho. Archäologie, Geschichte und Theologie der Landnahmeerzählungen Josua 1–6 (OBO 143), Freiburg i. Üe. 1995.

Bieberstein, Sabine/Kosch, Daniel: Paulus und die Anfänge der Kirche. Neues Testament, Teil 2 (STh II,2), Zürich 2012 (^{2}2016).

Bieberstein, Sabine: Jesus und die Evangelien. Neues Testament, Teil 1 (STh II,1), Zürich 2015.

Bloch, René: Moses und der Mythos. Die Auseinandersetzung mit der griechischen Mythologie bei jüdisch-hellenistischen Autoren (JSJ.S 145), Leiden 2011.

Bloch, René: Polytheismus und Monotheismus in der Antike. Zu Jan Assmanns Monotheismus-Kritik, in: *ders./Haeberli, Simone/Schwinges, Rainer C. (Hg.):* Fremdbilder – Selbstbilder. Imaginationen des Judentums von der Antike bis in die Neuzeit, Basel 2010, 5–24.

Blum, Erhard: Esra, die Mosetora und die persische Politik, in: *ders.:* Textgestalt und Komposition. Exegetische Beiträge zu Tora und Vordere Propheten (FAT 69), Tübingen 2010, 177–205.

Blum, Erhard: Von Gottesunmittelbarkeit zu Gottesähnlichkeit. Überlegungen zur theologischen Anthropologie der Paradieserzählung, in: *Gönke, Eberhardt/Lies, Kathrin (Hg.):* Gottes Nähe im Alten Testament (SBS 202), Stuttgart 2004, 9–29.

Blum, Erhard: Die Komposition der Vätergeschichte (WMANT 57), Neukirchen-Vluyn 1984.

Blum, Erhard: Studien zur Komposition des Pentateuch (BZAW 189), Berlin 1990.

Blum, Erhard: Die literarische Verbindung von Erzvätern und Exodus. Ein Gespräch mit neueren Forschungshypothesen, in: *Gertz, Jan C./Schmid, Konrad/Witte, Markus (Hg.),* Abschied vom Jahwisten, 119–156.

Boehm, Omri: The Binding of Isaac. An inner-biblical Polemic on the Question of «Disobeying» a manifestly illegal Order, in: VT 52 (2002) 1–12.

Boehm, Omri: The Binding of Isaac. A religious Model of Disobedience (LHB 468), London 2016.

Boehm, Omri: Child Sacrifice, ethical Responsibility and the Existence of the People of Israel, in: VT 54 (2004) 145–156.

Bonhoeffer, Dietrich: Von guten Mächten. Gebete und Gedichte, hg. v. Johann Chr. Hampe, Gütersloh ^{15}2011.

Borger, Rykle: Der Kyros-Zylinder, in: TUAT I (1985) 407–410.

Brasser, Martin: Lässt sich Gott denken? Philosophie (STh IV), Zürich 2014.

Braunwarth, Esther: Interkulturelle Kooperation in Deutschland am Beispiel der Gesellschaften für christlich-jüdische Zusammenarbeit, München 2011.

Broer, Ingo: Die Ankündigung des Immanuel (Jes 7,14), in: *Kollmann, Bernd (Hg.):* Die Verheißung des Neuen Bundes. Wie alttestamentliche Texte im Neuen Testament fortwirken (BThS 35), Göttingen 2010, 171–186.

Buber, Martin: Die Erzählungen der Chassidim, Zürich 1949.

Bührer, Walter: Am Anfang ... Untersuchungen zur Textgenese und zur relativ-chronologischen Einordnung von Gen 1–3 (FRLANT 256), Göttingen 2014.

Burkert, Walter: Anthropologie des religiösen Opfers. Die Sakralisierung der Gewalt (Carl-Friedrich-von-Siemens-Stiftung, Themen 40), München [2]1987.

Burkert, Walter: Griechische Religion der archaischen und klassischen Epoche (RM 15), Stuttgart 1977.

Burmeister, Karl Heinz: Olympe de Gouges. Die Rechte der Frau 1791, Bern 1999.

Butting, Klara: Abel steh auf! Geschichte von Kain und Abel – und Schet (Gen 4,1–26), in: BiKi 58,1 (2003) 16–19.

Camp, Ludger: Hiskija und Hiskijabild. Analyse und Interpretation von 2 Kön 18–20 (MThA 9), Altenberge 1990.

Carr, David M.: Einführung in das Alte Testament. Biblische Texte – imperiale Kontexte, Stuttgart 2013.

Charta der Vereinten Nationen und Statut des Internationalen Gerichtshofs, unterzeichnet am 26.6.1945 in San Francisco, URL (deutsche Fassung): http://dag.un.org/handle/11176/387335 (13.5.2018).

Chazan, Robert: Church, State, and Jew in the Middle Ages, New York 1980.

Chazan, Robert: European Jewry and the First Crusade, Berkeley 1987.

Chazan, Robert: Reassessing Jewish Life in medieval Europe, Cambridge 2010.

Conermann, Stephan (Hg.): Mythen, Geschichte(n), Identitäten: Der Kampf um die Vergangenheit (Afrika und Asien Bd. 2), Hamburg 1999.

Conzelmann, Hans: Arbeitsbuch zum Neuen Testament, Tübingen [14]2004.

Crüsemann, Frank: «... wie wir vergeben unsern Schuldigern». Schulden und Schuld in der biblischen Tradition, in: *Crüsemann, Marlene/ Schottroff, Willy (Hg.):* Schuld und Schulden. Biblische Traditionen in gegenwärtigen Konflikten (KT 121), München 1992, 90–103.

Crüsemann, Frank: Das Alte Testament als Wahrheitsraum des Neuen. Die neue Sicht der christlichen Bibel, Gütersloh 2011.

Crüsemann, Frank: Bewahrung der Freiheit. Das Thema des Dekalogs in sozialgeschichtlicher Perspektive, Gütersloh 1983.

Crüsemann, Frank: Herrschaft, Schuld und Versöhnung. Der Beitrag der Jakobgeschichte der Genesis zur politischen Ethik, in: *ders.:* Kanon und Sozialgeschichte. Beiträge zum Alten Testament, Gütersloh 2003, 80–87.

Crüsemann, Frank: Damit «Kain nicht Kain wird». Die Wurzeln der Gewalt und ihre Überwindung in biblischer Sicht, in: *ders.:* Maßstab: Tora 88–104.

Crüsemann, Frank: Maßstab: Tora. Israels Weisung und christliche Ethik, Gütersloh [2]2004.

Crüsemann, Frank: Die Tora. Theologie und Sozialgeschichte des alttestamentlichen Gesetzes, München 1992.

Crüsemann, Frank: Was ist und wonach fragt die erste Frage der Bibel? Oder: das Thema Scham als «Schlüssel zur Paradiesgeschichte», in:

Schiffner, Kerstin/Leibold, Steffen (Hg.): Fragen wider die Antworten, Gütersloh 2010, 63–79.

Crüsemann, Frank: Der Widerstand gegen das Königtum. Die antiköniglichen Texte des Alten Testaments und der Kampf um den frühen israelitischen Staat (WMANT 49), Neukirchen-Vluyn 1978.

Dabru emet – redet Wahrheit. Eine jüdische Herausforderung zum Dialog mit den Christen, hg. v. Rainer Kampling/Michael Weinrich, Gütersloh 2003, URL: http://www.jcrelations.net/Dabru_Emet__-_Redet_Wahrheit.2419.0.html?L=2 (10.8.2017).

Damm, Anna/Hayn, Evelyn/Hornscheidt, Lann/Weeber, Sonja: Was tun? Sprachhandeln – aber wie? Wo_Ortungen statt Tatenlosigkeit!, hg. v. AG Feministisch Sprachhandeln, Berlin ²2014.

Davies, Gordon F.: Israel in Egypt. Reading Exodus 1–2 (JSOT.S 135), Sheffield 1992.

de Vos, J. Cornelis: Rezeption und Wirkung des Dekalogs in jüdischen und christlichen Schriften bis 200 n. Chr. (AGJU 95), Leiden 2016.

Der Koran. Übersetzung von Rudi Paret, Stuttgart ¹²2014.

Deutscher Bundestag: Bundestagsdrucksache 15/1233, 25.6.2003, URL: http://dipbt.bundestag.de/dip21/btd/15/012/1501233.pdf (12.7.2017).

Die Kirchen und das Judentum, Bd. 1: Dokumente von 1945–1985, hg. v. Rolf Rendtorff, Paderborn ³2001; Bd. 2: Dokumente von 1986–2000, hg. v. Hans H. Henrix, Paderborn 2001.

Dietrich, Manfried: Das biblische Paradies und der babylonische Tempelgarten. Überlegungen zur Lage des Gartens Eden, in: *Janowski, Bernd/Ego, Beate (Hg.):* Das biblische Weltbild und seine altorientalischen Kontexte (FAT 32), Tübingen 2001, 281–323.

Dietrich, Walter/Stegemann, Wolfgang (Hg.): Biblische Enzyklopädie, 11 Bde., Stuttgart 1996–2011.

Dietrich, Walter: Die frühe Königszeit in Israel. 10. Jahrhundert v. Chr. (BE[S] 3), Stuttgart 1997.

Diodorus: Buch XVIII–XX, übers. v. Otto Veh/Gerhard Wirth (Griechische Weltgeschichte / Diodoros), Stuttgart 2005.

Dirscherl, Erwin/Trutwin, Werner (Hg.): Redet Wahrheit – Dabru Emet. Jüdisch-christliches Gespräch über Gott, Messias und Dekalog (Forum Christen und Juden 4), Münster 2004.

Dohmen, Christoph: Die Bibel und ihre Auslegung (Beck'sche Reihe 2099), München ³2006.

Dohmen, Christoph: Die zweigeteilte Einheit der christlichen Bibel, in: *ders./ Stemberger, Günter,* Hermeneutik 11–22.

Dohmen, Christoph: Exodus 1–18 (HThKAT), Freiburg i. Br. 2015; Exodus 19–40 (HThKAT), Freiburg i. Br. ²2012.

Dohmen, Christoph (Hg.): In Gottes Volk eingebunden. Christlich-jüdische Blickpunkte zum Dokument der Päpstlichen Bibelkommission «Das jüdische Volk und seine Heilige Schrift in der christlichen Bibel», Stuttgart 2003.

Dohmen, Christoph: Vom Umgang mit dem Alten Testament (NSK.AT 27), Stuttgart 1995.

Dohmen, Christoph/Oeming, Manfred: Biblischer Kanon, warum und wozu? Eine Kanontheologie (QD 137), Freiburg i. Br. 1992.

Dohmen, Christoph/Stemberger, Günter: Hermeneutik der Jüdischen Bibel und des Alten Testaments (KStTh 1,2), Stuttgart 1996.

Donner, Herbert: Geschichte des Volkes Israel und seiner Nachbarn in Grundzügen. Teil 1: Von den Anfängen bis zur Staatenbildungszeit (ATD Erg. 4.1), Göttingen ^{2}1995; Teil 2: Von der Königszeit bis zu Alexander dem Grossen. Mit einem Ausblick auf die Geschichte des Judentums bis Bar Kochba (ATD Erg. 4.2), Göttingen ^{2}1995.

Ebach, Jürgen: Genesis 37–50 (HThKAT), Freiburg i. Br. 2007.

Ebach, Jürgen: Gott ist kein Mann. – Aber warum? Hosea 11,9 und Numeri 23,19 im Diskurs, in: *Crüsemann, Frank/Crüsemann, Marlene (Hg.):* Dem Tod nicht glauben. Sozialgeschichte der Bibel, FS Luise Schottroff, Gütersloh 2004, 214–232.

Ebach, Jürgen: Israels Sohn und Ägyptens Herr. Zur Ambivalenz der Josefsfigur in Gestaltung und Lektüre von Gen 37–50, in: *Kottsieper, Ingo/ Schmitt, Rüdiger (Hg.):* Berührungspunkte. Studien zur Sozial- und Religionsgeschichte Israels und seiner Umwelt, FS Rainer Albertz (AOAT 350), Münster 2008, 39–56.

Ebach, Jürgen: Josef und Josef. Literarische und hermeneutische Reflexionen zu Verbindungen zwischen Genesis 37–50 und Matthäus 1–2 (BWANT 187), Stuttgart 2009.

Ebach, Jürgen: Der Kampf am Jabboq. Genesis 32,23–32. Eine Geschichte voller Verdrehungen, in: *ders. u. a. (Hg.):* «Leget Anmut in das Geben». Zum Verhältnis von Ökonomie und Theologie, Gütersloh 2001, 13–43.

Ebach, Jürgen: Theodizee: Fragen gegen die Antworten zur biblischen Erzählung von der «Bindung Isaaks» (1 Mose 22), in: *ders.:* Gott im Wort. Drei Studien zur biblischen Exegese und Hermeneutik, Neukirchen-Vluyn 1997, 1–25.

Eberhart, Christian: Studien zur Bedeutung der Opfer im Alten Testament. Die Signifikanz von Blut- und Verbrennungsriten im kultischen Rahmen (WMANT 94), Neukirchen-Vluyn 2002.

Eco, Umberto: Das offene Kunstwerk, Frankfurt a. M. 1973.

Egger, Monika: «Hagar, woher kommst du? Und wohin gehst du?» (Gen 16,8*) Darstellung und Funktion der Figur Hagar im Sara(i)-Abra(ha)m-Zyklus (Gen 11,27–25,18), (HBS 67), Freiburg i. Br. 2011.

Ego, Beate: Adam und Eva im Judentum, in: *Böttrich, Christfried/Ego, Beate (Hg.):* Adam und Eva in Judentum, Christentum und Islam, Göttingen 2011, 11–78.

Eisen, Ute E./Gerber, Christine/Standhartinger, Angela: Doing Gender – doing Religion. Fallstudien zur Intersektionalität im frühen Judentum, Christentum und Islam (WUNT 302), Tübingen 2013.

Elssner, Thomas R.: Josua und seine Kriege in jüdischer und christlicher Rezeptionsgeschichte (ThFr 37), Stuttgart 2008.

Engelmann, Angelika: Deuteronomium. Recht und Gerechtigkeit für Frauen im Gesetz, in: *Schottroff, Luise/Wacker, Marie-Theres (Hg.),* Kompendium Feministische Bibelauslegung 67–79.

Erzberger, Johanna: Kain, Abel und Israel. Die Rezeption von Gen 4,1–16 in rabbinischen Midraschim (BWANT 192), Stuttgart 2011.

Ess, Josef van: Theologie und Gesellschaft im 2. und 3. Jahrhundert Hidschra. Eine Geschichte des religiösen Denkens im frühen Islam, 6 Bde., Berlin 1991–1997.

Evangelische Kirche in Deutschland: Christen und Juden III, EKD-Denkschrift Nr. 144, 2000, Kapitel 3.1.1, URL: http://www.ekd.de/EKD-Texte/christen_juden_2000_c-j3.html (12.7.2017)

Fabry, Heinz-Josef: Toleranz im Alten Testament, in: BiKi 58,4 (2003) 216–223.

Fechter, Friedrich: Die Familie in der Nachexilszeit. Untersuchungen zur Bedeutung der Verwandtschaft in ausgew. Texten des Alten Testaments (BZAW 264), Berlin 1998.

Feldmeier, Reinhard: Biblischer Monotheismus und Toleranz, in: *ders.:* Der Höchste. Studien zur hellenistischen Religionsgeschichte und zum biblischen Gottesglauben (WUNT 330), Tübingen 2014, 283–298.

Finkelstein, Israel/Silberman, Neil A.: David und Salomo, München 2006.

Finkelstein, Israel/Silberman, Neil A.: Keine Posaunen vor Jericho. Die archäologische Wahrheit über die Bibel, München [2]2003.

Finley, Moses I.: Die Sklaverei in der Antike. Geschichte und Probleme, München 1981.

Finsterbusch, Karin: Frauen zwischen Fremdbestimmung und Eigenständigkeit. Genderrelevantes in den Gesetzestexten der Tora, in: *Fischer, Irmtraud u. a. (Hg.),* Tora 375–400.

Fischer, Georg/Markl, Dominik: Das Buch Exodus (NSK.AT 2), Stuttgart 2009.

Fischer, Georg: Jakobs Rolle in der Genesis, in: Biblische Zeitschrift 47 (2003) 269–280.

Fischer, Georg: Die Josefsgeschichte als Modell für Versöhnung, in: *Wénin, André (Hg.):* Studies in the Book of Genesis. Literature, Redaction and History (BEThL 155), Leuven 2001, 243–271.

Fischer, Georg: Theologien des Alten Testaments (NSK.AT 31), Stuttgart 2012.

Fischer, Irmtraud: Die Erzeltern Israels. Feministisch-theologische Studien zu Genesis 12–36 (BZAW 222), Berlin 1994.

Fischer, Irmtraud: Genesis 12–50. Die Ursprungsgeschichte Israels als Frauengeschichte, in: *Schottroff, Luise/Wacker, Marie-Theres (Hg.),* Kompendium Feministische Bibelauslegung 12–25.

Fischer, Irmtraud: Gotteskünderinnen. Zu einer geschlechterfairen Deutung des Phänomens der Prophetie und der Prophetinnen in der hebräischen Bibel, Stuttgart 2002.

Fischer, Irmtraud: Gotteslehrerinnen. Weise Frauen und Frau Weisheit im Alten Testament, Stuttgart 2006.

Fischer, Irmtraud: Gottesstreiterinnen. Biblische Erzählungen über die Anfänge Israels, Stuttgart [4]2013.

Fischer, Irmtraud: Die «Opferung» der beiden Söhne Abrahams. Gen 21 und Gen 22 im Kontext, in: *Franz, Ansgar (Hg.):* Streit am Tisch des Wortes? Zur Deutung und Bedeutung des Alten Testaments und seiner Verwendung in der Liturgie (PiLi 9), St. Ottilien 1997, 17–31.

Fischer, Irmtraud (Hg.): Geschlechterverhältnisse und Macht. Lebensformen in der Zeit des frühen Christentums (Exegese in unserer Zeit 21), Wien 2010.

Fischer, Irmtraud (Hg.): Macht – Gewalt – Krieg im Alten Testament. Gesellschaftliche Problematik und das Problem ihrer Repräsentation (QD 254), Freiburg i. Br. 2013.

Fischer, Irmtraud/Navarro Puerto, Mercedes/Taschl-Erber, Andrea (Hg.): Tora (Die Bibel und die Frauen. Hebräische Bibel – Altes Testament 1,1), Stuttgart 2010.

Flasch, Kurt: Warum ich kein Christ bin. Bericht und Argumentation, München 2013.

Flury, André: Abrahams Segen und die Völker. Synchrone und diachrone Untersuchungen zu Gen 12,1–3 unter besonderer Berücksichtigung der intertextuellen Beziehungen zu Gen 18; 22; 26; 28; Sir 44; Jer 4 und Ps 72 (FzB 115), Würzburg 2007.

Flury, André: Biblische Prophetie (Am 7,12–15; Mk 6,7–13), in: *Schweizerisches Katholisches Bibelwerk,* Gesichter der Schrift, Bd. 1, 202–206.

Flury, André: Ezechiel-Kommentar, in: Erklärt – der Kommentar zur Zürcher Bibel, Bd. 2, Zürich ²2011, 1626–1759.

Flury, André: «Fürchte dich nicht!» – Kein Familienidyll (Gen 15,1–6; 21,1–3; Lk 2,22–40), in: *Schweizerisches Katholisches Bibelwerk,* Gesichter der Schrift, Bd. 1, 65–69.

Flury, André: An die Gerechtigkeit Gottes appellieren (Gen 18,20–32; Lk 11,1–13), in: *Schweizerisches Katholisches Bibelwerk,* Gesichter der Schrift, Bd. 2, 198–207.

Flury, André: Jona und der Erzfeind (Jona 3,1–5.10; Mk 1,14–20), in: *Schweizerisches Katholisches Bibelwerk,* Gesichter der Schrift, Bd. 1, 89–93.

Flury, André: Rollenwechsel – oder: Isst Gott unkoscher? (Gen 18,1–10a; Lk 10,38–42), in: *Schweizerisches Katholisches Bibelwerk,* Gesichter der Schrift, Bd. 2, 198–202.

Flury, André: Solidarität – statt religiöse Gewalttätigkeit (1 Kön 17,10–16; Mk 12,38–44), in: *Schweizerisches Katholisches Bibelwerk,* Gesichter der Schrift, Bd. 1, 285–290.

Flury, André: Vom Umgang mit Andersgläubigen (1 Kön 8,41–43; Lk 7,1–10), in: *Schweizerisches Katholisches Bibelwerk,* Gesichter der Schrift, Bd. 2, 163–168.

Fowler, James W.: Stufen des Glaubens. Die Psychologie der menschlichen Entwicklung und die Suche nach Sinn, Gütersloh 2000 [engl. 1981].

Frankl, Viktor E.: … trotzdem Ja zum Leben sagen. Ein Psychologe erlebt das Konzentrationslager, München ⁹2009.

Franziskus [Papst]: Evangelii gaudium. Apostolisches Schreiben über die Verkündigung des Evangeliums in der Welt von heute (24. November 2013), URL: http://w2.vatican.va/content/dam/francesco/pdf/apost_exhortations/documents/papa-francesco_esortazione-ap_20131124_evangelii-gaudium_ge.pdf (28.4.2018).

Frevel, Christian: Geschichte Israels (KStTh 2), Stuttgart 2016.
Frisch, Max: Tagebuch 1946–1949, Frankfurt a. M. 1985.
Fritz, Volkmar: Die Entstehung Israels im 12. und 11. Jahrhundert v. Chr. (BE[S] 2), Stuttgart 1996.
Galling, Kurt (Hg.): Textbuch zur Geschichte Israels, Tübingen ³1979.
Gerstenberger, Erhard S.: Israel in der Perserzeit: 5. und 4. Jahrhundert v. Chr. (BE[S] 8), Stuttgart 2005.
Gertz, Jan C./Schmid, Konrad/Witte, Markus (Hg.): Abschied vom Jahwisten. Die Komposition des Hexateuch in der jüngsten Diskussion (BZAW 315), Berlin 2002.
Gertz, Jan C.: Genesis 5. Priesterliche Redaktion, Komposition oder Quellenschrift?, in: *Hartenstein, Friedhelm/Schmid Konrad (Hg.):* Abschied von der Priesterschrift? Zum Stand der Pentateuchdebatte (VWGTh 40), Leipzig 2015, 65–93.
Gielen, Marlis: Die Wahrnehmung gemeindlicher Leitungsfunktionen durch Frauen im Spiegel der Paulusbriefe, in: *Schmeller, Thomas/Ebner, Martin (Hg.):* Neutestamentliche Ämtermodelle im Kontext (QD 239), Freiburg i. Br. 2010, 129–165.
Gies, Kathrin: Geburt – ein Übergang. Rituelle Vollzüge, Rollenträger und Geschlechterverhältnisse. Eine alttestamentliche Textstudie (ATS 88), St. Ottilien 2009.
Girard, René: Das Ende der Gewalt. Analyse des Menschheitsverhängnisses. Erkundungen zu Mimesis und Gewalt mit Jean-Michel Oughourlian und Guy Lefort, mit einer Einf. v. Ralf Miggelbrink, vollst. neuübers. aus dem Französischen v. Elisabeth Mainberger-Ruh, Freiburg i. Br. 2009.
Girard, René: Das Heilige und die Gewalt, Frankfurt a. M. 1992 [frz. 1972].
Goethe, Johann Wolfgang von: Goethes Werke. Hamburger Ausgabe in 14 Bdn., hg. v. Erich Trunz, Hamburg 1960.
Goldberg, Arnold: Untersuchungen über die Vorstellung von der Schekhinah in der frühen rabbinischen Literatur. Talmud und Midrasch (SJ 5), Berlin 1969.
Görg, Manfred: Hiskija als Immanuel. Plädoyer für eine typologische Identifikation, in: BN 22 (1983) 107–125.
Grabner-Haider, Anton (Hg.): Kulturgeschichte der Bibel, Göttingen 2007.
Grabner-Haider, Anton: Hitlers mythische Religion. Theologische Denklinien und NS-Ideologie, Wien 2007.
Graupner, Axel: Zum Verhältnis der beiden Dekalogfassungen Ex 20 und Dtn 5. Ein Gespräch mit Frank-Lothar Hossfeld, ZAW 99 (1987) 308–329.
Graus, František: Pest – Geissler – Judenmorde. Das 14. Jahrhundert als Krisenzeit (Veröffentlichungen des Max-Planck-Instituts für Geschichte 86), Göttingen ²1988.
Greenberg, Moshe: Ezechiel 1–20 (HThKAT), Freiburg i. Br. 2001; Ezechiel 21–37 (HThKAT), Freiburg i. Br. 2005.

Greiner, Bernhard/Janowski, Bernd/Lichtenberger, Hermann (Hg.): Opfere deinen Sohn! Das Isaak-Opfer in Judentum, Christentum und Islam, Tübingen 2007.

Gunkel, Hermann: Genesis, übersetzt und erklärt (HK 1.1), Göttingen [6]1964 ([1]1910).

Haag, Ernst: Das hellenistische Zeitalter: Israel und die Bibel im 4. bis 1. Jahrhundert v. Chr. (BE[S] 9), Stuttgart 2003.

Halbfas, Hubertus: Religiöse Sprachlehre. Theorie und Praxis, Ostfildern 2012.

Haumann, Heiko (Hg.): Acht Jahrhunderte Juden in Basel. 200 Jahre Israelitische Gemeinde Basel, Basel 2005.

Haverkamp, Alfred: Juden und Christen zur Zeit der Kreuzzüge (VKAMAG 47), Sigmaringen 1999.

Hebbel, Friedrich: Sämtliche Werke. Historisch-kritische Ausgabe. Besorgt v. Richard M. Werner, 6 Bde., Berlin 1902.

Hecking, Detlef: Elitesoldaten und SklavInnen, der «Staatsgott» Augustus und der Messias Jesus. Zur Erstrezeption des Christuslobes (Phil 2,5–11), in: BiKi 64,1 (2009) 23–32.

Heisenberg, Werner: Der Teil und das Ganze. Gespräche im Umkreis der Atomphysik, München 2016 ([1]1969).

Heither, Theresia: Schriftauslegung – das Buch Exodus bei den Kirchenvätern (NSK.AT 33,4), Stuttgart 2002.

Henke, Winfried/Rothe, Hartmut: Menschwerdung, Frankfurt a. M. 2003.

Henke, Winfried/Rothe, Hartmut: Stammesgeschichte des Menschen, Berlin 1999.

Henrix, Hans H. (Hg.): Nostra Aetate – ein zukunftsweisender Konzilstext. Die Haltung der Kirche zum Judentum 40 Jahre danach (ABPB 23), Aachen 2006.

Henrix, Hans H.: Verhältnis von Kirche und Judentum. Fünfzig Jahre nach Eröffnung des Zweiten Vatikanums, in: FrRu.NF 4 (2012) 244–261.

Hermle, Siegfried: Evangelische Kirche und Judentum – Stationen nach 1945 (AKZG B 16), Göttingen 1990.

Hershkovitz, Israel u. a.: The earliest modern Humans outside Africa, in: Science 359 Nr. 6374 (2018) 456–459.

Heschel, Abraham J.: Maimonides. Eine Biographie, hg. und mit einem Vorwort zur Neuausg. von Friedrich Hansen und Fred Rosner, Neukirchen-Vluyn 1992.

Hieke, Thomas/Schöning, Benedict: Methoden alttestamentlicher Exegese, Darmstadt 2017.

Hilberg, Raul: Die Quellen des Holocaust. Entschlüsseln und interpretieren, Frankfurt a. M. [2]2003.

Hilberg, Raul: Die Vernichtung der europäischen Juden, 3 Bde., Frankfurt a. M. [9]1999.

Homolka, Walter/Zenger, Erich: «… damit sie Jesus Christus erkennen». Die neue Karfreitagsfürbitte für die Juden, Freiburg i. Br. 2008.

Hossfeld, Frank-Lothar: Der Dekalog. Seine späten Fassungen, die originale Komposition und seine Vorstufen (OBO 45), Freiburg i. Üe. 1982.

Ibn Ezra, Abraham ben Meier: Ibn Ezra's Commentary on the Pentateuch, translated and annotated by Strickman, H. Norman/Silver, Arthur M., 6 Bde., New York 1988–2004.

International Council of Christians and Jews: Zeit zur Neu-Verpflichtung. Christlich-jüdischer Dialog 70 Jahre nach Kriegsbeginn und Shoah, hg. v. d. Konrad-Adenauer-Stiftung e. V., Berlin 2009.

Jacob, Benno: Das Buch Exodus, hg. im Auftrag des Leo Baeck Instituts v. Shlomo Mayer, Stuttgart 1997.

Jacob, Benno: Das erste Buch der Tora. Genesis, übers. und erklärt v. B. Jacob, (Berlin 1934) Nachdr. Stuttgart 2000.

Jacob, Benno: Die Thora Moses, in: *Ziegler, Ignaz (Hg.):* Volksschriften über die jüdische Religion 1. Jg. Heft III–IV, Frankfurt a. M. 1912/13.

Jahnow, Hedwig (Hg.): Feministische Hermeneutik und Erstes Testament. Analysen und Interpretationen, Stuttgart 1994.

James, William: Der Wille zum Glauben, in: Pragmatismus. Ausgewählte Texte von Charles Sanders Peirce, William James, Ferdinand Canning Scott Schiller, John Dewey, mit einer Einl. hg. v. Ekkehard Martens, Stuttgart 2002, 128–160 [engl. 1897].

Janowski, Bernd: Ein Gott, der straft und tötet? Zwölf Fragen zum Gottesbild des Alten Testaments, Neukirchen-Vluyn 2013.

Janowski, Bernd: Die lebendige Statue Gottes. Zur Anthropologie der priesterlichen Urgeschichte, in: *ders.:* Die Welt als Schöpfung (Beiträge zur Theologie des Alten Testaments 4), Neukirchen-Vluyn 2008, 140–171.

Jeggle-Merz, Birgit/Durst, Michael (Hg.): Juden und Christen im Dialog (ThBer 36), Freiburg i. Üe. 2016.

Jeremias, Jörg/Hartenstein, Friedhelm: «JHWH und seine Aschera». «Offizielle Religion» und «Volksreligion» zur Zeit der klassischen Propheten, in: *Jeremias, Jörg/Janowski, Bernd (Hg.):* Religionsgeschichte Israels. Formale und materiale Aspekte, Gütersloh 1999, 79–138.

JL Jüdisches Lexikon. Ein enzyklopädisches Handbuch des jüdischen Wissens in vier Bänden, begr. v. *Georg Herlitz/Bruno Kirschner,* 4 Bde., (Berlin 1927) Nachdr. Königstein 1982.

Johannes Chrysostomus: Acht Reden gegen die Juden, eingel. und erläutert v. Rudolf Brändle, übers. v. Verena Jegher-Bucher (BGrL 41), Stuttgart 1995.

Johannes Chrysostomus: Opera omnia quae exstant … opera et studio B. de Montfaucon, accurante J.-P. Migne (PG 47–64), Paris 1858–60.

Josephus, Flavius: Contra Apionem, Buch 1. Einleitung, Text, Textkritischer Apparat, Übersetzung und Kommentar von Dagmar Labow, Stuttgart 2005.

Josephus, Flavius: De bello Judaico / Geschichte des jüdischen Krieges und Kleinere Schriften, übers. und mit Einl. und Anm. versehen v. Heinrich Clementz, Wiesbaden 2005.

Josephus, Flavius: Antiquitates Judaicae / Jüdische Altertümer, übers. und mit Einl. und Anm. versehen v. Heinrich Clementz, Wiesbaden 2006.

Jubiläumspilgerreise zu den Heiligen Stätten (VApS 145), hg. v. Sekretariat der Deutschen Bischofskonferenz, Bonn 2000.

KAI Kanaanäische und aramäische Inschriften, hg. v. Herbert Donner/Wolfgang Röllig, Bd. 1: Texte; Bd. 2: Kommentar; Bd. 3: Glossare und Indices, Tafeln, Wiesbaden [2]1966–1969.

Kampling, Rainer/Weinrich, Michael (Hg.): Dabru emet – redet Wahrheit. Eine jüdische Herausforderung zum Dialog mit den Christen, Gütersloh 2003.

Kant, Immanuel: Werke in sechs Bänden, hg v. Wilhelm Weischedel, 6 Bde., Darmstadt 1964.

Keel, Othmar: Die Geschichte Jerusalems und die Entstehung des Monotheismus, 2 Teile (Orte und Landschaften der Bibel 4,1), Göttingen, 2007.

Keel, Othmar/Schroer, Silvia: Eva – Mutter alles Lebendigen. Frauen- und Göttinnenidole aus dem Alten Orient, Freiburg i. Üe. 2004.

Keel, Othmar/Schroer, Silvia: Schöpfung. Biblische Theologien im Kontext altorientalischer Religionen, Göttingen 2002.

Keel, Othmar/Uehlinger, Christoph: Göttinnen, Götter und Gottessymbole (QD 134), Freiburg i. Br. [5]2001.

Kegler, Jürgen: Zu Komposition und Theologie der Plagenerzählungen, in: *Blum, Erhard/Macholz, Christian/Stegemann, Ekkehard W. (Hg.):* Die Hebräische Bibel und ihre zweifache Nachgeschichte, FS Rolf Rendtorff, Neukirchen-Vluyn 1990, 55–74.

Kellenberger, Edgar: Theologische Eigenarten der Verstockung Pharaos in Ex 4–14, in: ThZ 58 (2002) 109–113.

Kessler, Rainer: Altes Testament und gegenwärtige ethische Herausforderungen. Das Beispiel der Wirtschaftsethik, in: *Frevel, Christian (Hg.):* Mehr als Zehn Worte? Zur Bedeutung des Alten Testaments in ethischen Fragen (QD 273), Freiburg i. Br. 2015, 374–392.

Kessler, Rainer: Sozialgeschichte des Alten Israel. Eine Einführung, Darmstadt 2006.

Kessler, Rainer: Studien zur Sozialgeschichte Israels (SBAB AT 46), Stuttgart 2009.

Kinet, Dirk: Geschichte Israels (NEB AT Erg. 2), Würzburg 2001.

Klauck, Hans-Josef: Die religiöse Umwelt des Urchristentum II (KStTh 9), Stuttgart 1996.

Klein, Renate A.: Jakob. Wie Gott auf krummen Linien gerade schreibt (Biblische Gestalten 17), Leipzig 2007.

Knauf, Ernst A.: Die Umwelt des Alten Testaments (NSK.AT 29), Stuttgart 1994.

Knauf, Ernst A.: Ismael. Untersuchungen zur Geschichte Palästinas und Nordarabiens im 1. Jahrtausend v. Chr. (ADPV 7), Wiesbaden 1985.

Köckert, Matthias: Die Zehn Gebote, München 2008.

Köckert, Matthias: Gottes «Bund» mit Abraham und die «Erwählung» Israels in Genesis 17, in: *MacDonald, Nathan (Hg.):* Covenant and Election in exilic and post-exilic Judaism. Studies of the Sofja Kovalevskaja Research Group on early Jewish Monotheism 5 (FAT 2. Reihe 79), Tübingen 2015, 1–28.

Köckert, Matthias: Leben in Gottes Gegenwart. Studien zum Verständnis des Gesetzes im Alten Testament (FAT 43), Tübingen 2004.

Köckert, Matthias: Nächstenliebe – Fremdenliebe – Feindesliebe, in: *Witte, Markus/Pilger, Tanja (Hg.):* Mazel tov 31–53.

Köckert, Matthias: Vätergott und Väterverheißung. Eine Auseinandersetzung mit Albrecht Alt und seinen Erben (FRLANT 142), Göttingen 1988.

Köckert, Matthias: Zum literargeschichtlichen Ort des Prophetengesetzes Dtn 18 zwischen dem Jeremiabuch und Dtn 13, in: *Kratz, Reinhard G./ Spieckermann, Hermann (Hg.):* Liebe und Gebot. Studien zum Deuteronomium, FS Lothar Perlitt, Göttingen 2000, 80–100.

Koenen, Klaus: Wer sieht wen? Zur Textgeschichte von Genesis XVI 13, in: VT 38 (1988) 468–474.

Kogon, Eugen u. a. (Hg.): Gott nach Auschwitz. Dimensionen des Massenmords am jüdischen Volk, Freiburg i. Br. 1986 ([1]1979).

Köhlmoos, Melanie: Altes Testament (UTB basics), Tübingen 2011.

Kollmar-Paulenz, Karénina: Der Buddhismus als Garant von «Frieden und Ruhe». Zu religiösen Legitimationsstrategien von Gewalt am Beispiel der tibetisch-buddhistischen Missionierung der Mongolei im späten 16. Jahrhundert, in: Sonderheft Buddhismus und Gewalt der Zeitschrift für Religionswissenschaft 11 (2003) 185–207.

Kottsieper, Ingo: El – ferner oder naher Gott? Zur Bedeutung einer semitischen Gottheit in verschiedenen sozialen Kontexten im 1. Jtsd. v. Chr, in: *Albertz, Rainer (Hg.):* Religion und Gesellschaft (AOAT 248), Münster 1997, 25–74.

Kratz, Reinhard G.: Die Komposition der erzählenden Bücher des Alten Testaments. Grundwissen der Bibelkritik, Göttingen 2000.

Kratz, Reinhard G./Spieckermann, Hermann: One God – one Cult – one Nation. Archaeological and biblical Perspectives (BZAW 405), Berlin 2010.

Kratz, Reinhard G./Spieckermann, Hermann (Hg.): Götterbilder, Gottesbilder, Weltbilder. Polytheismus und Monotheismus in der Welt der Antike, Bd. 1: Ägypten, Mesopotamien, Persien, Kleinasien, Syrien, Palästina; Bd. 2: Griechenland und Rom, Judentum, Christentum und Islam (FAT 2. Reihe 17–18), Tübingen [2]2009.

Kremer, Markus u. a. (Hg.): Macht und Moral – Politisches Denken im 17. und 18. Jahrhundert (ThFr 31), Stuttgart 2007.

Kremers, Heinz (Hg.): Die Juden und Martin Luther – Martin Luther und die Juden. Geschichte, Wirkungsgeschichte, Herausforderung, Neukirchen-Vluyn 1985.

Kremers, Heinz: Judenmission heute? Von der Judenmission zur brüderlichen Solidarität und zum ökumenischen Dialog, Neukirchen-Vluyn 1979.

Kreuzer, Siegfried/Vieweger, Dieter u. a.: Proseminar I. Altes Testament. Ein Arbeitsbuch, Stuttgart [2]2005.

Krochmalnik, Daniel: Schriftauslegung – das Buch Exodus im Judentum (NSK.AT 33,3), Stuttgart 2000.

Krochmalnik, Daniel: Schriftauslegung – das Buch Genesis im Judentum (NSK.AT 33,1), Stuttgart 2001.

Krüger, Thomas: «Wer weiß denn, was gut ist für den Menschen?» Zur Bedeutung des Alten Testaments für die evangelische Ethik, in: ZEE 55 (2011) 248–261.

Kübel, Paul: Metamorphosen der Paradieserzählung (OBO 231), Freiburg i. Üe. 2007.

Kundert, Lukas: Die Opferung/Bindung Isaaks, Bd. 1: Gen 22,1–19 im Alten Testament, im Frühjudentum und im Neuen Testament; Bd. 2: Gen 22,1–19 in frühen rabbinischen Texten (WMANT 78,1.2), Neukirchen-Vluyn 1998.

Küng, Hans: Das Judentum, München [2]1991.

Kuschel, Karl-Josef: Streit um Abraham. Was Juden, Christen und Muslime trennt – und was sie eint, München [4]2001.

Kusterle, Karin: Die Macht von Sprachformen. Der Zusammenhang von Sprache, Denken und Genderwahrnehmung, Frankfurt a. M. 2011.

Lang, Nicolas R. M. de: Art. Antisemitismus IV, in: TRE 3, 128–137.

Langer, Gerhard: Esau in der hebräischen Bibel, in: *ders. (Hg.):* Esau – Bruder und Feind, Göttingen 2009, 17–30.

Lanckau, Jörg: Der Herr der Träume. Eine Studie zur Funktion des Traumes in der Josefsgeschichte der Hebräischen Bibel (AThANT 85), Zürich 2006.

Lau, Markus/Neumann, Nils (Hg.): Das biblische Methodenseminar. Kreative Impulse für Lehrende, Göttingen 2017.

Law, Timothy M./Halton, Charles (Hg.): Jew and Judean. A MARGINALIA Forum on Politics and Historiography in the Translation of Ancient Texts 2014, URL: https://marginalia.lareviewofbooks.org/jew-judean-forum/ (14.5.2018).

Leibowitz, Nehama: Studies in Bereshit. Genesis. In the Context of ancient and modern Jewish Bible Commentary, transl. and adapted from the Hebrew by Aryeh Newman, Jerusalem [7]1985.

Leibowitz, Nehama: Studies in Shemot. The book of Exodus, transl. and adapted from the Hebrew by Aryeh Newman, Jerusalem 1976.

Leimgruber, Stephan: Unser Gott – euer Gott? Christentum und Weltreligionen (STh XII), Zürich [2]2014.

Lemche, Nils P.: Die Vorgeschichte Israels. Von den Anfängen bis zum Ausgang des 13. Jahrhunderts v. Chr. (BE[S] 1), Stuttgart 1996.

Lenzen, Verena: Jüdisches Leben und Sterben im Namen Gottes. Studien über die Heiligung des göttlichen Namens (Kiddusch HaSchem), Zürich/München [2]2002.

Lessing, Gotthold Ephraim: Nathan der Weise. Ein dramatisches Gedicht, in fünf Aufzügen (Studienausgabe), hg. v. Kai Bremer/Valerie Hantzsche, Stuttgart 2013.

Leutzsch, Martin: Das biblische Zinsverbot, in: *Kessler, Rainer/Loos, Eva (Hg.):* Eigentum: Freiheit und Fluch. Ökonomische und biblische Einwürfe, Gütersloh 2000, 107–144.

Loo, Stephanie van de: Versöhnungsarbeit. Kriterien, theologischer Rahmen, Praxisperspektiven (ThFr 38), Stuttgart 2009.

MacGregor, Neil: Leben mit den Göttern, übers. v. Andreas Wirthensohn/ Annabel Zettel, München 2018.
Maier, Christl/Calduch-Benages, Nuria (Hg.): Schriften und spätere Weisheitsbücher (Die Bibel und die Frauen 1,3), Stuttgart 2013.
Maier, Johann: Geschichte der jüdischen Religion. Von der Zeit Alexanders des Grossen bis zur Aufklärung mit einem Ausblick auf das 19./20. Jahrhundert, Freiburg i. Br. ²1992.
Maier, Johann: Judentum. Studium Religionen, Göttingen 2007.
Maier, Johann: Kriegsrecht und Friedensordnung in jüdischer Tradition (ThFr 14), Stuttgart 2000.
Maier, Johann: Studien zur jüdischen Bibel und ihrer Geschichte (Studia Judaica 28), Berlin 2004.
Malinar, Angelika: Hinduismus (UTB Theologie, Religion 3197), Göttingen 2009.
Manemann, Jürgen/Metz, Johann B. (Hg.): Christologie nach Auschwitz, Münster 1998.
Mann, Thomas: Josef und seine Brüder, Berlin 1976 (¹1933–1943) .
Markl, Dominik: Der Dekalog als Verfassung des Gottesvolkes. Die Brennpunkte einer Rechtshermeneutik des Pentateuch in Ex 19–24 und Dtn 5 (HBS 49), Freiburg i. Br. 2007.
Markl, Dominik: Israels Moral der Befreiten. Zur Begründung der ‹Option für die Armen› in der geschichtlichen Identität Israels, in: *Frevel, Christian (Hg.):* Mehr als Zehn Worte? Zur Bedeutung des Alten Testaments in ethischen Fragen (QD 273), Freiburg i. Br. 2015, 324–344.
Marti, Kurt: abendland. gedichte, Darmstadt 1980.
Marti, Kurt: Die gesellige Gottheit. Ein Diskurs, Stuttgart ²1993.
Marti, Kurt: Gottesbefragung. Der 1. Johannesbrief heute, Stuttgart 1982.
Marti, Kurt: Zärtlichkeit und Schmerz. Notizen, Hamburg/Zürich 1979.
Matern, Harald: … und schuf sie als Mann und Frau. Ethische Herausforderungen transidenter Individualität aus theologischer Perspektive, in: *Schochow/Gehrmann/Steger,* Inter* und Trans*identitäten 135–154.
Maul, Stefan M.: Der assyrische König – Hüter der Weltordnung, in: *Assmann, Jan u. a. (Hg.),* Gerechtigkeit 65–78.
Maul, Stefan M.: Der Sieg über die Mächte des Bösen. Götterkampf, Triumphrituale und Torarchitektur in Assyrien, in: *Zenger, Erich (Hg.):* Ritual und Poesie. Formen und Orte religiöser Dichtung im Alten Orient, im Judentum und im Christentum (HBS 36), Freiburg i. Br. 2003, 47–71.
Maul, Stefan M.: Das Gilgamesch-Epos, München 2006.
McAuliffe, Jane D. (Hg.): The Cambridge companion to the Qurʾān, Cambridge ⁵2010.
Meissner, Stefan/Wenz, Georg: Über den Umgang mit den Heiligen Schriften. Juden, Christen und Muslime zwischen Tuchfühlung und Kluft (Interreligiöse Begegnungen 4), Berlin 2007.
Metz, Johann B.: Ökumene nach Auschwitz – zum Verhältnis von Christen und Juden in Deutschland, in: *Kogon, Eugen u. a. (Hg.),* Gott nach Auschwitz 121–144.

Mielke, Jörg: Der Dekalog in den Rechtstexten des abendländischen Mittelalters (Untersuchungen zur deutschen Staats- und Rechtsgeschichte. NF 29), Aalen 1992.

Miggelbrink, Ralf: Der eine Gott. Christlicher Monotheismus des Bundes und der Schöpfung, Münster 2006.

Miggelbrink, Ralf: Lebensfülle. Für die Wiederentdeckung einer theologischen Kategorie (QD 235), Freiburg i. Br. 2009.

Millard, Matthias: Die Konflikte zwischen Brüdern in der Genesis – typisch männliche Konflikte?, in: *Knieling, Reiner/Ruffing, Andreas (Hg):* Männerbeziehungen. Männerspezifische Bibelauslegung 2 (BThS 37), Göttingen 2015, 15–29.

Minnaard, Gerard: Er rief seinen Namen: Israel! Erzählungen von Segen und Verantwortung aus dem 1. Buch Mose, Wittingen 1996.

Mittmann, Siegfried (Hg): Tübinger Bibelatlas, Stuttgart 2001.

Moisès, Stéphane: Die Opferung Isaaks in der jüdischen Tradition, in: *Greiner, Bernhard/Janowski, Bernd/Lichtenberger, Hermann (Hg.),* Opfere deinen Sohn! 51–72.

Moser, Tilmann: Gottesvergiftung, Frankfurt a. M. 2002 ([1]1976).

Mühling, Anke: «Blickt auf Abraham, euren Vater». Abraham als Identifikationsfigur des Judentums in der Zeit des Exils und des Zweiten Tempels (FRANT 236), Göttingen 2011.

Müller, Hans-Peter: Gilgamesch-Epos und Altes Testament, in: *Daniels, Dwight R. u. a. (Hg.):* Ernten, was man sät, FS Klaus Koch, Neukirchen-Vluyn 1991, 75–99.

Müller, Hans-Peter: Gott und die Götter in den Anfängen der biblischen Religion. Zur Vorgeschichte des Monotheismus, in: *Keel, Othmar (Hg.):* Monotheismus im Alten Israel und seiner Umwelt (BiBe.NF 14), Freiburg i. Üe. 1980, 99–142.

Müllner, Ilse: Gewalt im Hause Davids. Die Erzählung von Tamar und Amnon (2 Sam 13,1–22) (HBS 13), Freiburg i. Br. 1997.

Nagel, Ernst J.: Die Friedenslehre der katholischen Kirche. Eine Konkordanz kirchenamtlicher Dokumente (ThFr 13), Stuttgart 1997.

Nagel, Ernst J.: Minderheiten in der Demokratie. Politische Herausforderung und interreligiöser Dialog (ThFr 16), Stuttgart 1998.

Naumann, Thomas: Ismael. Theologische und erzählanalytische Studien zu einem biblischen Konzept der Selbstwahrnehmung Israels im Kreis der Völker aus der Nachkommenschaft Abrahams, Habil. mschr., Universität Bern 1996.

Navarro Puerto, Mercedes: Abbild und Ebenbild Gottes: Frau und Mann in Gen 1–3 als offenes System im Kontext von Gen 1–11, in: *Fischer u. a. (Hg.),* Tora 186–237.

Neubauer, Adolf/Stern, Moritz (Hg.): Hebräische Berichte über die Judenverfolgungen während der Kreuzzüge (Quellen zur Geschichte der Juden in Deutschland 2), Berlin 1892.

Neusner, Jacob: Ein Rabbi spricht mit Jesus. Ein jüdisch-christlicher Dialog, München 1997.

Neuwirth, Angelika: Der Koran als Text der Spätantike. Ein europäischer Zugang, Berlin 2013.

Neuwirth, Angelika: Koranforschung – eine politische Philologie? Bibel, Koran und Islamentstehung im Spiegel spätantiker Textpolitik und moderner Philologie, Berlin 2014.

Niehr, Herbert: Der höchste Gott. Alttestamentlicher JHWH-Glaube im Kontext syrisch-kanaanäischer Religion des 1. Jahrtausends v. Chr. (BZAW 190), Berlin 1990.

Noort, Ed: Child Sacrifice in Ancient Israel: The Status Quaestionis, in: *Bremmer, Jan N. (Hg.):* The Strange World of Human Sacrifice (Studies in the History and Anthropology of Religion 1), Leuven 2007, 103–125.

Noort, Ed: Genesis 22: Human Sacrifice and Theology in the Hebrew Bible, in: *ders. u. a. (Hg.):* The Sacrifice of Isaac. The Aqedah (Genesis 22) and its Interpretations (Themes in Biblical Narrative. Jewish and Christian Traditions 4), Leiden 2002, 1–20.

O'Connell Davidson, Julia: Modern Slavery. The Margins of Freedom, Hampshire 2015.

Oberhänsli-Widmer, Gabrielle: Bilder vom Bösen im Judentum. Von der Hebräischen Bibel inspiriert, in jüdischer Literatur weitergedacht, Neukirchen-Vluyn 2013.

Oberhänsli-Widmer, Gabrielle: Göttersöhne, Menschentöchter und Giganten – unheilvolle Allianzen als Urgrund des Bösen: Genesis 6,1–4 biblisch, apokalyptisch und rabbinisch gelesen, in: Jud. 66,3 (2010) 229–258.

Olyan, Saul M.: Asherah and the Cult of Yahweh in Israel (SBL.MS 34), Atlanta 1988.

Oswald, Wolfgang/Tilly, Michael: Geschichte Israels. Von den Anfängen bis zum 3. Jahrhundert nach Christus, Darmstadt 2016.

Oswald, Wolfgang: Staatstheorie im Alten Israel. Der politische Diskurs im Pentateuch und in den Geschichtsbüchern des Alten Testaments, Stuttgart 2009.

Otto, Eckart: Narrative Begründungen von Ethos in der Ethik des Alten und Neuen Testaments, in: *Horn, Friedrich W./Zimmermann, Ruben (Hg.):* Jenseits von Indikativ und Imperativ (Kontexte und Normen neutestamentlicher Ethik 1), Tübingen 2009, 77–96.

Otto, Eckart: Das Deuteronomium im Pentateuch und Hexateuch. Studien zur Literaturgeschichte von Pentateuch und Hexateuch im Lichte des Deuteronomiumssrahmen (FAT 39), Tübingen 2000.

Otto, Eckart: Deuteronomium und Pentateuch, in: *ders.:* Die Tora. Studien zum Pentateuch. Gesammelte Schriften (BZAR 9), Wiesbaden 2009, 168–228.

Otto, Eckart: Das Deuteronomium. Politische Theologie und Rechtsreform in Juda und Assyrien (BZAW 284), Berlin 1999.

Otto, Eckart: Die Geburt des Mose. Die Mose-Figur als Gegenentwurf zur neuassyrischen Königsideologie im 7. Jh. v. Chr, in: *ders.:* Die Tora. Studien zum Pentateuch. Gesammelte Schriften (BZAR 9), Wiesbaden 2009, 9–45.

Otto, Eckart: Das Gesetz des Mose, Darmstadt 2007.

Otto, Eckart: Krieg und Frieden in der hebräischen Bibel und im alten Orient. Aspekte für eine Friedensordnung in der Moderne (ThFr 18), Stuttgart 1999.

Otto, Eckart: Mose und das Gesetz. Die Mose-Figur als Gegenentwurf Politischer Theologie zur neuassyrischen Königsideologie im 7. Jh. v. Chr, in: *ders. (Hg.):* Mose. Ägypten und das Alte Testament (SBS 189), Stuttgart 2000, 43–83.

Otto, Eckart: Das Recht der Hebräischen Bibel im Kontext der antiken Rechtsgeschichte, in: ThR 71 (2006) 389–421.

Otto, Eckart: Theologische Ethik des Alten Testaments, Stuttgart 1994.

Otto, Eckart: Treueeid und Gesetz. Die Ursprünge des Deuteronomiums im Horizont neuassyrischen Vertragsrechts, in: ZAR 2 (1996), 1–52.

Otto, Eckart: Wie «synchron» wurde in der Antike der Pentateuch gelesen?, in: *Hossfeld, Frank-Lothar/Schwienhorst-Schönberger, Ludger (Hg.):* Das Manna fällt auch heute noch. Beiträge zur Geschichte und Theologie des Alten, Ersten Testaments, FS Erich Zenger (HBS 44), Freiburg i. Br. 2004, 470–485.

Päpstliche Bibelkommission: Die Interpretation der Bibel in der Kirche, 23. April 1993 (VApS 115), hg. v. Sekretariat der Deutschen Bischofskonferenz, Bonn ^{2}1996.

Pax Christi, Kommission Nationalismus/Antisemitismus/Rechtsextremismus der deutschen Sektion von Pax Christi (Hg.): Schweigen ist verboten – Sprechen ist unmöglich (Elie Wiesel). Textauswahl für Veranstaltungen zum Shoah-Gedenktag am 27. Januar, Teil 2, Bad Vilbel 2002.

Pekarek, Marcel: Absolutismus als Kriegsursache. Die französische Aufklärung zu Krieg und Frieden (ThFr 15), Stuttgart 1997.

Petuchowski, Jakob J.: Die Stimme vom Sinai. Ein rabbinisches Lesebuch zu den Zehn Geboten, aus den hebräischen und aramäischen Schriften übers., Freiburg i. Br. 1981.

Philo von Alexandria: Die Werke in deutscher Übersetzung, hg. v. Leopold Cohn, Berlin ^{2}1962–1964.

Pietsch, Michael: Die Kultreform Josias. Studien zur Religionsgeschichte Israels in der späten Königszeit (FAT 68), Tübingen 2013.

Plaut, W. Gunther (Hg.): Die Tora in jüdischer Auslegung, 5 Bde., autorisierte Übers. und Bearb. v. Annette Böckler, Gütersloh 1999–2004.

Pongratz-Leisten, Beate: Sacrifice in the Ancient Near East: Offering and Ritual Killing, in: *Porter, Anne M./Schwartz, Glenn M. (Hg.),* Sacred Killing 291–304.

Porter, Anne M./Schwartz, Glenn M. (Hg.): Sacred Killing. The Archaeology of Sacrifice in the Ancient Near East, Winona Lake 2012.

Poser, Ruth: Das Ezechielbuch als Trauma-Literatur (VT.S 154), Leiden 2012.

Precht, Richard D.: Wer bin ich – und wenn ja, wie viele? Eine philosophische Reise, München 2008.

Quack, Joachim F.: Die Lehren des Ani. Ein neuägyptischer Weisheitstext in seinem kulturellen Umfeld (OBO 141), Freiburg i. Üe. 1994.

Rapp, Ursula: Mirjam. Eine feministisch-rhetorische Lektüre der Mirjamtraditionen in der hebräischen Bibel (BZAW 317), Berlin 2002.

Rapp, Ursula: Unaussprechlich und mächtig. Der Gottesname in der Bibel in gerechter Sprache und in der neuen Zürcher Bibel, in: BiKi 65,2 (2010) 108–110.

Rapp, Ursula: Zippora. Das Verschwinden einer Ehefrau, in: *Fischer u. a.*, Tora 292–304.

Rengstorf, Karl H./Kortzfleisch, Siegfried von (Hg.): Kirche und Synagoge. Handbuch zur Geschichte von Christen und Juden. Darstellung mit Quellen, 2 Bde., München 1988.

Renz, Johannes/Röllig, Wolfgang: Handbuch der althebräischen Epigraphik, Bd. 2,1, Darmstadt 1995.

Richard, Pablo: Unser Kampf richtet sich gegen die Götzen, in: *Assmann, Hugo (Hg.):* Die Götzen der Unterdrückung und der befreiende Gott (RTKPB 3), Münster 1984, 11–38.

Richter, Daniel/Grün, Rainer u. a.: The Age of the hominin Fossils from Jebel Irhoud, Morocco, and the Origins of the Middle Stone Age, in: Nature 546 Nr. 7657 (2017) 293–296.

Ritter, Adolf M.: Zur Kanonbildung in der Alten Kirche, in: *ders.:* Charisma und Caritas. Aufsätze zur Geschichte der Alten Kirche, Göttingen 1993, 265–280.

Ritter, Christine: Rachels Klage im antiken Judentum und frühen Christentum. Eine auslegungsgeschichtliche Studie (AGJU 52), Leiden 2003.

Römer, Thomas: Ein einzigartiger Vermittler. Die Biographie des Mose nach den biblischen Texten, in: WUB 41,3 (2006) 12–18.

Römer, Thomas/Macchi, Jean-Daniel/Nihan, Christophe L. (Hg.): Einleitung in das Alte Testament. Die Bücher der Hebräischen Bibel und die alttestamentlichen Schriften der katholischen, protestantischen und orthodoxen Kirchen, Zürich 2013.

Rösel, Martin: Adonaj – warum Gott «Herr» genannt wird (FAT 29), Tübingen 2000.

Rösel, Martin: Die Jungfrauengeburt des endzeitlichen Immanuel. Jesaja 7 in der Übersetzung der Septuaginta, in: JBTh 6 (1991) 135–151.

Rothenbusch, Ralf: Die kasuistische Rechtssammlung im «Bundesbuch» (Ex 21,2–11.18–22,16) und ihr literarischer Kontext im Licht altorientalischer Parallelen (AOAT 259), Münster 2000.

Ruether, Rosemary R.: Nächstenliebe und Brudermord. Die theologischen Wurzeln des Antisemitismus, München 1978 [engl. 1974].

Ruhl, Felix: Schweizer Bergsagen, ill. von Tarek Moussalli, Basel 2009.

Ruwe, Andreas: Beschneidung als interkultureller Brauch und Friedenszeichen Israels. Religionsgeschichtliche Überlegungen zu Genesis 17, Genesis 34, Exodus 4 und Josua 5, in: ThZ 64 (2008) 309–342.

Sallaberger, Walther: Das Gilgamesch-Epos. Mythos, Werk und Tradition, München ^{2}2013.

Scaiola, Donatella: Tora und Kanon. Probleme und Perspektiven, in: *Fischer u. a.*, Tora 133–148.

Schellenberg, Annette: Der Mensch, das Bild Gottes? Zum Gedanken einer Sonderstellung des Menschen im Alten Testament und in weiteren altorientalischen Quellen (AThANT 101), Zürich 2011.

Schmid, Konrad: Erzväter und Exodus. Untersuchungen zur doppelten Begründung der Ursprünge Israels innerhalb der Geschichtsbücher des Alten Testaments (WMANT 81), Neukirchen-Vluyn 1999.

Schmid, Konrad: Die Josephsgeschichte im Pentateuch, in: *ders./Gertz, Jan C./ Witte, Markus,* Abschied vom Jahwisten 83–118.

Schmid, Konrad: Die Rückgabe der Verheissungsgabe. Der «heilsgeschichtliche» Sinn von Gen 22 im Horizont innerbiblischer Exegese, in: *Witte, Markus (Hg.):* Gott und Mensch im Dialog, FS Otto Kaiser (BZAW 345/1), Berlin 2004, 271–300.

Schmidt, Werner H.: Einführung in das Alte Testament, Berlin [5]1995.

Schmidt, Werner H.: Die Intention der beiden Plagenerzählungen (Exodus 7–10) in ihrem Kontext, in: *Vervenne, Marc (Hg.):* Studies in the Book of Exodus. Redaction – Reception – Interpretation (BETL 126), Leuven 1996, 225–243.

Schmitz, Barbara: Geschichte Israels (UTB Grundwissen Theologie 3547), Paderborn 2011.

Schochow, Maximilian/Gehrmann, Saskia/Steger, Florian (Hg.): Inter* und Trans*identitäten. Ethische, soziale und juristische Aspekte (BSexF 102), Gießen 2016.

Scholem, Gershom: Über einige Grundbegriffe des Judentums, Frankfurt a. M. [9]2015.

Schoors, Antoon: Die Königreiche Israel und Juda im 8. und 7. Jahrhundert v. Chr. Die assyrische Krise (BE[S] 5), Stuttgart 1998.

Schottroff, Luise/Wacker, Marie-Theres (Hg.): Kompendium Feministische Bibelauslegung, Gütersloh 1998.

Schreiner, Josef: Das Alte Testament verstehen (NEB AT Erg. 4), Würzburg 1999.

Schroer, Silvia: Die Göttin auf den Stempelsiegeln aus Palästina/Israel, in: *Keel, Othmar /Keel-Leu, Hildi/Schroer, Silvia:* Studien zu den Stempelsiegeln aus Palästina. Israel II (OBO 88), Freiburg i. Üe. 1989, 89–207.

Schroer, Silvia: Die Zweiggöttin in Palästina/Israel. Von der Mittelbronze II B-Zeit bis zu Jesus Sirach, in: *Küchler, Max/Uehlinger, Christoph (Hg.):* Jerusalem. Texte – Bilder – Steine (NTOA 6), Freiburg i. Üe. 1987, 201–225.

Schüle, Andreas: Der Prolog der hebräischen Bibel. Der literar- und theologiegeschichtliche Diskurs der Urgeschichte (Gen 1–11) (AThANT 86), Zürich [2]2017.

Schüle, Andreas: Die Urgeschichte (Gen 1–11) (ZBK AT.NF 1,1), Zürich 2009.

Schüngel-Straumann, Helen: Gott als Mutter in Hosea 11, in: ThQ 166 (1986) 119–134.

Schüngel-Straumann, Helen: RUAH bewegt die Welt. Gottes schöpferische Lebenskraft in der Krisenzeit des Exils (SBS 151), Stuttgart 1992.

Schüngel-Straumann, Helen: Tamar. Eine Frau verschafft sich ihr Recht, in: BiKi 39 (1984) 148–157.

Schüssler Fiorenza, Elisabeth: Brot statt Steine. Die Herausforderung einer feministischen Interpretation der Bibel, Freiburg i. Üe. 1988 [engl. 1984].

Schüssler Fiorenza, Elisabeth: Feministische Bibelwissenschaft im 20. Jahrhundert (Die Bibel und die Frauen 9), Stuttgart 2015.

Schweizerisches Katholisches Bibelwerk (Hg.): Die siebzig Gesichter der Schrift, Bd. 1: Auslegung der alttestamentlichen Lesungen des Lesejahres B, Freiburg i. Üe. 2011; Bd. 2: Auslegung der alttestamentlichen Lesungen des Lesejahres C, Freiburg i. Üe. 2012.

Schwienhorst-Schönberger, Ludger: Die zehn Gebote – Der Freiheit eine Form geben, in: WUB 17,3 (2000) 9–15.

Schwienhorst-Schönberger, Ludger: Das Verhältnis von Dekalog und Bundesbuch, in: *Frevel, Christian/Konkel, Michael (Hg.):* Die Zehn Worte. Der Dekalog als Testfall der Pentateuchkritik (QD 212), Freiburg i. Br. 2005, 57–75.

Seder Haggada šel Pesaḥ, übers. v. W. Heidenheim, Basel 1988.

Selvatico, Pietro/Strahm, Doris: Jesus Christus. Christologie (STh VI,2), Zürich ³2016.

Senn, Felix: Der Geist, die Hoffnung und die Kirche. Pneumatologie, Eschatologie, Ekklesiologie (STh VI,3), Zürich 2009.

Siebert-Hommes, Jopie: Die Retterinnen des Retters Israels. Zwölf «Töchter» in Ex 1 und 2, in: *Fischer u. a.,* Tora 276–291.

Sigg-Suter, Ursula/Straub, Esther/Wäffler-Boveland, Angela: «… und ihr werdet mir Söhne und Töchter sein». Die neue Zürcher Bibel feministisch gelesen, Zürich 2007.

Spiering-Schomborg, Nele: «Man kann sich nicht entscheiden, als was man geboren wird». Exodus 1 im Horizont von Intersektionalität und empirischer Bibeldidaktik, Stuttgart 2017.

Stanton, Elizabeth C.: Stantons Frauenbibel, hg. und eingel. v. Ursula I. Meyer, Aachen 2009.

Stanton, Elizabeth C.: The Woman's Bible. A classic feminist Perspective (1895–1898), Nachdr. Mineola, N. Y. 2002.

Staubli, Thomas: Begleiter durch das Erste Testament, Düsseldorf ²1999.

Stavrakopoulou, Francesca: King Manasseh and Child Sacrifice. Biblical Distortions of historical Realities (BZAW 338), Berlin 2004.

Stegemann, Ekkehard W.: Paulus und seine Zeit (BE[S] 11), Stuttgart 2011.

Stegemann, Wolfgang: Jesus und seine Zeit (BE[S] 10), Stuttgart 2010.

Stemberger, Günter: Einleitung in Talmud und Midrasch, München ⁹2011.

Stemberger, Günter: Jüdische Religion, München 2008.

Stemberger, Günter: Der Talmud. Einführung, Texte, Erläuterungen, München ⁴2008.

Steymans, Hans U.: «Deinen Thron habe ich unter den grossen Himmeln festgemacht». Die formgeschichtliche Nähe von Ps 89,4–5.20–38 zu Texten vom neuassyrischen Hof, in: *Otto, Eckart/Zenger, Erich (Hg.):* «Mein Sohn bist du» (Ps 2,7). Studien zu den Königspsalmen (SBS 192), Stuttgart 2002, 184–251.

Steymans, Hans U.: Deuteronomium 28 und die adê zur Thronfolgeregelung Asarhaddons. Segen und Fluch im Alten Orient und in Israel (OBO 145), Freiburg i. Üe. 1995.

Stipp, Hermann-Josef: Die joschijanische Reform im Jeremiabuch, in: *Gaß, Erasmus/Stipp, Hermann-Josef (Hg.):* «Ich werde meinen Bund mit euch niemals brechen!» (Ri 2,1) (HBS 62), Freiburg i. Br. 2011, 101–129.

Stobbe, Heinz-Günther: Religion, Gewalt und Krieg. Eine Einführung (ThFr 40), Stuttgart 2010.

Taji-Farouki, Suha (Hg.): Modern Muslim Intellectuals and the Qur'an (Qur'anic studies series), Oxford 2006.

Talmud, babylonischer (bT): Der babylonische Talmud, 12 Bde., Nach der ersten zensurfreien Ausgabe unter Berücksichtigung der neueren Ausgaben und des handschriftlichen Materials ins Deutsche übers. v. Lazarus Goldschmidt, Darmstadt 2002 [Neudruck der Erstausgabe von 1929–36].

Talmud, jerusalmer (jT): Übersetzung des Talmud Yerushalmi, 6 ff. Bde., hg. v. Martin Hengel/Jacob Neusner/Peter Schäfer u. a., Tübingen 1975 ff.

Taschner, Johannes: Verheißung und Erfüllung in der Jakoberzählung (Gen 25,19–33,17). Eine Analyse ihres Spannungsbogens (HBS 27), Freiburg i. Br. 2000.

Theißen, Gerd: Die Religion der ersten Christen. Eine Theorie des Urchristentums, Gütersloh ^{3}2003.

Theißen, Gerd/Merz, Annette: Der historische Jesus. Ein Lehrbuch, Göttingen ^{4}2011.

Theobald, Michael: Für Gottesdienst und Schule. Die «Einheitsübersetzung» und ihre Revision, in: BiKi 69,1 (2014) 20–24.

Theobald, Michael: Eine Partnerschaft zerbricht. Zum Austritt der EKD aus der «Einheitsübersetzung», in: Orientierung 70 (2006) 18–22.

Theobald, Michael: Phoebe und Junia. Zwei biblische Frauen – ohne Heimatrecht in der römisch-katholischen Kirche?, in: *ders.:* Jesus, Kirche und das Heil der Anderen (SBAB NT 56), Stuttgart 2013, 163–169.

Thoma, Clemens: Das Messiasprojekt. Theologie jüdisch-christlicher Begegnung, Augsburg 1994.

Thoma, Clemens: Die grosse Versöhnungsbitte der katholischen Kirche, in: FrRu.NF 7 (2000) 161.

Tobolowsky, Andrew: The Sons of Jacob and the Sons of Herakles. The History of the tribal System and the Organization of biblical Identity (FAT 2. Reihe 96), Tübingen 2017.

Toch, Michael: Die Juden im mittelalterlichen Reich (EDG 44), München ^{3}2013.

Toch, Michael: Wirtschaftsgeschichte der mittelalterlichen Juden. Fragen und Einschätzungen, München 2008.

Tonelli, Debora: Der Dekalog. Eine retrospektive Betrachtung (SBS 239), Stuttgart 2017 [ital. 2010].

Trepp, Leo: Die Juden. Volk, Geschichte, Religion, Wiesbaden ^{12}2006 [engl. 1966].

Trible, Phyllis: Mein Gott, warum hast Du mich vergessen! Frauenschicksale im Alten Testament, mit einer Einf. v. Helen Schüngel-Straumann; aus dem Amerik. übers. v. Marianne Reppekus (GTB 491: Die Frau in Religion und Gesellschaft), Gütersloh ²1990 [engl. 1984: Texts of Terror].

Tsukimoto, Akio: Humor und Ironie in der jahwistischen Urgeschichte, in: *Maier, Christl M. (Hg.):* Congress Volume Munich 2013 (VT.S 163), Leiden 2014, 333–346.

TUAT Texte aus der Umwelt des Alten Testaments, hg. v. Otto Kaiser u. a., 4 Bde., Gütersloh 1982–2001. (TUAT.NF = Texte aus der Umwelt des Alten Testaments. Neue Folge, begründet v. Otto Kaiser, hg. v. Bernd Janowski u. a., 8 ff. Bde., Gütersloh 2004 ff.)

Tück, Jan-Heiner (Hg.): Monotheismus unter Gewaltverdacht. Zum Gespräch mit Jan Assmann, Freiburg i. Br. 2015.

Uehlinger, Christoph: Genesis 1–11: Die Urgeschichte, in: *Römer, Thomas/Macchi, Jean-Daniel/Nihan, Christophe L.*, Einleitung 176–195.

Uehlinger, Christoph: Genesis 37–50: Der «Josef-Roman», in: *Römer, Thomas/Macchi, Jean-Daniel/Nihan Christophe L.*, Einleitung 217–232.

Universität Bern (Hg.): Geschlechtergerechte Sprache. Empfehlungen für die Universität Bern, hg. v. d. Universität Bern, Abteilung für die Gleichstellung von Frauen und Männern, Bern 2017.

Utzschneider, Helmut/Oswald, Wolfgang: Exodus 1–15 (Internationaler exegetischer Kommentar zum Alten Testament), Stuttgart 2015.

Van Seters, John: Prologue to History. The Yahwist as Historian in Genesis, Louisville, Ky. 1992.

Veijola, Timo: Das Opfer des Abraham – Paradigma des Glaubens aus dem nachexilischen Zeitalter, in: ZThK 85 (1988) 165–198.

Venetz, Hermann-Josef: Frauen von Rang und Namen – Frauen mit und um Paulus. Gemeindeverantwortliche, Missionarinnen, Kolleginnen, in: *Hecht, Anneliese (Hg.):* Paulus und die Frauen, Stuttgart 2008, 8–17.

Vieweger, Dieter: Biblische Archäologie, in: *ders./Kreuzer, Siegfried (Hg.):* Proseminar I. Altes Testament. Ein Arbeitsbuch, Stuttgart ²2005, 121–143.

Volkov, Shulamit: Antisemitismus als kultureller Code. Zehn Essays, München 2000 (¹1990 unter dem Titel: Jüdisches Leben und Antisemitismus im 19. und 20. Jahrhundert).

von Lingen, Kerstin/Gestwa, Klaus (Hg.): Zwangsarbeit als Kriegsressource in Europa und Asien (Krieg in der Geschichte 77), Paderborn 2014.

von Soden, Wolfram (Hg.): Das Gilgamesch-Epos. Übers. u. mit Anm. versehen v. Albert Schott, Stuttgart 1982.

Vorgrimler, Herbert: Theologische Gotteslehre, Düsseldorf ³1993.

Vorgrimler, Herbert: Neues theologisches Wörterbuch (mit CD-ROM), Freiburg i. Br. ³2000.

Wacker, Marie-Theres: Von Göttinnen, Göttern und dem einzigen Gott. Studien zum biblischen Monotheismus aus feministisch-theologischer Sicht (TFFE 14), Münster 2004.

Wacker, Marie-Theres/Zenger, Erich (Hg.): Der eine Gott und die Göttin. Gottesvorstellungen des biblischen Israel im Horizont feministischer Theologie (QD 135), Freiburg i. Br. 1991.

Wagner, Andreas: Wider die Reduktion des Lebendigen. Über das Verhältnis der sog. anthropologischen Grundbegriffe und die Unmöglichkeit, mit ihnen die alttestamentliche Menschenvorstellung zu fassen, in: *ders. (Hg.):* Anthropologische Aufbrüche. Alttestamentliche und interdisziplinäre Zugänge zur historischen Anthropologie (FRLANT 232), Göttingen 2009, 183–199.

Walther, Ingo F./Wolf, Norbert: Codices illustres. Die schönsten illuminierten Handschriften der Welt. 400 bis 1600, Köln 2005.

Walzer, Michael: Exodus und Revolution, Frankfurt a. M. 1995.

Wandinger, Nikolaus: «Wir vergeben und bitten um Vergebung». Kommentar zu den kirchlichen Schuldbekenntnissen und Vergebungsbitten des ersten Fastensonntags 2000, in: *Schwager, Raymund/Niewiadomski, Józef (Hg.):* Religion erzeugt Gewalt – Einspruch! Innsbrucker Forschungsprojekt «Religion – Gewalt – Kommunikation – Weltordnung» (Beiträge zur mimetischen Theorie 15), Münster 2003, 143–179.

Wanner, Jeannine: Geschlechtergerechte Sprache in der Sprachwissenschaft und den Medien. Eine Analyse am Beispiel der Debatte um die *-Schreibweise des Germanistikmagazins Denkbilder, Saarbrücken 2016.

Weber, Max: Gesammelte Aufsätze zur Religionssoziologie, 3 Bde., Tübingen 1988.

Weippert, Manfred: Historisches Textbuch zum Alten Testament (ATD Erg. 10), Göttingen 2010.

Wellhausen, Julius: Die Composition des Hexateuchs und der historischen Bücher des Alten Testaments, Berlin [4]1963 ([1]1866).

Wellhausen, Julius: Prolegomena zur Geschichte Israels, Berlin/Leipzig [6]1927 ([1]1878).

Wellmann, Bettina: Der Streit um die Einheitsübersetzung, in: BiHe 164 (2005), 25–27.

Wénin, André: Joseph ou l'invention de la fraternité. Lecture narrative et anthropologique de Genèse 37–50 (Le livre et le rouleau 21), Bruxelles 2005.

Westermann, Claus: Genesis 1–11 (BK.AT 1,1), Neukirchen-Vluyn [3]1983; Genesis 12–36 (BK.AT 1,2), Neunkirchen-Vluyn [2]1989; Genesis 37–50 (BK.AT 1,3), Neukirchen-Vluyn 1982.

Wettach-Zeitz, Tania: Ethnopolitische Konflikte und interreligiöser Dialog. Die Effektivität interreligiöser Konfliktmediationsprojekte analysiert am Beispiel der World Conference on Religion and Peace-Initiative in Bosnien-Herzegowina (ThFr 33), Stuttgart 2008.

Wette, Wilhelm M. L. de: Lehrbuch der christlichen Dogmatik in ihrer historischen Entwickelung dargestellt, Theil 1: Biblische Dogmatik Alten und Neuen Testaments, oder, Kritische Darstellung der Religionslehre des Hebraismus, des Judenthums und Urchristenthums: zum Gebrauch akadem. Vorlesungen, Berlin 1813.

Wiesel, Elie: Josef oder die Erziehung eines Gerechten, in: *ders.:* Adam oder das Geheimnis des Anfangs, Freiburg i. Br. ²1980, 139–171.

Willi-Plein, Ina: Das Buch Genesis (NSK.AT 1,2), Stuttgart 2011 [Gen 12–50].

Wimmer; Stefan/Leimgruber, Stephan: Von Adam bis Muhammad. Bibel und Koran im Vergleich, Stuttgart 2005.

Winter, Urs: Frau und Göttin. Exegetische und ikonographische Studien zum weiblichen Gottesbild im Alten Israel und in dessen Umwelt (OBO 53), Freiburg i. Üe. 1983.

Winter, Urs: Der Lebensbaum im Alten Testament und die Ikonographie des stilisierten Baumes in Kanaan/Israel, in: *Neumann-Gorsolke, Ute/Riede, Peter (Hg.):* Das Kleid der Erde. Pflanzen in der Lebenswelt des alten Israel, Stuttgart 2002, 138–162.

Witte, Markus: Kain und Abel, in: Aspekte der Bibel. Themen, Figuren, Motive, hg. v. Hans-Joachim Simm, Freiburg i. Br. 2017, 36–46.

Witte, Markus: Die biblische Urgeschichte. Redaktions- und theologiegeschichtliche Beobachtungen zu Gen 1,11–11,26 (BZAW 265), Berlin 1998.

Witte, Markus/Pilger, Tanja: Mazel tov. Interdisziplinäre Beiträge zum Verhältnis von Christentum und Judentum, FS anlässlich des 50. Geburtstages des Instituts Kirche und Judentum, Leipzig 2012.

Wohlmuth, Josef: Vierzig Jahre Nostra Aetate – Versuch einer theologischen Bilanz, in: *Henrix, Hans H.*, Nostra Aetate 33–58.

Wurmser, Léon: Die Maske der Scham. Die Psychoanalyse von Schamaffekten und Schamkonflikten, Berlin ³1998.

Zenger, Erich: Die Erschaffung des Menschen als Mann und Frau. Eine Lesehilfe für die so genannte Paradies- und Sündenfallgeschichte Gen 2,4b–3,24, in: BiKi 58,1 (2003) 12–15.

Zenger, Erich: Das Erste Testament. Die jüdische Bibel und die Christen, Düsseldorf ⁶2004.

Zenger, Erich/Frevel, Christian: Theorien über die Entstehung des Pentateuch im Wandel der Forschung, in: *dies. (Hg.):* Einleitung in das Alte Testament, Stuttgart ⁹2016, 87–135.

Zenger, Erich/Frevel, Christian (Hg.): Einleitung in das Alte Testament, Stuttgart ⁹2016 (⁸2012).

Ziemer, Benjamin: Abram – Abraham. Kompositionsgeschichtliche Untersuchungen zu Genesis 14, 15 und 17 (BZAW 350), Berlin 2005.

Zuidema, Willem (Hg.): Isaak wird wieder geopfert. Die «Bindung Isaaks» als Symbol des Leidens Israels. Versuche einer Deutung, aus dem Niederl. übers. v. Wolfgang Bunte, Neukirchen-Vluyn 1987.

Zwickel, Wolfgang: Die Wirtschaftsreform des Hiskia und die Sozialkritik der Propheten des 8. Jahrhunderts, in: EvTh 59,5 (1999) 356–377.

Zwickel, Wolfgang/Egger-Wenzel, Renate/Ernst, Michael: Herders Neuer Bibelatlas, Freiburg i. Br. 2013.

Zwingenberger, Uta: Dorfkultur der frühen Eisenzeit in Mittelpalästina (OBO 180), Freiburg i. Üe. 2001.

Detailliertes Inhaltsverzeichnis